稲盛和夫、原点を語る

経営

稲盛ライブラリー
＋ダイヤモンド社
「稲盛和夫経営講演選集」
共同チーム
編

ダイヤモンド社

経営

――稲盛和夫、原点を語る

本書の刊行に際して

「稲盛経営の集大成となる書籍をつくらせてください」

二〇一五年二月、稲盛和夫はダイヤモンド社から出版企画を提案いただきました。書き下ろしによる、永く読み継がれる一冊を世に打ち出したいというご依頼を、稲盛は快く受け容れ、ダイヤモンド社と京セラ稲盛ライブラリーによる共同作業がスタートしました。

以来、乾坤一擲《けんこんいってき》の経営書を世に問わんと、数年にわたり原稿の検討を重ねる中、二〇二二年八月、稲盛が逝去いたしました。本人が関与できない以上、出版を進めるわけにはいきません。ダイヤモンド社のご理解もいただき、稲盛和夫著の書籍を世に問うことを断念いたしました。

しかし、数年間にもわたり作業をともにしてきた我々プロジェクトチームには、共通の「思い」がありました。

それは、「稲盛経営論の決定版を世に問うことは使命であり、なんとしてもその責任を果たすべきではないか」という、揺るぎない信念にも似た思いでした。またそれは、稲盛自身が願っていたことでもあろうと考えました。

幸いなことに、我々には同じチームで取り組んだ、既刊『稲盛和夫経営講演選集（全六巻）』がありました。一九七〇年代から二〇一〇年代に至る稲盛の経営講演録です。この講演選集自体が膨大な稲盛の講演録から選抜したものですが、さらにその中から稲盛経営論の原点ともいうべき中核的な講演を抽出した、まさにドリームチームのごとき「超選集」が本書です。稲盛の経営思想全体を俯瞰しつつ、その原理原則を網羅したものになっています。

稲盛の遺志を受け、在りし日の発言のままに上梓させていただく本書『経営』が、多くの方々のお手元に届き、その経営を伸ばすことに貢献することを願ってやみません。

稲盛ライブラリー「稲盛和夫経営講演選集」編集チーム

私の企業家精神　3

熊本日日新聞情報文化懇話会講演——一九七六年一二月二日

研究開発を成功に導く考え方と手法　43

マネージメントセンターでの講演――一九七七年二月一七日

戦う中小企業の販売戦略　89

日本青年会議所（JC）経営開発シンポジウム講演——一九七九年九月七日

第2章　稲盛和夫50～60歳代［1990年代］
経営を伸ばす哲学

企業経営を好転させる哲学 183

盛和塾関東ブロック合同塾長例会講話——一九九四年八月九日

心を高める、経営を伸ばす 211

第一回経営講座トップセミナー講演——一九九五年五月一二日

第3章　稲盛和夫60～70歳代［1990～2000年代］

企業を成長発展させる考え方

売上最大、経費最小を実践するには

盛和塾中部東海地区合同塾長例会講話——二〇〇四年五月一八日

次代のリーダーに望む　417

九州大学ビジネス・スクール第一期生修了記念シンポジウム講演――二〇〇五年三月一五日

一つの「自力」と二つの「他力」 453

盛和塾ニューヨーク塾長例会講話――二〇〇六年一一月二六日

第5章　稲盛和夫70歳代［2010年代①］
繁栄する企業の経営手法

アメーバ経営が持続的な企業成長をもたらす

企業経営の要諦

第6章　稲盛和夫70～80歳代［2010年代②］

フィロソフィこそ経営の源泉　583

盛和塾福島開塾式講話——二〇一一年六月二日

企業統治の要諦 627

――従業員をモチベートする――

盛和塾ロサンゼルス塾長例会講話――二〇一二年一〇月一日

本書は、一九七〇年代から二〇一〇年代に至る膨大な講演を編集し、収録したものです。エピソードの重複、および現在では一部不適切と思われる表現もありますが、時代背景や講演の臨場感を尊重し、そのままといたしました。

第1章

稲盛和夫40歳代［1970年代～］
私の企業家精神

1973年、決起コンパにて社員をモチベートする。
はるかに高い、しかし全社員が心から共有できる目標を掲げ、その達成を通じて成長発展をはたす――創業以来の稲盛の「経営」は、この後のオイルショックによる大不況時も機能し、京セラは他社に先駆け業績を回復、1975年に株価日本一となった。

KAZUO INAMORI LECTURES

私の企業家精神

熊本日日新聞情報文化懇話会講演——一九七六年一二月二日

背景

京セラを創業して一七年目の講演である。

当時、売上約四〇〇億円、従業員約四〇〇〇名の若き企業を率いる稲盛は、四四歳を迎えていた。

会場に集まった約一六〇人の聴衆に向け、オイルショック後の低成長時代においても京セラが高収益企業である理由は、「人の心」をベースとした経営にあると述べ、組織を率いるリーダーに必要な「考え方」を説いている。そしてリーダーは、自らの才能を社会のために用いるとともに、会社に自分のすべてを捧げる覚悟が求められると結んだ。

経営において何よりも大事なもの

ただ今ご紹介にあずかりました、稲盛でございます。今日まいりましたのは、私どもの株主の方から皆さんに話をするようにというご依頼を受けたからです。私どもはエメラルドの合成に成功し、クレサンベールというブランドで再結晶宝石を販売しております。その販売代理店を経営していただいている関係で、先般、京都である株主の方にお目にかかった際に、熊本に来て話をするよう頼まれ、お話をすることになりました。

皆さんにお話しできるようなことはないのですが、時間をいただき、とりとめのない話をしようと思います。皆さんが住んでいる熊本に近い鹿児島の出身で、大学を卒業するまで鹿児島で育った私のような男がそれなりの仕事をしている、ということをお話しすれば、「あの程度の男にあれだけの仕事ができるなら、自分もやれるだろう」と思っていただけると考えています。

私は鹿児島大学工学部の応用化学科を出ています。京都で就職するまでは鹿児島弁しか話せず、大学の教授から、「君は京都に就職するのに、鹿児島弁しか話せないのか。それは困ったことだな」と言われたこともあります。就職した会社では、研究部門に配属されました。これからはエレクトロニクスの時代が来るので、エレクトロニクスに使われるような材料開発をしようということで、研究を始めました。

しかし、最初はかかってきた電話をとって、相手の声を聞くことすら、怖く感じていました。私の育ってきた環境では、身近なところに電話がありませんでしたので、私にとって電話は縁遠い存在でした。電話で聞こえる声というのは、どこか遠いところから聞こえてくるような気がして、なかなか聞き取りにくかったことを覚えています。そんな電話を怖れ、標準語も話せなかった私が、大学を卒業し、田舎を出てからもう二一年になります。

一九五九年には、もののはずみで会社をつくることになりました。もちろん、自分で事業を起こせると思ってつくったのではありません。前の会社で研究をしているときに、技術的なことについて上司と意見が合わず、口論となりました。

そのときに、九州男児の欠点だと思うのですが、「それなら辞めます」と言ってしまい、会社を辞めることになりました。

その後、外国にでも行こうと思っていたのですが、周りの人々が「せっかく研究をしてきたのだから、その成果を生かして会社を起こしたらどうだ」と勧めてくれたので、今の会社をつくることになりました。しかし、私は会社を起こすだけのお金をもっていません。すると、京都でお目にかかった方が融資をしてくださるとともに、何よりも大事なのは「人の心」だということを教えてくださいました。

最初にその方にお会いしたとき、私は、「今まで行ってきた研究を生かして、何か電子工業に使えるような新しい材料をつくっていこうと思っています」ということをお話ししました。

すると、その方は「あなたはまだ若いけれども、すばらしい思想をもっている。非常に真面目な人間でもある。私が援助してあげましょう。私が三〇〇万円を出します。ただし、それであなたがあなたを雇うのではありません。あなたに惚れたから三〇〇万円を出してあげるのであって、あなたが自分でこの会社を動かしていくのです。どのような状況にあっても、お金に使われるようではいけません。あなたと一緒に仕事をしようという仲間がいるのなら、お金も何もない中でも、みんなで力を合わせていく、すばらしい心根をもった集団をつくるのです。そのようなものは、何ものにも代えがたいものです。それを頼りにして経営をしていきなさい」と教えてくださったのです。

私は、七人の仲間と、中学校を出たばかりの二〇人の社員を雇い、二八人で会社を始めました。私どもには他に何もありませんでしたので、私は教えていただいたとおり、人の心を経営のベースにしようと思いました。

確かに、お金に代表される物質的なものは、事業を行っていく上で必要なものですし、一方、人の心は、非常に頼りにならないものでもあるわけです。信じ合える間柄の仲でも、裏切られたり、だまされたりするようなことは日常茶飯事です。

しかし、非常に移ろいやすく、はかないのも人の心ですが、同時に、人の心ほど、どのような逆境の中でも頼りになるものもありません。私は、すばらしい人の心をベースに経営をしていくことにしました。

経営のベースを決めた後、私は「頼りにならない心もあれば、頼りになる心もある。その差はどのようにして生じるのだろうか」と考えました。

その当時、私は二七歳ととても若かったのですが、「これからは人の上に立って一生懸命人を指導し、人の生活の面倒を見なければならない」という責任を感じていましたので、真剣に考えました。

そして、「すばらしい人の心を求めても、自分の心がすばらしいものでなければ、決して立派な心をもつ人たちは寄ってこないだろう」という結論に至りました。同僚や部下からの信頼に値するような心を、自分自身がもっているかどうか。そのことが大事だと思いました。従業員に信頼されるに足る心を、経営者自身が育てていかなければ、事業はうまくいかないだろうと思ったわけです。

判断の基準は、「人間とはどのようにあるべきか」

私に教えを授けてくださった方は新潟県のご出身で、新潟高校から京都大学の電気工学科を出て、関連がある会社の専務を務められていました。私と同じ技術者でありながら、ご出身がお寺であることから、仏教思想に立脚して、多くの教えを授けてくださいました。その方からいろいろなことを教わりながら、経営の「け」の字も知らなかった私は、経営者としての道を歩いていきました。

私にとって、会社を経営するようになってからは、毎日がチャレンジの連続でした。私の両親は事業家ではありません。私の親戚にも、経営者は一人もおりません。経営をしていく上で、逐一誰かに教わることはできませんでした。

普通であれば、教えてくださる方がいて、「このような場合にはどうするべきでしょうか」と相談した上で経営をすると思います。ですが私の場合には、今お話ししているその方一人を除いて、他にいませんでした。しかも、忙しい方でしたので、頻繁にお会いするわけにもいきません。

そこで、経営の「け」の字も知らない私は、「経営をしていく上で何をベースにすれば良いのか」ということを考えました。そして、私には経営の経験がなかったものですから、子供の頃から両親に教わった、また、小学校・中学校・高校と過ごす間に先生方に教わった、「人間とはどのようにあるべきか」ということに思い至りました。悪さをして両親や先生に叱られたときに教わった、非常にベーシックで、人間として最低限もっていなければならない「人間として生きていく道」というようなものしか、私にはなかったのです。

それ以来、今日まで経営を行う中で、私は経営の基本をそこに置いてきました。緊急の判断を行う場合でも、技術的な判断を行う場合でも、組織上の判断を行う場合でも、そのベースは「人間とはどのようにあるべきか」ということ、ただ一点です。それは、正しいことを正しく貫いていくことであるとも信じています。

これは単純なことですが、そのことが私にとっては非常に良かったと思っています。

例えば現在、私どもには銀行預金が一五〇億円ほどございます。その他、債券が九〇億円ほどありますから、いつでも換金できる余裕資金が二四〇億円ほどあるわけです。ですから、先般の狂乱物価のときにも、資金的に大きな余裕があり、大手都市銀行の支店長の方々が何名もお見えになりました。

当時、物価が上がり続ける一方で地価も上がり続ける「土地ブーム」が起こっている中で、私どもは余裕資金を銀行に預金するだけでした。

それを見かねた銀行の支店長の方々は、「おたくは非常にいいお得意先で、またとないお客様です。ただ、社長のあなたがあまりにも正直者で、かわいそうに思えてきました。今、土地が値上がりしていますので、世間では誰もが土地を買い、銀行は多額の融資をしています。その中で、おたくは土地を一つも買わずに当行へ預金されている。世間で誰もが土地を買っているのをご存じないから、おたくは土地を買われないのでしょう。当行にとっては確かにうれしいのですが、このまま黙っているのは申し訳ない気がしています。当行がご紹介できるいい土地がありますから、ぜひ買うことをお勧めいたします。ただし、当行の銀行預金を下ろされては困りますので、融資をいたします」という話をされました。

私は話を聞いたものの、両親から「額に汗して、苦労して稼がなければならない」という教えを受けてきました。そのため、投機性のある虚業のようなことでお金をもうけてはならないと思い、ご厚意はありがたかったのですが、お断りしました。

その後、土地ブームが去り、世の中が低成長時代になると、銀行だけではなく、経済界を代表する方々が私のもとへ数多くお見えになり、「京セラという会社は、地価が上がり続けているときに土地を一つも買わず、銀行預金と流動性のある余裕資金を豊富に蓄えていた。そして、自己資本比率が七四%の無借金経営を実現した。この低成長時代の企業として、すばらしい経営内容だ」と言って、当社のことを非常に褒めてくださいました。「土地ブームの反動があることを見通した上でこのような経営を行っているのは、まことに先見性がある」とも言われました。

しかし、私にはそのような見通しなどありませんでした。私は両親に教わったとおり、投機的な、額に汗をかかずに稼ぐことを嫌っただけです。土地ブームが去って苦しい時代が来ようとは、決して思っていませんでした。

方法論や術策だけが経営ではない

世間がどれほど変化を遂げていこうとも、経営そのものはそう簡単に変化してはならないのです。経営者は、経営に対する確固たる「哲学」をもっていなければなりません。オイルショックが日本に起こり、高度成長から低成長へ時代が変わってからは、マスコミも経済評論家も一斉に、あらゆる人が「低成長時代をこのように切り抜ける」ということを盛んに論じています。しかし、私はそうは思いません。

経済という現象面では、表面上、いろいろな形でいろいろなことが変わっていくでしょう。しかし、経営そのものはそのような変化に付和雷同するべきではないと思っています。方法論だけで経営を行う、つまり経営学で教えられることだけをもって、「経営というのはこのようなものだ」と思い、経営の方法や術策だけを経営だととらえている方は、周囲が変化するとそれに流されます。しかし、経営者はいかなる変化があろうとも、根本にまで掘り下げた経営哲学をもち、経営というものをそう簡単に変えてはならないと思うのです。

私どもは自己資本比率が七四％の無借金経営をしています。そのことで、「低成長時代に、金利負担もない、すばらしい経営をしている」とお褒めの言葉をいただき、いろいろと引き合いに出していただいています。多くの方が、「京セラのような経営をすべきだ」と言われます。

しかし、今のような時代になったからといって、うちの経営を一朝一夕《いっちょういっせき》にまねできるわけではありません。

私は一九五九年に会社をつくってから今日まで、借金だけはしたくないという一心で経営を続けてきました。借金を返済することばかりに一生懸命になり、返済したらまた次のお金を借りに歩く、というようなことだけはしたくないと思っていたので、利益を地道に貯めてきただけのことです。まさか無借金で自己資本比率の高いすばらしい企業だと称賛されるようになろうとは、夢にも思っていませんでした。あくまでも私なりに、「企業というものはかくあるべきだ」という信念をもってやってきただけなのです。

創業して二〜三年目の頃だったと思いますが、創業当初に借りた一〇〇〇万円を返そうと必死になっていたときに、先にも述べた私を育ててくださった方から、「あなたはいい技術者ではあるけれども、決して立派な事業家ではないですね」と言われました。「それはどうしてですか」と聞き返すと、「あなたは最初に借りた一〇〇〇万円を返そうとして、そればかり考えている。人から借りたお金を有効に使って、事業を拡大していくのが事業家なのであって、あなたのように借りたお金を早く返すことばかり考えているようでは、大きい会社を経営する立派な事業家にはなれませんよ」と言われたのです。

しかし私は、他人のお金を借りていることにどうしても不安を感じていたので、地道にお金を返していきました。

さらに後日、大阪証券取引所の第二部に上場することをその方に報告したのですが、上場しないように言われました。私が「それはなぜですか」と聞くと、「あなたは今まで相当苦労してきました。上場すれば株主も増えることになります。株主の要求に応えていくとますますたいへんになるので、上場はやめたほうがいいでしょう」と言われました。

その方が経営をしていた会社は、京セラを創業した一九五九年のときとまったく変わらない大きさでした。私は失礼ながら、「何年たってもあなたの会社は少しも大きくなりませんね。私の会社はここまで大きくなりましたよ。最初におっしゃった話と、ずいぶん違う結果になったと思うのですが」と、親しい間柄でしたので、冗談めかして申し上げました。

　すると、「あなたにはまいりました。私は借金をせずに会社を大きくした人を見たことがなかったのです。そのような方法もあることを、あなたを見て初めてわかりました」と、笑いながら言われました。

　そういう常識がいいということではありません。「世間がこのような経営をしているから、自分も同じようにやってみよう」というように、ただ表面だけを見て方法論をまねしているようでは、立派な経営はできないと思うのです。自分が信じるに値する「哲学」を、強固にもった上で経営していくことが必要だと思います。

アメリカと日本の考え方の違いに苦しむ

　一例として、会社をつくって四年目のことをお話ししたいと思います。私どもは、電子工業の最先端を行く製品をつくっていました。しかし、京セラという、資本系列もなければ名前も知られていない会社がつくったものは、大手の電子工業メーカーに採用してはもらえませんでした。

どこの会社がつくっても変わらないような部品ならば別ですが、うちがつくっていたのはブラウン管テレビの電子銃やコンピュータの心臓部に使う重要な部品ですから、「名もない会社がつくったものでは信用が置けない」と言われて、なかなか使ってもらえませんでした。注文をとりに何回も足を運びましたが、門前払いを食らいました。

私は「このままではいけない」と強く思い、アメリカに製品を売りに行くことにしました。日本の電子工業界は、戦後アメリカから電子工業の技術を導入して発展してきました。そうであれば、直接アメリカへ行って、アメリカの電子工業界で一番進んだメーカーに自分たちの製品を使ってもらえば、一も二もなく日本の大手の電子工業メーカーも使ってくれるだろうと考えたのです。実際に、風呂敷包みに製品を入れて、アメリカへ売り込みに行きました。

しかし、日本人にすら相手にされない人間がアメリカへ行ったところで、当然ながら誰も相手にしてくれません。最初に行ったときには、言葉も満足に話せないのにアメリカ中を必死でまわり、毎晩涙を流しながら、悔しい思いをしたことを覚えています。当時のお金で一〇〇万円ほどをなんとか工面したのですが、来る日も来る日も製品は一つも売れませんでした。生活習慣の違いなどいろいろな苦労があり、「このまま手ぶらで帰ったのでは従業員に申し訳ない」とがんばりましたが、やはり売れませんでした。

それでも、従業員のことを思えば、あきらめるわけにはいきません。めげずに二回、三回と渡米して、営業活動を続けました。

その効果が現れ、ようやくアメリカで大手のテキサス・インスツルメンツから、アポロ計画の宇宙船に使う電子部品の受注があり、私どもの製品が日本で最初に採用されることになりました。するとその後は、丸紅など商社の方々が「ぜひ京セラの製品をわれわれに売らせてほしい」と多く見えられ、また日本のメーカーも「ぜひ使いたい」と言ってこられるようになりました。

今、私どもはサンディエゴに従業員が約九〇〇人いる工場をもつに至っています。これは、買収した小さい工場で生産を開始したのが始まりでした。

日本のメーカーでアメリカの現地に工場をもち、何百人というアメリカ人を雇って成功している例は、まだあまりないようです。いろいろな企業がアメリカへ行き、生産活動をしているものの、成功という段階には至っていません。

アメリカやヨーロッパの人々の考え方は、日本人とまったく違います。それに加えて言葉の壁もあります。もちろん、人生観や宗教観といったものもすべて違いますし、お互いがもっている文化にも、非常に大きな違いがあります。その中で経営をしていくのは、なかなかたいへんなことでした。

この最初のアメリカの工場は、もともと私どものお得意先であったフェアチャイルドというエレクトロニクスメーカーが、サンディエゴにもっていたものでした。そこが赤字でうまくいかず、私どもに買ってくれと言ってこられたのがきっかけでした。技術者を五人ほど連れてアメリカへ行き、熊本の出身で九州大学を出た者をリーダーにして、操業を始めました。

それからはたいへんな苦労がありました。アメリカ人とはプライベートで長くつき合っており、彼らは非常に気さくでいい人たちだと思っていましたので、仕事でもうまくいくだろうと、楽観的に考えていました。しかし、今までと違う人種の人間がオーナーになり、社長としてアメリカ人を使うことになると、これまで気にも留めていなかったような問題が起こってきたのです。

極端な例では、話をしている中で、第二次世界大戦のことが問題になります。仕事をしていく上では、なあなあで済ませるわけにはいきませんから、技術や生産、販売の問題など、しっかり決めなければならないことがあります。そこで私が厳しく叱ったときに、沖縄戦で負傷したときの弾の痕がまだ残っている社員が、「戦勝国の白人が敗戦国の黄色人種に徹底的に叱られるなど、耐えられない。もう会社を辞めてやる」と言ってきたこともあります。楽観的に考えていたことが人種問題にまで広がるとわかり、たいへんな苦労をしました。

また、私の古くからの友人であるアメリカ人を工場に迎えて、幹部として工場の運営を任せていました。最初のうちは私に対する信頼や尊敬も少しはありましたので、うまくいくように見えましたが、しばらくすると、ことあるごとに意見の対立が生じました。

私が何かを言うと、必ずと言っていいほど、「そのやり方は日本では通用しますが、日本とアメリカは風土・気候・文化・教育などあらゆるものが違います。ですから、アメリカの方法で経営するべきです。あなたのように日本の方法を強制したのでは、アメリカではうまくいきません」というように、日本式とアメリカ式に関する意見の対立がありました。

それに加えて、アメリカでは個人主義が非常に発達していますから、企業に対する彼らの忠誠心は、当然ながら強くはありません。さすがに「自分だけがよければいい。会社はどうなってもいい」と考える人がすべて、というほどではありませんが、会社をうまくまとめるのは難しく、苦労に苦労を重ねました。その上に、毎月赤字が積もっていきました。「もう今月でやめようか。それとも来月まで続けようか」と、何度も悩みました。

しかもアメリカに赴任した社員の家族は、現地では少数派でいじめられていました。家族も連れての赴任でしたが、子供や奥さんは英語が話せません。日本人学校がありませんので、子供は学校に行くだけでもたいへんなようでした。奥さんも買い物に行くことすら苦労されていたようでした。

家族にたいへんな苦労をかけている上に、自分たちの経営している会社は毎月赤字を計上しています。彼らは「社長に経営を任されていながら、膨大な赤字を背負い込んでいるのでは申し訳ない」という思いでいっぱいだったのでしょう。会議の後に一緒に夕食を食べていると、彼らは涙を流しながら、思いのたけを話してくれました。

会議や打ち合わせをして、一緒に工場に入り、新しい指示を与えて日本に帰るときも、辛い気持ちに耐える彼らの目には涙があふれていました。「このまま飛行機に乗って帰国してはいけないのではないか」と思うほどでした。私は「そこまで辛い目に遭わせて社員を苦しめるくらいなら、いっそこの工場を手放してしまおうか」とすら思いました。

「人の心」を基軸に置く経営を、アメリカでも実践

その後、アメリカの社員が言うような方法を採用してみたり、それではいけないと思って日本の方法を採用してみたりと試行錯誤を繰り返し、結局は鹿児島の田舎で両親に教わった、「人間とはどのようにあるべきか」という、日本の京セラの経営と同じ考え方を、

アメリカでも貫くことにしました。

人種が違えば言葉も違い、文化的なバックグラウンドも違うといえども、彼らも同じ人間です。ですから、「人間として何が正しいのか」ということを貫く経営を行えばいい、ということに気がついたのです。「日本ではそれで成功したのだから、アメリカでも成功するはずだ」と信じ、その後はアメリカの幹部社員たちがアメリカの方法を主張しても、頑としてそれを受け入れず、「アメリカの方法や日本の方法というものはないのだ。経営の方法とは、どの国であろうともただ一つしかない。私の言うことにしたがってくれ」と言って、自分の信じた経営を行っていきました。

私が工場の現場へ出て、女子工員に交じって手伝いをしようとしていると、工場長が来て、「社長室があるのだから、そこにいてもらわないと困ります。作業着を着て工場へ出てきて、女子工員と一緒に働いていたのでは、社長の値打ちがなくなります。アメリカでは、そのような権威のない人を誰も尊敬しません。社長室に帰ってください」と言われたことがありました。

しかし私は、「それでも構わない。そんなことで権威が落ちるなら、落ちても結構だ」と言って、女子工員と一緒に仕事をしていました。

また、昼食は工場の食堂でとるのですが、メニューの中にピザがありました。非常に安く、五ドルぐらいで五人は食べられるので、三つか四つ注文して、一緒に仕事をしていた女子工員に食べてもらっていました。

そのうち女子工員たちは、私と一緒にご飯を食べることが楽しくなってきたらしく、誰が言うともなく、誰が私の横に座るのかが話題に上るようになっていきました。また、「社長はアメリカにいる間、いつも一人でかわいそうだから、お弁当をもってきてあげます」と言って、女子工員がお弁当をつくって会社にもってきてくれました。今でも私が工場に行くと、そのようなことをしてくれますし、うちの幹部にも同じようなことをしてくれています。

これを見たアメリカの幹部社員たちは、「こんな光景は、いまだかつて見たことがない。なぜこんな人間関係が築けるのか」と驚いていました。

さらに今から四年ほど前、まだ採算が合わない頃に、私が「従業員がいつも一生懸命努力してくれるので、ボーナスを出す」と言い、アメリカの幹部社員たちみんなから反対されたことがありました。

彼らは、「社長は日本と同じように考え、ボーナスを出せば、社員が会社をもっと好きになってくれて、もっと長く働いてくれるだろうと考えているのでしょう。しかし、アメリカ人はそうではありません。そんなことをしてあげたとしても、隣の会社のほうが少しでも給料が高ければ、簡単に辞めていくのです。そんな無駄なことをするくらいなら、われわれ経営幹部にボーナスをください」と言うのです。

私は、「あなたたちにボーナスを出すのが、かえって惜しいくらいだ」と言って、赤字のときでも決算期には必ず一ヵ月分のボーナスを出し、業績が良くなればさらに増やす約束をしました。従業員は、最初「信じられない、うそではないのか。本当にくれるのか。なぜくれるのか、意味がわからない」と驚いていました。それでも私は、「今は私のすることの意味がわかってもらえないとしても、必ず後でわかってくれるだろう」と信じ、ボーナスを出していきました。

その結果、今では誰も、「違う人種に使われる」というコンプレックスをもっていません。さらに、昨年の初めから、アメリカ最大の労働組合の上部団体が、「サンディエゴに日本人が経営をしている会社がある。そこで働く従業員は、日本人の経営者のもとで搾取されているようだ。組合をつくって待遇改善などを要求するべきだ」と言って、私どもの工場に連日やってきては座り込みを行い、ビラをまき、組合をつくれと扇動をしました。同時に、アメリカでは珍しい共産党の人もやってきて、同じようにビラをまいて、共産党系の組合をつくれという活動を行っていました。

しかし、結局は二〜三人が加盟しようとしただけで、従業員の大半は応じませんでした。

今では、そうした動きもなくなっています。

そのようなこともあって、アメリカの工場も非常に順調にいくようになりました。今では、一〇〇億円の売上で二四億円もの利益が出るという、すばらしい工場に発展しています。これもひとえに、私が方法論に頼った経営ではなく、本質、つまり「人間そのもの」に判断基準を置いた経営を行ってきたためであると思っています。

福沢諭吉の唱えた、あるべきリーダーの姿

私どもは技術者ですから、技術がなければ経営ができないわけですが、その他に、上手に商売をするための方法論も必要でしょう。しかしさらにその前に、人の上に立つ経営者は、リーダーとして立派な人間性をもっていなければなりません。これが一番大事なことだと思います。

福沢諭吉《ふくざわゆきち》が、まだ日本が近代的な産業社会に移行する前に、「企業家はどうあらねばならないか」ということについて述べた言葉があります。私はその言葉が好きで、よく例に引くのです。彼はこのように言っています。

思想の深遠なるは哲学者のごとく、心術の高尚正直なるは元禄《げんろく》武士のごとくにして、これに加うるに小俗吏《しょうぞくり》の才能をもってし、さらにこれに加うるに土百姓《どびゃくしょう》の身体をもってして、はじめて実業社会の大人《たいじん》たるべし

実業社会の中で成功するだけの立派な実業家になるためには、その人がもつ思想は哲学者のように深遠なものでなければならないし、その人の心根はまことに正直で誠実な、元禄武士のようにすばらしいものでなければならない。

一方で、そうしたきれいな側面だけではなく、賄賂をもらう小俗吏のような才をもたなければならない。実業社会は生き馬の目を抜くような商売の世界ですから、その中で生きていくためには、やはりそうした才能ももっていなければなりません。

しかし、そうした才能は悪賢い方向にも使われかねません。そうであるが故に、それを動かしていく心根や思想が高いレベルのものでなければ、小俗吏がもつような才能だけに頼ってしまい、社会に害を為す実業家になってしまいます。

加えて、土百姓のような強靭な体をもっていなければ、実業社会の大人にはなりえない、と言っています。

日本の経済が黎明期にあった明治の時代に福沢諭吉が言ったこの言葉に、私は非常に大きな感銘を受けました。以来、私どもは、この福沢諭吉の言葉にあるようなことを拳拳服膺《けんけんふくよう》して、今までやってきたのだと思います。

われわれには、すばらしい夢やロマンがある

また、私どもは研究や技術開発を行っていますので、「このような研究や技術開発をしよう」と決めてから研究を始めるわけですが、私はそうした場合に、「どのような仕事をすれば、今後事業化できるだろうか」ということを考えます。私と同じようなことは、皆さんも考えられることがあると思います。

私は時々、「どのような事業をすればいいかわかりません。何かいいアイデアはありませんか」というような相談を受けるのですが、世の中には、事業を起こせるだけのアイデアは、いくらでもあると思っています。そのアイデアを形にできるかどうかは、「その人が自分の人生や事業に対して、どれほどの夢を描ける人であるのか」ということにかかっていると思います。

私どもは電子工業用の新しい部品をつくっていますが、もとになったのは焼き物の技術です。大学で化学を専攻した者の中では、焼き物を扱う会社は、一番成績の悪い人間が行

くところであり、焼き物の世界は魅力もなければ発展性もない世界だと言われていました。

しかしその世界の中で、私は自分で描いた夢を追求していきました。例えば、「宝石のサファイアを人工的につくっていく方法があるはずだ」と思い、その方法を模索していきました。

先般の不景気で、私どもの会社も仕事量が半減しました。従業員も非常に心配をしていましたが、私は社員に向かって、「好不況の波は必ずある。今はうちも非常に苦しい状況だが、私は決して他の会社のように人員整理をするつもりはない。仕事が午前中やるだけしかない日が続くが、かえっていいではないか。今こそ、われわれの夢を育てよう。われわれにはいろいろな可能性があるのだから、社員のみんなも一緒に考えてほしい。この不景気の中でも、われわれに起こるのは決して悪いことばかりではない。われわれには、すばらしい夢やロマンがある。希望に燃えながら、一つひとつ実現していこう」と訴えたのです。

どんな仕事でも、決して傍から見るほど楽ではありません。その中で、社員に夢とロマンを与えられる経営者でなければならないと思います。

愚直に成功を信じ、ひたむきに突き進む

私どもは、人工宝石以外にも、医療用のセラミックスなどの新しい事業を行っていますが、そうしたものを開発していく上で、決して途中であきらめることはありません。五年かかろうと一〇年かかろうと、絶対にやめません。愚直に成功を追いかけるのです。一度成功を信じたら、とことんまで追いかけて、必ず成功させるのです。

新しい仕事をしようとやってみたものの、うまくいかずにあきらめてしまう人が非常に多いと思います。もっと掘り下げていけば、非常に立派な事業になったかもしれないのに、たいした情熱を燃やすことなく、「うまくいったら続けよう。うまくいかなかったら手を引こう」というような気持ちで取り組む人が多いのです。一方、私どもの場合は、まったく逆です。最初から愚直に成功を信じ、ひたむきに突き進んでいくのです。

これは一見非常に危険なことのように思えますが、成功していく一つの要因なのです。先般も、窯業協会で今年の年次総会がありました。私と同じようなセラミックスを研究している大学教授が二〇〇～三〇〇人集まった席で、私に「技術開発に賭ける」という題で特別講演（編集注：『稲盛和夫経営講演選集　第1巻　技術開発に賭ける』に収録）を行うよ

うに言われて、アメリカからいらっしゃった学者の方々と一緒に講演をすることになりました。そのときに話をしたのですが、大手メーカーは立派な研究所をもっており、多くのスタッフを抱えていろいろな研究を行っているにもかかわらず、一〇〜二〇ものテーマのうち、一つか二つが成功すればよしとしているようです。私どもにはそうした余裕がありませんので、選んだ研究テーマは必ず成功させます。

そう言いますと、誰もが「そんなことがあるわけがない。研究が一〇〇%成功するなどありえない。大手メーカーがあれだけの研究スタッフを擁しても、一〇のテーマのうち一つか二つしか成功しないのに、京セラだけが必ず成功するはずがない」と言われます。しかしそれは、「一〇や二〇も研究テーマがあるのだから、そのうちの一つか二つが成功すればいい」と経営者の方々が考えているために、そのような結果になるのです。

私どもは、「どうしても成功させなければならない」と思っているが故に成功し続けるのです。

潜在意識にまで入っていくような、強烈な願望をもつ

私は先ほど、アメリカに製品を売り込みに行ったときのことを申し上げましたが、最初

にアメリカへ行ったときには、英語もあまりできませんし、洋式便所の使い方さえ知りませんでした。

私の友人で東京の会社に勤めている者がいました。彼は松戸の公団住宅に住み、水洗の洋式便所を使っていました。そこで、アメリカに行く前に電話をして、「すまないが、明日からアメリカへ行かなければならないので、今日は君のところに泊めてくれ。西洋式の便所の使い方を覚えておかなければ困るんだ」と頼み込み、使い方を教えてもらいました。

汚い話で申し訳ありませんが、今でも洋式便所の便座に座りますと、「アメリカへ行かなければならない」という言葉が口をついて出ます。アメリカへは毎年六〜七回も行っていますので、もう数え切れないほどの回数になっているでしょう。飛行機に乗るだけでも疲れるので、本当は行きたくないのですが、それでも便座に座ると、「アメリカへ行かなければならない」という言葉が出てくるのです。

これは私が、「会社の後々のために、アメリカへ行ってこの事業をどうしても成功させなければならない」と強く考えているからでしょう。「自分の命とひきかえにしてでも成功させたい」というほどに願望のレベルを高めていきますと、その願望は人間の潜在意識に浸透していくのです。

われわれには意識下で行動する場合と、無意識のうちに行動する場合とがあります。意識下で行動する場合は、事業のことを考えているのは、「成功させなければならない」と思っている間だけです。一方、潜在意識にまで入ってしまうと、たとえ寝ているときでも事業のことを考えるようになります。「この事業が成功すればいい」という生易しいものではなく、「自分の命とひきかえにしてでも成功させたい」というほどの強烈な願望が潜在意識にまで入っていく。

そうすれば、寝ても覚めても事業のことを考えているわけですから、必ず成功するはずです。また、そこまで高まった願望をもつならば、研究や技術開発に限らず、他のことにおいても成功するでしょう。

自分の仕事に対して誇りも感激もなく、「うまくいったらもっと伸ばせばいい」という程度の願望しかもたない人は、何をやっても絶対に成功しません。何を行うにしても困難に遭遇するものですが、それを承知の上で全身全霊を傾けて行えば、何事も成功するものだと思っています。

自らの才能は社会のために

私は鹿児島の田舎から出てきて、幸いにして事業で成功することができましたが、「アメリカの工場も含めた約四〇〇〇名の従業員や、相当な数の株主のために、私が京セラの社長として存在する必然性は、はたしてあるのだろうか」と考えたことがあります。

私は、稲盛和夫という人間が京セラの社長である必然性はない、と思っています。言葉が悪いかもしれませんが、世の中は、頭のいい人も悪い人も一定の確率で存在するから成り立つのであり、頭のいい人ばかりいても、頭の悪い人ばかりいても、世の中は成り立たないでしょう。神様がつくった一定の比率で、頭のいい人も悪い人も両方存在するのが社会だと思うのです。

京セラという会社を経営するのは、何も私でなくても、別の方であってもいいのです。つまり、神様が経営の才能をもつ人間を無造作に決めたうちの一人が、偶然私だったというだけです。

その証拠に、私の両親は頭のいい事業家ではありません。逆に、立派な両親から立派な子供が育つわけでもありません。世の中にそうした人々が一定の数だけ存在するように神様がつくっただけであり、それが私自身である必要はないのです。私に代わるべき人であれば誰でもよく、何も私個人が社長である必然性というものはないと思っています。

そのように考えた後、「私は今後どのようにあるべきか」ということを考えました。そして、私は偶然にも会社を経営する才能に恵まれ、京セラの社長になりましたが、その才能を私のために利用してはならない、と思うようになりました。世の中が成り立つためには、集団のリーダーになるべき人が必要であり、その一人が偶然にも私だったのです。ですから、「大きな会社の社長を務めている私は偉い人間であり、お金持ちであって当たり前だ」などという傲慢《ごうまん》な思いを抱くようになってはならないと思います。

本来であれば私である必要などなかったのですが、神様が私に対して「集団のリーダーになれ」と命じたのであれば、その才能を社会のために使わなければいけません。従業員や株主など、私を取り巻く方々に対して自分の才能を使うことこそが必要なのです。自分の才能を自分だけのものだと錯覚して、自分だけのために使ってはならないと思います。

世の中の一部の人がリーダーである必然性があるとするなら、それは神様がリーダーの存在を必要だと認めて才能を与えたのです。だから、社会に向けてその才能を使うべきであって、個人的な欲望のために使ってはならないと思うのです。

会社に全生命と全人格をつぎ込む

最後に、このようなことも考えています。少し難しい話かもしれませんが、私には京セラの社長である私と、稲盛個人である私という、二つの「人格」があります。京セラを代表する「公人」としての私と、「個人」としての私がいると言ってもいいでしょう。

そして会社は毎日、一つの「生き物」のように、いろいろなことを決めていかなければいけません。つまり会社は生きているのですが、そこに生命と人格を注入するのは、社長である私にしかできない役割なのです。

京セラという会社は、多くの社員が生活を預ける、非常に大事な組織です。にもかかわらず、株式会社という「無生物」であり、それ単体では生きていられない。私がトップとして、私の全生命と全人格を注入している間だけ生きていられます。社長が個人に返っている間は、呼吸も心臓も止め、生きているのをやめてしまうのです。

私はそのことが心配で、個人としての自分に返れません。京セラという無生物に、四六時中生命を注入することが、私の役割なのです。そうすると、私が個人に返る時間がないことになりますが、家庭を犠牲にし、その他すべてのものを犠牲にしてでも、会社に生命と人格をつぎ込まざるをえないのです。それだけの打ち込み方ができない人は、経営をしてはなりません。そうでなければ、従業員にも株主にも、あらゆる人に迷惑をかけることになります。トップにいい加減な経営をされたのでは、誰もが不幸になっていきます。

私はそのような心配をしているが故に、全身全霊を傾けて経営をしています。一年三六五日のうち半分以上は、アメリカやヨーロッパなどに出張しています。日本にいても、そのうちの半分ほどしか家にいられず、家族と会う機会もあまりありません。

しかし幸いにして、三人の娘は、父親が家にいないことに対する不平不満も言わずに、私の事情をよくわかってくれています。家にいるごく短い時間、家族と会話する中で、必死になって生きている私の「生きざま」をたまに話すだけで、私が企業に全身全霊を打ち込んでいることをわかってくれているのです。

ごく短い時間にしか個人に返れないので、その意味で私の人生は非常に不幸だと思われる方がいるかもしれません。しかし、私は自分の事情を家族に理解してもらっていますから、それでもいいと思っています。そうでなければ、おこがましく社長として人の世話をするわけにはいきません。

もう時間が迫ってまいりました。今後とも、田舎を出てきたときと変わらない、素直で純粋な考え方をもち続けて、驕《おご》ることなく努力をしていきたいと思っています。熊本よりも貧しい隣の県で生まれて、大人になるまで田舎で育った私のような男にこれだけの仕事ができるわけですから、皆さんに「あの程度の男にあれだけの仕事ができるなら、自分はもっと立派な仕事ができる」と思っていただければ、今日ここに来たかいがあると思っております。

非常に拙い話で恐縮ですが、以上で終わらせていただきます。ありがとうございました。

経営の原理原則

非常に移ろいやすく、はかないのが人の心だが、同時に、人の心ほど、どのような逆境の中でも頼りになるものもない。そのように、すばらしい人の心をベースに経営をしなければならない。

◉

すばらしい人の心を求めても、自分の心がすばらしいものでなければ、決して立派な心をもつ人たちは寄ってこない。同僚や部下からの信頼に値するような心を、自分自身がもっているかどうか。自ら信頼されるに足る心を育てていかなければ、事業はうまくいかない。

◉

緊急の判断を行う場合でも、技術的な判断を行う場合でも、組織上の判断を行う場合でも、そのベースを「人間とはどのようにあるべきか」ということに置く。正しいことを正しく貫いていくのだ。

◉

世間がどれほど変化を遂げようと、経営そのものはそう簡単に変化してはならない。経営者は、経営に対する確固たる「哲学」をもっていなければならない。

◉

経済という現象面では、表面上、さまざまな変化が起きる。しかし、経営そのものはそのような変化に付和雷同するべきではない。経営者はいかなる変化があろうとも、根本にまで掘り下げた経営哲学をもち、経営を簡単に変えてはならない。

◉

常識がいいということではない。世間に流行する方法論を表面だけを見てまねしているようでは、立派な経営はできない。自分が信じるに値すると思う「哲学」を、強固にもった上で経営していくことが必要なのだ。

◉

人種が違い、言葉が違い、文化的なバックグラウンドも違う外国人も、同じ人間だ。外国でも「人間として何が正しいのか」を貫く経営を行えばいい。

◉

実業社会の中で成功する立派な実業家になるには、その人がもつ思想は哲学者のように深遠なものでなければならないし、心根はまことに正直で誠実な、元禄武士のようにすばらしいものでなければならない。

また、賄賂をもらう小俗吏のような才をもたなければならない。生き馬の目を抜くような実業社会を生きていくためには、きれいな側面だけではなく、そうした才能も必要だ。ただし、そうした才能は悪賢い方向にも使われかねないので、それを動かす心根や思想は高いレベルのものでなければならない。

加えて、土百姓のような強靭な体をもっていなければ、実業社会の大人にはなりえない。

◉

世の中に事業を起こせるだけのアイデアは、いくらでもある。そのアイデアを形にできるかどうかは、「その人が自分の人生や事業に対して、どれほどの夢を描ける人であるのか」ということにかかっている。

◉

好不況の波は必ずある。不景気の中でも、決して悪いことばかりが起こるのではない。希望に燃えながら、すばらしい夢やロマンを一つひとつ実現していくべきだ。

◉

どんな仕事でも、決して傍から見るほど楽ではない。その中で、社員に夢とロマンを与えられる人でなければならない。

新しい仕事をすぐにあきらめてしまう人が非常に多い。もっと掘り下げていけば、非常に立派な事業になったかもしれないものがある。「うまくいったら続けよう。うまくいかなかったら手を引こう」というような気持ちで取り組むのではなく、愚直に成功を信じて、ひたむきに突き進むことが大切だ。

◉

われわれには、意識下で行動する場合と、無意識のうちに行動する場合とがある。意識下で行動する場合、事業のことを考えているのは、「成功させなければならない」と思っている間だけだ。一方、潜在意識にまで入ってしまうと、たとえ寝ているときでも事業のことを考えるようになる。

◉

「自分の命とひきかえにしてでも成功させたい」というほどの強烈な願望が潜在意識にまで入っていく。そうして寝ても覚めても事業のことを考えてい

◉

れば、必ず成功する。また、そこまで高まった願望をもてるならば、研究や技術開発に限らず、他のことにおいても成功することができる。

◉

自分の仕事に対して誇りも感激もなく、「うまくいったらもっと伸ばせばいい」という程度の願望では、何をやっても絶対に成功しない。何を行うにしても困難に遭遇するものだ。それを承知の上で全身全霊を傾けて行えば、何事も成功する。

◉

京セラという会社を経営するのは、何も稲盛でなく、別の人であってもいい。世界をつくった神が経営の才能をもつ人間を無造作に決めたうちの一人が、偶然稲盛だっただけのことだ。

◉

経営者であるのが、世界をつくった神様が「集団のリーダーになれ」と命じたためであるとすれば、その才能を社会のために使わなければならない。従業員や株主など、取り巻く人々に対して自分の才能を使うことこそが必要なのだ。

◉

世の中の一部の人がリーダーである必然性があるとするなら、それは神様がリーダーの存在を必要だと認めて才能を与えたためなのだ。だから、リーダーはその才能を社会に向けて使うべきであって、個人的な欲望のために使ってはならない。

◉

会社は毎日、あたかも一つの生き物のように、いろいろなことを決めていかなければならない。つまり、会社は生物のように生きているのだが、そこに生命と人格を注入するのは、トップの社長にしかできない役割だ。社長が個人に返っている間、その組織は生きているのをやめてしまう。

KAZUO INAMORI LECTURES

研究開発を成功に導く考え方と手法

マネージメントセンターでの講演——一九七七年二月一七日

背景

稲盛は講演の中で、京都セラミックは自社技術の延長線上で研究開発テーマをとらえていると述べ、そのメリット・デメリットについて説明した。そして、研究開発を成功させるために必要な環境や、リーダーの資質に関する意見を述べている。

研究開発テーマは、自社技術の延長線上で

今日のテーマは「研究開発を成功に導くための考え方と手法」ですが、われわれには一つのパターンがあります。それは、われわれがもっている自社技術の延長線上で、研究開発テーマをとらえるということです。

会社をつくりましてから約一〇年間は、客先をひたすら訪問して、われわれがつくっているセラミックスにはどのようなマーケットニーズがあるかを伺うという、どちらかと言えば技術屋の御用聞きのようなことをしていました。「このようなものができれば、こうした用途に使えるのだが」といった、客先のご要望を満たした製品をつくり続けてきました。

御用聞きが一段落してきました現在、われわれがこの一八年間に開発してきたセラミック材料は、金属酸化物、シリコンナイトライド、シリコンカーバイドなどを含め、約五〇種類に及んでいます。もっと細かく分類しますと、一〇〇種類ほどになると思います。そうしたセラミック材料をつくっていくには、皆さんもご承知のとおり、粉体のプレパレーション（混合）が必要ですが、これにはドライヤーやミキサーなど、いろいろなものを使

います。また、それを成形する方法にしても、押し出してつくる方法や、乾いた粉末をドライプレスで押す方法もあります。他にも、プラスチックで使われているインジェクション・モールディング（射出成形）の方法や、一般にラバープレスと言われるコールドアイソスタティックプレスで成形するものもあり、焼結工程を省いたホットプレスという方法もあります。

そのようにして成形したものを焼結させる炉についても、従来のガス炉もあれば、電気炉もあります。電気炉には真空のものもあれば、いろいろなガス体で中を充満させて、雰囲気を変えて焼いていくものもあります。でき上がったセラミックスを精密に加工する段階では、アルミナセラミックスのような非常に硬いものを二次加工する技術もあります。

このような、われわれがもっている約一〇〇種類のセラミック材料と、それらをつくる過程においてわれわれが開発した独自の製造技術の中から、どれかを使います。われわれが最も得意とする材料もしくは技術、またその二つを組み合わせたものでも構わないのですが、われわれがもつ特徴的な材料や技術の延長線上にあるものから、研究開発テーマを選んでいるのが現状です。

このやり方は、研究開発テーマを選ぶ上で一般に言われていることとは、まったく逆行していると思います。しかしわれわれは、マーケットを無視するわけではありませんが、自分たちがもっている優秀な材料や技術を使ってマーケットを見出していくという、ひと昔前の開発に近い方法を採用しています。

一方、われわれが主に研究開発に取り組んできましたのは電子工業界ですから、「現在の電子工業界のマーケットにはないけれども、このようなものがあれば非常に都合がいいのだが」というような、マーケットニーズをとらえて、製品を開発することも、引き続き行っています。その場合には、いわゆるマーケット・オリエンテッドな研究開発テーマの選び方となるわけですが、その方法も用いた上で、どちらかと言えば、われわれがもっている技術の延長線上で考える方法を用いています。

この方法でいく場合、技術開発の方向は自分がもっている技術の延長線上になりますから、技術開発は楽になります。ただし、その一方、マーケットに製品を売り出していくという、いわゆるマーケット・クリエイションの段階になってきますと、非常に多くの困難を伴います。われわれはそれを承知の上で、この方法を採用しています。マーケット・クリエイションと、技術開発や研究を新しく行って製品をクリエイトすることには、それぞれいい面と悪い面があります。それらをよく検討した上で、われわれは先ほど申し上げた方法を選択しています。

技術開発は、飛び石を打たない

われわれが技術オリエンテッドな開発方法を採用した理由をお話しします。技術開発を進めていかれる、われわれの先輩会社の様子を見ていますと、自分のもっている技術の延長線上にないもので、碁で言うところのいわゆる飛び石を打たれて、新製品がある程度当たって成功されることがあります。しかし、その製品のサイクルが非常に短く、外部環境の変化に対応できないと、後続する製品の開発ができないのです。偶然優秀な技術者を見つけて、その人の技術を使った製品を出していったとしても、その後が続かないために、一時的には非常に成功したように見えて、一〇年や一五年というスパンでとらえると大失敗だったというケースがよくあります。

一方、どのような変化が起こっても、自分の得意な技術の延長線上にあるものであれば、アプリケーション（応用）が利きます。それがもし失敗であっても、ただちにその転換を図ることができます。私は碁を打ちませんが、経営において飛び石を打つのは怖いものですから、必ず技術をつなげて製品を開発していきます。展開が非常に遅いように見えますが、そのほうが手堅いのです。

飛び石のような製品を世に出し、それが少しでも成功すると、多くの会社は相当な資金と労力をつぎ込んでいきます。しかし、それがもし時代の変化に対応し切れなくなった場合、すでに多くの資金と労力をつぎ込んでいますから、非常に大きな痛手を被ることになります。だから、私は飛び石を打たないわけです。

私自身がもっている怖がりな性格から、現在の主流である開発の手法とはまったく逆のことをしており、皆さんからは厳しい反論もあるだろうと思います。しかし、これは私自身の性格からくるものである以上、仕方がないと思っています。

必要なのは技術の「強さ」

この方法を用いる中で一番重視しているのは、選ぶ技術の「強さ」です。われわれの場合、自分たちが開発した材料と、それを使った製造技術の延長線上にあるものの「強さ」について、研究を担当する者と常にディスカッションしています。

柔道に喩《たと》えれば、自分の得意技が一本背負いだとしますと、他の多彩な技も磨くのではなく、一本背負いだけをしきりに練習することになります。問題は、それが地方大会でしか通用しないのか、全国大会までなら通用するのか、それとも世界大会でも通用するのか、ということです。

ばかの一つ覚えのように一本背負いを使いますから、相手もこちらのやり方を心得ており、その一本背負いを防ぐ方法を必ず考えてきます。しかし、磨き抜かれた一本背負いであれば、畳に膝をついてでもかけられます。必ず自分の有利な状況へもち込んで得意技をかけることしか、われわれにはありません。われわれには経験も資本もありませんし、スタッフもそうたくさんいるわけではありません。ですから、自分が最も得意とする技を世界に通用するようなレベルにまで磨いて、その技一本で勝負をかけていくように、研究開発テーマを選んでいます。

そのような方針をとっていますので、ともすればマーケットニーズから離れた、自分たちの得意とする技だけで開発テーマを選ぶ傾向が非常に強いのです。その点では非常に苦労をしています。マーケットニーズをとらえて開発していくことからますます離れ、ひと昔前の偏屈な技術屋による開発テーマの選び方になっているような気がします。

マーケット創造に苦労する

その典型的な例があります。われわれが今一番多くつくっているのは、酸化アルミニウムを主体にしたアルミナセラミックスです。この酸化アルミニウムの粉末を原料として、セラミックスのシートをつくっています。

これは有機溶剤や有機バインダーなどを使って、セラミックスの原料をシート状に成形します。これをロールで巻き取りますと、ちょうど皆さんが食べるチューインガムのようなものができます。それをカットペーパーのようにスリッターで一定の幅に切り、自動のパンチングマシンでいろいろな形状にパンチングしていきます。

生のセラミックスですから、非常にフレキシブルな板です。これにいわゆるリフラクトリーメタル（耐熱性金属）という、モリブデンやタングステンなどの粉末でできたペーストを、そのシート状のセラミックスの上に、オートマティックに印刷します。グリーンシートというセラミックスのシートの上にパターンをつくるのですが、それが電子回路の導体になります。その上に同じセラミックシートを重ねます。セラミックシートには穴が多く開いており、その穴を通してラミネート（積層）されたシート上の回路を電気が走るという仕組みになっています。

重ねるシートは、最大では一八層から二〇層になります。それを特殊な雰囲気の炉で、一七〇〇〜一八〇〇度という非常に高い温度で焼くと、電気伝導体を内蔵したモノリシックな（一枚板の）セラミックスができ上がります。

ここまでくると、積層にしてあることはまったくわからなくなっています。焼き上がると完全に一体化されてしまいます。この非常に高純度のアルミナセラミックスの中に電気回路が入っているものを、われわれが開発して売っていくうちに、電子工業関係で非常に多く使われていき、今日のわれわれの売上の大半を占めるようになりました。

積層するのではなく、回路パターンの上に酸化アルミニウムの粉末を薄くペーストして、完全にコーティングをする方法もあります。

これは電気を通し、非常に低い抵抗をもっています。量産していく間に、「ひょっとすれば、これは抵抗ヒーターになるかもしれない」と思ったので、つくってみました。使っているのはタングステンの粉末ですから、焼結はしていますが、粒子間の結合が若干弱いのです。通電をすると抵抗がぐんぐん上がっていきますから、ある程度までは急激に温度が上がりますが、後はサチュレイト（頭打ち）します。抵抗や厚みなどをいろいろ変えてみると、最高温度を調整でき、温度上昇も非常に早く、かつ温度をフラットにキープできるヒーターがつくれることに気がつき、「これは売れるぞ」と思い、開発陣にヒーターの開発をするように指示をしました。

先ほど言いましたように、われわれは技術オリエンテッドな開発をしていますから、「できた後は、何に使ってもらおうか」と考えました。その結果、「中はタングステンで、非常に酸化がしやすいメタルですが、腐食にはたいへん強く、気密性の非常に高いセラミックスでコーティングされています。温度を上げてもなかなか酸化しにくいので、非常に寿命も長いはずです」という謳い文句を考えて、どこへ使ってもらえばいいかを検討しながら、マーケティングの担当者が客先を訪問してまわりました。しかし、なかなか使ってもらえませんでした。

そこで、「ハンダごてに使ったらどうか。ハンダごてには電気ヒーターが使われるので、非常にいいかもしれない」と思い、ハンダごてのメーカーにもって行きました。しかし、温度が上がり過ぎたり、温度の上下変化が非常に大きかったりして、クラックが入るなどの問題が発生し、頭を悩ませました。最近になり、ある自動車の部品にもわれわれのヒーターが使われるようになり、ようやく世の中で認知されてきました。

開発についてはわれわれがもっている技術の延長線上で考えればいいので、簡単に思いつきでいけたのですが、製品をつくってからマーケット・クリエイションを行うのに、三〜四年もかかりました。

今お話ししたのは、マーケットをクリエイトするのに研究開発と同じぐらいの時間を要したという卑近な例です。

市場が存在しなければ、自分でつくればいい

皆さんはご存じかと思いますが、セラミックスを研究しているわれわれにとっては、主に金属酸化物などで構成される、いわゆる鉱物結晶が研究のベースになります。最近はエメラルドなどの宝石が非常に払底《ふってい》してしまい、非常に粗悪な石が高い値段で売られています。そのような現状を見て、「うちの技術を使って、エメラルドをつくればいいのではないか」と思いました。単結晶をつくる技術には、今わかっているだけでも五つの技術がありますが、そのうち最も有効な三つの技術を同時に使えば、立派なエメラルドをつくることができます。天然のエメラルドの品質がとても悪くなって、値段が非常に高騰しているだけに、多くの人に喜んでもらえるだろうと考え、七年前から研究を始めました。

しかし、なかなか結晶が成長せず、成長しても中にインクルージョン（不純物）が多く入ってきて、宝石になりません。いろいろな方法を試してもうまくいかず、途中で何回も「こんな道楽のようなことはやめよう」と思いました。しかし、「せっかく結晶技術をもっているのに、あきらめるのはもったいない。もう少しだけやってみよう」と思いなおし、研究を続けてきました。

そして一昨年に、ようやく非常に美しいエメラルドができました。現在では最大で三カラットのものをつくれます。これは数ヵ月のうちに一個か二個しかできません。ところが、喜び勇んで宝石店へもって行ったところ、総スカンを食らいました。

「ガラスに色がついたイミテーションなら、まだかわいげがあるけれども、本物と同じようなものを勝手につくられたのでは、業界が混乱をする」と言われて、まったく見向きもされませんでした。「安くつくれば喜んでもらえるだろう」という単純な発想が、ものの見事にうまくいかなかったわけです。

私は技術屋として会社をつくってから、今日までずっと、「これをやったらうまくいく」という確信をもって開発に取り組めたわけではありません。この一八年間は、成功するかもわからない開発に明け暮れる毎日でした。技術開発も自分で担当しましたし、マーケットの創造も自分で行ってきました。自分がマーケットニーズをとらえて開発したのではなく、自分の得意技だけを使ってマーケットを無視した結果、製品が売れなかったので、「それならば、マーケット・クリエイションも技術開発や研究開発と同じはずなのだから、今度は自分でマーケットをつくろう。マーケットが存在しなければ、自分でマーケットをつくればいいではないか」と思ったのです。

ですから、エメラルドについても、「ナチュラルジュエリー（天然宝石）と、イミテーションジュエリー（人工宝石）という二つのカテゴリーがあるならば、その間にクリエイテッドジュエリー、またはシンセティックジュエリー（合成宝石）のカテゴリーをつくろう」と考えたわけです。そうしたものは、ルビーやサファイアなど、実はすでに過去にありました。しかし、これらはイミテーションに近いような値崩れをして、どうにもならない状況になっています。そこで、「天然と同じ化学成分の結晶をもったものを、このマーケットの中で認知させよう。そのためにはどのような戦略を組めば良いか」と考え、技術開発とまったく同じような手法で、現在チャレンジをしています。

研究開発や技術開発と同じように、マーケット・クリエイションそのものも新しいものへのチャレンジであり、新しいことの創造という点でも、これらはまったく同質のものだと思っています。ただし、技術オリエンテッドな開発テーマの選び方をしているために、たいへんな苦労をしているのが現状です。

しかし、現在でもわれわれのやり方が間違っているとは思っていません。やはり、今のやり方を続けていくつもりです。一般的には、もしマーケティングの力が非常に弱い場合には、九九％の人がギブアップするだろうと思います。われわれのエメラルドを扱うにしても、自分の技術オリエンテッドな開発に七〜八年もお金を費やして取り組んでいっても、ものの見事に失敗し、結局商売にならないでしょう。しかし、われわれはギブアップせず、今もマーケット・クリエイションを必死に行っています。

先ほども申しましたが、私は研究開発とマーケットの開拓とはまったく同じだと思っています。その前例が、養殖真珠をつくられた御木本幸吉《みきもとこうきち》さんです。当時は、おそらく天然真珠が全盛の時代だったでしょうし、その中で養殖真珠を世間に認知させるには相当時間もかかり、多くの妨害もあったはずです。けれども、御木本さんが「できる」と強く信じ込んだからこそ、養殖真珠を認知させることができたと思っています。ですから、研究開発をする場合でも、マーケット・クリエイションを行う場合でも、やはりある種の「狂」の状態のようなものがないと、私はどちらも決して成功しないのではないかと思っています。

材料・技術・部品の織り成す可能性

われわれは現在、材料開発を行っていますが、まだまだこれを続けていくつもりです。われわれが材料から部品まで幅広く手がけていますので、「京都セラミックは、いずれ完成品をつくるのではないか」というご質問が、よくお客様や外部の方から寄せられます。しかし、われわれは現在のところ、最終製品をつくるつもりはありません。われわれがもっている技術を使って、今後しばらくは材料開発を行っていき、もっと豊富な材料を開発していきたいと思っています。

そして、われわれが手がけている材料と部品、部品をつくる過程で手に入れたユニーク（独自）なテクノロジーの組み合わせを進めていきたいと思っています。今年は、研究開発テーマのとらえ方を考えるスタッフを集めて、社内に作戦を立てる参謀本部のようなものをつくる予定です。この本部の中で、「われわれがもっている技術に、この材料を組み合わせた場合は、どのようなものができる可能性があるだろうか」「この材料に、この部品とこの技術を組み合わせた場合は、どのような可能性があるだろうか」ということを、われわれがもっている技術の延長線上で検討していこうと考えています。

現在、非常に特徴のある材料が開発されつつあります。そうした材料を使えば、材料メーカーであるわれわれならではの新しい製品ができると考えています。「材料と技術と部品の組み合わせによって、どのような可能性が生まれるのか」「その可能性はどのマーケットにアプローチすれば受け入れてくれるか」というようなことを考えながら、研究開発テーマを選んでいきます。

これが当社の主流ですが、マーケットが要求しているものを吸収して製品をつくることも、もちろん行っています。マーケットのニーズをとらえていけば、自社技術の延長線上で考えるよりも多くのニーズがあるはずです。われわれはそうしたものももっと手がけたいのですが、その場合にはどうしても飛び石の経営になってくるので、どれか一つの石を切られると、他の石も全部死んでしまう危険性があります。ただし、日本の企業間において、最近では技術者の流動性がいくらか高まってきていますので、適当な人材が社内にいない場合には、マーケットニーズによっては新たに人を採用し、飛び石の開発をすることはあります。

お客様にとって付加価値の高い製品をつくる

もう一つお話ししたいことがあります。皆さんは大企業にお勤めの方が多いので、大きなプロジェクトを手がけておられると思います。われわれは非常に小粒な開発しかできていないのですが、昔から開発を行う中で、高い付加価値をもったものをつくろうとしています。現在のオイルショックによって広まった「省資源」という言葉がありますが、われわれの場合には企業規模が小さかったものですから、使えるお金が少なかったこともあり、必然的に省資源型の製品をつくらざるをえませんでした。会社ができた瞬間から、そういう宿命を背負わされていましたので、省資源型の製品づくりを現在も続けているのですが、少ない材料でどれだけ高い価値を生み出せるかということが、われわれが研究開発のテーマを選ぶ上での最大の目標になっています。

その付加価値について、われわれには独自のとらえ方があります。それは、一般の技術者の方が考えておられるようなものではありません。一般には、つくる側が「これは非常に高い価値があるものだ」と考えがちですが、それがどの程度の価値をもっているかは、バイヤーサイドが決めるものです。ですから、われわれが研究開発した製品をお客様が採用され、その結果としてお客様が非常に喜んでくださる場合、つまり、お客様が使うことで製品の価値が高まる場合、われわれはその製品に付加価値があると言っています。

少ない材料を使って、なるべく高く売れる製品をつくるのが望ましいのですが、高く売れると言っても、お客様が無理をして買ってくださっているようではいけません。お客様がその値段を適正だと思って買われ、それを使った製品を売ることで大きな利益を上げられ、非常に喜ばれるようなものをつくるべきだと思っています。研究開発テーマを選ぶ場合には、特にそうしたことを社内で検討していきます。

開発した製品の中には、いわゆるブラックボックスのような未知の部分が必ずあります。すでに広く一般に知れわたったものを組み合わせただけで、何も新しいところがない製品をつくったのではいけないと思っています。既存のものを使った場合でも、未知の部分の相乗効果で、われわれはまったく新しい特徴をもったものをつくることができます。

われわれがつくっているものの中には、特殊なテクノロジーとでもいうようなものが、必ず入っています。そうしたものは、外部からはうかがい知ることはできません。職人の場合でもそうだと思いますが、「あの味がどうしても出せない。どのようにして出しているのだろうか」というブラックボックスのようなものが存在しなければ、製品開発をする値打ちがないと考えています。そうでなければ、つくった瞬間にすぐ他社にまねられてしまうし、たちまちに付加価値が小さくなっていくからです。

世の中がオイルショックの影響で低成長時代を迎え、非常に大きく変化をしています。そのような中で、私は社内で「今こそわれわれの時代ではないだろうか」と言っています。この一八年間、毎日が開発で明け暮れてきました。われわれは、単一製品を大量生産して売上を最大にする形で発展してきたわけではなく、常に開発テーマを探して、開発した製品をマーケットに流していくことを繰り返してきました。今日のような低成長時代になってくると、新製品を開発する能力の有無によって、企業間の格差が非常に大きくついていくでしょう。まさに今こそ、われわれが今日までやってきたことが、いよいよ生きてくるときではないだろうかと思っています。特に技術陣に対しては、非常に夢と希望のある時代が来たと思っていますので、「われわれの技術開発にはすばらしい未来とロマンがある。

だから全員で力を合わせてがんばろう」と言って激励しています。

開発テーマよりも、プロジェクトリーダー不足

最近になり、われわれの会社も年商四〇〇億円を超える規模になってきましたが、そのことで今、私が一番悩んでいる問題があります。今までは規模の小さい開発を行っていても、当社の発展につながってきたわけですが、四〇〇億円以上の年商になってきますと、規模の小さい開発テーマに少々取り組んでいたのでは、会社の業績に大きく寄与しないのです。

今までつくっていた製品のサイクルが短くなっており、中には消えていくものもあります。ですから、売上が減少するところを新製品でカバーし、ましてや売上を伸ばしていくとなると、相当な開発スピードを要求されることになります。昔は月産一〇〇〇～二〇〇〇万円のテーマでも、開発すれば飛び上がって喜んだものですが、今となってはその程度の規模では焼け石に水であり、非常に苦慮しています。しかし、われわれの頭脳では他社が耳を疑うような大型プロジェクトができるわけではありません。資金的にも非常に問題があります。

結局、開発テーマも規模の小さいものしか思いつかず、どうしても小さいプロジェクトになってしまいます。プロジェクトの規模が月産一〇〇〇〜二〇〇〇万円程度のものですと、それを一〇並べても月産一〜二億円程度にしかなりません。月産一〇〇〇〜二〇〇〇万円になる新製品も、月産一〇億円の製品に育つものも、開発する努力においては、実は同じです。

しかし、そうした大きな売上が立つ製品を開発できるメンバーは、われわれの中にはそう多くはいません。開発は、頭が良ければ誰でもできるというものではありません。特殊な才能をもった人間を、一〇人必要なら一〇人集めるというのは、社内ではなかなかできないのです。

そういうわけで、小さい規模の開発テーマしか選択できないのが現実です。もちろん、大きいものを狙おうとは思っていますが、なかなかいいテーマがないのでジレンマに陥っています。ないものを狙っていても仕方がありませんので、現在では同時に一〇から二〇の小さい規模の開発テーマを決めて、開発を進めさせています。

これは研究所だけで行っていることではありません。われわれは各事業部の中に技術開発部門を設けており、経費の範囲内で開発を行わせています。研究所ではもっと基礎的な材料の研究のみを行わせており、応用研究については、各事業部の技術開発部門に開発を行わせる体制をとっています。

これは現在の私の心境なのですが、昨年までの電子工業界は、特に部品業界は年初からたいへんなブームだったように思います。カラーテレビやCBトランシーバーの売れ行きが好調で、オイルショック後の大不況が忘れられたかのように、大きな需要がありました。ところが、昨年の九月頃をピークに、本年に入っても横ばい、もしくは緩やかな下降線をたどっています。その中で、電子工業関係の新製品が次から次へと開発され、今まで売れていたものでも売れなくなっていき、われわれは製品の開発に追いまくられています。しかし、先ほども申しましたように、選ぶテーマも小粒のものでしかなく、さらに、そうしたテーマを数多くこなす上で、それを推進できるプロジェクトリーダーが不足しており、非常に悩んでいます。

テーマを担当する人材の不足については悩んでいますが、規模の小さいものを含めますと、研究開発テーマをとらえること自体については、今日までそれほど困っていません。「どのような研究開発を行えばいいのだろう、何かいいテーマはないだろうか」というような話を聞くことがよくあるのですが、われわれの場合には開発テーマを選ぶこと自体に苦労したことはありません。それは、置かれた立場が楽なものであるからなのかもしれません。われわれは最も基礎的な材料開発という分野にいますので、いろいろな応用が利くことがあるのも原因だと思います。その点では、開発テーマは無限にあると思っています。しかしそれは、マーケットを無視した開発をするからなのかもしれません。そうした点もあり、開発テーマの規模と、大きな開発テーマを任せられる人材に困っているのかもしれません。

研究開発リーダーに求められる人間性

私がもう一つ非常に困っているのは、研究開発を進めていく上での人の組み合わせです。「この研究であれば、彼が適任ではないだろうか」と考え、その人をリーダーにしてプロジェクトを組みます。その際に、技術的な能力以上に、リーダーのもつ人間性が研究開発の成否を決めていくような気がします。

高度な技術や優れた能力を多くもち、研究開発に対する旺盛な意欲ももっており、自分の研究プロセスを冷静かつ非常に厳しく見つめられる人、そしてときには研究を行う自分自身を非常に厳しく追及することができる人でなければ、やはり期待したような研究はできないような気がします。自分の研究には愛着が湧いてきますから、ともすれば、自分の研究のプロセスを正当化しがちな甘い人では、優れた研究はできないように思っています。

新製品の営業担当者には兼任させない

同時に、研究成果をプロダクション（製造部門）に移す場合でも、私は難しい問題があるように思います。さらに、それをマーケットへ導入していく場合も、同程度の困難さがあるような気がしています。

われわれの場合には、研究開発を担当するメンバーは、そのままプロダクションに入っていきます。プロダクションに入ったメンバーは、セールスにまで入っていきます。新製品の営業については、従来の製品を売っている者には兼任させません。

どんなに売上の少ない、例えば月に五〇万円しか売れない製品であっても、営業は専属の人間に担当させて、「これを売らなければ食べていけないのだ」という、自分が置かれた物理的条件をよく認識した上で営業を行うようにさせています。

よく、新製品を次々につくり、従来の営業ラインの中へ流していっても、なかなか売上が伸びていかないことがあります。既存の製品が売れていますので、営業担当はお客様のところに行っても、新製品の話を軽くするだけで、要求があれば売りはしますが、必死で売ろうという気持ちになっていないのです。そうならないために、われわれは採算が合わない場合であっても、新製品については営業も製造も従来のラインからすべて切り離した状態にしています。

私を含めた八人で会社をつくり、今日のようになりましたが、これまでの過程がベンチャービジネスそのものであったために、現在もいわゆるインハウス（企業内）ベンチャービジネスを行わせています。

先ほど、各事業部の中で経費の範囲内で研究開発を行わせていると言いましたが、それが大きなプロジェクトになってきますと、各事業部からメンバーを出し、プロジェクトチームをつくります。その瞬間からプロジェクトに新しい名前をつけて、事業部も設けます。もちろん、役員で事業部長を務めている者もいますが、それまでは係長や班長を務めていた者で、プロジェクトができたことで、現在事業部長という肩書きの者もいます。一つのユニットとして研究開発を進めていくものを、われわれは事業部と呼んでいます。別会社と同じように、営業部門までもつような体制にした上で、広く裁量を与えて研究開発を進めています。

自らをハングリーな状況に置く

われわれは、これをインハウスベンチャービジネスとして行っているのですが、それでも問題があると思っています。それは、本社のほうで資金の面倒を全部見るので、事業部は資金の心配をする必要がないということです。

われわれが会社をつくったときには、資本金三〇〇〇万円、外部からの借入一〇〇〇万円、合わせて一三〇〇〇万円のお金で、ぎりぎりの状態でここまで来たのですが、このインハウスベンチャービジネスは、資金的に追い詰められた状態ではありません。研究開発を進める間に新しい機械が必要になれば、買ってもらえるわけですから、その点ではインディペンデントな（独立した）ベンチャービジネスとは若干違うのです。そして、それが非常に大きな問題だと感じています。

研究開発をどうしてもやり遂げるためには、リーダーがもつ意欲、熱意、情熱といったものが大事ですが、それをさらに高めていくには、やはり物理的な環境条件というものも必要だと思います。研究開発を進めていきますと、いろいろなバリアに遭遇します。バリアに頭を打ちつけたら、いろいろな人に知恵を貸してもらったり、意見を聞いたりするのですが、そのバリアを乗り越えていくのは、結局はリーダーがもっている情熱やエネルギーだと思っています。

これはまったく非科学的なのですが、物理のエネルギー法則と同じように、リーダーとその集団が開発テーマに注ぐ情熱やエネルギーの量と、バリアの高さとが同じになる必要があると考えています。つまり、すさまじいエネルギーや情熱を注ぐことにおいてしか、そのバリアを越えられないということです。

私の経験では、一つのテーマに取り組む場合には、およそ四〜五回は「もう越えられない」と思うようなバリアに遭遇しますから、肉体的にも精神的にも非常に消耗します。ですから、研究開発に対する情熱を人一倍もった人間をリーダーにしなければならないのですが、それをさらに掻き立てる条件は外部環境だろうと思います。

例えば、お金の問題が切羽詰まってくるとして、自分の給料ももらえないし、部下の給料も出せないという状況下に自分自身を追い込んでいきますと、すさまじいエネルギーがほとばしる、いわゆる「狂」の状態になっていきます。その状態のときに出ていくエネルギーでなければ越えられないバリアが多いような気がしています。

そうした条件にしていく場合、インディペンデントなベンチャービジネスでなければ、そこまで追い込むことはできません。社内ですと、本人が望んだわけでもないのに偶然、テーマやリーダーが決まっていくわけですから、従業員の給料やボーナスについて、私は大きな差をつけていません。業績結果によって評価をあまりに大きく変えると、一部の人は非常にエキサイトするかもしれませんが、大半の人を非常に失望させて、職場のモラール（士気）が下がることがありますので、研究開発でいろいろな成果を収めた場合でも、評価に大きく差をつけることをしていません。そうであるだけに、インハウスベンチャービジネスの限界というものを感じています。

できれば物理的条件を変えて、自分をハングリーな状態に置ける人が、それができないにしても「狂」の状態にまで自分自身を高めていき、そこから出るエネルギーや情熱で、研究開発を自ら進めていくことが望ましいのですが、そのような人はなかなかいないものです。ですから、インハウスベンチャービジネスのやり方に対しても、われわれとしては現在いくらか困っている状況です。

京都の企業は相互に技術提供を行うべき

われわれが仕事上のおつき合いをしている、京都の二～三の中堅企業の方々と話をする中で、先般から私が「こういうものをつくったらどうだろう」と言われているものがあります。

マーケットニーズをとらえて、「このようなものをつくれば売れそうなのだが」と思えるような製品があったとして、それをつくるための技術は自社に一つぐらいはあるけれども、その他の技術がないというケースが多くあることに、皆さんもお気づきだろうと思います。われわれのいる京都の経済基盤は非常に小さく、たかだか中堅企業群がある程度であり、その中で各企業が重複した基礎研究を行っています。これはもったいないのではないかと思います。

そこで、京都技術アレンジメントセンターのようなものをつくったらどうかと思います。自分たちが所有する技術をそのセンターに登録して、ライブラリーとしての機能をもたせておきます。あるメーカーがあるものをつくりたいと考えているが、特定の技術がない場合に、各企業がもつ技術のインデックスを、そのセンターで図書館のように調べることができます。その中に自分が望むめぼしい技術があった場合には話し合いを行い、同業者の場合には少々問題があるかもしれませんが、ロイヤリティを代価に技術を提供してもらうのです。

ある専門分野ではごく当たり前で、特別難しい技術ではないものも、他の専門分野ではそれが逆に非常に難しく感じられることがあります。そのような技術はいくらもありますので、それらを非常にリーズナブルな値段で提供してもらえるのであれば、各企業は研究開発がもっとうまく進むのではないかと思います。

このように、技術やノウハウの価値をもっと認めようではないかと思っています。一般に、企業はお互いに技術の盗み合いを行っています。そうではなく、技術を相互提供するセンターをつくって、各企業を結びつけていくコーディネーターのような人材がいれば、今まで非常に困難であった研究開発が大幅に進む場合があるのではないでしょうか。このように思い、今申し上げたような提案をしたわけです。

流通にしても、同様のことが言えます。われわれはエメラルドの再結晶宝石をつくっていますが、その中で流通の問題があります。われわれは完成品をつくっていませんから、流通ネットワークをつくれる人間がいません。今でこそ、頭を何度もぶつけて歩き回った結果、銀座と京都の四条に直営店をつくりましたが、最初は代理店をどこへつくればいいかもさっぱりわからず、一生懸命全国を走り回ったりするなどして、お金がかかるわりには、なかなか効果が上がらない取り組みをしていました。

他の会社では、流通関係で非常に多くのベテランの方々がノウハウをもっておられます。そこで、「このネットワークを使って、代理店契約はこのようにすればいいんですよ」ということを教わり、それに対して売上の数%程度のノウハウ料を払ってもいいのではないかと思います。

このように、何も技術をテクノロジーに限定するのではなく、流通やデザイン、ファッションなども広く含めて技術として、それらをお互いにアレンジするようなことをしていけば、もっと研究開発が進むのではないかと考えています。

日本は特に中小企業の数が非常に多いので、重複する研究開発や技術開発を同時に行っていたのでは、国家的にも非常にロスが多いのではないかということから、今申し上げたような提案をいたしました。

研究開発テーマは、少々難易度の高いものを

研究開発テーマを選ぶ場合に、われわれは必ずと言っていいほど、現在自分たちがもっている技術では少々難易度の高いテーマを選びます。それはトップである私が選ぶ場合もありますし、研究開発担当の役員が選ぶ場合もありますし、部下のほうから上がってくる場合もあります。

いずれにしても、開発テーマを選ぶ場合には、自分のもっている開発能力というのは、アップデートされてどんどん伸びていくのですから、それを未来進行形で評価できる能力

をもっていなければなりません。

「現時点における、自分と自分を含む部下の開発能力はこのくらいである。しかし、今年の後半には、おそらくこのような研究も行っていくだろうし、その間に他の専門家もチームの中に入れていけば、このくらいのパワーになるだろう。そうすると、来年の夏頃にはこのくらいのパワーになっているだろう」というようなことを考えます。つまり、自分を含めた今のチームの成長と、後から入ってくる者の成長も含めて、開発能力を未来のある時点においてとらえるのです。その能力は現在も含め、未来のある一点でも向上し続けているのですから、その一点における自分たちの開発能力の評価が正しくできなければ、開発リーダーにはなれないと言っています。

われわれは昔から、非常にチャレンジングな会社で、自分たちの技術を未来進行形でとらえればつくれそうな製品の引き合いを客先からいただき、開発に取り組んできました。現在取り組んでいる中でも、われわれがアメリカから四～五年前に導入した、単結晶サファイアを連続で引き上げていく技術を使ったものがあります。単結晶サファイアをチューブ状や三角形などのどのような形状でも、軸方向も決めて思いどおりに引き上げるという技術を使い、単結晶サファイアを工業材料に使おうとして、現在いろいろな応用を図っているのです。

その中に、単結晶サファイアの表面にいわゆるエピタキシャル成長をかけて、非常に薄いシリコンの膜をサファイアの表面につけるというものがあります。これをSOS（シリコン・オン・サファイア）と言います。これで半導体デバイスをつくると、従来のシリコンウェハを使うよりは電力消費が非常に少なく、メモリなどにすると非常にスピードのあるものができることがわかっています。これは決してまったく新しいものではありませんが、新しいデバイスをつくるためのSOSを、その応用として開発しています。

最近、ファクシミリを非常に安くつくろうという動きが日本中で見られます。電電公社でも、そのようなものを家庭用の電話線につなぎ、一〇万円以下のファックスを各家庭に入れようという動きがあります。その中で、どうしてもプリンタのヘッドになる部分を非常に安くつくらなければいけないという問題があります。そうしたニーズがあり、SOSをベースにすれば非常にいいプリントヘッドが安く量産できるはずだと考えました。

プリンタのヘッドは非常に小さい部分がヒーターになっており、それを加熱して印字をします。そのSOSの中に、ダイオードや抵抗部分、さらにできればドライブサイドも一体化させたものが、先ほど申し上げたセラミックスの積層技術と同じような概念でできるはずだと考え、試作を行っています。

一〜二社のお客様にそのことを話したところ、「そのような製品は今非常に欲しいところだったので、ぜひ試作をやってくれ。いつ頃できるのか」と言われました。それに対して、まだできてもいないのに、「本年の六月末頃には、三個ほどのサンプルはつくりましょう」というようなことを言うわけです。お客様に請われて、そのように答えるケースが非常に多いのです。

その場合に、先ほど私が言いましたように、自分のチームがもっている開発能力を未来進行形でとらえることが大事なのです。そうした評価が正しくできず、例えば非常に慎重になり過ぎて、「六月と言われても、やってみなければわかりません」と言っていたのでは、お客様から注文をいただくことはできません。また、簡単に「できます」と言っても、実際に六月になってできていないと、お客様はわれわれの試作品を使ってファクシミリを試作しますので、たいへんなご迷惑をかけることになってしまいます。

やはり、自分たちの開発能力を未来進行形でとらえて、正しく評価することが非常に大事ではないかと思います。これはトップと研究開発をする人間との間でも同じだと思います。トップから質問され、「これはいつまでにできるんだ」と言われた場合に、「トップの評価を悪くされても困るから」という理由で慎重になり、時間を引き延ばせばいいというようなものではないと思います。やはり、トップからの要求にチャレンジするという冒険心のようなものがないと、トップから正しく評価をしてもらえないでしょう。

開発能力を未来進行形でとらえることは、逆に言いますと、自分が上司やトップ、お客様に約束したことに対して、自分を追い込んでいくことになります。自分にとって都合の悪い状況をつくり、自分を追い込んでいくのです。人間というのはどうしても易きにつきますから、自分を追い込んでくれる外部環境、状況を自分からつくることが必要なのではないだろうかという気がしています。

研究開発に求められる「企業家精神」

研究開発を行う人には、よく言われている企業家精神というようなものが非常に重要である気がします。いわゆる勤め人、サラリーマンの気持ちのままの研究開発者では、優れた研究開発はできず、やはり研究開発を行う者こそ、企業家精神にあふれていなければならないと思います。

例えば、「なぜこの研究開発を行うのか、なぜその期日までに終えなければならないのか」という思いを抱くことなく、ただ「言われたから」「指示されたから」という程度の動機づけで研究開発を行うような人は、熱意が非常に弱いのです。企業家精神が非常に旺盛で、その研究開発の必然性を自分自身で正しく認識でき、正しい動機をもち、部下にも研究開発の意義を説得できる人でなければ、開発リーダーは務まらないと感じています。

それと同じように、繰り返しになりますが、研究開発のような新しいクリエイティブなことができる人というのは、ある種の「狂」の状態をもっている人でなければならないと思います。大企業の社長になった人を見ますと、何かを成し遂げる人間というのは、やはり「狂」の部分をもっている人だと思います。

一方、われわれが技術開発を行う場合には、専門性があって非常に頭が冴えると同時に、冷静に自分の成果を分析できなければいけませんから、どうしてもノーマルな人間を選んでしまいがちです。しかし、平時には非常にノーマルな常識人であっていいのですが、ことに遭遇したときに、「狂」の世界に入れる人間でなければなりません。あることを成し遂げた人を見ますと、普通の状態からして、すでにいくらか「狂」の部分をもっている人が多くおられます。そうした方々のお話を見たり聞いたりしますと、常識で考えればおかしいのではないだろうかと思うような、とてつもないことを言われる人がおられます。

われわれの場合には、そのような規格はずれの人では困るので、やはりノーマルな常識人で、ある程度謙虚さももっていると同時に、ひとたびことに遭遇すれば「狂」の状態に入れる人でなければならないと思います。ことにあたって「狂」の状態に入るためには、物理的な環境条件が要るのですが、それをわかりやすく言いますと、ハングリーな状態です。

私はボクシングが非常に好きなものですから、よくボクシング中継を見ていますし、実際にやってみたこともあります。ボクシングの試合でパンチが同時に入りますと、どちらの選手も攻撃が効いて、ガクッと膝が崩れます。このように打ちのめされた体力の限界の状態から踏ん張りがきくのは、「このチャンピオンの座から落ちたら食べていけなくなる」というハングリー精神だと思います。そうした物理的条件が選手を「狂」の世界に引っ張り込んで、自分を追い込み、最後に勝つことができるのだと思います。

そうした外部条件のもとで、自分を「狂」の状態に追い込んでいくことが非常に重要なわけですが、さらに言えば、私はそうした物理的な条件を意図的に自分でつくりながら、同時に「狂」の世界と常識の世界とを自由に行き来ができるような人でなければならないと思います。それはまさに、夢と現実の中が行き来できるということだと思います。

私の場合、難しい研究開発のことを考えていると、朝起きてから夜寝るまで、ご飯を食べるときもそのことだけを考えてしまうことがあります。そのうちにプロセスから結果までが頭の中で見えてしまい、まだ何もできていないのに、「できる」と周りに言い出します。今までは漠然と夢の中で考えていたものが、いつの間にか現実と分離できなくなり、一体になってしまうということがよくあります。

夢と現実の世界の間、「狂」と常識の世界の間を行き来するのは、この地球と宇宙との間を移動するようなものではないかと思っています。人工衛星を飛ばして宇宙に上がるには、猛烈な推進力とエネルギーが必要ですが、無重力の空間に入りますと、エネルギーをあまり必要としなくなるほど簡単に進めるようになります。最初はそんなことなどまったく不可能な感じがするのですが、実はそうではないのです。

つまり、研究開発を行う人は、取り組んでいるテーマを「可能性があればやりたいなあ」というような夢のままにしていてはいけないのです。現実と夢の世界がだんだん縮まってきて、実際にテーマの開発に成功したかのような錯覚をするぐらいにならなければなりません。この二つの世界を自由に行き来できるタイプの人でなければ、優れた研究開発はできないと思います。

革新的なことを成し遂げるのは素人だ

最後に、私の持論をお話しします。私は、革新的なことを成し遂げるのは素人だと思っています。専門ばかでは絶対にできません。もちろん、専門的な知識や技術はもっていなければなりません。しかし、専門性を軽視するわけではありませんが、専門の中にどっぷり浸かり込んだ人では、革新的な研究開発は絶対にできないと思います。素人にこそ革新的な開発ができるのです。

いくら専門家であっても、常に素人と同じような新鮮な目で物事を見ていくことが大事です。常に好奇心をもち、常に澄んだ目で物事を見ていく、素人のような純粋な目がなければ革新的なことはできないと思います。専門の中にどっぷり浸かり込んだ専門ばかよりは、素人を起用したほうが成功するケースが非常に多いというのが、私が経験から感じていることです。

話をまとめますと、研究開発を行うにあたり、素直で謙虚な心をもち、人一倍研究開発に情熱を燃やし、ときには「狂」の状態に移れるようなタイプの人でなければ、優れた研究はできないのではないだろうかと思っています。

以上で私の話を終わりたいと思います。ありがとうございました。

経営の原理原則

自分のもっている技術の延長線上にないもので、碁で言うところのいわゆる飛び石を打って、新製品が成功することがある。しかし、その製品のサイクルが非常に短く、外部環境の変化に対応できないと、後続する製品の開発ができない。

◉

どのような変化が起こっても、自分の得意な技術の延長線上にあるものであれば、アプリケーション（応用）が利く。それがもし失敗であっても、ただちにその転換を図ることができる。

◉

経営において飛び石を打つのは怖い。だから、必ず技術をつなげて製品を開発する。展開が遅いように見えるが、そのほうが手堅い。

◉マーケット・クリエイションも技術開発や研究開発と同じであるはずだ。マーケットが存在しなければ、自分でマーケットをつくればいい。

◉研究開発をする場合でも、マーケット・クリエイションを行う場合でも、ある種の「狂」の状態のようなものがないと、どちらも決して成功しない。

◉一般には、つくる側が「これは非常に高い価値があるものだ」と考えがちだが、それがどの程度の価値をもっているかは、バイヤーサイドが決めるものである。だから、研究開発した製品が採用され、その結果としてお客様が非常に喜んでくださる場合、つまり、お客様が使うことで製品の価値が高まる場合、その製品には付加価値があると言える。

技術的な能力以上に、リーダーのもつ人間性が研究開発の成否を決める。高度な技術や優れた能力を多くもち、研究開発に対する旺盛な意欲をもっており、自分の研究プロセスを冷静かつ非常に厳しく見つめられる人、そしてときには研究を行う自分自身を非常に厳しく追及することができる人でなければ、期待したような研究はできない。

◉

研究開発を進めていくと、いろいろなバリアに遭遇する。そのバリアを乗り越えていくのは、結局はリーダーがもっている情熱やエネルギーである。物理のエネルギー法則と同じように、リーダーとその集団が開発テーマに注ぐ情熱やエネルギーの量と、バリアの高さが同じになる必要がある。つまり、すさまじいエネルギーや情熱を注ぐことにおいてしか、そのバリアを越えられない。

◉

開発テーマを選ぶ場合には、自分のもっている開発能力というのは、アップデートされてどんどん伸びていくのだから、それを未来進行形で評価できる能力をもっていなければならない。

◉

自分を含めた今のチームの成長と、後から入ってくる者の成長も含めて、開発能力を未来のある時点においてとらえる。その能力は現在も含め、未来のある一点でも向上し続けているのだから、その一点における自分たちの開発能力の評価が正しくできなければ、開発リーダーにはなれない。

◉

自分が上司やトップ、お客様に約束したことに対して、自分を追い込んでいく。自分にとって都合の悪い状況をつくり、自分を追い込んでいくのだ。人間というのはどうしても易きにつく。だからこそ、自分を追い込んでくれる外部環境、状況を自分からつくることが必要なのだ。

◉

企業家精神が非常に旺盛で、その研究開発の必然性を自分自身で正しく認識でき、正しい動機をもち、部下にも研究開発の意義を説得できる人でなければ、開発リーダーは務まらない。

◉

自分を「狂」の状態に追い込んでいく。そうした物理的な条件を意図的に自分でつくりながら、同時に「狂」の世界と常識の世界とを自由に行き来ができるような人でなければならない。それはまさに、夢と現実の中が行き来できるということだ。

◉

専門の中にどっぷり浸かり込んだ人では、革新的な研究開発は絶対にできない。素人こそ革新的な開発ができる。いくら専門家であっても、常に素人と同じような新鮮な目で物事を見ていく。常に好奇心をもち、常に澄んだ目で物事を見ていく、素人のような目がなければ革新的なことはできない。

KAZUO INAMORI LECTURES

戦う中小企業の販売戦略

日本青年会議所（JC）経営開発シンポジウム講演

――一九七九年九月七日

背景

一九七九年度の日本青年会議所経営開発シンポジウムは、九月七日と八日の二日間にわたって開催された。稲盛は七日のシンポジウムにて、「戦う中小企業の販売戦略」というテーマで講演を行った。

稲盛は五つの販売戦略を挙げ、さらには営業に関する哲学をもつことが大事であり、お客様から尊敬されるほど哲学を掘り下げることの必要性を説いた。

世界共通の販売条件

日本青年会議所（ＪＣ）の皆さんから、「今日のシンポジウムで話をするように」というご依頼がありました。技術屋の私が販売戦略について話すのは難しいことだと思っていますが、今回ご依頼をお引き受けしたのは、日本の将来を背負って立たれる若い経営者の皆さんのお役に、少しでも立とうと思ったからです。

ですが、何を話すのかということを聞かずにお引き受けしてしまい、後で式次第を見ますと、テーマが販売戦略となっていましたので、「これは困った」と思い、ない知恵を絞ってまいりました。おそらくお聞き苦しいことになるだろうと思いますが、あらかじめご了承いただければと思います。

会社をつくってから二〇年が経過し、今年は二一年目に入ります。現在、国内の社員総数が約三七〇〇名になっています。今期の単体での売上予定は、七〇〇億円です。子会社を国内にもっていると同時に、海外ではアメリカに最も大きな拠点をつくっています。

アメリカでは、私どもの一〇〇％子会社である京セラインターナショナルを中心に、五つの会社をもっています。そのうちの四つがカリフォルニアにあり、一つがノースカロライナにあります。五つの会社でそれぞれ製造販売をしており、品種も非常に多岐にわたっています。現在では従業員が一九〇〇名おり、今期の売上予定が一億八〇〇〇万ドルです。今後は、経済・社会・政治情勢が世界中で最も安定しているアメリカで、日本と同じくらいの規模で、同じような収益性をもつ会社を、なんとか早急につくり上げたいと考えています。私どもの現在の状況は、およそ今申し上げたとおりです。

そもそも、私どもに販売戦略があるのかと言いますと、そこまで優れたものはないと考えています。ただ、私は二〇年前に会社をつくっていただいてから、今日まで販売も行ってきましたので、つぶさに過去を振り返ってみて、どのような販売戦略を立ててきたのかをお話しすれば、何かしら皆さんの企業経営のお役に立つのではないかと思いますので、順を追ってお話をさせていただきます。

販売をするには、クオリティ(品質)が良く、コスト(価格)が安く、デリバリー(納期)が正確であるという、この三つの条件が大事だろうと思います。これらの条件の重要性は世界共通であり、疑う余地はありません。もちろん、この他にもいろいろと大きなファクターがあるわけですが、それをこれからお話ししようと思います。

販売戦略一・まずは社名を世間に浸透させる

一番目としては、社名を世間に浸透させることです。会社をつくっていただいてからは、まずは技術屋の私が研究していたものを製品化し、販売しようとしました。

会社には京都セラミックという名前をつけましたが、最初は日本セラミックか東洋セラミックのどちらかにしようと思いました。ですが、出資をしてくださった方が京都の方で、「お金を出すから、京都の名前をつけるように」と言われました。将来少しでも有名な会社になると、社名を縮めて略称で呼ばれるようになりますから、そうすると京セラになってしまいます。ちょうどケ・セラ・セラという言葉が流行した頃であり、日セラや東セラと呼ばれるくらいならまだいいけれども、京セラではケ・セラ・セラのような感じでどうも語呂が悪く、さまにならないと思ったほどでした。そもそもセラミックスという言葉自体が珍しく、京都セラミックと社名を言っても、当然ながら相手は何の会社かわかりません。日本のメーカーに製品を売りに行っても、なかなか相手にしてもらえず、門前払いを受けることがたびたびあり、非常に悔しい思いをしました。

そのことから考えてみましても、社名がブランドとして世間に通っているということは、本来なら販売戦略以前の問題ですが、やはり非常に重要なことだろうと思います。おそらく、中小企業を経営しておられる皆さんの中には、そうしたことですでにお困りの方もおられるでしょう。

また、お客様を訪問しますと、「何をつくっているのだ」と聞かれ、「セラミックスです」と答えると、「セラミックスとは何だ」と聞かれるので、「焼き物です」と言いますと、「焼き物とは、おたくは茶わんみたいなものをつくってるんやなあ」と言われました。自分のつくっている製品名が一般的でないということも、販売をする場合には、非常に困った問題になるわけです。

世間に社名や製品名を知られているということは、漠然としてはいますが、一種の信用です。しかし、私どもの会社には、最初は信用がなかったわけです。その場合は、皆さんもやっていらっしゃると思いますが、一般的には友人や知人、先輩を頼って仲介の労をとってもらい、他社の門をたたきます。それは真の信用とは違いますが、単独で行ったのでは門前払いを食らうので、そうした方々の仲介を得た上で、まず自分の会社を説明し、それから売り込みを行うわけです。

ですが、私には他社を紹介してもらえる先輩や知人があまりいませんでした。私の両親が鹿児島の出身であり、私も鹿児島大学の出身ですから、良き先輩や知人を京都にもっておらず、非常に困りました。日本の電子工業界における大手メーカーに行き、私どもが盛んにつくっているエレクトロニクス用のセラミックスが、非常に優秀であることをいくら説明しても、買ってもらえませんでした。

そこで、アメリカの企業に売り込むことを考えたのです。日本の電子工業メーカーが、戦後に今日の発展を遂げたのは、アメリカからの技術導入によるものです。東芝、日立はもちろんのこと、大小多くの企業が、欧米先進諸国からの技術導入によって、今日のエレクトロニクス産業をつくり上げていったわけですが、当時はちょうどそのような動きの先駆けの頃でした。日本という国では、長い歴史とその中で培った伝統というものがあって、初めて信用されるわけです。新参者の私どもが、いかに売り込みに行ってみても、なかなか相手にしてもらえません。そこで私は、日本の電子工業メーカーが技術を導入しているアメリカの企業に私どもの製品を使ってもらえば、日本のメーカーにも一も二もなくわれわれの製品を採用してもらえるだろうと考えたわけです。

さっそくアメリカへ行き、製品を売り歩きました。しかし、アメリカの販売事情などについては詳しく知りませんし、英語もできませんから、当然ながら売れるわけがありません。散々な目に遭い、涙を流しながら、風呂敷包みを提げて何回も何回もアメリカを売り歩いた記憶があります。

日本で販売するのと同じような努力を払ったところ、幸いその労は報われました。と申しますのは、長い歴史がある日本の場合、長く続いたということが偉大さの尺度ですが、アメリカは歴史の浅い国ですので、短い期間でいかに立派なことを成し遂げたかが、長く続けるよりもさらに立派だと言われるのです。

そういう点では、われわれ中小企業が新しいベンチャービジネスを評価してもらうには、アメリカは非常にいい土俵であったわけです。実際に京都セラミックは、テキサス・インスツルメンツやその他大手の電子工業メーカーに認められて、製品を使ってもらうことができました。それがいい効果を生んで、日本の企業もわれわれの製品を使ってくれるようになってきたわけです。その結果、私どもの売上が徐々に伸びていくことになりました。

ですから、中小企業の販売戦略の一番目としては、戦略とは言えないかもしれませんが、社名がブランドとして通っていなければなりません。しかし、最初はどこも社名が通っておらず、会社も小さいので、宣伝広告をするお金は当然ありません。

その場合にはなんとかして社名を知らせていく努力をしなければなりません。私どもは偶然にもアメリカの先進企業に製品を使ってもらえ、そこから名前を売り込んだ日本企業にも採用してもらえました。もちろん、最も手っ取り早いのは、先輩や知人を頼って他社を仲介してもらうというやり方だろうと思います。ただし、仲介してくれる方の人格というものが大事であり、いい加減な人に頼みますと、自分の製品、ひいては会社まで疑われることになります。いずれにしろ、このことは非常に大事だろうと思います。

販売戦略二・非常にクイックな開発能力をもつ

二番目は、短期間の開発能力をもつことです。私どもの製品はセラミックスですから、「電子工業用のセラミック材料をもってまいりました」と売り込みに行った場合、お客様がちょうどそれを欲しいと思っているか、つまりお客様のニーズにマッチしているかどうかが大事になります。ニーズに合っていないと売れませんが、ニーズに合った製品を全部もっているとは限らないわけです。

特に中小企業やベンチャービジネスを始めたばかりの企業が、製品にバラエティーをもたせているわけがありません。ですから、売り込みに行ったときに偶然お客様から「もし、おまえたちがこういうものを今すぐ供給することができるなら、使おうではないか」と言われたことを、いかに生かすかが重要です。自社の製品がお客様のもっているニーズと合わなかった場合、お客様から新しいニーズを聞いて、どれだけ短期間で間に合わせられるか。それが簡単なことのようで難しく、非常に大事だろうと思います。

これを別の言葉で表現しますと、「技術開発能力」と言えます。それも非常にクイックな開発能力がないと、せっかく先輩や知人に他社を仲介してもらい、売り込みに行ったにもかかわらず、商売が成立しないことになります。別の新しい要求があった場合、それを咀嚼した上で、「私どもでしたら、このくらいの時間をいただけましたら、必ずつくってみせます」と言えるようでなければなりません。ただでさえ無名であり、お客様から相手にされない中で、巡り会ったせっかくのチャンスをものにできないという結果になります。

お客様が要求される商品を全部集めて対応するのは難しいので、不十分な体制のもとで、お客様のニーズをきっかけにして企業を発展させていく。そのためには、会社が小さくても小さいなりに、非常にクイックにニーズを満たす製品をつくっていける開発能力が、どうしても要求されるだろうと思っています。

販売戦略三：他社より優れた製品を継続的に供給する

三番目ですが、冒頭でも申しましたように、まず品質がいいということが、どうしても必要です。いかに立派な販売戦略を立てて、製品を売っていこうと思っても、品質が悪くては決して買ってくれないわけです。少なくとも他社より優れていなければいけません。そして、それだけの品質を、つくっているどの製品についても、継続的に供給できるようでなければ、販売というものはうまくいかないだろうと思っています。

販売戦略四・市場で勝てる値決めをする

四番目は値段です。私のポリシーとして、値段は他社よりいくらかでも安く供給するということがあります。

昔から私どもは値段を決める上で、「市場価格に対してコンペティティブなプライスで売ります」と言ってきました。本日のテーマは、工業部門における戦う中小企業の販売戦略ですが、工業メーカーの場合、通常は積み上げ方式でつくった価格の製品を出すわけです。材料費がいくら、製造の諸経費がいくら、一般管理費・販売費がいくら、利益がいくらで、合計いくらというように値段を決めていくわけですが、私どもは工業部門に属していながら、そうした価格決定の仕方を一切とっていません。価格というものは、自由競争のもとで働く市場のメカニズムで決まってくるものだと思っています。その市場価格に対するコンペティティブなプライス、つまり競争できる価格は、同業他社より若干でも安い価格になります。

利益というものは、求めて得られるものではないと思っています。私どもの会社のコンセプトとして、価格が市場のメカニズムで決まるのに対して、われわれはコンペティティブなプライス、つまり他社よりも若干安い値段で売ります。その値段でいかに安くつくるかということについては、技術屋が全力を挙げて取り組みます。それには固定観念を入れません。すなわち、材料費が何%、人件費が何%、諸経費が何%というような固定観念は一切入っていません。

お客様との打ち合わせの中で、お客様から「こういうものをつくってくれ」と頼まれ、「われわれはこういうものを供給しましょう」と約束し、品質レベル、スペックなどが仕様書で決まるわけです。そこで決まった値段と品質保証条件を満たすもので、最も安くできる方法を考えます。売り値は市場のメカニズムによって決まりますので、われわれが生きていくために残された問題は、いかにコストを安くするかということです。そのために、材料費からあらゆるコストを極小に近づけていく作業をします。われわれの中では、そうした作業こそがプロダクションだと思っています。つまり、材料費がいくらで、諸経費がいくらという固定観念にこだわらず、あらゆる製造コストを極小にもっていく作業、それが技術屋の仕事だと考えています。

売り値が決まっていますから、コストを極小にもっていったときに出てくる差が利益です。ですから、いくらの利益が妥当だという考えは、われわれにはありません。つまり、コストそのものを極小にもっていこうという作業をするわけですから、「利益率が何％だから良い」というような概念は、私どもにはないのです。

私が他社を見ていて不思議だと思っているのは、例えば「売上利益率が一〇％あれば非常によろしい」「七〜八％ではまあまあだ」「五％ではちょっとしんどいのではなかろうか」という考えがあることです。同業他社や隣近所を見回して、「あそこは八％だが、うちは九％あるのでまだいいほうだ」と考えたりします。つまり、世間ではそういう考えで経営を判断しているわけです。

しかし、私どもの場合は、製造コストそのものを極小にしていく作業こそが製造だと思っています。そういうことがやれるのは、何も私どもだけではなく、実は皆さんも無意識にやっておられるわけです。

例えば、電子工業関係の製品を見ていただければわかりますが、カラーテレビにしても、値段は据え置きで年々性能が良くなって、クオリティがどんどん上がってきています。一方、年々人件費が上がっているにもかかわらず、製品の値段は上がっていません。むしろ、数年前にとても高い値段がしていても、今日では非常に下がっているわけです。人件費も上がり、材料費も上がっているのですから、当然コストは上がるはずです。それが努力をすることによってコストが下がり、利益率が一定の範囲に収まっていくという、奇妙な現象が起きています。実はそのあたりに真理があるわけです。人件費が上がる、材料費が上がる、だから部品代も上げなければならないという考え方にとらわれていては、人並みの経営はできますが、それ以上の経営はできないだろうと思います。

値決めは経営。値決めはトップの役目

競争できる値段にするために、他社より若干でも安くする必要性を話しましたが、私は今日まで経営をしてきた中で、値段を決めることはたいへん大事なことだということを、最近特に感じています。値決めは経営そのものと言ってもいいと考え、私は社内でよく「値決めは経営だ」と言っています。

例えば、マーケットプライスをもとにして、他社とコンピート（競争）できる値段を考えますと、他社よりも安い値段になるわけです。では、どのくらい安ければいいのかという問題ですが、それは一営業社員が決めるものではありません。営業部長が決めるものでもないと思います。値決めというのは、まさにトップが決めるべきものだと考えています。

それほど重要なことなのですが、そのような意識をもっていらっしゃらない方が非常に多いのではないかと思っています。

しかし、この値決めというのは難しいものです。市場価格に対してできるだけ安くすれば、大量に売れるかもしれませんが、利幅は狭くなります。また、あまり安くしないで普通の値段、つまり同業他社と同じ値段にすれば、利幅は広くなりますが、多くは売れないかもしれません。少なく売る代わりに利幅を広くして商売をするのか、利幅を縮める代わりにたくさん売って商売をするのか。簡単なようですが、どれほど利幅を縮めたときにどれだけの量が売れるのかはわからないわけです。利益の合計は、売った量と利幅との積ですが、その極大値を求めようとしても、いろいろなファクターが入っており、簡単に解くことはできないのです。

安く大量に売るような値段のつけ方も一理あります。そんなにあくせくして商売をするよりは、利幅を少し広くとって少量を売るというのも、一つの方法です。値段と売る量によって無数の選択肢があるわけですが、その中でどれをとるかということは、まさにトップが決めるべきことであって、一介の営業部長に決めさせる問題ではまったくありません。それを営業部長に任せておいて、「うちの会社はあまりぱっとしません」というようなことを言っている経営者が多いわけです。会社をどういう方向にもっていきたいのか、そのためには値決めをどうしたら良いのかというのがわかっていないからです。

本日は時間があまりありませんから、詳しく申し上げませんが、値段を決めるのはトップがすべきことであり、「値決めは経営」ということをぜひ忘れないでいただきたいと思います。

経営者の考え方で、商売の成否が決まる

売る側と買う側という関係図を書きますと、売る側はなるべく高く売って利益を多くとろうとしますし、買う側はなるべく安く買いたたいて、自分の利益を増やそうとします。つまり、どちらも利益を増やそうという激突状態にあり、それが商行為だと理解できるはずです。売り手が自分の利益をどんどん伸ばそうと思い、自社の製品の売り値を上げていくと、買い手にとっては自分の利益を食われることになります。

私どもの部品を使うことによって、あるコンピュータができるとします。その部品の値段を上げていくとしますと、それをコンピュータに使った場合、お客様の利益率が減っていくわけです。逆にお客様のほうでは、私どもの部品をどんどん買いたたくことによって、自分の利益を増やしていこうとするわけです。そこで激突が起こるのです。

「あいつはよく営業ができる」「非常に営業の才能がある」「営業がうまい」とよく言いますが、どういう営業がうまいということになるのか。売った量が多いから偉い、というわけではありません。売り手と買い手の間で利益のシェアを分け合うという葛藤にうまく対応できる営業を、私は偉いと思っています。お客様が期待したほどの利益が得られない部品ですと、「おまえのところの部品は使わない」と言われます。売り手が自分の利益をどんどん得ようと思っていると、売り値が非常に高くなり、買ってもらえないという壁につき当たるわけです。

お客様がアクセプト（許容）する範囲以上に自社の利益を増やそうとしますと、当然お客様から拒否されます。「おまえのところの製品は使わない。よそから買ったほうがもっと安い」ということを言われてしまうわけです。一方で、値段を下げていきますと、お客様の利益はどんどん増えるわけですから、売り値がタダになるまで商いは成立します。

このように、商いが成立する条件というのがいろいろとあるわけですが、その条件の中で、どのくらいリーズナブルな値段で注文がとれるかということが、営業の技量だと思います。マーケットプライスをはるかに下回る値段を提示して、大量に注文をもらって、「おれは注文をとれるのだ」と喜ぶ人がいるのですが、これは営業ではないのです。注文は売り値がタダになるまでもらえるのですから、どの値段で成約をしたかということが非常に大事なのです。

私がこう言ったからといって、自分の利益だけを追求しようと思って、常にお客様が許してくれる最高限度のところだけをとる姿勢をとっていますと、だんだん「あいつのところはどう考えても高い」と言われ、お客様が去ってしまいます。短期的には利益を得ても、長期的には利益が得られないことになります。しかし、できるだけ安く納めて、足が出るくらいの商売をしていては長続きしません。

ですから、どの値段が最適なのかという問題は、まさにトップが決めることなのです。そして、それはトップがもっている哲学に起因してくるわけです。えげつない性格の人はえげつない価格帯で値段を決めますし、気の弱い性格の人は気の弱い価格帯で値段を決めるわけです。気の弱い経営者は、年中お客様にいじめられて倒産することになりますし、えげつない経営者は年中お客様をだますようなことをして信用を失い、これもまた会社がつぶれることになります。

結局、どのような具合に値段を決めていくか、ということは、トップの哲学、すなわち人柄によるのです。営業部長に任せるわけにいかないと言っているのは、そういう意味だからです。社長の皆さんが値段をお決めになる分には、気が弱くてつぶれるなら、それはまさに皆さんの器、心の問題であり、皆さんがもっていたプアー（貧弱）な哲学が招いたことですから、あきらめもつきます。そうではなく、ご自分がプアーな哲学しかもたないのに、さらにプアーな哲学をもった営業部長に値段を決めさせ、それで会社がつぶれたときには、「あいつに任せたからや」と言ってみたところで、話にならないわけです。

経営というのは、まさにその人がもっている心、哲学で決まるものなのです。よく経営は芸術だと言いますが、それは今言ったように、値段の決め方一つを見ても、まさにバランスの問題なのです。えげつない性格の人ではダメですし、気の弱い性格の人でもダメです。では、どのような人であればいいかと言うと、それは両極端をあわせもった人です。豪快さもなければいけませんし、繊細さももっていなければいけません。もちろん、そういう二律背反するものをあわせもっている人はなかなかいないわけですが、そのバランスが少しでもとれていなければいけません。絵画を見ても、彫刻を見ても、バランスのとれていないものは芸術ではありません。経営というのは、経営するその人の心、哲学に最も起因すると思います。

私は技術開発の場合でも、そういうことをよく言うのですが、いかに技術に長けた人であっても、その人が立派な人物でない限り、決していい技術開発はできないというのが私の持論です。

販売戦略五．お客様の希望納期に供給する体制をつくる

五番目は納期です。これはご承知のとおり、お客様が欲しいときにタイミング良く製品を供給することです。しかし、それが決して完璧に行われていない会社が多いと思っています。お客様が欲しがっているときに、タイミング良く製品を供給してあげられる体制づくり、それはなかなか難しいことですが、これが完璧にできることが大切だと思っています。

営業の基本姿勢は、お客様への徹底した奉仕

ここまでの話をまとめてみます。一番目に、中小企業の場合は社名が売れていませんから、まず社名を知らしめることが必要です。二番目に、チャンスをとらえて売り込みに行ったものの、お客様のニーズに合う製品をもっていなかったときに、短期間でそのニーズに合ったものをつくれるだけの開発能力が要ります。三番目には、立派に商売を伸ばしていくために、安定したクオリティの製品を供給し続けられる能力が要ります。四番目には、

マーケットの競争原理で決まってくる価格に打ち勝つような少しでも安い価格を、常に維持できなければなりません。五番目には、お客様が欲しがっているタイミングに合わせて製品を納入できる体制が必要だと申し上げました。

そのようなことができれば、中小企業の販売戦略としては十分かと言いますと、そうではありません。それだけでは普通であって、私が最も重要だと思うことは、先ほどから何回も言及していますが、営業に関する基本的な考え方や姿勢、言葉を換えますと基本的な哲学というものです。今申し上げた五つの戦略を貫いていくための、営業に関するベーシックな哲学が、非常に大事だろうと思っています。

そのベーシックな哲学として、私は営業の人たちに「営業はお客様の召し使い、サーバントであるべきだ」と言っています。私は会社を創業してから、私自身が研究し、つくった製品を売ってまいりましたが、売っている間はずっと、お客様の召し使いとしての役割を甘んじて受けてきました。ただし、嫌々ながらも甘んじて受けるということではなく、気持ちよくお客様の召し使いをやってきました。今もそうしているつもりです。お客様の召し使いが気持ちよくやれないようでは、どんなに立派な販売戦略をもっていたとしても、絵に描いた餅のようなもので、決して成功するとは思っていません。

お客様の召し使いをするということは、とりもなおさず、お客様に対して徹底的に奉仕をするということです。ただし、値段と品質については、徹底的に奉仕ができない類のものです。値段における徹底的な奉仕をすると、タダで売るしかありませんが、それでは事業はできないわけです。いかにお客様に安く供給しようと思っても、製造コストがあるわけですから、やはり限界があります。クオリティについても徹底的に奉仕するとしますと、べらぼうな保証が必要になってしまいますから、やはり限界があります。

しかし、納期を守ることについては、この二つに比べればもっと楽だと思いますし、もっと徹底してやれることです。また、われわれがお客様に接する態度については、いくら徹底してもコストに跳ね返ってくるわけではありません。ですから、私どもは「お客様に対して絶対に徹底した奉仕をしよう」と言って取り組んでいます。

もっとも、値段と品質については限界があると申しましたが、私どもは常に無限の可能性を信じて、それを追求しています。「もうこれ以上値段は下がらないのではないか」と思っていても、お客様に要求されれば、なんとか今までの概念をくつがえして、値段を下げることに再度チャレンジをしています。品質の問題にしても、これ以上いいものはつくれないと思っているとしても、お客様の要求があれば、さらに徹底して品質を追求しています。

徹底したお客様に対する奉仕、もしくはお客様に対する召し使いのような態度というのは、どんどん廃れてきているはずです。経営をする中で、「消費者は王様だ」などと言われてはいますが、実際はそうではなく、お客様を大事にする姿勢は、どんどん廃れてきています。

例えばその証拠に、最近では小売商などを見ましても、五時になると、どこもシャッターを下ろしてしまいます。しばらく前までは夜七時頃まで店を開けていたのに、最近はもう五時で閉めるわけです。実は文明の発達の程度によって、店の閉まる時間が違うのです。実際に、発展途上国に行けば夜遅くまで店が開いていますし、文明が進んだところに行くと、より早く閉まるという現象が見てとれます。

日本でも、昔は夜遅くまで開いていたものが、今は開いていません。親子数人で商売している中小企業が、普通は五時で閉めるところを、あえて労を惜しまずに八時まで開けておくとしんどいわけです。「よそも近所もみな五時に閉め、後始末をして六時から一家で食卓を囲んでおられる。それを貧乏たらしく店を開けておいて、たまにしかお客が買いに来ないのに、そのたびに食事もそこそこに店に立たなければならないのは、どうもしんどい。そんなことをするくらいなら、もうお店を開けないほうがいい」と考えて、よそと同じ五時に閉めようということになってきます。

徹底的に奉仕をすれば、利益は増えることがわかっていながら、それが実行できない。

結局はやる気がないわけです。

いかに八〇年代から九〇年代に生き残るかというのが今日の本題のようですが、それは簡単なことで、みんながやらない、できていないことをすればいいだけなのです。皆さんがこういうところに出てきて勉強し、もっともらしいことを聞いて、そのとおりにするから、同じようにダメになってしまうのです。こんな話を聞くくらいなら、ご自分の仕事に対して、毎日精一杯努力をすれば、どんな時代でも生き残っていけるのです。

どんな時代でも、経営の原理原則を貫く

どんな時代でも経営の原理原則が変わるわけではありません。そんな簡単に変わってはたまったものではありません。もちろん環境条件は変わりますが、自分がもつ経営理念だけは簡単に変えてはならないのです。環境条件が非常に大きく変動していく中で、そのたびに自分の基本的な経営理念まで変えていったのでは、会社がどこへ行くかわからないわけです。

京都にＭＫタクシーというタクシー会社があります。タクシーに乗って、こちらが行き先を言っても、運転手は仏頂面をして返事もしないのが当たり前です。しかし、ＭＫタク

シーの場合は、こちらがタクシーに乗れば「いらっしゃいませ。どちらまでですか」と丁重に聞き、行き先を言えば「ありがとうございます」と言ってくれます。これは商売における初歩の初歩、当たり前のことです。たったそれだけのことですが、他のタクシー会社はどこもやっていませんから、それをやるだけで業績がぐんぐん伸びて、どのタクシー会社よりもいい業績を上げているわけです。

これは徹底的な奉仕などではありませんが、それだけで差がつくのです。ですから、そうしたことに加えて、徹底した奉仕をすれば、強力な営業になって、皆さんのところからものを買おうと言うお客様が増えるはずです。

また、私はよく知りませんが、最近の外食産業はどんどん伸びています。これはいいことだと思います。昨今は素うどんを食べても二〇〇円しますが、素うどんが二〇〇円もするのかと、よく疑問に思います。

うどん玉が一ついくらするのかと言うと、今は三〇円くらいではないでしょうか。だしについては、いいかつお節をけずるわけではないでしょう。せいぜいじゃこでだしを出し、しょうゆなどで少し味つけをするくらいです。あと、素うどんにはネギがパラパラとかかっていますが、ネギ代は何十銭だろうと思います。サービスが良くて、せいぜいかまぼこが少し入っているくらいですが、かまぼこにしても、これ以上は薄く切れないというほど透けて見えるようなものが浮いているわけです。それが二〇〇円もします。それにかき揚げや油揚げが乗りますと、すぐに一〇〇円上がって三〇〇円になります。だから非常に高いのです。

アメリカの外食産業では、例えばマクドナルドにしても、ケンタッキーフライドチキンにしても、日本のうどん屋のようなものですが、あれだけ高賃金の国でも非常に安いのです。それに比べて、日本に古くからある食べ物は、異常に値段が上がってきています。確かに人件費が上がってきたかもわかりませんが、お客様に対する徹底的な奉仕をしようという意識はなく、楽をしてもうけようという意識になっています。そこに、外食産業が薄利多売を武器に進出していく余地があるわけです。このように外食産業の方々が世の中を少しでも良くしていく方向にもっていくことは、非常に好ましいことだと思っています。

脱線しましたが、営業に関する基本的な姿勢、哲学というものが非常に大事であることの一例として申し上げたわけです。やはり大事なのは基本的な姿勢です。それは徹底した顧客への奉仕であり、お客様の召し使いに徹するという哲学がベースになるのだ、ということを私は言いたかったのです。

いかに複数のお客様を満足させるか

同じようなことですが、若干ニュアンスが異なる事例についてお話しします。皆さんの中にいらっしゃるかどうかわかりませんが、私どものような企業で、工業用部品をつくって、大手のアセンブリメーカーに納める場合、特定の大手メーカー一社に納めるケース、または同じような規模をもつ複数のメーカーに納めるケースがあります。

営業姿勢というのは、そのケースによって変わってきます。他社へ納めてもいいというメーカーもありますが、大手メーカーの場合、「うちだけに納めなさい」というポリシーのところもあります。大手企業一社に納めている中小企業は、非常に先行きが危険ではないかと思っています。

なぜ危険かと申しますと、大手メーカーから関係を切られたときに危険だから、という意味だけではありません。常に製品を一社だけに売っていますから、お客様に対する徹底的な奉仕という問題を一つとっても、最初は値段も安く品質のいいものを一生懸命につくっていたのが、だんだん長いつき合いになっていきますと、甘えが出てきます。「値段をもっと安くしろ」と言われても、「いや、できません」と言ってしまう。そのように、なれ合いによる甘えが生じ、それが信頼関係を崩していくのです。

逆に買う側から見た場合はどうなるか。最初のうちは、その部品供給会社が下請けとしてよくやってくれることに満足を感じています。しかし、それが何年もたち慣れてきますと、比較対照するものがなくなります。最初の頃は、あのAという会社よりは、このBという会社のほうがずっといいサービスをするし、一生懸命納期も守ってくれるし、いい会社だと思っていた。それが、長いつき合いになってきますと、比較する相手がありませんから、満足感が薄れ、だんだんわがままになり、そのために亀裂が起こってくるわけです。

このように、どちらの立場から見ても利害が合わず、弊害を生んでいき、結果的には一社とだけつき合っているためにダメになっていく、という危険をはらんでいることになるわけです。ですから私は、複数の会社に納めさせてもらうことが、どうしても必要ではないかと思っています。

ただし、複数の会社を相手にしていくのは確かにいいことですが、複数の相手に製品を納めて、どこも満足させることは簡単にできないはずです。複数の相手を本当に満足させるためには、徹底的に奉仕することが必要だからです。複数の相手に製品を納め、すべてを満足させるのが理想だということを私は言いたいわけですが、一社に納めるだけなら満足させられたものが、納品先を複数にすることによって、どこも満足させられなければ、これはかえって危険なのです。そういう中途半端な結果になるくらいなら、一社とだけ取引したほうがいいかもしれません。しかし、本当の意味で会社を安定させるためにも、また相手と長くおつき合いしていくためにも、複数の相手に納入するほうがいいと思っています。

そうすると、それぞれの相手から、「値段を安くしてくれ。品質はさらに上げろ」と言われるし、忙しいときは夜中にでも「製品をすぐにもってこい」と言われます。私が言う徹底的な奉仕をするとなると、夜中に従業員がいない場合、社長自ら車やバイクに乗って、製品を納めに走らなければならないわけです。複数の相手が同時にいると、体がいくらあっても足りなくなってきますが、私はそれをうまく処理する能力が要るのではないかと思います。私どものように、系列に属さない中小企業が電子部品や電子工業用の材料をつくって、日本はおろか世界中の大手メーカーに納めさせてもらうということになってきますと、中にはたいへん過酷な要求もあります。それらをうまく処理していく必要があります。

よく考えてみますと、例が不適当かもしれませんが、今までやってきたことは、バーのホステスと同じようなことではないかと思います。詳しくは知りませんが、バーのナンバーワンと言われるホステスは、多くの指名客をもっていて、どの客も「あの娘は愛嬌がある」というだけで、常に飲みに来てくれます。誰か特定の客にのめり込んでしまうと、他の客が指名してくれませんから、どの客にも愛想良くするわけです。どの客にも「この娘はおれに惚れているんやなあ」と思わせることが必要です。それによって、通ってくる男性客がみな、「あの娘はええ娘や」と言うのです。親切でなかなか愛嬌もあるし、サービスもいいし、気立てのいいナンバーワンホステスというのは、不特定多数の客をうまくもてなし、満足させていく術を自然にもっているのではなかろうかと思います。

そう考えるなら、われわれが連れ添っている女房との関係は、一番良くないと言えるかもしれません。年中夫婦げんかをやっているとしますと、たった一人の相手すらも満足させられていないからです。

私どもがお客様を相手に製品を売っていくには、先ほどのナンバーワンホステスの例のように、誰からも好かれなければなりませんし、特定のお客様にのめり込んではいけないのです。どなたにも好かれなければいけないということは、本当は誰にも心からは好かれていないということです。この矛盾を矛盾とせず、誰からも好かれるようになるには、日頃の熱心な努力がなければならないことだろうと思います。それを先天的にできるバーのホステスの方は別として、われわれのような凡人の場合は、四六時中そういうことを考え、努力をして初めてできるのではないだろうかと思っているのです。

商いの極意は、お客様に尊敬されること

脱線しましたが、そういうことを一つとってみても、営業に対する基本的な姿勢、基本的な哲学というものが非常に大事ではないかと思っています。今言いましたような六つの事柄をずっと実行してきて、すばらしい実績が積まれていきますと、「あの会社は信用がある」「あいつは信用できる」というように、信用が生まれてきます。すると、継続的な注文がくるようになり、企業経営が軌道に乗り出し、安定した時期を迎えてくるわけです。まさに古くから言われているように、商いというものは、信用をつづっていくことの積み重ねになるわけです。

皆さんもよくご存じのとおり、「儲ける」という字は「信じる者」と書きます。つまり、自分を信じてくれる者が増えてくると、もうけが多くなるわけです。私は、もうけの極意は信者をたくさんもっている集団、すなわち「宗教」にあると思います。宗教は何も与えずとも、お説教と来世の幸せを説くことによって寄付がもらえ、コストゼロで利益が増えるわけです。このことを考えてみましても、私はやはり、信用されることが商いの第一歩だろうと思います。

これは古くからそう言われてきていますので、まさにそのとおりだろうと思いますが、私は最近、少し考えが変わってきました。商いの極意は信用だと言われますが、信用よりももっと先に、大事なものがありそうな気がします。もちろん、信用というものはベースです。信用されるためには、それだけの行為がなければいけませんし、過去のすばらしい実績があって初めて信用されるわけです。その上に、私はさらに何かがまだ奥にありそうな気がするわけです。

それは、信用されている人または会社が、さらに徳を備えているということだと思います。営業に対する姿勢、哲学をさらに掘り下げていきますと、その人や会社には徳性が備わっていきます。

信用を築いていくには、いい品物を安く正確な納期で提供し、すばらしい奉仕の精神で尽くすことが必要です。私は、このようなすばらしいパフォーマンスを確実にはたし、信頼の置ける人に徳性が備わると、信用という段階を超えて、尊敬という段階になっていくと考えています。

商いの極意というのは、お客様に尊敬されることだろうと私は思います。尊敬されれば、値段がいくらかという問題ではなく、「あなたの会社からしか買わない」と言ってもらえるわけです。「あなたの会社から買うのが最もいいことだ」と言われるくらい、お客様をして尊敬せしめるだけの器をもった人や会社になることが、商売の極意だろうと思っています。

それでは、徳性というのは何であるかと言うと、それはその人のもっている哲学なのです。すばらしい実績を上げるという信用の段階を超えた、さらにその上にある、その人のもつ哲学です。そういうものがあって初めて尊敬されるのだと、私は思うのです。

お客様をして尊敬せしめるだけの人物であれば、値段を他社と見比べて、安いから買ってもらえるのではなく、絶対的に信頼されて買ってもらえるわけです。絶対的に信頼された以上は、決して相手を裏切ってはならないのはもちろんです。もっとも、それだけの徳性をもった人であれば、裏切るようなことは当然しないと思います。

信用を築くためのプロセスを六つほど申しましたが、それを真剣に実行する一方で、営業に対する姿勢、もっと詳しく言いますと、営業の哲学というものをアウフヘーベンしていく。つまり、さらに高いレベルにしていくことによって、お客様をして尊敬せしめる段階までいくべきであろうと思います。

そうすれば、世界的な営業もできるはずです。それは、必ずしもロジカルでまことしやかな国際販売戦略に基づくものではないはずです。個々のケースですばらしい哲学に裏打ちされた営業を行っていくことが、私は優れた販売戦略になっていくと思っています。

私どもは今日、ヨーロッパやアメリカに関係会社をもっています。アメリカに会社をつくって一〇年になりますが、今年の売上だけでも一億八〇〇〇万ドル、従業員が一九〇〇人となり、さらに伸びていくだろうと思っています。これは、たいへん優れた経営学者が考えたような販売戦略を組んだ結果ではありません。今申し上げたようなことを基本に置き、一〇年間ずっと、目の前にあることを着実に一歩一歩積み重ねていったことが、今日のアメリカにおける成功につながっています。

工業用の製品を特定のアセンブリメーカーに納めていくというケースについても、実例を交え、皆様にお話しいたしました。これはまさに私が自分でやってきたことであり、使っている言葉やお話しした内容も、現地の営業担当と日夜ディスカッションするときのものですので、必ずや皆様のお役に立つのではないかと思います。

売れないものを売るのがプロ

私どもはこれまで大手のアセンブリメーカーに製品を納めてきましたが、その一方で、鉱物結晶の研究を行っている関係で、その技術を用いて宝石をつくるようになりました。私どもは再結晶宝石と言っています。具体的には、クレサンベールというブランド名で、エメラルドやアレキサンドライト、最近ではルビーも出しています。本年中には、サファイアとその他二〜三の新しい宝石も出す予定です。

天然のエメラルドは、最近では非常に品質が落ちており、クラックやキズの多くあるものが、天然と称して高く売られるという問題がありました。そこで私どもは、天然の宝石とまったく同じ化学成分と結晶構造をもったものを、人工的につくり出したわけです。ところが、それが売れるかと思いましたところ、予想に反してまったく売れず、「そういうまぎらわしいものが出てきて、安く売られたのでは、たいへん困る」ということで、天然のものよりも立派なのですが、天然宝石業界から総スカンを食らったわけです。私は技術屋ですから、いいものができさえすれば売れると思ったのですが、そうではなかったのです。

ですから私は、今まで自分がやったことのない、一般消費者に直接売ることを決めました。天然の宝石とまったく同じものを人工的に再結晶させるというクリエイティブな技術開発をやったわけですが、それが市場に受け入れられないことになり、「天然宝石業界がまったく売ってくれないのなら、どうせ石も自分たちで独創的につくったのだから、マーケットも自分たちでつくってみよう」と考えたわけです。

今までのマーケットは、まず天然宝石業界があり、その他はイミテーションの業界しかありませんでした。ところが、真珠においては、天然真珠、ガラス玉に色を塗ってつくったイミテーション真珠の他に、御木本幸吉さんという方が天然の貝に核を入れて育てた、養殖真珠というものがあり、合計で三種類の真珠があります。宝石では人工的につくったものの存在が認められていません。

誰かがイノベーションを起こしても、それが偉大な人によるものでなければ、なかなか認められないということがよくあります。そうであるならば、人工的につくってはいるけれども、天然の宝石とまったく同じ組成をもつ宝石というマーケット・コンセプトを新しくつくればいいのではないかと思ったのです。つまり、「誰もつくらないのだから、自分でつくってやろう」という、ある意味では不遜な考えで始めたわけです。

しかし、従来のように世界中の大手電子工業メーカーに製品を納めていればよかったのと違い、消費者に直接宝石を売っていくということで、今までに遭遇したことがなかった問題につき当たりました。当然、流通経路の問題がありますが、われわれがつくった再結晶宝石は、天然宝石の流通経路では扱ってくれません。扱いたいと言ってくる人も多くいましたが、ほとんどがインチキな感じのするわけのわからない人で、素性の確かな人は扱ってくれませんでした。

先ほど言いましたように、お客様に対して徹底的に奉仕をするのが、私どもの方針です。

ですが、そのために全国津々浦々にセールスマンを置くわけにもいかないので、当然代理店を使わなければならないと考えました。今までは相手が大手メーカーだけだったのを、今度は代理店とエンドユーザーという二つのお客様へ、徹底的に奉仕することを決めたわけですが、すぐには誰も扱ってくれませんでした。仕方がありませんので、私は新たに代理店の募集をしました。宝石の専門業者でもない人を選んで、「何を売っておられても構いません。私どもの新しい宝石を売る情熱のある方を求めます」と言って募集し、その方々に売ってもらうことで展開してきました。

これは新しい試みでした。既存の流通ルートが扱ってくれないため、まったく異なる業種の方々を集めた集団をつくり、それを全国展開することによって新しい代理店網をつくることにしました。われわれが扱うのはまったく新しい宝石であり、クリエイティブなものをつくったのですから、販売でも新しいことをやったらどうだろうと考えたわけです。

ＪＣの方に多いと思いますが、お父さんがやっておられた仕事を引き継いだ人などは、なかなかクリエイティブなことができないものです。なんとか今の安定した会社を守っていくことしかできないのです。そのように現状に安住するところからは、革新的なことなどは生まれてこないのです。私は常に逆境の中で事業をしてきたため、石を売ってくれないなら自分で売ろうと考えたわけです。

大手流通業の方々に知り合いがいましたから、この販売を自分で始める前に、話を聞いてみました。その方々は、ものを売ることにかけては専門家のはずです。現在大手のスーパーや百貨店の方々ですから、売ることについては右に出る者はいないだけの自信をもっています。しかし、その方々に新しい宝石を売ってもらおうと思い、お目にかかったところ、非常に失望しました。ものを売ることの専門家だと思っていたのに、実はそうではなく、売れるものを売っているだけだったのです。大資本を背景に、誰にでもできることをしていたのです。

子供の頃、田舎の村や町のお祭りで神社に行きますと、よく夜店が並んでいました。あの夜店は近所の暴力団が地割り（土地の割り当て）をして、俗に言うショバ代を稼いでいます。極端に言いますと、最近の百貨店も、同じように売る場所を専門店に貸しているだけです。できるだけ高いショバ代を取り、売れるものを売るだけであって、売ることのプロではないのです。

売れるかどうかわからないものを、リスクをかけてでも売ろうというプロに、私は今までお目にかかったことがありません。ですから、われわれは製造の技術屋ではあるけれども、販売のプロにもなってみようではないかと思ったわけです。誰もが売れるとは言わない、また実際に売れてはいないものを売ってみようということで、私どもはチャレンジしたのです。

現在、宝石の事業を始めておよそ五年が経過しましたが、売上も伸びてまいりました。おそらく月に三億円ほどの売上です。私どもの出し値が三億円ですから、代理店の一般的な上代価格ですと、もっと高くなります。また、年末には五億円を目指してがんばっています。素人の集団が素人の代理店を使って展開していますが、昔から有力な流通経路をもっている専門業者の方々も、われわれがある程度成功をすれば、必ず「われわれにも売らせてくれ」と言ってこられるだろうと思っています。そうなるように、われわれはがんばっていこうと思っています。

商品普及・市場開発の五つの段階

最後にひと言だけつけ加えさせていただきます。これはある方にお聞きし、非常に感銘を受けたことなのですが、商品の普及段階、もしくは市場開発の発展段階は、文明の進展の度合いと同じなのだそうです。

開発された新製品は、まずイノベーター（革新者）と呼ばれる人々が採用します。服飾などの世界ですと、流行になる前の、いわゆるモードというものをとり入れる人たちのことです。市場全体における二・五％ほどの人がイノベーターになります。

その次にアーリーアダプター（初期採用者）と言いまして、モードを早めに受け入れてくれる人たちが一三・五％います。

再結晶宝石を市場に投入していく場合、最初に周りの理解を得られず苦労する段階では、イノベーターである市場全体の二・五％しか同調者はいないわけです。それでも努力をしていますと、それを理解し、採用してくれるアーリーアダプターが現れます。それが市場全体の一三・五％です。さらに努力をしていますと、その次に早めに採用してくれる人たちとして、三四％のアーリーマジョリティ（前期追随者）が現れます。ここまでくると普及段階になります。

イノベーターが現れ、アーリーアダプターが生まれてくる段階までいきますと、普及に向けて相当な加速度がついていきます。文明が進展していく場合も、まずイノベーター、その次にアーリーアダプターがおり、アーリーマジョリティと続きます。

そして、三四％のレイトマジョリティ（後期追随者）という、周りがとり入れているのを見てから採用する人たちに普及し、最後に一六％のラガード（遅滞者）という人たちに普及していきます。ラガードとは、古い保守的な考えに凝り固まった、新しいものが伝統になるまで採用しない人たちです。例えば、「私は日本に昔からある着物しか着ない」という人です。どの世界やどの民族でも、およそこのような構成になっているのです。

イノベーターとアーリーアダプターを引き込み、アーリーアダプターが採用するところまで努力し、さらにアーリーマジョリティが使い始めると、完全に流行してくるのです。この間にたいへんな努力が要るのです。服飾などの世界では、一部の人だけに採用される段階をモードと言い、その次の社会に広く採用される段階をファッションと言います。そうした段階を経て普及していくのです。ですから、製品を市場に投入する場合は、イノベーターの段階でつぶされたのではもちろんダメなのです。

私どもも、宝石という世界で販売経路を何ももたず、悪戦苦闘をしています。皆様の中で、「おれも手伝ってやろうか」という人がおられましたら、ぜひ教えてください。一緒に手をつないでがんばっていきましょう。

これで終わります。ありがとうございました。

経営の原理原則

自社の製品がお客様のもっているニーズと合わなかった場合、お客様から新しいニーズを聞いて、どれだけ短期間で間に合わせられるか。それが簡単なようで難しく、非常に大事なことである。

◉

お客様のニーズをきっかけにして企業を発展させていく。そのためには、会社が小さくても小さいなりに、非常にクイックにニーズを満たす製品をつくっていける開発能力が、どうしても要求される。

◉

いかに立派な販売戦略を立てて、製品を売っていこうと思っても、品質が悪くては決して買ってくれない。少なくとも他社より優れていなければいけない。そして、それだけの品質を、つくっているどの製品についても、継続的に供給できるようでなければ、販売というものはうまくいかない。

◉

売り値は市場のメカニズムによって決まる。残された問題は、いかにコストを安くするかということだ。そのために、材料費からあらゆるコストを極小に近づけていく作業をする。固定観念にこだわらず、あらゆる製造コストを極小にもっていく作業、それが技術屋の仕事である。

◉

売り値が決まっているから、コストを極小にもっていったときに出てくる差が利益である。だから、いくらの利益が妥当だという考えはない。「利益率が何％だから良い」というような概念はない。

◉

人件費が上がる、材料費が上がる、だから部品代も上げなければならないという考え方にとらわれていては、人並みの経営はできるが、それ以上の経営はできない。

マーケットプライスをもとにして、他社とコンピート（競争）できる値段を考えると、他社より安い値段になる。では、どれくらい安ければいいのか。それは一営業社員が決めるものではない。営業部長が決めるものでもない。値決めというのは、まさにトップが決めるべきものである。

◉

どの値段が最適なのか。それはトップがもっている哲学に起因してくる。えげつない人はえげつない価格帯で値段を決めるし、気の弱い性格の人は気の弱い価格帯で値段を決める。気の弱い経営者は年中お客様にいじめられて倒産することになるし、えげつない経営者は年中お客様をだますようなことをして信用を失い、これもまた会社がつぶれることになる。

◉

経営というのは、まさにその人がもっている心、哲学で決まる。どのような人であればいいかと言うと、それは両極端をあわせもった人である。豪快さもなければいけないし、繊細さももっていなければいけない。

◉

お客様の召し使いが気持ちよくやれないようでは、どんなに立派な販売戦略をもっていたとしても、絵に描いた餅のようなもので、決して成功しない。お客様の召し使いをするということは、とりもなおさず、お客様に対して徹底的に奉仕をするということだ。

◉

値段と品質については限界がある。それでも、常に可能性を信じて追求していく。「もうこれ以上値段は下がらないのではないか」と思っていても、お客様に要求されれば、なんとか今までの概念をくつがえして、値段を下げることに再度チャレンジをする。品質の問題にしても、これ以上いいものはつくれないと思っているとしても、お客様の要求があれば、さらに徹底して品質を追求していく。

◉

どんな時代でも経営の原理原則が変わるわけではない。もちろん環境条件は変わるが、自分がもつ経営理念だけは簡単に変えてはならない。環境条件が非常に大きく変動していく中で、そのたびに自分の基本的な経営理念まで変えていったのでは、会社がどこへ行くかわからない。

◉

信用を築いていくには、いい品物を安く正確な納期で提供し、すばらしい奉仕の精神で尽くすことが必要である。このようなすばらしいパフォーマンスを確実にはたし、信頼の置ける人に徳性が備わると、信用という段階を超えて、尊敬という段階になっていく。商いの極意というのは、お客様に尊敬されることである。

◉

徳性とは何であるかと言うと、それはその人がもっている哲学である。すばらしい実績を上げるという信用の段階を超えた、さらにその上にある、その人がもつ哲学である。そういうものがあって初めて尊敬される。

第2章

稲盛和夫50～60歳代［1990年代］
経営を伸ばす哲学

1991年、東京出張へ。
1980年代半ば、多角化、グローバル化が進展する京セラの経営にあたりつつ、新たに若手経営者の育成（盛和塾）、通信事業への参入（第二電電）、顕彰事業の着手（稲盛財団）をはたす。さらに1989年、初の著作『心を高める、経営を伸ばす』上梓後、発言を求める社会的要請を受け、各地に足を運んだ。90年代、東奔西走の日々が続く。

KAZUO INAMORI LECTURES

リーダーシップと判断基準

旧郵政省講演——一九九一年五月三一日

背景

第二電電（現ＫＤＤＩ）の所轄官庁である、郵政省の幹部に向けて行われた講演である。前年（一九九〇年）に勃発した湾岸戦争と、同年に就任した第三次臨時行政改革推進審議会の部会長としての経験をベースに論じている。

日本の省庁の意思決定はボトムアップ型に偏重し、リーダーシップが求められない傾向にあるという問題意識から、稲盛はリーダーのあるべき姿と、その正しい判断を導く考え方と方法について述べた。

省庁にこそ求められるリーダーシップ

今日は、「企業経営のリーダーシップ」というよりは、リーダーシップ論一般について話をしたいと思います。私はご紹介にありましたように、第三次臨時行政改革推進審議会（行革審）の「世界の中の日本」部会の部会長を務めていまして、二七人の錚々《そうそう》たる日本のオピニオン・リーダーの方々と、最近では週に二日ほど議論をしています。その中で、リーダーのあり方というものが、たいへん議論になっているのです。

「世界の中の日本」部会は、日本で初めての、外交政策の基本的なスタンスを決めようという部会です。ですから私は、冒頭から、委員の先生方に「それぞれいろいろな立場がありましょうが、二一世紀に、われわれの次の世代の人たちが、世界の人々から信頼と尊敬を受けるに値するような外交政策を決めようではありませんか。小異を捨てて大同につくという観点に基づき、大所高所から議論を進めていただきたいと思います」とことあるごとに申し上げています。

しかし、各論に入ってまいりますと、それぞれの立場から意見が出てきまして、とりまとめをするのにたいへん苦慮しています。今日もこの講演が終わりましたら、また夜遅くまで起草委員の先生方に集まっていただき、詰めに入る予定になっています。

先般の湾岸危機は、日本の外交の弱点を大きくさらした事例でした。そのような時期に議論をしていると、特に緊急事態に対する日本の外交の姿勢には、リーダーシップがどうしても欠けているという結論になります。従来、日本の省庁で重んじられてきた、ボトムアップ重視だとか、コンセンサス・ベースだとか、和の精神などといった意思決定のやり方だけでは、危機管理が機能しないのです。

そうした危機においては、それぞれの省庁のリーダーの方々には、責任感と勇気のあるリーダーシップが求められるのではないでしょうか。例えば湾岸戦争以来、自衛隊の海外派遣の問題があります。これは、われわれに平和憲法というものがあり、憲法解釈上いろいろな課題があるため、一気には決められるものではありません。

しかし、緊急事態には省庁のトップまたは幹部のリーダーシップが、またさらには各省庁を所管する大臣や、ひいては総理の政治的リーダーシップが、たいへん大事になります。それはまさに勇気と責任感から来るものでなければなりません。もしディシジョン(決断)が間違っていたらどうするのか、と心配する方もいるでしょうが、やはり職を賭《と》してやるしかないのです。その勇気さえあればディシジョンはできるはずです。

極端な言い方をすれば、決めたことが正しいか正しくないかということは、リーダーシップとは別の問題であり、リーダーシップはまず「決める」ということが大切だろうと私は思っています。ですから、リーダーはそのような勇気のある人物でなければならない、ということが現在人々の間で議論になっています。

しかし、各省庁の幹部の方に部会のヒアリングに来ていただき、話を聞いてみましても、リーダーが責任をもって自分で決断し、組織を引っ張っていくということが、現在の役所ではできないようです。

ボトムアップ、コンセンサス・ベースの意思決定が大事であると見ているようです。そうすると、緊急事態のときにはどうしてもディシジョンが遅くなり、世界から見た場合には、日本は何もしていないという批判を受けることになるわけです。一方、その原因を役人に求めるのは酷である、それはまさに本来決断すべき立場である政治家の問題であるという意見もあります。

そういった昨今の議論を踏まえ、今日は「企業経営のリーダーシップ」という話をするよりは、今後行政官の皆さんにも求められてくるであろう、リーダーシップそのものについて、私なりの考えをお話ししたいと思います。

リーダーの第一条件は、組織に影響力を及ぼすこと

私は京セラという企業を、七名の創業メンバーと一緒に始めました。そのときの従業員数は私を含めて二八名でして、京都の町のはずれにあった、宮木電機という会社の倉庫をお借りし、資本金三〇〇万円と、借入金一〇〇〇万円で創業しました。一九五九年に創業してから、今年で三三年目になるのですが、初年度からずっと利益が出ており、一回も赤字を出したことはありません。初年度には資本金とほぼ同じ三〇〇万円の利益が上がり、その後ずっと順調に伸び続けています。現在従業員数は、国内に一万三〇〇〇名、海外に一万三〇〇〇名、合計で二万六〇〇〇名の規模になり、売上は連結ベースで約四五〇〇億円となっています。

このように私は、京セラが中小企業だった頃から今に至るまで、ずっと経営者を務めてきました。こうした経営経験を踏まえてリーダーシップについて考えると、経営者の個性が企業経営に反映せざるをえないと思っています。

二〇年ぐらい前になりますが、若い記者の方から、「稲盛さんはたいへんなワンマン経営者だそうですな」という質問をされたことがあります。ワンマンという言葉は非常に悪

い意味合いがあるものですから、嫌な思いをしました。しかしそのとき、ワンマン経営であっていいんだ、と思ったのです。というのは、役所でも大企業でも、社長やリーダーが交代すれば、その組織までもが変わらないと、本来はおかしいのです。社長は副社長よりもはるかに責任が重く、また処遇も良いものです。そのような立場である社長が交代した場合に、組織の考え方が変化しなければ、交代した意味がないのです。

また記者諸君は、組織はずっとそのままであるべきで、変化してはならない、とも言いました。しかしそうであれば、社長なんて要らないのです。組織を変える必要がないのであれば、社長は、副社長の五割増の給料をもらったり、倍ほどのボーナスをもらったりする必要はありません。社長が存在する必要はなく、副社長だけでいいのです。社長は全責任を負って企業、または組織に変化をもたらし、活性化させ、引っ張らなければならない立場ですから、その重責をはたすために給料と地位が与えられるのです。ですから、何も変えられないのでは、社長なんて要らないではありませんか。

私はリーダー論というのは、まずそこから入るべきだと思います。組織に影響力を及ぼすことができないのであれば、リーダーの資格はないのです。リーダーの第一条件は、善かれ悪しかれ、組織に重大な影響力を及ぼすことなのです。

そうすると、たまたま変なリーダーをもった組織の場合、その人がもっている個性がそのまま組織に反映されますので、たいへんな問題が起こることになります。

一方、組織に何の影響力も及ぼさないリーダーであれば、無能、無用なリーダーであるということになります。リーダーは組織全体に影響力を及ぼしますから、その個性・能力の不足は個人の問題にとどまらず、たいへんな問題をはらんでいるということになります。しかしいずれにせよ、組織に影響力を及ぼすこと、これがリーダーの第一条件なのです。

現在の経営状態は、日々の判断の積み重ね

私は企業経営に携わる中で、たまたま運が良かったということもありましょうが、京セラはたいへん順調に成長してきました。しかし、そのようにうまくいかない企業も数多くあります。われわれ民間企業は、政府など公的機関のような庇護はありません。ですから、経営者である私に判断ミスがあると、一朝にして経営状態が悪化するということはいくらでもありえるのです。

そのことは、昨今の経済状況を見ていただいても、おわかりかと思います。先般のバブル経済の崩壊で多くの企業が被害を受けましたが、それも経営者のちょっとした判断ミス

の集積です。株がもうかると聞いて株を運用し、たいへんな赤字を出している企業があります。不動産投資をしてたいへんな痛手を被っている企業もあります。新聞に出ている被害は氷山の一角に過ぎず、膨大な数の企業が、バブル崩壊による不動産投資の失敗で被害を被っています。それが全部表に出ますと、金融システムそのものが崩壊してしまいますから、今のところは表沙汰にならないよう、塩漬け状態にされているわけです。しかし表面に出ているだけでも、あれだけの問題が起こっています。

この問題が示しているのは、組織に影響力を及ぼさなければならない経営トップが、その影響力を及ぼした結果がどのようになったのかということです。経営トップに限らず、リーダーというのはどんなに小さな部署であれ、自分の組織全体に影響力を及ぼします。リーダーの判断、決断のやり方、ひいては結果に、その組織全体の浮沈がかかっているのです。

そのことを、私は次のように考えてきました。私は、京セラという会社の方向を決める決断をしています。決断と言うと何かとても大きいことをしているように見えますが、実際にはほとんどがささいな、身近なレベルでの決めごとです。例えば皆さんの日常生活を考えていただきたいのですが、部下からさまざまな案件を相談されて、「それはダメだ」とか、「それは良し」といった決断をされていることと思います。家庭に帰ってからは父親として、子供さんのこと、奥さんのこと、近所のこと、親戚のことなどを、特に問題がないときは黙っているものの、何か問題があるときは「それは困る」と考え、決断をされているることでしょう。そのような無数のささいなディシジョンから、ここぞという大きなディシジョンまでを含めた、過去の自分の経営者としてのディシジョンが集積されたもの、あるいはインテグレート（統合）されたものが、現在の会社の業績、成果だろうと思うのです。また人生の場合は、今まで行ってきた全部のディシジョンを積分したものが、現在の人生の成果だと思うのです。

もっとも、ディシジョン・メーキングをしない、リーダーシップを発揮しないリーダーの場合には、コンセンサス・ベースとか、ボトムアップ重視などと言って、組織のみなが勝手するに任せ、その結果にただ便乗しているだけでしょうから、そのようなことは言えないかもしれません。

「判断基準」がリーダーの価値を決めていく

リーダーとして勇気をもって、自分の組織に影響力を及ぼした人であれば、その人の判断が現在の組織をつくっている、と言えるでしょう。また個人の人生の場合も、その人の現在をつくっていると言っていいかと思います。さすれば、われわれが判断をする場合には、判断の基準というものがたいへん大事だということに皆さんもお気づきになると思います。

私が行革審の「世界の中の日本」部会長をお引き受けしたときに、行革審の鈴木永二《すずきえいじ》会長（三菱化学元社長）に、「新聞などで、日本の外交に顔がない、ということを言われています。これはまさに日本の外交のスタンスが不明確である、あるいはその拠って立つ座標軸が、また理念が不鮮明であるということだと思うので、ぜひ日本外交の理念の構築から始めたいと思います」と申し上げました。ですので、部会の一回目でも、「まず論ずべきは日本の外交が拠って立つべき理念です」と、委員の先生方にも申し上げました。理念という言葉が問題であれば、外交のスタンスでも結構ですし、外交における座標軸でも結構です。そういったものが鮮明になっていないために、日本の外交はまだまだだと言われているので、それをまず鮮明にしたい、と申し上げたのです。

二七名の立派な先生方にそのような話をしましたら、三分の一から半分ぐらいの人から反対を受けました。「理念などという空言のようなことを決めてどうするのですか。理念というお念仏のようなものをつくり、それを唱えたからといって、日本の外交がうまくいくわけはないでしょう」と、たいへん不評を買いました。けれども私は断固として、理念をつくることから始めます、と申し上げたのです。

その後、審議会の活動の一環として、外務省のヒアリングを三〜四回し、さらに通産省その他の省庁でもやりました。郵政省は今年の後半にやる予定になっています。そのヒアリングでは各省庁に、「あなたの省では、外交に関するいろいろな取り組みをされていますが、外交政策における理念はありますか」と冒頭からお聞きしています。各省庁の中でも、通産省はさすがに情報が早いと見え、「我が省の外交理念は、自由と民主主義と市場経済である」というご説明を受けました。しかし、「リーダーの心を駆動させるような、もっとベーシックなもので、もっと原点的なものはないのですか」とお聞きしましたら、「我が省は普遍的な原理を理念としている」とお答えになりました。

「普遍的な原理とは、具体的には何があるのですか」と聞けば、「普遍的な原理、原理原則を旨としている」と答えられました。「原理原則と皆さんが言われるものは何ですか」と聞いても、「それは原理原則だ」と答えられるだけで、そこから先のやりとりは空回りしてしまいました。

私は、判断をする際の基準がリーダーの価値を決めていくと思うので、その点について今日はお話ししたいと思います。皆さんにも少し考えていただきたいのですが、部下が何か相談事をもってきた場合に、どういう基準で物事を考え、判断を下すか、ということをお考えになると、おもしろいと思います。

たどっていくと、人間の本能にたどりつく

最初に思い至るのは、利害得失で判断しているというケースです。自分の個人レベルの利害関係、自分の課レベルの利害関係、または局レベルの利害関係、あるいは省としての利害関係、さらには国としての利害関係など、思い至る利害関係者のスケールはだんだん大きくなりますが、いずれにせよ利害得失でもって判断をする方法があります。

われわれ一般の企業の場合でも、このような例はあります。一番悪い例として、重役のところに何か案件をもち込んだ場合に、「それは重役のおれに言うことか」「おれをなんと思っているんだ」という返事が来ることがあります。皆さんの周りにも、たまにそういう上司がいるかもしれません。このような場合には、「おれ」、つまり自分の利害得失が基準となっています。自分の面子、自分の地位、自分の格好などを基準にして判断をしています。また自分の利害のレベルを超えたとしても、せいぜい課の利害といったところでしょう。

いずれにせよ、この判断基準のおおもとをたどっていくと、人間の本能にたどりつきま

す。ご承知のとおり、人間は生まれた瞬間から本能をもっています。脳の働きはたいへん複雑で、解明が遅れていますが、脊髄の先端の小脳の近くにある脳幹網様体《のうかんもうようたい》というところに、本能を司る組織があると言われています。これは生まれた時点ですでに完成していま す。これがあるからこそ、生まれてすぐにお乳を吸うとか、気分が悪いので泣き叫ぶといったようなことを、本能のままにできるのです。

少し脱線しますが、われわれが理性的に物事を判断するという場合の理性というのは、前頭葉から側頭葉にかけた脳細胞を使うのですが、この組織は〇歳から四歳までの間に完成すると言われています。この間に、脳細胞が猛烈に成長して脳が完成するため、世間一般では〇歳から四歳ぐらいまでの幼児教育がたいへん重要だと言われているのです。

本能とは、そのようにしてでき上がっているものですが、そもそも人はなぜ本能をもっているのか。われわれ人間は肉体をもっています。この肉体を守るために、神様や宇宙のような存在が、本能を与えてくれたのです。食欲があるのも、性欲があるのも、または外敵に向かって闘争心を燃やすことができるのも全部、本能のなせるわざです。これは自己防衛のため、自分の肉体を守るために、組織として組み込まれているものなのです。

そういった観点から言いますと、本能というのは、その起源からして主観的で利己的なものです。これは良い悪いの問題ではなく、主観的で利己的なものとして、神が最初からつくってくれたということです。それが客観的なものであったのでは、肉体は生存しえないのです。ものを食べるための食欲は、生存する上で絶対条件ですし、外敵から自分を守る闘争心にしてもそうです。これらの本能は、肉体をもった人間を守るために、神または宇宙が与えてくれた機能なのです。

このような本能は、人間のもつ機能として、最も原始的なものです。であるにもかかわらず、本能で判断をしているケースが実は非常に多いのです。それは自分個人というレベルの場合もありますが、課というレベルもあります。各省庁内の局の場合もありますし、省や国というレベルもあります。実は国益と称するものも、国家がもつエゴであり、本能なのです。

ですから私は、行革審の部会では、国益を離れて議論をしましょう、と言っています。つまり、「地球益」とか「人類益」というような視点で物事を判断しようではありませんか、と言っています。これだけグローバリズムが進んできた現在、日本の国益と、世界全体のいわば人類益との間にはコンフリクトがあるかもしれません。さすればわれわれは、もっと高い視点から物事を考えようではありませんか。国益だけで論じていたのでは、国際紛争は解決しないと思うので、もっと高い次元で物事を判断しようではありませんか、と申し上げているのです。

ですが、このような本能も、一つの判断基準ではあります。

本能を基準とした判断と言えば、このようなエピソードがあります。ワコールという京都の婦人下着をつくっている会社に、たいへんユニークな経営をしている塚本幸一《つかもとこういち》さんという方がいます。この方は私よりちょうどひと回り年が上なのですが、私の親友でして、あるいは兄貴、弟のような間柄でおつき合いをしています。この塚本さんが、昔こんなことを言ったことがあります。

「ワコールの事業はたいへん順調にいっている。けれども、友人から、これはもうかるから投資をしないかと言われて投資した案件は全部うまくいっていない。友人の借金まで支払わされたことさえあって、どれもうまくいっていない。会社の事業よりも、投資の誘いがあった話のほうがずっと将来性があり、ずっとものになりそうだったのに、ものの見事にうまくいってない。これはどういうことだろうか」

ベンチャー企業で大成功して、新聞、雑誌、テレビなどで華やかに紹介されたにもかかわらず、瞬く間に消えていった人を、皆さんもご存じだろうと思います。また先ほど言いましたバブル経済の破綻で、現在塗炭の苦しみを味わっている経営者の方もたくさんいます。私はそういった世の道理を昔から知っていたわけではありませんが、創業当時はたいしてお金もない、たいへんな零細でしたので、もうけ話には一切関心をもたない主義でやってきました。一生懸命汗水たらして、努力をした結果少しもうかるのがもうけだ、と私は自分に固く言い聞かせてきました。簡単にもうかることはありえない、それは何かがおかしいのだから、関心を示してはいけない、という人生観をもってやってきました。

理性による判断とその限界

本能の次に、どのような判断基準があるかと言うと、先ほど言いました○歳から四歳で発現する理性です。哲学的に言えば理性心とも言いますが、物事を推理推論するために、神から与えられたものです。理性は推理推論するためのものですから、主観的で利己的な本能に比べて、客観的なものです。

この客観的に物事を判断する働きがあり、こうやったらこうなります、ああしたらああなりますというように、いろいろな論理を組み立てて、推理推論をし、物事を決めているように見えます。会社におけるコンセンサス・ベースの意思決定の場合には、スタッフにこの理性心を使って検討させ、合意を形成するということをやっています。

もっとも、ありふれたことに対する判断なら別ですが、人がやったことのない、前例のないことを判断しようとすると、理性にも限界があります。

例えば京セラの創業当時、日本で初めてニューセラミックスの工業化を成功させましたが、今考えてみればたいした技術をもっていませんでした。日本は伝統的に、いわゆるオールドセラミックス、つまりセメント、ガラス、一般陶磁器まで含むセラミック業界が、たいへん発達した国です。そこへ、京都の下町にある、ちっぽけな倉庫を改造した零細企業がチャレンジをし、彼らがやれないことをやろうというのですから、並大抵のことではありません。当時は名も知られていない会社ですから、ごく普通のありふれた製品を売りに行っても、相手にもされません。そのくらいの製品なら名古屋地区に行けば立派な大手企業のものがいくらでもある、この程度の品物だったらどこからでも手に入る、もっと信用の置けるところから買える、と言われてしまいます。

ですから、大手メーカーがつくれない製品を弊社はつくることができます、と大きく出なくてはいけないのです。結局、人のやったことのないことをやらなくてはならない、というのが研究開発の課題であり、それが毎日続きました。前例のない、つまり理性だけではやり遂げられない研究開発を、三二年間ずっと続けざるをえませんでした。

また、私が始めた第二電電の設立も、前例のない取り組みでした。郵政省が新しく長距離電気通信事業者を許可すると言うけれども、前例がありませんから、どのような事業をすれば良いかということまではわかりません。第二電電をやりますと手を挙げて、許可を受けても、具体的にどのように事業を展開すればうまくいくのかは、わからないのです。そこで部下や専門家を集め、データを収集し、理性で客観的に推理推論します。しかし、前例がない場合には参考となる事例や文献がありませんから、たちまち行き詰まってしまいました。理性の働きはあくまでも推理推論ですから、新しいものを創造することには限界があるのです。

少し脱線しますが、私はノーベル賞を受賞された福井謙一《ふくいけんいち》さんや、数学のフィールズ賞を受賞された広中平祐《ひろなかへいすけ》さんといった、いわゆる京都学派の先生方と、京都会議という会合をもっています。他にも、哲学の先生、物理の先生、また、あのホーキング博士と並び称される、ビッグバン理論では世界の第一人者と言われる佐藤文隆《さとうふみたか》さんなどといった、著名な先生方一〇名ぐらいをお呼びして、二ヵ月に一回くらいの頻度で哲学論議をしているのです。そういった先生方と話しているとわかるのですが、どんなにすばらしい発明発見をした人たちも、綿々とした推理推論から発明発見をしたわけではありません。推理推論から超越、隔絶したものが発明発見なのです。

あるいは、亡くなられてだいぶたちますが、京都大学のギリシャ哲学の大家《たいか》で、田中美知太郎《たなかみちたろう》さんという方がいらっしゃいました。私は田中先生とある晩、議論をしたことがあります。先生はたいへんお酒がお好きでしたので、一緒にお酒を酌み交わしながら、「先生のような哲学の大家を前にして、私は哲学の何たるかも知らない経営者のくせに経営哲学が大事だ、などと言っています。しかしもともとは技術屋として、技術開発をずっとやってきました。そこで伺うのですが、先生は哲学とサイエンスと宗教、この三つはどういう関係にあるとお考えですか」と尋ねたことがあります。すると、「哲学、サイエンス、宗教はアプローチの方法は違っても、求めているものは一緒でしょう」とおっしゃいました。

さらに余談になりますが、同じことをアインシュタインも言っています。私は昨年、地球、物理、天文、バイオテクノロジーの研究施設を米国はじめ世界にもつ、ワシントン・カーネギー協会の最初の外国人理事になり、先々週に最初の理事会に参加するために、ワシントンまで行ってまいりました。理事会後の晩餐会《ばんさんかい》会場のホールには、アインシュタインの名言や写真が展示してあり、サイエンスと宗教と哲学の関係について、哲学というよりはアート（芸術）という言葉を用いながら、「すべての宗教、芸術、科学は同じ木から出た枝である」と述べていたのです。

田中先生と議論をしているとき、私は重ねて次のように尋ねました。「私は経営哲学という言葉をよく使うのですが、哲学とサイエンス、独創性との関係はどうなっているのでしょうか」。田中先生は、「発明発見は哲学の領域なのでしょうが、それが証明されたときにサイエンスに変わるのでしょう」とだけお答えになりました。先生はそれだけをおっしゃり、あとはニコニコしながら酒をお飲みになりました。その晩は私も酒をしたたかに飲みましたけれども、帰ってから寝つけず、先生のおっしゃったことの意味を一生懸命考えました。

つまり、独創的な発明発見の領域というのは、理性による論理の組み立てではなく、「我思う、故に我在り」という哲学の領域なのです。例えば、ガリレオは天動説が大勢を占めていた時代に、地動説を唱えました。天体ではなく地球が動いていると考えたほうが、論理的に証明はできなくても、すべての物事を説明しやすいと思う、と主張したのです。論理的にまだ証明されていないことですから、たいへん攻撃を受けました。しかし、後にこれが正しい考え方だったと証明されるのです。

このように、すべての天才的な発明発見は、ひらめきであったり、天の啓示であったり、夢の中のお告げなど、論理的な組み立てによってなされたのではないということを、多くの偉大な先生方がおっしゃっています。

だいぶ脱線しましたが、今言いたかったことは、理性とは論理の組み立ての作業のことであり、そこには一定の限界があるということです。理性によって第二電電のような前例のない取り組みを検討させると、「こうやったらこうなりますが、ここはわかりません」

というように、問題点がはっきりします。しかし前例がない点については、具体的にどうすればいいのかまでは、わかりません。「たいへん難しい案件であることだけはわかりましたので、とるべきアクションは、リーダーであるあなたが決めてください」と言われてしまいます。

理性、論理で全部解くことができる、前例や慣例がある案件であれば、その性質などから分類して、これがマジョリティであるからこうするべきです、というように決まります。今までの各省庁の意思決定も、そのようにしてなされてきたことでしょう。しかし、論理的な整合性をずっと追っても、そのような考え方で対応できる、ということがわかるだけであって、本当の意味でのディシジョンとは関係がないのです。推理推論して、考え方を論理的に組み立てていくことはできますが、前例も何もない状況では、本当の決断に導かないものが理性なのです。

それなのにわれわれは、理性で判断しようとしています。例えば、先ほど言ったように、第二電電の事業も、理性で検討したところで何がうまくいくかはわかりませんから、結局、たいへんリスキーで難しい、という答えだけを皆さんもってくるわけです。それではどうすればいいのかと尋ねても、それはわかりません、あなたが決めることです、と言われます。担当者の顔を見ると、やめとけと書いてあるわけです。それなら、やめろということかと言うと、そういうわけではありません。

それでは、やれということかと言うと、そういうわけでもない。結局、どちらにでもせいということになります。

そのようなときでも、私は判断を下します。えいやっと、進めるかやめるかを決断します。そのときに何を判断の基準にするのか。先ほど話したように、本能、つまり自己防衛や自分のエゴ、さらには個人のエゴを超えた、課のエゴ、局のエゴ、省のエゴ、国のエゴなどといった、エゴのレベルで判断してもうまくいかないことを、私は知っています。ですから、本能によって決断することはありません。そして理性も、前例のないことを決めることはできない。そうなると、理性の先に新たな判断基準があるはずなのですが、われわれのような大学教育を受けた人でもそれを知りません。

理性を超えた先にある、魂のレベルでの判断

実は理性を超えた先に、魂のレベルでの判断というものもあります。

皆さんは笑われるかもしれませんが、皆さんも過去に良心の存在を感じたことがあるはずです。子供の頃に悪さをし、子供心に思い悩んだことがあろうかと思います。そのとき

に、こんな悪いことはもう二度としないぞ、これをおやじが知ったら悲しむだろうなどと、自分を悩ませたものが良心なのです。良心は、われわれの意識が覚醒しているときには、たまにしか現れないものです。大人になるとエゴや理性ですれてしまい、良心はあまり出てこなくなってしまいます。子供の頃は純情ですので、たまには良心が出てきたものです。私は、この良心が、われわれの本質、本源、つまり魂ではないかと思っています。

われわれは、理性のレベルまでしかその仕組みを解明しておらず、魂についてはほとんどわかっていません。しかし、魂へのアプローチの方法として、宗教に目を向けてみると、瞑想《めいそう》という方法があります。禅宗の僧は坐禅をし、瞑想します。またインドの哲学では同じように、ヨガを行い、瞑想をします。簡単に説明すると、坐禅というのは、本当の自分自身、つまり真我《しんが》、大我に迫っていくことを目的としています。ヨガの修行もそれを目的としています。

具体的にどういうことをするか。禅宗の場合には公案《こうあん》を考えて精神を統一する、またヨガの場合にはマントラ（真言）を唱えながら精神統一を図るという方法をとります。静かに目をつぶり瞑想を始めると、まず本能に満ちた、腹立たしさなどの感情が出てきます。禅宗ではそのような感情を雑念・妄念と言っています。そこで公案などを考えて、精神を別のところに向けて集中させていくと、だんだん雑念が消えていきます。ついには理性の段階でいろいろなことが出てきます。またヨガでは、雑念・妄念を消すために、マントラを唱えて雑念を抑え、精神を統一していきます。そうしていくうちに、やがて精神が静寂な状態、つまり無念無想の状態になります。

このようなことをずっと続けることによって、真我に到達することができるのです。このような状態に至ることを、仏教では、三昧《さんまい》の境地、また悟りの境地と言います。この境地に至ることは、自分自身のたいへん奥深くに迫ることですので、そんなに簡単にできることではありませんが、えも言われぬ幸福感に包まれた瞬間が訪れる、至福の心理状態と言われています。真我、つまり自分自身と、宇宙、森羅万象が一体化し、至福の恍惚の状態が訪れると言われているのです。こうした教えがあるのは仏教だけではなく、インドのヨガも同様です。

このように、自分自身が宇宙そのものと一体化した至福の境地になるのは、真我が愛と誠と調和に満ちているためです。われわれは、本能と不可分な肉体をもって生まれてきていますが、われわれの内面に秘められた、その本質である真我、つまり魂は愛と誠と調和に満ち満ちたものなのです。

われわれは通常、肉体を守るために脳に組み込まれた本能と、理性を用いて判断をしています。ですが、本能で判断することをやめ、理性で判断することをやめ、自分の真我、つまり美しい魂のレベルにまで降りていき、判断をすることが最も正しいと私は思います。

そのような宗教的な話題に関心のない方もおられましょうが、そのような方も真・善・美という言葉はよくご存じだと思います。この真・善・美という言葉は魂そのものをよく表している言葉です。魂は真であり、善であり、美しいものであり、これを永遠に追求することは魂の本源なる叫びなのです。

個々人の魂は、真・善・美でできあがっています。真とは真理を求める心のことです。善とは、善き心のことです。これはたいへん難しい概念なのですが、中国では仁と礼という言葉で表現しています。もっと簡単に言うと、他人の喜びを自分の喜びとして感じられる、他人の苦しみを自分の苦しみのように感じられる、思いやりのことです。また先ほど、利己的であると説明した本能心と対照的に、他を利するという利他の精神のことでもあります。さらに美しいものを求めるのは、人間の本来の心です。

そのような真・善・美、もしくは先ほど言いました愛と誠と調和に満ちた魂、それらをベースに考えると、キリスト教が説く愛も、善と同じ思いやり、または人のために尽くすという利他の心であると説明することができます。キリスト教は愛の重要性を説き、仏教は慈悲の心や布施という言葉で思いやりの実践を説いていますが、これらは、いずれも根は一緒のものを別の言葉で説明しているに過ぎないのです。

このような宗教的アプローチは、何かおかしなものではなく、まさにわれわれ個々人の一番奥に潜む、本源なる魂を追求する行いなのです。ギリシャ哲学の大家である田中美知太郎さんが、「宗教も哲学もサイエンスも、アプローチする方法論は違えども、その求めている目的は一緒でしょう」とおっしゃったのも、まさにこのようなことなのです。

こうした宗教的アプローチに則り、魂の本源なるものをベースとして判断をすれば、間違いがないと思っています。

人間の本質とは何か。外国人幹部たちとの三日間の議論

私ども京セラの米国法人が昨年（一九九〇年）の一月にＡＶＸという会社を買収し、また一昨年にはエルコという会社を買収しました。今まで七〇〇〇～八〇〇〇人だった海外従業員は、一気に一万三〇〇〇人にまで膨れ上がりました。新たな関連会社は、社長含め幹部が外国人ですから、フィロソフィの共有をしようということになり、幹部全員を集め、三日間の研修会をしました。

私は国内の従業員に、京セラフィロソフィという京セラ社員としての考え方を話してきましたので、それを何冊かの小冊子にまとめ前もって渡しました。集まったＡＶＸの幹部

たちは、ＭＩＴ（マサチューセッツ工科大学）を卒業して博士号をもっている人や、プリンストン大学など、いわゆるアイビー・リーグに属する大学を卒業した、技術系が主です。現地の統括会社の副社長はオレゴン大学で経営工学の教授を一八年間務めた経験があり、教育熱心なものですから、私のフィロソフィをまとめた冊子の翻訳をし、事前に配布してアンケートをとりました。

研修会前日の夕方にカリフォルニアに着き、アンケートを見たところ、コメントはひどいものでした。「こういう哲学、フィロソフィを押しつけられたら、たまったものではない」というのが大体のコメントでした。なかんずく、「金のためにだけ働くことはダメだと書いてあるが、われわれは金のために働いている。金のためにだけ働くことはダメなどというのはとんでもない話だ」と言うのです。

そこで幹部たちと三日間議論をしました。在米で一番優れた同時通訳者を二人つけ、五〇人の幹部と今話したような内容のディスカッションをしたのです。議論は、日本式経営がどうのといったような経営上の議論にとどまらず、歴史、宗教、哲学などの話もしました。また技術屋同士ですから、専門であるセラミックスなどのサイエンスの話もしました。

そうして結局、今まで話してきたような人間の本質論にまで入っていきました。われわれはなぜ働くのか、なぜ経営をしなくてはならないのか、などと哲学的な議論を三日間続けるうちに、われわれを成り立たせているものは何だろうか、それは真・善・美という魂の本源となるものであり、魂そのものは愛と誠と調和に満ちたものだという話になっていったのです。この会社は優秀な社員が多いのですが、その半面たいへんエゴイスティックな人が多い傾向があります。しかしその人たちが、三日目には全員納得しました。

そのとき、お金のためにだけ働くのはいけないという話がどうなったか。その結末がおもしろいのです。次のようなやりとりでした。

「われわれはお金のために働いている。それがなぜいけないのか」

「それはそれで構いません。われわれ人間は肉体をもっている以上、本能、エゴがあります。人間はエゴがなくては生きていられないので、エゴは必要なものです。ただし、エゴ丸出しではダメだと、私は言っています。お金のために働くことも、別に悪いことではありません。だからあなた方に、たくさんの給料を払っています。つまり、そのことについて否定はしていないのです。しかしお金だけを求めているのでは、人間は生きている価値がありません。『男は強くなければ生きてはいけない。優しくなければ生きていく資格がない』という有名な一節があるように、人生は金だけでは意味がないでしょう」という話をして、今の真・善・美の話をしていったのです。

「お金だけを求めていたのではいけません。もっと美しいものがあるはずです、というようなことを書きましたが、皆さんそう思いませんか。近所には、コミュニティのために、会社から帰ってから一生懸命ボランティアをしている人がいると思いますが、そのような人は立派だと思いませんか。会社が忙しいのに土・日二日間を費やして、教会のために一生懸命走り回っている夫婦を見て、偉いと思いませんか。このような、何の報酬も代償も求めずに一生懸命取り組むという美しい心がけの人を、立派だなと思うでしょう。私が言っているのもそういうことです。お金をもらうのがおかしいとは言っていません。お金だけでしか動かないというのでは、人としてあまりにもみっともないではありませんか」

このようなことを話しましたら、最後の日には、「われわれは、あなたのフィロソフィを共有することにしました」と言って、当初は一番の金の亡者だった幹部が、いの一番に賛成をしてくれました。このように、魂のレベルから判断するという考え方は、外国人にも通用したのです。

われわれ凡人は、どうすれば魂のレベルで判断できるのか

私が言いたかったことは、人間の本質である魂のレベルに座標軸を置き、物事を判断するということです。しかし、それは相当に修行をした人でなければできません。われわれ

経営者でも、あるいは政治家でも、判断に悩んで高僧を訪ねて相談するという例は多いと思います。それは、修行を積んだ高僧は、魂のレベルまでさかのぼって判断ができるからなのです。

それでは、われわれ凡人はどうすれば魂のレベルで判断できるのか。一見すると難しそうですが、実は簡単です。

われわれは問題に遭遇すると、まず本能で反応します。話をもち込まれたときに、すぐ「この案件はもうかりそうだ」というように本能で反応します。そういうときは、ちょっと待ったと自分を制止し、本能を横に置くのです。その次に理性で判断を試み、それでも判断ができないとなったら、利他の精神に思いをはせ、愛と誠と調和に満ちた魂のレベルで判断するのです。具体的には、自分を外へ置いて課のことを考えよう、自分の課のことを外に置いて局のことを考えてみよう、局のことを外に置いて省のことを考えてみよう、省のことを外に置いて国のことを考えよう、というように、自分のことを除外して考えるようにします。

われわれは修行をしていませんから、そういうプロセスで思考の回路を変えていくのです。単純に今の自分の回路のままで走った場合、結論がどうなるかはわかっていることです。つまり本能と理性という回路から出てきた結論であることはわかっていますから、その結論をもう一回、魂という別の回路へ入れるのです。そうして判断をした結果、どういう結論になるか、というように判断すればいいと思います。私も聖人君子ではありませんから、判断をするときに、「ちょっと待て。本当にそれが善きことなのか」といつも考えてから、決断をしています。

「動機善なりや、私心なかりしか」

私が第二電電を始めるときには、郵政省に許認可を申請する前に、本当にやるかやらないかを一生懸命考えました。まず若い技術屋と一緒に、第二電電をやるとすれば、どのような手はずでやるべきかという技術論から論じました。やがて、なんとかやれるのではないかという気が私はしてきましたので、いよいよやるかやらないか決断することになりました。第二電電設立には、一〇〇〇億円ぐらいの投資が要るだろう。NTTというマンモス企業にチャレンジするのだから、リスクはたいへん大きい。下手をすれば一〇〇〇億円ぐらいの損失を出すかもしれない。私はそのように考え、一ヵ月ほど毎晩瞑想しました。

今でも鮮明に覚えていますが、そのとき私は「動機善なりや、私心なかりしか」と自問していました。「第二電電を始めようとしているその動機は善なのか。京セラという会社が若干成功したことにうぬぼれて、スタンドプレーで格好をつけようとしているのではないか。また自分の心に私心はないのか」と、厳しく問いました。一ヵ月間、心の中で自分をもう一人の自分と毎晩対決させて、厳しく自問しました。

動機は不純ではなく、私心もないということを何回も確認した私は、京セラの役員会にかけました。しかし全員反対でした。確かにセラミック業界ではここまで成功したが、電気通信事業はまったく状況が違うと言われました。そのときに私は次のようなことを言いました。

「京セラという会社は偶然にして成功したのか、経営のプリンシプル（原理原則）が正しかったから成功したのか。世の人たちは、私はセラミックスの技術屋であって、たまたま時流に乗ったから京セラは成功したと言っている。だが、そうではなく、物事はそのリーダーがもつプリンシプルが正しければ、どんな局面であろうとうまくいくと思っている。そのことを一度試してみたい。電気通信事業について私はまったく素人だから、たとえ素人であってもリーダーのプリンシプルが正しければうまくいくのか、ということをまず試してみたい。また、京セラの一〇〇年の計を考えた場合に、電気通信事業はたいへん大事である。今まで二十数年で、会社に一五〇〇億円の現預金を貯めてきたので、そのうちの一〇〇〇億円を私に使わせてくれ。一〇〇〇億円損をしても京セラはびくともしないはずだ」。そのように言うと、「それならやらせてみよう」ということになったのです。

先般、第二電電の配当をさせていただきました。決して成功に驕って配当をしたのではありません。場合によっては元本もなくなるかもしれない、というたいへんなリスクを負って、多くの企業にお金を出していただいたにもかかわらず、今まで無配でした。そのため、第二電電の事業が順調に軌道に乗った現在、今期から銀行預金の金利程度の配当をさせていただこう、と考えただけです。

また第二電電の幹部に対しても、「電気通信料金が高いという日本の現状に鑑み、国民の負担を軽減しようという考えから参入し、政府に許可された。だから、安価な料金で通信サービスを提供するという創業の目的を、とことん追求するのが我が社の目的である。ただ成功したからと言って浮かれることは許さない」と、会議の席上で必ず言っています。

そのようなことばかり言うので、最近少し嫌われていますが、初心は忘れてはならないのです。何かしらの利権が絡むような事業では、必ず腐敗が起こります。ですので、創業時の高潔な精神を忘れられては困るのです。何事も決断をする場合には、「動機善なりや、私心なかりしか」と自問し、それをかたくなに守り続けることが必要ではないかと思います。

現在の外交政策を決める場合でも同じことが言えると思います。日本の国益が重要だ、とよく言われますが、国益とは主権国家のエゴですから、エゴが衝突し必ず紛争が起こります。国益から離れて、世界益、または地球益というようなことにまで考えを巡らし、その中で日本国民が、日本がどうあるべきか、ということから判断をするようにするべきです。

また皆さんのような郵政の行政官の場合にも、同じことが言えると思います。郵便貯金から電気通信行政まで、広範な政策を手がけているのですから、課の利益や省の利益などに執着せず、ただ一点、国民のため、というところが、判断をする座標軸であるべきだと思います。

リーダーがもつべきは、すばらしい心根と哲学

最後に、「君子」と「小人《しょうじん》」という言葉があります。君子と小人との違いは何なのか。私は、才も能力も同じだけれども、志、つまり魂が違うだけなのだと思います。われわれは通常、人を才と能力だけで評価しています。しかし、そのような観点からは同じ評価の人でも、その器の大きさには、実は小人と君子ほどの違いがあります。その違いはただ一点、心のありようということだけで決まると思うのです。

日本が資本主義を採用し、近代国家への道を走り出した明治の初期、欧米を見てきた福沢諭吉は、実業家、産業人に求められる条件について、次のように表現しています。

思想の深遠なるは哲学者のごとく、心術の高尚正直なるは元禄《げんろく》武士のごとくにして、これに加うるに小俗吏《しょうぞくり》の才能をもってし、さらにこれに加うるに土百姓《どびゃくしょう》の身体をもってして、はじめて実業社会の大人《たいじん》たるべし

彼はたいへん鋭い洞察力をもった人だと思います。立派な実業家とは、「思想の深遠なるは哲学者のごとく」、つまり、哲学者のような深遠な思想をもっていなければならない、と言っています。また「心術の高尚正直なるは元禄武士のごとく」、これは『忠臣蔵』を念頭に置いているのだと思いますが、仁義に厚いこと、また人間としての道、信義、誠実さが大切であるとも言っています。

「これに加うるに小俗吏の才能をもってし」、つまり、明治政府の中には賄賂を取る木っ端役人はいくらでもいました。賄賂を取ることができる役人というのはずる賢い、つまり、頭がいいわけです。そのように優れた商才が必要だとも言っています。「これに加うるに土百姓の身体をもって」、つまり、頑健で一生懸命努力をするという人でなければならない、とも言っています。われわれは才能があることを第一の評価の基準にしていますが、そうではなく、その人がもっている心根、思想がまずは大事だということを福沢諭吉は言っているのです。

組織のリーダーがもつべきは、すばらしい心根と哲学だろうと思います。それがリーダーの価値を決めていくのではないでしょうか。確かに強引に引っ張っていくような強いリーダーのもとでは、立派な業績が上がります。しかし、それはある瞬間には成功しても長続きはしません。大成功を収めたように見えても、すぐ没落するという例はいくらでもあります。そのようなリーダーは真の意味のリーダーではないのです。

リーダーシップを発揮したけれども、その発揮する方向が間違っているというケースは数多くあります。だからこそ、そのようなリーダーがすばらしい哲学をもち、魂のレベルで判断をしていけば、ダイナミックなリーダーシップを発揮し、すばらしい成功を収めると同時に、それを持続することができるのです。ぜひ立派なリーダーシップを発揮され、すばらしい日本をつくっていただきますように祈願しまして、講演を終わらせていただきます。ありがとうございました。

経営の原理原則

社長やリーダーが交代すれば、その組織までも変わらなければならない。例えば社長は副社長よりもはるかに責任が重く、また処遇も良い。そのような立場である社長が交代した場合に、組織の考え方が変化しなければ、交代した意味がない。

◉

社長のようなリーダーは、全責任を負って組織に変化をもたらし、活性化させ、引っ張らなければならない立場だから、その重責をはたすために給料と地位が与えられる。何も変えられないのでは、社長は必要ない。

◉

組織に影響力を及ぼすことができないのであれば、リーダーの資格はない。リーダーの第一条件は、善かれ悪しかれ、組織に重大な影響力を及ぼすことだ。

経営トップに限らず、リーダーというのはどんなに小さな部署であれ、自分の組織全体に影響力を及ぼす。リーダーの判断、決断のやり方、ひいては結果に、その組織全体の浮沈がかかっている。

無数のささいなディシジョンから、ここぞという大きなディシジョンまでを含めた、過去の自分の経営者としてのディシジョンが集積されたもの、あるいはインテグレートされたものが、現在の会社の業績、成果だ。人生の場合は、今まで行ってきた全部のディシジョンを積分したものが、現在の人生の成果だ。

リーダーとして勇気をもって、自分の組織に影響力を及ぼした人であれば、その人の判断が現在の組織をつくっている。また個人の人生の場合も、その人の現在をつくっている。であれば、われわれが判断をする場合には、判断の基準がたいへん大事だ。

◉

人はなぜ本能をもっているのか。われわれ人間は肉体をもっている。この肉体を守るために、神様や宇宙のような存在から与えられた。食欲があるのも、性欲があるのも、または外敵に向かって闘争心を燃やすことができるのも全部、本能のなせるわざだ。これは自分の肉体を守るために組み込まれている。

◉

どんなにすばらしい発明発見をした人たちも、綿々とした推理推論から発明発見をしたわけではない。推理推論から超越、隔絶したものが発明発見だ。

◉

理性とは論理の組み立ての作業のことであり、そこには一定の限界がある。理性によって前例のない取り組みを検討させると、こうやったらこうなるが、ここはわからないというように、問題点がはっきりする。しかし前例がない点について、具体的にどう対応すればいいのかまではわからない。とるべきアクションは、リーダーが決めなくてはならない。

◉

前例や慣例がある案件であれば、理性によって推理推論して、結論が出る。しかし、そのように論理的な整合性をずっと追っても、そのような考え方で対応できる、ということがわかるだけであって、前例も何もない状況での、本当の決断には導かない。

◉

われわれの内面に秘められた、その本質である真我、つまり魂は愛と誠と調和に満ち満ちている。われわれは通常、肉体を守るために脳に組み込まれた本能と、理性を用いて、判断をしている。だが本能で判断することをやめ、理性で判断することをやめ、自分の真我、つまり美しい魂のレベルにまで降りていき、判断をすることが最も正しい。

個々人の魂は、真・善・美でき上がっている。真とは真理を求める心のことだ。善とは、善き心のことだ。他人の喜びを自分の喜びとして感じられる、他人の苦しみを自分の苦しみのように感じられる、思いやりのことだ。また、他を利するという利他の精神のことでもある。美しいものを追求することは、人間の本来の心だ。

◉

どうすれば魂のレベルで判断できるのか。われわれはすぐ、「この案件はもうかりそうだ」と本能で反応する。そこで自分を制止し、本能を横に置く。その次に理性で判断を試み、それでも判断ができないとなったら、利他の精神に思いをはせ、愛と誠と調和に満ちた魂のレベルで判断する。具体的には、自分を外へ置いて課、局、省、国のことを考えようというように、自分を除外して考える。

◉

◉

初心は忘れてはならない。何かしらの利権が絡む事業では、必ず腐敗が起こるので、創業時の高潔な精神を忘れてはならない。何事も決断をする場合には、「動機善なりや、私心なかりしか」と自問し、それをかたくなに守り続けることが必要だ。

◉

「君子」と「小人」という言葉があるが、君子と小人との違いは何か。われわれは通常、人を才と能力だけで評価している。しかしそのような観点からは同じ評価の人でも、その器の大きさには、実は小人と君子ほどの違いがある。その違いはただ一点、心のありようだ。才も能力も同じでも、志、つまり魂が違う。

◉

組織のリーダーがもつべきは、すばらしい心根と哲学だ。確かに強引に引っ張っていくような強いリーダーのもとでは、立派な業績が上がる。しかし、それは長続きしない。だからこそ、そのようなリーダーがすばらしい哲学をもち、魂のレベルで判断をしていけば、ダイナミックなリーダーシップを発揮し、すばらしい成功を収めると同時に、それを持続することができる。

KAZUO INAMORI LECTURES

企業経営を好転させる哲学

盛和塾関東ブロック合同塾長例会講話——一九九四年八月九日

背景

一九九四年七月一日、PHS（パーソナル・ハンディホン・システム）事業の開業に備え、DDIポケット企画株式会社が設立され、稲盛は代表取締役会長に就任した。東京、北海道、東北、北陸、東海、関西、中国、四国、九州にそれぞれ事業会社を設立し、一年後の商用サービス開始を視野に、事業を軌道に乗せるべく、稲盛は新会社の社長向けに、社長としての心得や企業哲学の重要性を説いた。本講話は、同内容を盛和塾関東ブロックで行われた塾長例会にて話したものである。

社長としての心構え

第二電電はPHS事業を始めるにあたって、「DDIポケット企画株式会社」をつくり、現在、事業を進めています。日本全国にパーソナル・ハンディホンのシステムを運営する会社を九社つくる予定です。

設立にあたり、九人の社長候補に一堂に集まってもらい、私のほうから「社長としてこのような心構えで仕事をしていただきたい」「会社経営するにあたり、最も重要な判断基準になるべき哲学を拳拳服膺していただきたい」「部下の皆さんにもそれを伝えていただきたい」という話をしました。同じく経営者の立場におられる皆さんにとっても、たいへん大事なことですので、その話をしたいと思います。第二電電の関連するPHS事業会社の社長心得ですが、自分の会社に当てはめて、社長業としてどうあるべきかを検討していただければと思います。

社長心得八カ条

私は九人の社長候補者に、社長として心得るべき八つの事柄を、一頁にまとめたものを渡しました。今までにも、いわゆる企業のもとになるフィロソフィがたいへん大事だということを強く申し上げてきましたが、それをPHS事業会社の社長心得としてまとめたものです。

一．第二電電の創業の精神をよく理解すること。
私は第二電電を創業する際、「動機善なりや、私心なかりしか」と自分を問い詰めてきた。また常日頃から、公明正大であること、勇気をもつこと、敬天愛人の気持ちをもつことに努めてきた。このような心のあり方や考え方が、第二電電の創業の精神を形づくり、現在の成功をもたらしている。

二．民間企業として徹底した効率経営を目指すこと。経営の効率化のために、無理や無駄は徹底的に排除しなければならない。

三．国民、そしてユーザーに喜ばれる安い料金でサービスを提供できる事業経営を行い、かつ高収益企業を目指すこと。

四．全従業員の物心両面の幸福を追求すると同時に、人類社会の進歩発展に貢献しなくてはならない。また、株主に対しても充分報いられるようにならなければならない。

五．大企業にありがちな硬直化した官僚組織や権威主義を排し、柔軟で明るい組織とすること。

六．人事は公明正大に行い、公平を旨とすること。私心を決して挟むことがあってはならない。

七．独断を避け、衆議を集めて結論を出すこと。

八．判断の基準を、慣行、慣習、常識に置くのではなく「人間として何が正しいのか」に置くこと。原理原則に基づいて判断、決断をしなければならない。

同時に、A4判にまとめた、相当分厚い京セラフィロソフィも一緒に渡して、「社長自身が十分吟味検討し、それを自分のものにすると同時に、従業員にこれをよく伝えるように」と話しました。京セラフィロソフィとは、京セラがこれまで判断基準としてきた、私の経営哲学です。

社長心得八カ条を渡すと同時に、京セラフィロソフィ、つまり私の哲学を渡して、それを従業員によく浸透させるようにと言ったわけです。

なぜ経営に哲学が必要なのか

京セラフィロソフィを従業員に浸透させることについては、実は先般、米国で実際に行ってきました。米国でイリジウムという会社の役員会に参加するのに合わせて、全米の関連会社の幹部を集めて、トップセミナーを開いたのです。

このセミナーは、当社米国のトップエグゼクティブ数十名に一堂に集まってもらい、その人たちに京セラフィロソフィを勉強して身につけていただき、経営をしてもらうことを趣旨に開かれたものです。その冒頭で私は、「経営になぜ哲学が必要か」をテーマに、次のような話をしてきました。

「フィロソフィとは判断基準です。それは経営陣がもつべき判断基準であると同時に、それを従業員に浸透させていくと、その哲学は会社全体の判断基準となっていきます。それが企業全体の精神的なバックボーンとなって、その企業の社風をつくっていきます。つまり、あの企業はこういう考え方でできあがっているという風土・文化みたいなものがつくられます。

企業にもし風土があるとすると、その風土をつくり出しているのは、そこに住んでいる従業員の心からかもし出されたものです。それが企業の精神的風土をつくり、社風を形づくっていくわけです。つまり、社風にまでなっていくほどの哲学を、全従業員に浸透させていかねばならないと思います」

京セラ米国のオペレーションは、工場が五〜六ヵ所にも分かれており、年間で一〇億ドル以上の生産をしています。従業員だけでも六〇〇〇〜七〇〇〇名おり、米国の一流大学を出た幹部社員が経営しています。そういう大きなオペレーションをやっていますが、日本と米国とでは社会構造も違えば、ものの考え方も違います。

また歴史的、文化的、宗教的な背景も違いますが、実際に経営をする上で陥りやすい問題は、すべて共通しています。

例えば、企業行動の規範になるべきもの、また企業として判断基準になるべきものがない場合、単に経営技術的な観点から、こういうふうにすればこうなるんだといった効率性や合理性だけを追求して経営をしていくと、とかく仕事ができる力量のある人、才能のある人が、その才能のおもむくままに振る舞うようになってきます。そのためにたいへんな問題を起こすことが出てきました。

たいへん恥ずかしい話ですが、今から一〇年ほど前、京セラの米国組織において、日本でも起こりがちな不祥事が、幹部社員の中で起こりました。

皆さんもご承知のとおり、米国は実力主義で、個人主義の社会です。幹部社員については当然、能力によって、また成果主義で給料が決まるようになっています。ですから、仕事がバリバリできると、当然高い報酬や地位を要求するわけです。

そうしたとき、人間としていかにあるべきか、人間として何が正しいのか、またビジネスマン、リーダーとしてどうあらねばならないかという哲学をもっていないと、自分には力量があり、会社にこれだけの利益をもたらしたんだから、自分はもっといい目を見てもいいはずだ、もっと高い給料をもらってもいいはずだ、もっと権力をもってもいいはずだと、際限もなく欲望が膨らんでいきます。

そういう中で、ある資材担当の幹部社員が不祥事を起こしてしまったのです。当社がものを買うのに、その資材担当の幹部が、「この品物を買うところは他にもたくさんある。

にもかかわらず、君から買ってあげるんだからリベートを渡しなさい」と、リベートを取っていたことが発覚しました。

リベートを取るということは、ものを若干高く会社に納めさせて、その差益を自分に渡せというわけですから、会社に対して損害を与えることになります。いわゆる、背任横領です。本来なら法律上、犯罪を犯したことになるわけです。皆さんの企業でもモラルが退廃すると、そういうことが日常茶飯的に起こってきます。

社長が期待をもって仕事を任せたいという人は、切れ者、やり手と称される人です。ところが、やり手の人に限って、実は油断も隙もない。だから、本当にそういう人に仕事の全部を任せていいものかどうかという相談をよく受けます。

「自分の前では歯の浮くようなオベンチャラを言うけれども、自分の見ていないところではわかりません。本当に彼に頼っていいものでしょうか」

またある人は、「最も信頼し、最も力のある当社の営業の人間が不正なことをやっていることが、最近わかりました。その人をクビにしていいものかどうか。クビにすれば会社の業績は大きく落ちます。かといって、そのまま置くわけにもいきません。どうしたら良いでしょう」と、聞いてきます。

当社の米国組織でもそういうことがありました。

それは日本でも日常茶飯であり、気をつけて見ればあることです。京セラの営業では、ものを販売するのに代理店をつくる場合があります。通常は、代理店をやってくれる人に、「ぜひ、これを売ってください」とお願いしますが、売れ筋商品になると「ぜひ、売らせてほしい」と、代理店から言ってくることがあります。そういう場合に、問題が起こったのです。

代理店をつくる際、ある営業部長が、京セラの製品を売ってもらうことをお願いするのではなく、「京セラの売れ筋商品を売る権利を君に渡します」と言ったのです。それは一つの利権ですから、当然、そこからバックマージンをもらうという意図です。つまり、代理店に非常にいい粗利で京セラの商品が扱える利権を与えることによって、そこからバックマージンをもらおうという、とんでもない心得違いの営業部長がいることが発覚しました。当然、その男をクビにしました。

人間は「人間として何が正しいのか」という判断基準、また行動の規範になるべき哲学をもっていないと、自分の能力、才能に飽かして仕事ができればできるほど、天狗になっていきます。

社風とは、従業員の心がつくるもの

企業でもそうです。成功し、どんどん伸びていくと、つい経営者も傲慢になり、会社自身も傲慢になっていきます。

私は今から二〇年前、会社をつくって一六年目の一九七四年に、経営スローガンとして「謙虚にして驕らず、さらに努力を」ということを掲げ、自分自身を戒めるという意味もあって、全従業員に次のようなことを話しました。

「今日の繁栄は、過去の努力の結果です。未来の繁栄は、今からわれわれがどのくらい努力をするのかで決まります。過去の栄光は、決して未来の保証にはなりえません」

「今日、京セラがすばらしいのは、過去に先輩たちがどのくらい努力をしたのか、ということです。ですから、立派な未来にしようと思うなら、今からわれわれがどのくらいの努力を払うかで決まるはずです」

こう言って、全従業員に奮起を促したことがあります。こうした規範をもっていないと、洋の東西を問わず、とんでもないことが起こってきます。

私の著書『心を高める、経営を伸ばす』には、全頁にわたって、その判断基準、行動規範が書いてあります。ですから、それをよく読んでいただき、皆さんが自分の判断基準としてもつだけではなく、従業員と共有していただきたいと思います。

しかし、まずはそれを経営思想として、皆さんがもたれることが必要です。

そういう経営哲学を全従業員と共有することによってしか社風、つまり、会社の精神的風土はつくりえないわけです。トップだけがいくら立派なことを言い、立派なことを思っていても、企業の成功にはつながっていきません。そういうものは個々の社員にまで浸透して初めて、その企業に影響を及ぼすわけです。私自身、合理性や効率性だけを追求していても経営がうまくいかなかったので、幹部社員にもそういう規範をもつように強く要求をしました。

私が要求した規範は、「人間として何が正しいのか」ということをベースにした、「これをやってはいけない、これはやっていい」という、父親や母親が子供に言うような、プリミティブな判断基準です。しかし、その判断基準が、実はたいへん大事なのです。

烈風吹きすさぶような厳しさを含んだ優しさを

京セラの判断基準となっている京セラフィロソフィの全編を貫いているのは、美しい心、きれいな心、そして正しい心です。「公明正大であること」「公平を旨とし、私心をはさむことがあってはならない」「人間として何が正しいのか」というようなもので、その全編に流れているのは、美しい、優しい思いやりに満ちた、正しいものなのです。

思いやりというのは、ただ単に甘やかすような優しさではありません。ときには烈風吹きすさぶような厳しさを含んだ優しさです。そういうもので全体を貫いた思想が要るのです。

正しくて美しい、一面では裂帛《れっぱく》の厳しさが含まれた思いやり、優しさ、そういうものを心の基準にもって経営をしていくと、会社がうまくいくだけではありません。

実はその集団に対してたいへんな幸運までついてきます。企業が、運命の神様から見放されてしまうようでは存在の意味がありません。まして、今のような社会環境が激変しているときは、一生懸命努力をするだけではなく、その企業が、集団全体が幸運に恵まれていることもまた必要だと思います。

私は、米国の幹部社員に次のように言いました。

「崇高で純粋な高いレベルの心、すなわち日々の仕事をあふれるような熱意と誠実さで実行し、常に喜びと感謝の気持ちで満たされた毎日を送り、清く正しく強い目的意識をもち、常に明るく朗らかに生きること。そのような行動規範や判断基準を確立し、そしてそれを実践する集団には、そのすばらしい考え方のもとで起こるであろう堅実な発展以上の、思わぬ幸運をもたらしてくれるものである」

崇高で純粋な高いレベルの心、すなわち日々の仕事をあふれるような熱意と誠実さで実行し、常に喜びと感謝の気持ちで満たされた毎日を送る、つまり、今生きていることを、今存在していることを喜び、絶対者に対しての感謝の気持ちで満たされた毎日。そういう喜びと感謝の気持ちで満たされた心の状態は、すばらしく生きやすいものであると同時に、それはラッキー、幸運すらも呼び込んでいくと思っています。

「常に喜びと感謝の気持ちで満たされた毎日を送り、清く正しく強い目的意識をもつ」という、この「清く正しく強い」ことがたいへん大事なことになるのです。

私心なき動機で成功に導いた、通信事業の創業

では、なぜ崇高で純粋な高いレベルの心をもっていれば幸運になるのでしょうか。

社長心得の第一条にあったように、私は第二電電を創業するときに、「動機善なりや、私心なかりしか」ということを厳しく自分自身に問い続けました。つまり、私が第二電電をつくるにあたり、まったく私心がないということを確信した上で、私は事業を始めまし

た。

ところが、第二電電の創業には、実はたいへんな問題があったのです。というのは、第二電電は今でこそすばらしい会社だと言われていますが、一九八四年に私が新電電の創業に手を挙げた後には、すぐに当時の国鉄が日本テレコムという会社をつくって、新幹線沿いに光ファイバーを敷いて簡単に長距離通信ができると名乗りを上げました。続いて、トヨタおよび道路公団、建設省が中心になって日本高速通信という会社をつくりました。こちらも東名から名神高速道路沿いに光ファイバーを敷けば簡単に通信ができるというので名乗りを上げたわけです。一方、第二電電は最初に名乗りを上げたものの、そういうインフラを何ももっていない、明らかに第二電電が真っ先に落伍するのではないかと、スタートから新聞紙上に書かれました。

しかし、それだけの大きなハンディを背負いながら、実は現在、第二電電がトップを走っています。

最初に東京―大阪間に通信回線ルートを敷設するときは、日本列島の山の上にパラボラアンテナの鉄塔を築きました。そこにアンテナを置き、マイクロウェーブという無線で中継をしたわけです。回線ルートを中継する基地局からつくるという、たいへんなハンディを背負いながらも、トップの業績を上げていく。これは、第二電電の従業員がたいへんよくがんばってくれたのみならず、どうしても、そこに神の加護があったとしか思えません。

純粋な気持ち、美しくて正しい哲学をもち、動機が善であること、つまり、自分のためではなく大衆みんなのためにという気持ちでやった仕事については、必ずラッキーがついてくるということを、第二電電の例を引いて米国の幹部社員に話したのです。

また、直近の出来事としては、セルラー電話会社の話もしました。

一九八六年、移動体通信が自由化され、自動車電話を始めるというとき、私は携帯電話、無線電話の時代が来ると見て、第二電電グループとしてどうしても自動車電話に乗り出したいと郵政省に申し入れに行きました。

そのときに、トヨタ自動車を中心にした企業グループからも同じように自動車電話をやりたいという申し入れがありました。二社で競願になり、もめにもめました。周波数は一〇メガヘルツしかありません。その一〇メガヘルツを半分ずつに分けたのでは多くのユーザーに使ってもらえなくなる。一〇メガヘルツを束にして使わなければ事業になりませんから、そのために日本列島を地域割りすることになったわけです。

どちらも一番営業効率の高い首都圏をやりたいと言ったわけですが、話し合いでは決着はつきませんでした。抽選でと申し上げたのですが、抽選は認められない、あくまでも話し合いで決めるということでした。相手は日本移動通信（ＩＤＯ）という企業でしたが、東京と名古屋地区、つまり東海道メガポリス、日本経済の大動脈をどうしてもやりたいと言う。私は涙をのんで、それを除く日本の周辺、つまり地方で営業することにしました。

それは正しい判断で決まったわけではありません。抽選で決まったわけでもありません。いわゆる企業のエゴの突っ張り合いの中で私が譲歩をしただけでした。第二電電の幹部は、そういう弱い交渉では困ると、私をたいへん責めたのですが、お互いが自己を主張し合っていたのでは解決の方法がないため、私は譲歩をせざるをえなかったのです。しかし「負けたように見えるけれども、きっと、負けて勝つ」と話をし、みんなを納得させて移動体通信事業を始めました。

日本高速通信が日本移動通信という会社をつくっているのに対し、第二電電も関西セルラーをはじめ、八つのセルラー電話会社をつくっていますが、このセルラー電話会社の総売上、利益は、ともに日本移動通信とは比較にならないぐらい大きくなっています。東京・名古屋という日本の一番中心でやっておられる日本移動通信よりも、売上は何割も大きく、利益においては何十倍も違います。そのようなすばらしい業績を収めていますが、これも、ただ私たちが努力をしたというだけではなく、やはり運というか、神の御心《みこころ》があったのではないかと思っています。

雲をつかむような喩え話をしたのでは、合理性だけを重要視する米国の会社幹部は納得してくれないので、こういう話を私はしてきました。

善意の買収が、業績向上の鍵となる

同時に、そこに集まっている数十名の米国幹部の中に、一九九〇年に買収したＡＶＸの幹部もちょうどいたので、その合併の話をしました。

ＡＶＸはニューヨーク証券取引所に上場している企業でした。私は社長のマーシャル・バトラー氏が一九六〇年代の初め、フレンチタウンというセラミック会社の社長をやっているときから知っており、いわばライバル同士であったわけです。ＡＶＸはニューヨーク証券取引所に上場していましたが、京セラもニューヨークで上場をしています。

あるとき、バトラー氏にお目にかかった折に「ＡＶＸと京セラは、お互いにセラミック電子部品の生産という事業をやっているが、今後の世界戦略を考えた場合、お互いに競い合っているだけでは意味がない。できれば高度な判断をして、お互いが協調し合うことも可能だと思う。その一つとして合併ということがあってもいいいんではないか」という話をしました。

彼も、今まで米国の電子工業界で成功を収めてきましたが、考えるところがあったと見え、「確かにそうです。大同団結しようじゃありませんか」と、意見が一致しました。

当時、ＡＶＸの株価は、一株が一七ドルから一八ドルぐらいをずっとウロウロしていました。京セラの株は一ＡＤＲ（米国預託証券）という単位でニューヨークで上場していますが、日本の京セラの株、二株が一ＡＤＲという形になります。当時、株価は八〇ドルぐらいで、日本の原株である一株では四〇ドル、四千数百円でした。

私は社長であるバトラー氏に「あなたの会社の株価は平均して大体一七ドルか一八ドルぐらいです。それを二〇ドルと見ましょう。そして、その五割高、三〇ドルではどうだろうか」と提案しました。

その後の交渉の詳細は、今はもう覚えていませんが、バトラー氏がまだ安いと言ってきたので、私は「三二ドルでどうでしょう」と返しました。ＡＶＸの株価が三二ドルになったことは、一〇年ぐらいの間ありません。ですから彼は、「もし三二ドルという株価で買ってくれるなら、経営者としての自分はもちろんのこと、ＡＶＸの株主たちもたいへん喜んで、合併に賛成するだろう」と言ってくれました。

さらに私は、「ＡＶＸの株式の価格をそう決めた上で、京セラの株式と交換するのはどうだろうか。京セラの株は現在、ニューヨーク証券取引所で八二ドルだ。その八二ドルとＡＶＸの株の三二ドルを計算し株数を決め、交換しよう。つまり、ＡＶＸの株主には合併の瞬間から京セラの株主になってもらうということでどうだろうか」という話をしたのです。彼もたいへん喜んでくれて、寛大な対応というべきか、そのような高い値段で買ってくれるのであれば、非常にうれしいと了承してくれました。しかしその後、双方の弁護士を入れて合併の話を詰めていく中で、バトラー氏は再度、「三二ドルは安い。もっと上げてくれ」と言ってきました。

こちらの弁護士はみんな、「そんなばかな。三二ドルでも、べらぼうに高い値段なのに、それをもっと高くするなんてとんでもありません。ダメです」と、私を一生懸命説得しようとします。でも私は、「いくらだ」とバトラー氏に尋ねました。すると彼は突拍子もない値段を言ってきたのですが、私はそれをよくよく考えて「それで結構です」と、彼の言い値に応じました。

実際に企業を買収する場合は、徹底して相手企業の財産をはじめ、あらゆる資産が、本当に彼らの言うとおりかを調べ上げた上で、買収の値段が決まります。それには弁護士、公認会計士などがチームをつくって、場合によっては一ヵ月ぐらい各工場まで仔細に見て回らなければなりません。そうして調べ上げた企業価値に対して、どのくらい色をつけるかというのが、一般の買収のやり方です。

それを私は、どちらの会社の株式も上場し、売買されているのであれば、市場価格が正しい値段であろうから、実態は調べなくても良いとし、さらに、その上場価格の五割増という値段で決めたのです。それにもかかわらず、さらに高く買ってほしいと言うのですから、こちらの弁護士が異を唱えるのも当たり前なのです。

こう言えば、たいへん甘い考え方で合併をしたように見えますが、その後、何が起こったか。すばらしい合併の成果が現れたのです。しかし、私はその後のことを計算して、不利な買収をしたのではありません。自分の会社を売ろうとすれば少しでも高く、同時に株主に納得してもらうためにも少しでも高く、というのは当然です。私はそういう相手の気持ちになってその条件をのんであげただけのことです。

本当なら、「ばかな。そんな高い値段なんてありますか。今まで提示してある値段でも、高過ぎるぐらいです」となるはずです。実際には、いわゆるデューディリジェンスといって、弁護士や公認会計士に会社の実態を詳細に調べさせて、いろんなリスクも調べ、それらを資産と相殺して、「実際のあなたの会社の値打ちはこれしかないじゃありませんか。それをこれだけと言うのは」と、もっと値段を厳しく詰めていかなければならないものです。いわゆるハードネゴシエーションをやらなくてはいけないのです。これが一般のビジネス社会です。

そういうことをしないで、私が向こうの言い分をすべてのんであげた。そうするとＡＶ

X幹部の人たちもたいへん喜んでくれました。

　AVXという会社は、サウスカロライナのマートルビーチというところに本社がありま す。そしてボストンの北のメイン州の海岸沿いに工場があります。いわゆる米国でも最も保守的な地域です。そこにある企業が一〇〇%日本の資本となるわけです。買収したその瞬間から、幹部はもちろん、従業員全員が日本人に乗っ取られたという印象を当然もつわけです。

　ところが先ほどお話ししたように、そうしてあげた結果、幹部社員の人たちもたいへん喜んでくれましたし、その会社の株主、証券会社も含めてみんなが喜んでくれました。ハードネゴシエーションをして買収が決まっていくと、不満が残ります。たとえいい条件であったにしても、その交渉のプロセスで不愉快な思いをすることもありますから、経営幹部が、日本の京セラにうまいこと買いたたかれたなどということを言葉の端々で洩らしていくと、何千人もいる従業員にどういう影響を及ぼすかは、想像に難くないことです。

　ところが、ハッピーということしか言わない幹部、ハッピーとしか言わない株主、その影響は何千人という従業員にまで有形無形に広がっていきます。合併が成立した後、マートルビーチの本社に行って、また工場もまわってみました。工場では、バトラー社長をはじめ副社長などが私の前後を一緒に歩きながら、「ここがこうなっていますす、ああなっています」と説明してくれます。

そうして工場をまわっている中で、全従業員がすばらしい笑顔で、私を大歓迎してくれるのです。あの伝統的な米国東海岸の社会で、社を挙げて歓迎してくれる。どこの馬の骨か知れない、極端に言えば、戦争を経験した年のいった人たちから見れば、「われわれが打ち負かした国の連中が、われわれの会社のオーナーになるというのはおかしいではないか」と思うでしょう。しかし、それが全員、何のけれんみもないぐらい、ウェルカムなのです。

従業員の中には、三人ほど日系人の方がおられました。年の頃は私と同じか、二つ三つ上の人たちです。米国が日本へ進駐したときに結婚して米国に行かれた方々です。そういう人たちがたいへん感激をされて、墨汁を買ってきて「稲盛会長、歓迎」という横断幕をつくり、工場に張って、歓迎をしてくれました。もちろん現地の人たちも、たいへん喜んでいるのです。その結果、買収して約五年。ＡＶＸは、買収時のおよそ二・四倍に売上が伸びたのです。また利益は五・五倍に伸びました。

一般に日本の企業が買収すると、その後の業績はモタモタするのが普通です。それどころか、日本の企業が買収したために、そこから業績が落ちていくという例が多くあるのです。しかし、ＡＶＸの場合は、買収してから売上が二倍以上伸び、利益も六倍近く伸びています。買収したＡＶＸの幹部社員は、ＭＩＴやハーバード大学を卒業したエリートたちです。その人たちが本当に素直に、京セラの経営陣に対して、信頼と尊敬の念を払ってくれています。

米国の人たちが、日本企業、あるいは日本人に心からの信頼と尊敬を払うということはまずありません。買収されても対等ぐらいにしか思っていません。ですから、フィロソフィの話をする場合でも、キリスト教文化圏の中で、日本の哲学みたいなものを、なぜわれわれが守らなくてはならないのかと、反発するのが当たり前です。

私は彼らに、「フィロソフィをもって、思いやりのある買収をしたことが、今のすばらしいＡＶＸをつくり上げてきたもとです。そしてさらに想像を超えてすばらしい展開をしていったことは、ラッキーとしか言いようがありません。われわれぐらいに企業合併という縁談がすばらしくいった例は、他にないんじゃないでしょうか。皆さん、そう思いませんか」と言いました。

いい哲学をもつということは、そういうふうにたいへんすばらしい幸運まで呼び込んでいくのだということを、米国の幹部社員に話しました。

ぜひ、すばらしい心根で、一生懸命仕事をされて、この不況の中でもすばらしい事業展開をしていただきたいと思います。

経営の原理原則

第二電電を創業する際、「動機善なりや、私心なかりしか」と自分を問い詰めた。また常日頃から、公明正大であること、勇気をもつこと、敬天愛人の気持ちをもつことに努めてきた。このような心のあり方や考え方が、第二電電の創業の精神を形づくり、現在の成功をもたらしている。

◉

フィロソフィは判断基準。それは経営陣がもつべき判断基準であると同時に、従業員に浸透させていくと会社全体の判断基準となる。それが企業全体の精神的なバックボーンとなり、その企業の社風をつくっていく。

◉

企業の風土をつくり出しているのは、そこに住む従業員の心からかもし出されたもの。それが企業の精神的風土をつくり、社風を形づくっていく。社風にまでなっていくほどの哲学を、全従業員に浸透させていかねばならない。

◉

企業の規範や判断基準がなく、経営技術的な観点から効率性や合理性だけを追求して経営すると、力量ある人、才能ある人が傲慢になり、問題を起こすことになる。

◉

人間としていかにあるべきか、人間として何が正しいのか、ビジネスマン、リーダーとしてどうあらねばならないかという哲学をもっていないと、人間の欲望は際限もなく膨らんでいく。

◉

「人間として何が正しいのか」という判断基準、行動の規範になるべき哲学を備えていないと、能力、才能があればあるほど、人は天狗になる。

◉

今日の繁栄は、過去の努力の結果。未来の繁栄は、今からの努力で決まる。過去の栄光は、決して未来の保証にはなりえない。

◉

経営哲学を全従業員と共有することによってしか、会社の精神的風土はつくりえない。トップだけがいくら立派なことを言い、立派なことを思っていても、企業の成功にはつながらない。経営哲学が個々の社員にまで浸透して初めて、その企業の精神的風土となる。

◉

正しくて美しい、一面では裂帛の厳しさが含まれた思いやり、優しさを心の基準に据えて経営をすると、会社がうまくいくだけでなく、その集団にたいへんな幸運までついてくる。

◉ 崇高で純粋な高いレベルの心、すなわち日々の仕事をあふれるような熱意と誠実さで実行し、常に喜びと感謝の気持ちで満たされた毎日を送り、清く正しく強い目的意識をもち、常に明るく朗らかに生きる。そのような行動規範や判断基準を確立し、それを実践する集団には、そのすばらしい考え方のもとで起こるであろう堅実な発展以上の、思わぬ幸運がもたらされる。

◉ 今存在していることを喜び、絶対者に対しての感謝の気持ちで満たされた毎日を送る。そういう喜びと感謝の気持ちで満たされた心の状態は、すばらしく生きやすいものであると同時に、幸運すらも呼び込んでいく。

KAZUO INAMORI LECTURES

心を高める、経営を伸ばす

第一回経営講座トップセミナー講演——一九九五年五月二一日

背景

一九九五年一月に京都商工会議所会頭に就任した稲盛は、京セラを育んでくれた京都への恩返しのために、京都の企業経営者を対象としたセミナーを企画し、講師の一人として講演を行った。

講演の中では、経営はトップの考え方、意志で決まるのであり、経営者が心を高めることが業績の向上につながると説いた。

「心を高める、経営を伸ばす」

本年（一九九五年）の一月、ワコールの塚本幸一さんの後任として京都商工会議所の会頭を引き受けさせていただきました。私がお引き受けしたのは、塚本さんから「京都の名前を使って会社を起こし、事業を繁栄させたあなたは、恩返しのためにも京都の経済界のために尽くすべきだ」というご忠告をいただいたからです。

そういう経緯もありますので、なんとしても京都の経済界の皆さん方に、「あいつが商工会議所会頭をやってくれて良かった」と言っていただけるように、私が在任中にできることは何なのかということを考えました。「建都以来一二〇〇年も続いている古都京都の、歴史ある経済界が、このままではいけないのではないか。もっともっと発展してしかるべきではないだろうか。具体的に皆さんをお手伝いすることはできないけれども、せめて私どもが今までとってきたやり方や考え方を披瀝《ひれき》することによって、皆さん方の経営にいささかなりともお役に立つことができれば」と思ってこの「トップセミナー」という企画を考えつきました。

お話を始める前に、お断りしなければなりませんが、本日はたいへん失礼なことを申し上げるかもしれません。それは、なんとしても皆さんに奮い立っていただきたいと思ってのことですので、お許し願いたいと思います。

本日の題は「心を高める、経営を伸ばす。なぜ経営に哲学が必要か」ですが、別に難しいことを申し上げるつもりはありません。私が申し上げようとしている哲学とは、その人がもっている考え方、または人生観ということです。経営者というのは、必ずと言っていいくらい、自分の会社の経営をこうしたい、ああしたいと考えているはずですが、その考え方を私は、哲学と呼んでいます。

なぜ、哲学と呼ぶかと申しますと、すばらしい経営をするためには、できれば哲学と呼べるまで高まった考え方が要ると思っているからです。「心を高める」というのは、心を磨き、考え方を哲学、高邁な精神にまで高めるということです。そうしなければ、本当に良い経営はできないのではないかと思うものですから、哲学という言葉を使っています。

経営はトップの考え方、意志で決まる

なぜ、経営において考え方が大事なのでしょうか。

皆さんは経営者です。経営というのは、トップがもっている考え方、意志で決まります。

ですから、もし皆さんの会社の経営がうまくいっていないのなら、副社長が悪いのでもなければ、専務や重役が悪いのでもない。ましてや、従業員が悪いわけでもありません。たいへん失礼なことを言うようですが、それはただ一つ、トップである皆さんの考え方がおかしいから、皆さんの意志が弱いからなのです。

まず、経営というのは、トップがすばらしい考え方と、経営に対しての強い意志をもつかどうかで決まるということを前提に考えていただきたいと思います。

経営にしろ、何にしろ、問題はトップがもつ考え方です。たった一回しかない人生です。その中で、あなたは自分の会社をどうしたいのかということが大切です。

私の場合、「鹿児島という田舎で生まれ育って地方大学を出て、京都というすばらしいところに来た。たった一回しかない人生、やり直しのきかない人生、無駄に過ごすのはもったいないではないか。たった一回しかない人生なのだから精一杯生きてみよう。田舎者である私みたいな男が、どのくらい歴史ある都市、京都で生きられるものか試してみよう。誰にも負けないくらいすばらしい努力をしてみたい」と、思いました。

ところが、「たった一回しかない人生、そんなあくせく働いて過ごすなんてもったいないではないか。もっと楽しもうではないか。世の中、それでもうまくいくはずだ」と言う人もおられましょう。考え方は、経営者が一〇〇〇人いれば一〇〇〇人、みな違うはずです。

その考え方が、会社の成否を決めているわけです。思っていること、考えていることがすべて、現象界、つまり自分の会社の実態に表れるわけです。

ところが、誰もそうだとは思っていません。経営者である自分の考え方が実は自分の会社の成否を決めているとは思っていないのです。「自分が何を考えているかで自分の会社が左右されるはずはない」とお考えかもしれませんが、実は皆さんが考えていることが会社をつくり上げているわけです。

例えば、京セラには陸上競技部がありますが、皆さんも陸上競技部をつくったとしましょう。日本一流の長距離レースに耐えられるようなすばらしい選手を育てたいと思えば、それにふさわしい練習があります。

例えば、アスリートは食事コントロールを間違えると、すぐ太ってしまいます。長距離ランナーというのは太ってしまうと、耐久力が落ちます。ですので、食事をとるにもたいへん厳しい節制を要求されます。同時に毎日毎日すさまじくハードなトレーニングをしなければなりません。一流の監督が指導しているのを見ていると、われわれ素人は、そこまで要求しなくてもいいではないかと思うほど、厳しいトレーニングを課しています。体重を減らしていきますから、ガリガリになって脂肪がない。脂肪がないということは体力がすぐになくなるはずです。それでもその状態で四二・一九五キロ、どんな炎天下でも走らなければなりません。

そういうトレーニングを見ると、「たいへんだから、そんなのはもうやめてくれ。選手をつぶすつもりか」と言いたくなります。しかし、一流の選手に育てようと思えば、そのような過酷な練習が不可欠なのです。

私が申し上げたいのは、何を狙うかということです。

京都で、繊維の卸を営んでいるにしても、何を営んでいるにしても、自分の会社をどのような会社にしていきたいと思うのかが大切です。京都商工会議所では、今回から七回シリーズで経営の講義をします。その中で、いろいろな経営者の方々が個性にあふれた話をされます。それをお聞きになって、「彼はああ言うけれども、何もあそこまでせんでもいいやないか。おれのところはおれのところだ」と考えられるかもしれません。

確かに会社経営にはいろいろな考え方があります。しかし、陸上部の喩えに戻れば、もしその程度の考え方で選手を養成すれば、地方のレースでは若干の成績を残せるかもしれませんが、都会のレースに出たら、もう問題にもなりません。まして全国レベル、世界レベルの大会に出たら、最初の一キロから先頭集団についていくことすらできません。

私は昔、よくこう言ったものです。マラソンはトラックを出てロードに出ていきますが、

「ロードに出たばかりの最初の一キロで離されたのでは話にならないではないか。ぶっ倒れてもいいから、五キロだけついていってみろ。場合によっては先頭を走ってみろ」。そう言うと相当立派な監督でも「それは無茶です、会長。選手を殺す気ですか。世界のランナーは、一キロ何分で走るとお思いですか。うちの選手だったら、五キロ走っただけでもうへばってしまいますよ」と言います。

つまりは、どのような勝負をするのかということです。

京都には、「当社は一〇〇年の歴史を誇ります」「当社は創業二〇〇年です」「何代目です」というすばらしい伝統を誇る企業がいくらもあります。立派な社訓をもっておられる会社もいくらもあります。私は、京都の会社は戦争で焼かれず、資産が残ったのですから、本当はもっともっと伸びていっていいはずだと思っています。ただし、伸ばそうと思えば、京都のレースで勝つのか、日本のレースで勝つのか、世界のレースで勝つのか。つまり、どういう考え方をするのかが重要です。

どういう企業にしたいと思うのか。そういう企業にするにはどういう判断基準をもつべきなのかを考えなければなりません。陸上競技部ならば、まず、どの程度の結果を残したいのか。その上で、「そのくらいの練習じゃダメだ。もっとこのくらいやれ」と言うのか、「そういう練習をすれば選手がつぶれます」と言われると困るので、緩めるのか。つまり、どれくらいの練習を積めば勝負になるのかを考えなければなりません。企業経営ならばどういう会社にしたいのか。そういう会社にするためにはどの程度の努力をしなければならないのか。その判断を行うのが、経営者なのです。

ですから、経営者の判断の基準である考え方が重要なのです。

会社の業績は、経営者の意識そのもの

京セラは、皆さん方の会社よりはるかに小さい零細企業として、京都の中京区西ノ京原町で宮木電機の倉庫をお借りして始まりました。かつては中小零細企業だったわけですが、以前、中小企業経営者の方々とおつき合いをしていて、あるときこんなことを言われました。

「稲盛さん、あなたは会社が大きくなったのに今でも気が狂ったように朝から晩まで働いている。京セラが立派な会社になって相当財産もできたんじゃありませんか。それでもまだあくせく働く。あなたはいったい、いくら稼げば満足するんですか」

私には、「これだけお金をもうけよう」とか、「これだけ京セラを発展させよう」という考え方はありません。ないものですから、とことんがんばっているのです。ですが、その

人にそう言われてびっくりしてしまいました。

よくよく考えてみると、その方は個人財産をもう一〇億円つくられた。会社は毎年一億円、二億円の利益が出る。従業員も少ない。先代からの資産も五億円ほどもっておられる。ですから、「もうこれで十分ではないか。使い切れないほどのお金がある。なんでそんなにあくせく働かなければならないのか」と思っておられるようなのです。そういう考え方をしておられますから、打ち止めなのです。

そうであるのに、その方は「いや、うちの会社も伸びたい」とおっしゃいます。私に言わせれば、その方自身の考え方が伸びないようにしているのです。そのことに気づいていらっしゃいません。「伸びなくてもいいとは思ってはいない。うちの会社だってもっと伸ばしたい」とおっしゃるのですが、一方で「もう個人資産も一〇億円できた。それに、そんなにあくせくしなくても、毎年利益が一億円や二億円出るんだから」とも思っておられる。自分自身の深層心理、潜在意識の中で「これ以上会社は伸びなくてもいい」と思っていらっしゃるのです。

にもかかわらず、私が「会社をどうしたいと思っておられるのですか」と正面きって尋ねると、「うちの会社も京セラのように伸ばしたい。稲盛さん、どうすればそんなに伸びるのか、教えてほしい」とおっしゃる。それは教えてもらってどうにかなるものではありません。自分自身の考え方、メンタリティの中に、伸ばそうという考え方が、インプットされているかどうかなのです。

中小企業の社長を務めておられて、例えば月給を二〇〇万円もらっているとします。月給二〇〇万円もらっているという方は、年俸二四〇〇万円です。そういう方が一生懸命がんばって、利益が例えば五〇〇〇万円出たとします。その場合、税理士さんに対して、「なんとか、税金を払わないで済むようにならないか」と言われるのがまず普通だと思います。

一生懸命汗水たらして働いて五〇〇〇万円の利益が出たとすると、国はその半分の二五〇〇万円を税金としてもっていきます。自分は月給二〇〇万円で、朝早くから晩遅くまでたいへんな苦労をして、汗水たらしてがんばって二四〇〇万円もらったのに、何も手伝ってもくれなかった国や都道府県や市町村が二五〇〇万円をもっていく。そのことにもう腹が立って腹が立って、もうアホらしくてアホらしくて仕方がない。「自分はこれだけ努力をし、苦労をして二四〇〇万円もらうのに、何の苦労もしていない奴に、なぜそれ以上取る権利があるのか」。相当世間をわかっておられる方でも、そういう憤りを感じられるでしょう。

「なんで取られなければならないのか」ということの次に思うのは、「こんなに税金を取られるなら、働くのはアホらしい」ということです。そしてその次は、「なんとかチョロまかそう」と思うか、「二五〇〇万円も取られるのはアホらしいから、ほどほどに働こう。ただし、自分の給料の二四〇〇万円は欲しいのでその分は働こう」と思うかのどちらかです。

一生懸命に働くと、その結果としてようやく利益が出るわけですが、利益がぎりぎりしか出ないように手を抜いて働くのは難しいものです。ちょうど学校で落第をしない程度にうまくさぼるのが一番難しいのと同じことです。優等生で卒業するというのはまだ易しいけれども、合格点すれすれで落第をしないで卒業するのが一番難しい。つまり、自分の給料だけは取って、税金を払わないで済む、すれすれの業績にしようというのが一番難しいわけです。

また、税金を払いたくないと思うということは、利益が出ては困ると思っているわけです。利益が出ては困るという意識を、潜在意識下にもっていながら、会社をもっと大きくしたいとも思っておられる。多くの中小企業経営者の方が、そういう矛盾したメンタリティをもっていらっしゃる。それでは会社が大きくなるわけがありません。

そういう意識をもっていると、それがそのまま従業員に伝わっていきます。従業員は全部わかっています。だから、従業員に「がんばれ、がんばれ」と言ったって、がんばるはずがありません。そして先ほど言ったように、「そんなにあくせく働いて利益を出して、税金に取られるのはアホらしい。たった一回しかない人生、もっと楽しくいこうではないか。人生はとことん楽しくなければならない。うちの会社はおもしろく楽しくいくようにしよう」と考えるのです。そういう会社もあっていいのですが、その程度の考え方であれば、その程度の会社で終わってしまいます。

また、中小企業の場合は力がないものですから、今のように景気が悪くなっていくと、不平不満をこぼされます。「今の政府のやり方がおかしい。地方の行政府のやり方がおかしい。もっともっとわれわれに援助してほしい。中小企業は苦しいんだ。低金利の融資をしてくれ」などと、環境の不備にばかり目を向ける方がおられます。そのような考え方では、自分の会社を伸ばすことはできません。

環境が厳しくなればなるほど、自分の会社は自分で守らなければなりません。誰も助けてくれません。自助努力こそ経営の基本なのです。やはり経営とは、まさにトップがもつ考え方に起因するものなのです。

プリミティブな判断基準のおかげで、今日の京セラがある

そこで、わかりやすいかと思いますので、少し厚かましいのですが、私の例を挙げてお

話しします。

私は一九五九年に、中京区西ノ京原町で宮木電機の倉庫をお借りして二八人で京都セラミックという会社を始めました。当時宮木電機の専務でいらっしゃった西枝一江《にしえだいちえ》さんをはじめ、社長の宮木男也《みやきおとや》さんや、常務の交川有《まじかわたもつ》さん等々に出資していただいて、資本金三〇〇万円をつくっていただきました。さらに西枝専務は、京都銀行にお願いされて、自分の家屋敷を担保に一〇〇〇万円のお金を借りられて、運転資金として私に使わせてくださいました。資本金の三〇〇万円と西枝さんが個人的に京都銀行から借りられた一〇〇〇万円、合わせて一三〇〇万円を元手に京セラは始まったのです。

会社を始めて、最初に遭遇したのはトップの重責でした。つくったその日からものを買うにしても、給料を払うにしても、部下があらゆることについて私に、「これはどうしましょう」と相談に来ます。それを一つひとつ、「やっていい」「ダメだ」と私が判断をしなければならない。

そのたび、たいへん困りました。私は立派な家柄の生まれではなく、立派な経営者が親戚にいたわけでもありませんので、人を頼ることができません。私自身にもちろん経営の経験はありませんから、経験則を頼ることもできません。また、工学部の出身で、経済も経理も勉強したことがありませんから、知識を頼るわけにもいきません。そういう無い無いづくしの私が、会社のトップを務めなければならない。トップとして「やっていい」「ダメだ」と、キリキリ胃の痛むような判断をしなければならない。

「自分の判断がもし間違っているなら、会社の存続に響くかもしれない。深く考えずに決めようとしているけれども、それは実は会社の命運を決める事柄なのかもしれない」と思うと、あまりの責任の重さに、眠れない日が続きました。そのときに「トップは孤独だ」という言葉を本で見つけ、「なるほど」と思いました。経営者は、番頭さんにも、奥さんにも、周囲の人にも相談ができない。本当にぎりぎりのところで決断を迫られる。一〇〇万円、一〇〇〇万円の日常茶飯の決裁をするにしても、それは自分の責任で決裁をしなければならない。その決裁をするにはぎりぎりまで悩まなければならない。それも、相談ができない孤独さの中でものを決めていかなければならない。「経営者というのはすごくたいへんなんだな」と私は思いました。

どのようにして物事を決めていくべきか、散々悩んだ挙げ句、「会社経営を知らないんだから、人間として何が正しくて、何が正しくないのかということに基づいて決めよう」と思いました。つまり、物事を判断するには基準が要るわけですが、その基準をもっていないので、私はそう考えたのです。

小学校しか出ていない私の両親や祖父母が子供の頃から私に、「あれはやってはいかん」

「これはやっていい」「人間としてそんなことでは困る」と言って教えてくれた、本当にプリミティブな、人間として正しいこと正しくないことや、小学校、中学校、高校のときに、修身の先生に教わった、やっていいこと悪いこと、そういったものを判断基準にしようと思いました。それしか私には方法がありません。大学の哲学科を出たわけでもなければ、心理学科を出たわけでもありません。私にはそれしかありませんから、両親や学校の先生に教わった何が正しいのか正しくないのかを判断基準にしようと決めました。

ただし、「それをそのまま社員に言うと、ばかにされるかもしれない」と思ったものですから、私は「原理原則に基づいて判断をします」と言うようにしました。わけがわかったようなわからないような言い方ですが、つまりは、「人間として根本的に何が正しいのか、正しくないのかに基づいて判断しよう」と考えて経営を始めたのです。

考えてみると、会社をつくったときに経営の原点に据えた、このプリミティブな判断基準のおかげで今日の京セラがあると思います。もし私に中途半端に経営の経験があったら、もしくは、三〇～四〇歳ぐらいまで大企業にサラリーマンとして勤めて、ある程度の経営の方法を知っていたとしたら、そして、うまく根回しをしたり、妥協をしたり、周辺の人に取り入ったりする社交術のようなものまで含めて経営の方法だと思い込んでいたとしたら、私はそういった経験則に基づいて経営し、失敗していただろうと思います。

しかし、経験がなく、何も知らなかったものですから、何が人間として正しいのか、正しくないのかという原理原則の一点だけで判断をしようと思いました。すれておらず、世の中でうまく立ちまわる方法を知らなかったことが良かったのだと、今つくづく、そう思います。

田舎者で地方大学しか出ていない私が京都へ来て、神足《こうたり》（現長岡京市）というところにあった松風工業に入って四年間、焼き物の研究を続け、そこでの研究成果をベースに京セラをつくったのが一九五九年のことです。現在、京セラは日本だけではなく、世界中に子会社をたくさんもっています。今従業員数は国内で一万五〇〇〇人、海外で一万五〇〇〇人、合計すると三万人になります。また、一九八四年に設立した第二電電もあります。これら世界中の会社を合算すると売上は一兆円、経常利益は一五〇〇億円になります。部品主体のメーカーで売上一兆円というのはあまりないかと思います。

別に自慢話がしたいのではありません。田舎者に過ぎなかった私が京都へ出てきて、京セラという会社を始めてわずか三六年の間に、経営の判断基準に、「人間として何が正しいのか」というただ一点のみを据えた結果、ここまでになったのだということをお伝えしたいのです。

トップがもつ考え方が、会社の命運、会社の将来のすべてを決めていくのです。今日の京セラがあるのも、その考え方があったからです。

同時にもう一つ重要なことは、経営者としての強烈な意志です。この会社をどうしても伸ばしたいという強烈な願望、強烈な意志が会社の将来を決めていきます。

人生・仕事の結果は「考え方×熱意×能力」

考え方というのは、思想と言い換えてもいいし、信念でもいいし、人生観でもいいし、処世訓でもいい。言葉はどうでもいいのです。要するに、どういうふうに生きたいと思っているのか、ということです。

創業当初から考え方というものが非常に大事だと思って経営してきたら、京セラはどんどん、想像できないほど発展し始めました。そこで、「どうも人生というのは不思議だ。なんでこううまくいくのだろう」と考えてみました。

「賢い人が事業を行えば大成功するということは当たり前のように思うけれども、私はそう賢いほうではない。どういうところが優れていれば人生は成功するのだろうか」。当時そのことで非常に悩みました。その結果、私はある方程式を考えつきました。「人生・仕事の結果＝考え方×熱意×能力」で表されるのではないかと思ったのです。

それはどういう意味か。能力というのは、頭がいいということだけではありません。肉体がもっている能力、つまり運動神経や健康、頑健さ、力の強さを含めて、私は能力と言っています。

ですから例えば、運動神経がすばらしく発達した運動選手であり、一流大学を優秀な成績で卒業したという人は、健康でもあり運動神経も発達していて、そのうえ頭もいいのですから、能力は非常に高いでしょう。能力が〇から一〇〇まであるとすると、われわれ普通の人間だと平均して六〇点ぐらいでしょうが、その人ならば、九〇点ぐらいあるかと思います。

次は熱意です。これも〇から一〇〇まであるだろうと思います。

熱意が重要だと考えついたのはこんなことからでした。

田舎の親戚に、いい学校を出たおじさんがいました。そのおじさんは、いつも焼酎を飲んで酔っぱらっては、自慢話をしていました。「おれは小学校の頃、頭が良くて級長だった」。そしてわれわれ子供でも知っている人、例えば県庁の偉いさんを君《くん》呼ばわりして、「〇〇君は小学校の頃、洟垂《はなた》れ小僧で、頭が悪かったんだ」と悪口を言うのです。「うちのおじさんは偉いんだな」と子供心に思ったものです。

ところが、よく考えてみると、そのおじさんは仕事もできないので親戚一同からばかにされ爪弾《つまはじ》きにされているし、お金ももっていない。おじさんの話では、たいへん偉いはずなのに、ちっとも偉くない。どういうことなのかを考えたところ、「学校の成績が良かったから、頭が良かったからといって人生は良くなるものではないんだな」と気づきました。

そのときのことを思い出して、「ははあ、うちのおじさんは頭がいいことを笠に着て、あいつは頭が悪い、おれは頭がいいと言って人をばかにし、まともに働こうとしなかったから、あのザマだったんだな」と思いました。たとえ小学校で成績が良かろうと、高校や大学をトップで卒業しようと、まともに働かないならば、人生うまくいくわけがないのです。

昔の狂歌に、「世の中に寝るほど楽はなかりけり。浮世のばかは起きて働く」というものがありますが、昔の頭のいい人も大体、「おれは頭がいいから寝ていればいいが、ばかは夜中でも起きて働かなければいけないのだ」と思っていたようです。

しかし、おじさんの姿を見ていた私は逆に、「ははあ、そこに落とし穴があるんだな。頭がいいだけではダメで、ばかみたいに人の何倍も働くという勤勉さ、熱意が要るのだな」と考えたのです。

私にとって非常に良かったのは、一流大学を卒業していなかったことでした。さらに、鹿児島弁しかしゃべれなかったことも幸いしました。入った会社は京都の会社ですので、みんな京都弁で流暢《りゅうちょう》にしゃべっている。それができるだけで、私よりも若い子でも偉いと思いました。そのくらい劣等感がありました。まともに標準語がしゃべれない。もちろん京都弁もしゃべれない。何かしゃべろうと思っても方言が出そうになり、一度のみ込んでどう標準語に翻訳しようかと思うものですから、非常に躊躇《ちゅうちょ》する。だから流暢に京都弁でしゃべっているだけでも偉いと思いました。

電話にも苦労しました。京都に出てくるまでの間、私の周囲には電話機というものがありませんでした。もちろん家にもありませんし、電話機をもっている親戚もいませんでした。電話が鳴り、出てみると、向こうから「もし、もし」と言われ、何か返事をしなければならない。しかし、電話に慣れていない上に、先ほど言ったように鹿児島弁でしか返事ができない。ですから電話に出ることに恐怖心がありました。

「よく考えてみると、都会の人というのは偉いんだな、賢いんだな」と感じ、人の顔を見ただけで賢そうに見える。私みたいな田舎者の顔はしていない。非常に利発そうに見える。たいへんな劣等感がありました。

そのような状態でしたから、「おれには能力はないのかもしれない。それなら、一流大学を出た人たちや京都の人たちの何倍も働こう」と思いました。

方程式を掛け算にしたのは、どう考えても足し算では辻褄《つじつま》が合わなくなってくるからです。例えば能力という点で、一流大学をトップで卒業した人は九〇点あるかもしれない。しかし、頭がいいからとあまり働かず、熱意という点では三〇点しかない。これが足し算だと九〇点と三〇点ですから一二〇点になります。一方、もともと能力はあまりなく、六〇点しかない人が一生懸命がんばろうとする。とはいえ、人よりも特別にがんばれるわけではありませんから、一流大学を出た人の倍ほどがんばっても六〇点です。これに能力の六〇点を足すと一二〇点。頭がいいけれども努力しない人も一緒の点数です。ところが掛け算にすると、九〇×三〇＝二七〇〇点、六〇×六〇＝三六〇〇点で、大きく違ってくるわけです。

「ははあ、これは足し算じゃないんだ。積で掛かってくるもんだから、人生にえらい差がつくんだな。道理で松下幸之助《まつしたこうのすけ》さんや三洋電機の井植歳男《いうえとしお》さんは小学校しか行っていなくても、あれだけのことができたんだ。足りないものをカバーするために行った努力が能力に掛かるから、違ってくるのだな」と思ったのです。

そして、考え方というのは、とても重要な要素で、実はマイナス一〇〇からプラス一〇〇まであります。つまり、すばらしい能力をもち、すばらしい熱意をもって努力しても、考え方がマイナスであれば、それが積で掛かってきますから、結果はマイナスになってしまうのです。

能力があり、熱意もある。しかし「人生おもしろくない。世の中は不公平だ。それをただすべき政治家は狂っているし、自分たちのお金もうけばかりを考え、悪いことをしてでもお金を貯めようとしている。そうであれば、自分もこんな腐った世の中を斜めに生きてやろう」と、泥棒でもしようかと思えば、石川五右衛門《いしかわごえもん》ぐらいにすばらしい泥棒になるわけですが、所詮は泥棒ですから、考え方がマイナスとなり、人生の結果もマイナスです。

中小企業経営者の方で経営がうまくいかない方は、しょっちゅうブツブツ文句を言っておられます。しかし、「うまくいかないのは行政がおかしいからだ」と言っても、それは天に唾するようなもので、全部自分に返ってきます。ちっともプラスにならない。それなのにマイナスばかり言っている。それよりも、不平不満を言う暇があるなら、自分の足元を見て一生懸命がんばることです。それなのに、一生懸命がんばらない。社長が、たとえそんなに悪い人ではないとしても、ブツブツ不平不満ばかり言っているならば、その会社がうまくいくわけがありません。

神様は、みんなが等しくすばらしい人生を送れるようにつくってくれているのです。みんな同じようにすばらしい人生を送ることができるのです。苦労ばかりしなくてはならないようにはなっていません。ただし、すばらしい人生を神様に与えてもらうには、今置かれている状況に感謝し、明るく必死に生きる努力を続けなくてはなりません。そういう人には神様が微笑んでくれて、幸運をもたらしてくれるのです。「そんなばかな」とお思いかもしれませんが、まず、このことを信じていただきたい。本当にそうなっているのです。ですから、考え方にはネガティブなマイナスの考え方からプラスの考え方までありますが、ひがんだ考え方をしてはなりません。明るくてすばらしい考え方をすべきなのです。

人は心で判断する

そのようにすばらしい考え方をもとうとすることを、私は「心を高める」と表現しています。

「心を高める」という表現は人間性を高めましょう、人間としての品格を高めましょう、哲学と言われるほどの高邁な思想、考え方をもちましょう、という意味で使っています。

では、なぜそういう高邁な思想、人間性が要るのか。

先ほど言いましたように、会社をつくったときに最初に遭遇するのは、「これをしていいか悪いか」という判断です。私がよく使う言葉ですが、会社の現在の状態というのは、トップの人が、就任してから今日までずっと節々に下してきた判断の集積の結果です。石を積み上げるみたいに判断が積み重なってきた結果なのです。つまり、経営者の判断のインテグレーションが現在の会社を成しています。

もし、五回目まではいい判断をしたとしても、六回目に判断を間違うと、積んだ石がガラッと崩れます。全部は崩れないかもしれませんが、途中まで崩れたとしたら、そこからまた積まなければならない。もし、あなたの会社があまり伸びていないとすれば、途中で何回か大きな判断ミスをしてガラッと崩れて、賽《さい》の河原の石積みになっているからなのです。ですから、判断というのはたいへん大事なわけです。

では、判断はどこでするのか。それは頭ではなく、心でするのです。人間はみな心で判断をしているわけです。心と言っても、それがどこにあるのかは、私も知りません。ただ、頭でないことだけは事実です。

心で判断するとしますと、心というのはどんな構造をしているのかが問題になります。たいへん独断と偏見に満ちてはいますが、私が勝手に考えていることを申し上げます。

本能、感覚、感情、理性では判断できない

心というのは多重構造をしたサッカーボールのような形状の球形を、私はイメージしており、その球の一番真ん中には魂というものがあるのではないかと考えています。魂など

信じない方もおられるかもしれませんが、その魂をさまざまな要素が覆っていると考えています。その一番外側は本能です。

なぜ本能が一番外側にあるのでしょうか。赤ん坊は生まれてきますと、母親の乳房にぶら下がって乳を飲みます。お乳を吸うことは、学習してできるようになるのではなく、肉体を守るために生まれながらにして知っています。そのように、最初に登場する心が本能なのです。今も赤ちゃんの例を挙げましたように、本能とはこの肉体を維持し守るために神が与えてくれた心です。食欲があるのは肉体を維持するためです。また性欲があるのは、子孫を残す、つまり自分の代わりのものをつくるためです。さらに、敵に襲われると闘争心が湧くのは、外敵に対して自分の肉体を守るためです。このように本能というのはすべて自分のためにあります。自分のためとは、つまり利己です。英語で言うとエゴです。

肉体を守るためにはエゴがなければなりません。その証拠に、われわれの肉体を流れている血液の中には白血球があって、バイ菌やウイルスなどの外敵が入ってくると、それらに対して猛烈な戦いを挑み、殺そうとします。次から次へと、造血幹細胞で白血球をつくっていきます。正常なときよりはるかにたくさんの白血球をつくって、バイ菌やウイルスをたたこうとします。ところがわれわれは頭では何も考えていません。バイ菌が入ってきたこともウイルスが入ってきたこともわれわれは知りません。意識していないのに、身体です。

の中でそういうものがつくられて、徹底して肉体を守ろうと働いてくれます。これが本能です。

このように本能というのは、肉体を守るため、維持するために神が与えてくれた、利己的なものなのです。それをまず、前提に置いていただきたいと思います。

そうすると、会社で部下が相談に来たとき、まったく何のトレーニングもしていない人だと、本能、エゴで物事を判断していることがわかります。「もうかるのかもうからんのかはっきりしろ」と、皆さんも言っておられるはずです。つまり、損得だけです。本能、エゴだけで物事を判断して「もうかるのか。本当にもうかるのだな。それならおまえ、やってもいい」と許可し、そして損をして帰ってくると「このばかが！」と怒る。われわれは日常的に、このように本能というものを基準にして判断をし、会社を動かしています。

ラッキョウの皮のように、一番外側にある本能をめくると、その次に、今度は感覚という心が出てきます。感覚というのは、見る、聞くといった五感です。

五感を使って判断するとは、例えば、次のようなことです。音楽のＣＤを買うか買わないかを判断するとき、「この音楽は良かった。このＣＤを買おう」というように、五感のうちの聴覚で判断します。

また、いい絵を見て、「この絵は立派だ。有名な作家ではなく、名も知れない二流の作家が描いた絵だけれども、この絵を気に入った。この絵を買いたい」と思うのは、五感の感覚のうち、視覚で決めることです。

ところがおもしろいことに、感覚で判断する際の基準というのはしょっちゅう変わります。未熟なときには、下手な指揮者のレコード盤でも、「いいな」と思ったのに、だんだん耳が肥えてくると、「いや、こんなんじゃダメだ。これよりは何々交響楽団の何年何月どこそこでの演奏のCDがいい」というように、だんだん音楽への感覚が変わってくる。つまり、聴覚の判断基準は変わっていきます。

また、視覚も同じです。皆さんの中にも、絵が好きで絵をよく買われる人がおられると思いますが、初めは安物で満足していたのに、一流の絵を見始めるとだんだん目が肥えてきて、「この前買った安物はもう見られない」と、思うようになります。

つまり、感覚による判断基準は、決して「人間として何が正しいのか」という固定されたものではなく、時と経験によってどんどん変わっていきます。それが五感、感覚による判断力です。

その感覚を、また一つラッキョウの皮のようにめくりますと、その次は感情という心が出てきます。ついついわれわれは好き嫌いという感情に任せて物事を決めてしまいます。部下の顔を見て「おまえの顔は見たくもない。貧乏づらをした貧乏神みたいな奴め」と、理屈ではなく、感情で物事を決めているケースはいくらもあります。これは気ままなもので、昨日は「顔も見たくない」と言ったのに、今日はたいへん褒めている。このように感情という基準はまったく不確かなものです。感情は、その日の調子によって変わるわけですから、判断の基準にはなりえません。にもかかわらず、われわれは感情を使って判断をしています。

「そんなに私はいい加減な経営者ではありません」と言って、また一つラッキョウの皮をめくると、その次は理性という心が現れてきます。

理性というのは、脳の大脳皮質で物事を分析し、物事の論理を組み立てる心です。「こういう分析をするとこういう事実が明らかになります」と、帰納法や演繹法で分析をし、それを論理として構築していくことができるのが理性です。理性によって事実を事実として分析し、分析した事実から論理をそのまま組み上げていくことはできますが、判断をすることはできません。

そのいい例が、皆さんの会社におられる、優秀な大学を出たスタッフの人たちです。その人たちに何かテーマを与えると、彼らは理性を使ってすばらしい分析を行い、皆さんのところに「ここをこうすればこうなります」とレポートを出すはずです。それを「説明してみろ」と言うと、よく納得がいく説明をしてくれます。しかし、「じゃあどうすればいいのだ」と聞くと、「それは社長が決めることです。私どもは調べただけでして、どちらをとるかは社長が決めることです」と答えます。つまり、理性という基準では、物事は決められないわけです。

あなたの魂は、何が正しいかを知っている

「理性もダメなら」と、またラッキョウの皮をめくっていくと、まだ心の階層は多くあると思いますが、最終的には、魂というものが出てきます。

魂というのはあなたそのもの、あなたの本質です。人間の本質をずっと問い詰めていくと、最後には、仏教の場合には「空《くう》」、ヨガでは「真我」、または「存在としか言いようのないもの」と呼ぶものに行き着きます。

それは、言葉を換えると、魂です。魂というのは、宗教や哲学の世界では当たり前のものので、一般の人にはよく理解されていませんが、個人差がありません。私とあなたの魂はまったく同じものなのです。

ところが、この世に生まれてくるときに、神様から肉体というものを背負わされて出てくるものですから、人それぞれ能力も顔も違うわけです。地球上には人類が数十億人いま

すが、誰一人として同じ人はいない。それは、もともとの魂が同じであっても、均質なものだけでは、社会は成り立たないものですから、差があるようにつくられたわけです。自分の今の能力はたまたまあるものなのです。頭が悪く生まれてきたのはあなたの責任ではないのです。頭の悪い人もいい人も、健康な人も病人も、いろいろいなければ社会が成り立ちませんから、神様がそうつくっただけなのです。本当はみな平等です。みなの魂は同じものなのです。

例えばヨガをやったり、また瞑想をしたり、坐禅を組んで心を静かにして、自分とは何なのかをたずねていった人はみな同様に、人間の魂は同じだと言うばかりか、森羅万象、山も川も草も木もそれをつくっている根源はみな同じものだということまで言っておられます。そういう物の本質を、哲学的、宗教的にとらえようとしていくのが実は宗教家の務めでもあります。

みなが等しくもっている魂、つまり人間の本質とは何なのかと言うと、それははっきりしています。どの宗教家も説いていますが、それは「真・善・美」です。われわれの世代は小学校、中学校のときに「真・善・美」という言葉を教わりました。

人間は、その「真・善・美」の方向にどうしても惹《ひ》かれます。真実を愛するというのは、魂が真実だからなのです。善きことをしようと思うのは、魂がもともと善いものだからなのです。美しいものに惹かれるというのは、魂が美しいからなのです。

魂というのは、何も難しく考える必要はなく、「真・善・美」という言葉で表されるものであり、公平で、公正で、誠実で、愛情や勇気にあふれ、すばらしく優しい調和に満ちたものなのです。

私は先ほど、京セラをつくったときに、両親や祖父母、学校の先生に教わった、人間としてやっていいこと悪いこと、ということに基づいて判断しようと思い、それを「原理原則」と名づけたことをお話ししました。

そのように私は、中学校も出ていない両親が叱りながら教えてくれたことを基準にしましたが、本当は自分の魂に聞けば良いのです。魂そのものはどなたの魂も美しい立派なものなので、何が正しいかを知っているのです。

ですから、物事を判断するときは、本能で判断するのではなく、また感覚で判断するのでもなく、感情で判断するのでもなく、理性で判断するのでももちろんなく、魂に照らし判断するのです。

せめて一日二〇分ぐらいは、心を静める

今日、私はくたくたになってここへ来ました。今、お話をしているうちに元気が出てきましたが、東京から名古屋を経て京都へという、殺人的スケジュールで動いていますから、心が休まる間がないぐらいです。

皆さんの場合も、大半の方が忙しさのせいでイライラしていらっしゃるだろうと思います。イライラした状態では経営は絶対できません。心を静めるということが絶対必要になってきます。宗教家も哲学者も、一日二〇分でいいから殺気だった心を静めなさいと言います。

もちろん、誰にも負けないぐらいすさまじい勢いで仕事をしなければなりません。仕事は、「楽しく、ぼちぼちいきましょうか」というものではないのです。

経営というのはすさまじいもので、どんな格闘技の選手がもっているものよりも激しい闘魂が要ります。だから生半可な人は経営をしてはいけない。それはそれはすさまじい勇気、度胸が要るのです。競争相手にどんな強い巨漢が現れても、負けることを承知で、むしゃぶりついてでも戦う勇気がなければ、経営にはならないのです。

そういうすさまじい気迫をもって、寸暇を惜しんで働くという生きざまで生きていれば、せめて一日二〇分ぐらいは心を静める必要があります。そのすさまじい勢いで生きている中で、心を静めることで、魂に触れられる時間が生まれてくるのだと思います。

ある人は坐禅という方法を使い、ある人は瞑想という方法を使って心を静めておられます。よく経営者の方が、禅宗のお寺に行き、老師に師事し参禅しておられるのも、実はこのことからです。心を静めなければ、決して自分の魂に触れることはできません。

魂、心というのは、「真・善・美」という言葉で表されるものであり、その魂は何が正しいのか、正しくないのかを知っていますので、魂に触れれば、人はその方向に行くわけです。

魂のレベルで経営を行えば、ビジネスはうまくいく

魂というのは、さらに表現を換えると、愛です。仏教でも何でも世界的な大宗教家の方々はみな、根本では愛を説いておられるのですが、魂とは、その愛なのです。

愛というのは何かと言われると、少し解釈は難しいのですが、優しい思いやりだと理解されればいいと思います。

優しい思いやりというのは、本能、エゴの対極にある利他の心、つまり自分を犠牲にしてもいいから、他人に良くしようという心です。魂というのは、もともとそういう優しいものなのです。

われわれ経営者は、すさまじい修羅場を生きています。特に中小企業、零細企業となると、ちょっとした油断で会社がつぶれるかもしれません。ぼやっとしていると注文が同業者に逃げていくなどして、たちまち利益が吹っ飛んでしまいます。そういうすさまじい切った張ったの修羅場を生きているだけに、判断をする瞬間というのは少なくとも魂というレベルで、「真・善・美」という利他の心で判断しなければなりません。

激しく利益を追求する修羅場にいる人こそ、実はそういう心をもたねばならないのです。商売というのは皆さんもご承知のとおり、自分だけもうかって成功が長続きした例は一つもありません。ものを売ってもうけようと思えば、買った人も喜ばなければ、長続きしません。お客様が変なものを買って、一回でも「アホらしい」と思えば、二度と商売はできません。「お客様がいいものを買ってくれたおかげで、こちらももうけさせてもらった」と思わなければビジネスは続きません。自分だけもうけようとすることで、一回きりの商売はできるでしょうが、永続性のある商売はできないということは、皆さんも知っていらっしゃるはずです。

商売でも必要なのは、利他の心です。極端に言うと自分のことは棚に上げて、ものを買ったお客様のことだけを考えて、お客様が喜べるようにしてあげるのです。

利他の心で商売をすれば、自然に十分もうけさせてもらえるようになるのです。

「情けは人のためならず」という諺《ことわざ》があります。それは、情けをかければ、他人のためになるだけではなく、その報いが必ず自分に返ってくるという意味です。これが世の中の道理であるわけです。ですから極端に言うと、魂のレベルで物事を判断することで、物事は成功するのです。

フィロソフィに全従業員が共鳴しているか

私が「心を高める、経営を伸ばす。なぜ経営に哲学が必要か」と言う場合、哲学という言葉は、魂から発した崇高な考え方を意味します。そこまでの考え方を社是にして経営されるべきなのです。

しかし、崇高な考え方を社是、社訓にして経営すると言ってみたところで、自分自身が実践できるようにトレーニングされていませんから、どうしてもうまくいかない。そこはやはり人間ですから本能も、感覚も、感情も、そう簡単には取り除けません。少し気を緩めれば、その瞬間に、そういったもので判断してしまいます。

　皆さんもこの会場から出ていったらすぐに本能で、いいか悪いかを判断されるわけです。ここで私の話を聞いて、「なるほどな」と思われたとしても、会場を出た瞬間に忘れるわけです。人間というのは、そのくらい愚かなものなのです。

「そんな偉そうなことを言うけれども、それならおまえにできるのか」と言われると私にもできていません。できていませんが、私が皆さんより少し偉いと思うのは、私はしょっちゅう反省していることです。反省のある毎日を送るべきだと私は思っています。私は、毎朝、起きて洗面をするときに、恥ずかしいのですが、家内にも聞こえてしまいかねないぐらいの声で、「神様、ごめん」と言うのです。別の自分が私を、「おまえはけしからんではないか」と、たまらないぐらい責めるのです。また、「神様、ありがとう」と言うこともあります。

　そういう反省を、毎日しなければならないくらいですから、きれいごとを言っていますが、私は決してきれいな男ではないのです。人間というのは、みんな本能にまみれているわけです。本能のまったくないきれいな人なんているわけがない。本能にまみれていくことを嫌い、少しでもそこから逃げよう、逃げようとする考えがあれば、たまに逃げられるだけのことであって、私も常に本能を抑えられるわけではないのです。

ぜひ、魂というものが知っている崇高なところまで考え方を高めていっていただきたいと思います。放っておくと、すぐに本能や感覚、感情で判断をしてしまいますので、「そうあってはならないのだ。そうあってはならないのだ」と常に自分に言い聞かせる。その反省の繰り返しがありさえすれば、少しずつすばらしい判断ができるようになってきて、会社経営がうまくいくようになるはずです。

そういうことを考えながら京セラを経営してきたために、京セラはたいへん順調に成長しました。だから私は、経営にはフィロソフィこそが大事だと言うのです。

技術や営業の良さ、経営管理や財務管理のうまさが会社の隆盛を決めているのではありません。会社経営の良し悪しは、まさにどういうフィロソフィを会社がもっているか、どういうフィロソフィをトップと従業員が共有しているか、どういうフィロソフィに全従業員が共鳴をしているかで決まるのだと、私は思っています。

ですから先ほども言いましたように、すばらしい考え方をまとめて、それを社是とし、明文化して全社員に指し示す。従業員にも「私は心を入れ換えて、今日からはこういう考え方で経営するのだ」と言うのです。きれいなことが書いてありますが、実際にはまだ実行できていないわけですから、従業員から見ると全然でたらめで、「うちの社長、朝礼ではあんなことを話したのに、昼からはまったく逆のことをやっている」と言われるでしょう。だから、「日々反省に努めながら、そうならんようにしようと思うけれども、おれも人間だから、すぐそうなってしまう。そのときには注意してくれよ」と、従業員に言うのです。

哲学を血肉化させよ

哲学を社是としてまとめて、諳《そら》んじられるぐらいに血肉化していなければなりません。血肉化していなければ、日常的にそのとおり振る舞えません。しかし、凡人にはそれができませんから、しょっちゅう、自分自身に言い聞かせて、自分の至らない点を直していくのです。そして、従業員全員に、できればこういう方針でやってほしいと、強く訴えるのです。

私は、そうすべきだと思ったものですから、そういう考え方を冊子にまとめ、それを「京セラフィロソフィ」と銘打ち、全従業員に配りました。配っても、ただ「読め」だけなら意味がありません。すぐに忘れてしまうだけです。ですから冊子をつくって渡し、一生懸命に説きました。しかし説くだけでも一緒です。

そこで、私が考えたのは酒盛りを始めることでした。従業員を五〇人くらいずつ集めて一升瓶とつまみを用意して、車座になって酒盛りをします。「まあまあ、文句を言わないで、飲めよ飲めよ」と、コップ酒を飲まして、気持ちがほころんできて、心を開いた頃に「なあ、おまえな」とフィロソフィを説くのです。そのように、できるだけ京セラフィロソフィに賛同してもらえるように、一生懸命教え込みました。そうして会社がうまくいったので、やはりフィロソフィというのは大事だと思っています。

フィロソフィが大事だと言うと、会社に入ってくる一流大学を卒業した技術系の社員たちは「社長は、ふた言目には『フィロソフィ』と言うが、実際には京セラというのは技術があるからうまくいっているんだ。『フィロソフィ、フィロソフィ』と言ってコップ酒を飲まして、『まあおれの話を聞け』と言うけれども、そんなもので会社が大きくなるわけがない。われわれの頭がいいからうまくいっているんだ」と反論します。インテリほどそう思っています。

そして私が、一生懸命、フィロソフィを説くと、反発します。

「思想までこの会社は押しつけるのですか」

「いや思想まで押しつけはしないが、この年齢になってくると、人生は、考え方によって決まるとわかるんだよ。いい考え方をするかしないかによって本当に人生が変わるんだから、押しつけられたと思うな。おまえのためにこういう考え方をしたらどうだと言っているのだから」

「どんな考え方をしたって個人の勝手でしょう。京セラに入ったら、思想まで押しつけられるのですか」

そう言われるのでたいへん困りました。それでも、一生懸命説き続けました。

「動機善なりや、私心なかりしか」と自らに問い続ける

実はそういうことがあって、今から十数年前、第二電電をつくろうと思ったわけです。私はセラミック専門の技術屋ではあっても、電気通信事業はまったく知らないわけですから、そのときには第二電電などが成功するはずがないと思われていました。

素人の私が電気通信事業と出合ったのは、商工会議所の高度情報化社会についての委員会で委員長を務めたことがきっかけでした。あるとき、電電公社の幹部技術者で、今第二電電の副社長を務めている千本倖生《せんもとさちお》君を呼んで、高度情報化社会というのはどういうものなのか、商工会議所の会員の皆さんに、講演してもらう機会がありました。私は、その講演の司会をしました。千本君は滔々《とうとう》と高度情報化社会について話すのですが、何のことはない、超ＬＳＩ（大規模集積回路）の話ばかりするのです。ＬＳＩという半導体の世界は、

私の専門分野で、私のほうが詳しいくらいです。

講演が終わってから応接間に出向き、「ありがとうございました。些少ですが、謝礼を」と言いながら話をすると、彼はざっくばらんな人でした。私が「明治以来の独占企業である電電公社の体質が今後、高度情報化社会にはたいへん問題になるであろう」と話したら、「電電公社の幹部ですが、私も実はそう思います。日本に高度情報化社会をもたらすには、なんとしても通信業界に革命を起こさなければなりません」と答えました。

「今度、真藤恒《しんとうひさし》さんが電電公社の総裁に就任されて民営化をされる。そして新規参入を認める時代が来ると言われている。私は参入を検討したいと思っているが、手伝っていただけないか」

「稲盛さん、本当ですか！　本当にそうされるおつもりなら、お手伝いさせてください」

「それは、電電公社を辞めるつもりがあるということなのでしょうか」

「辞めてもいいと考えています」

こうして千本君は電電公社を辞めて京セラに入ってくれました。そして、毎週末に京都東山にある和輪庵《わりんあん》という京セラのゲストハウスに、同じ志をもつ若手技術者を集めて、勉強会を始めたのです。

ところが調べれば調べるほど、四兆円の売上のある電電公社を向こうにまわして一戦を交えるなど、気が狂っていると思いました。ですから、大企業すら手を出さない。その中で一生懸命、方策を考えました。当時の通話料金は、日本の中で一番長距離で電話をすると三分四〇〇円でした。皆さんも当時、公衆電話をかける際、一〇円玉を次々に入れなければならなかったことを記憶しておられると思います。現在、第二電電の場合、三分一七〇円になりました。今後はおそらく一〇〇円に近づいていくだろうと思います。当時異常に高かった長距離通話料金が、われわれの参入によって大幅に安くなっていったわけです。

私はそもそも、「こんなべらぼうに高い料金を取っている独占企業はけしからん。誰かが新規参入して競争原理を導入し、その結果、一般大衆の通信料金を安くしてほしい」と思っていたのですが、まさか自分がやることになるとは思ってもみませんでした。千本君と一緒に勉強を始めましたが、自分がまともにやれるとは思っていない。大企業が経団連を中心にコンソーシアムを組んで参入してくれればいいがと思っていました。ところがどなたも声をあげられないものですから、「社会正義のために私がやろう」と思ったわけです。

そう思って千本君に「参入したい」と言ったら、「やりましょう」と彼も乗り気なのですが、誰に聞いても失敗すると言います。一〇〇人に聞けば一〇〇人が失敗すると言う。しかも、その失敗も桁違いだと言います。「ちょっと手がけて失敗して撤退しただけでも一〇〇〇億円の損は最低でも出るでしょう。だから、大企業、大商社、大銀行でも手が出せないんです」と言うのです。

ところが考えれば考えるほど、三分四〇〇円という、諸外国に比べて法外に高い料金を取っている電電公社のやり方を、私の義侠心《ぎきょうしん》、正義感が許さない。「どうしても参入したい」と思うようになりました。そう思って千本君ら若い技術屋と話すときは「やろう、やろう」と言うのですが、家へ帰って考えてみると、「もうやめておこう。これは危険過ぎる」と思う。

私は、何か物事を考えるとき、「これは悪魔のささやきではないか」と自らに問います。友達やお客様からいい話が来ても、必ず私は眉唾物《まゆつばもの》として聞くことにしています。聞きながら、「これは悪魔のささやきじゃないだろうか。悪魔はニコニコ顔で近づく」と、自分に言い聞かせるのです。いい話というのは悪魔のささやきではないかと思う慎重な私ですから、「やろう、やろう」と思っても、非常に危険だと聞くと、たいへん心配になります。

しかし、「一般大衆の長距離電話料金を安くしてあげたい」という気持ちは高まるばかりでした。そこで、私は「動機善なりや、私心なかりしか」と自分自身に問いました。つまり、「おまえが第二電電を起こそうと思うその動機は善なのか。そしてスタンドプレーをしたい、格好をつけたいという私心はないのか」と問いました。お酒を飲んで酔っぱらって帰ったときでも必ず、寝る前、目をつぶって自分自身に「動機善なりや、私心なかりしか」と問い続けました。

「おまえはそれだけ新電電をつくりたいと言うが、本当におまえは純粋にそう思っているのか。京セラをここまで育てたので、自分の力を過信して、ちょっとみんなの前でいい格好をしたいと思って、つくろうとしているんじゃないのか」と、とことん突き詰めて考えました。

そして、動機は不純ではなく、私心があるわけではないことを確認しました。それには数ヵ月かかりました。

第二電電の成功で証明した、考え方の大切さ

そして私は、京セラの役員会で「新電電を始めたい」と話しました。すると、幹部連中は、「社長はどうもそういう動きをしているらしい」と気づいていたようですが、まさか本当にやると言い出すとは思っておらず、「やめたほうがいい」と言う。

「失敗するかもしれない。失敗すれば一〇〇〇億円損をすると言われている。会社をつくって二十数年、会社は一五〇〇億円の現預金をもっている。これは私が中心となって貯めてきたお金だ。だから、一〇〇〇億円減ってもいいな。それでも五〇〇億円はまだ現預金

が残っているんだから、一〇〇〇億円損をさせてくれ。社会を良くするために、私は使いたい」

「それは無謀です。社長は電気通信の若い技術屋連中を当てにしておられるかもしれませんが、社長は素人でしょう。電気通信について何も知らないじゃありませんか。一年や一年半勉強したからといって、無謀ですよ」

「いや、フィロソフィがある。京セラがここまでになれたのは、技術が優れていたからだけではない。京セラに京セラフィロソフィがあったから、ここまでできたんだ。私はそう言ってきただろう。私はそのフィロソフィを武器に第二電電を経営する。まったくのど素人が、若い技術屋を使って、もし成功したときには、トップがもつ考え方、フィロソフィにかくも力があるものだと信じてくれ。今までは私が『フィロソフィ、フィロソフィ』と言うと、『社長、何を言っているんだ。われわれ技術屋が開発を成功させたから、京セラはうまくいったんだ』とか、『また泥臭いことを言う』とか、『何か新興宗教みたいなことばかり言う』と、いつも私をばかにしていたけれども、もし第二電電が成功したときには、文句を言わせないぞ」

そう言ったら、みな笑っていました。しかし、結果はご承知のとおりです。

私が参入を表明したら、すぐに国鉄が手を挙げ、今の日本テレコムをつくりました。国鉄は、日本全国の列車を統御し、時刻表どおりに走らせなければなりません。

そのため、日本列島を縦断する通信部隊をもち、鉄道専用の通信網を敷いていました。電気通信の技術屋も大勢いました。国鉄内の通信はまったく電電公社に頼っていません。昔、駅に行くと、ハンドルをチリチリまわしてかける電話が置いてありましたが、あれは電電公社ではなくて、すべて国鉄が自前でつくった電話網を利用しています。そのようにもともと通信技術をもっています。ですから、私が、東京、名古屋、京都、大阪という東名阪の長距離通信網をつくると言い出したとき、一番に国鉄が反応しました。「われわれは技術をもっている。それに新幹線の側溝に光ファイバーを通しさえすれば、簡単に通信網を構築できるじゃないか」。そう考えた国鉄は、資本金を出して日本テレコムを設立するという宣言をしました。

実は私が千本君たちと議論をする中で出ていたアイデアに、国鉄に頼んで新幹線の側溝に光ファイバーを敷かせてもらう、というものがありました。参入の話を聞いて「さすが国鉄は抜け目がないな」と思いました。すぐにわれわれの光ファイバーも敷かせてくれるよう頼みに、当時の国鉄総裁に面識もないのに強引に会いに行きました。

「光ファイバーをもう一本敷いても場所をとらないでしょう。借り賃を払いますからうちの分も敷かせてください」と言ったら、当時の国鉄総裁は、「あなたは何を言っているのだ。

国鉄の子会社だから敷かせるのであって、何の関係もないあなたに、なぜ敷いてあげなければならんのか」と答えますので、私は次のように言いました。

「何をおっしゃいます。国鉄の資産は国の財産でしょう。国有財産を自分たちが資本を出したところだけに使わせるのはおかしいですよ。Aに使わせるならBにもCにも使わせる。それが公明正大なのであって、Aに使わせて、Bに使わせないというのは、社会正義がとおるアメリカだったら、独禁法に必ず触れます。強いものが、弱いものには使わせない。それがまかりとおる日本社会がおかしいんです」

ところがそういうふうに力んでみたところで、日本には訴える先がないわけです。ですから、国鉄総裁に目を覚ましてもらおうと思って食い下がりましたが、所詮はゴマメの歯ぎしりでした。

国鉄から帰ってきて力を落としているところへ、今度は道路公団と建設省が、光ファイバーを敷設するという情報が舞い込んできました。もう東名も名神もできていましたので、「高速道路の中央分離帯沿いに光ファイバーを敷けばいいではないか」と、光ファイバー敷設をアナウンスしたのです。私は今度は建設省に走りました。建設大臣は「稲盛さん、敷かせてはあげられません。これは建設省の財産です。ただし、われわれが敷いたものをあなたに貸すことはできる」と言われました。

通信業界では、施設だけつくって、それを通信業者に貸すという事業を、ゼロ種と呼んでいます。現在のわれわれのように施設ももって、自分たちで経営もする業種を第一種と言います。初めは「ゼロ種をしてもいいよ」ということだったのですが、結局は建設省も道路公団もだんだん長距離通信事業に興味を示し始め、「光ファイバーを貸すよりも、やっぱり自分で商売したほうがいい」と、日本高速通信という会社をつくり、われわれは追い出されてしまいました。

結局、われわれには何のインフラもありませんでした。新聞の論調は当時、「最初に手を挙げた第二電電はかわいそうに何のインフラももっていない。国鉄は新幹線沿いに、道路公団は高速道路沿いに光ファイバーを敷く。第二電電には何の方法もないので失敗するだろう」というものでした。

もともと、ネットワークの方法は四つ考えていました。新幹線沿いに敷くことも、高速道路沿いに敷くこともできないなら、その次はマイクロウェーブでネットワークを構築するため、パラボラアンテナを、日本列島の山の上から山の上へ設置していくという方法を考えていました。

ところが、その方法にも問題がありました。実は、電電公社が日本列島中にパラボラアンテナを張り巡らしています。それに加えて自衛隊や警察の無線が走っています。さらに米軍の無線もあります。そのようなところへ勝手にパラボラアンテナを置き、無線の通信回線を引こうとすると、混線してしまって大問題になるわけです。ですから、どういうルートなら電波干渉しないかということを探らなければなりません。

ところが、電波がどの道をとおっているのかが、知れて壊されてはなりませんから、すべて極秘なわけです。ですから、すべて自力で電波がどこを走っているかということを調べて、干渉しないところを狙っていかなければならない。真っ直ぐ引いていいのなら話は早いのですが、こっちの山からそっちの山へと、妨害しないようにしなければならないわけです。

しかし、ルートを調べるにも、米軍の軍事機密に抵触するのでたいへんだと困っていたところ、見かねた当時の電電公社総裁の真藤さんが「稲盛さん、電電公社は実はあと一本だけ東名阪で無線を引っ張れるルートを調べ上げている。われわれ電電公社は光ファイバー網を築いているので、無線は使わない。その一本余ったルートを使わせてあげよう」とおっしゃってくださいました。

渡りに舟で、真藤さんに感謝しつつ、そのデータをもらって、そのルートに若い連中でパラボラアンテナを構築していきました。山のてっぺんに大きい鉄塔を組んでパラボラアンテナを置くわけですが、パラボラアンテナ一つの直径が三メートルも四メートルもあります。時間がないものですから、ゆっくりと山の上までもっていくわけにはいきません。重量物運搬用のヘリコプターで吊り上げて、山の上に次から次へと設置していきました。若い技術屋はかわいそうに、夏は暑い上に、山の上ですから、ヤブ蚊に刺されて、顔がダルマさんみたいになっていました。冬は、激しく吹きすさぶ吹雪の中で作業しなければなりません。国鉄や道路公団は簡単に光ファイバーを敷くことができますが、われわれは若い連中の懸命な努力でパラボラアンテナの無線ルートを素早く構築しました。そしてご承知のとおり、現在参入した三社の中でトップの業績です。売上もトップ、利益もトップです。

恵まれたインフラをもった国鉄は、お客様をつかまえるのでも総力を挙げておられます。国鉄は民営化し、ＪＲになりましたが、ＪＲは年間ものすごい量の資材を買うわけですから、業者に対して「日本テレコムの電話を使え。そうしなければ、出入り禁止だ」というようなことを言って聞かせられるわけです。建設省・道路公団も大量にゼネコンなどを使っています。そういう義理と人情を当てにできます。

一方、京セラの資材購入量など知れていますから、「第二電電を使え」と強く言うわけにはいきません。われわれとしては、ひたすら頭を下げてお客様を獲得しなければなりません。

「第二電電はパラボラアンテナの無線ルートを設置したけれども、あとの二社のほうが低いコストでインフラを整えられる上に、断然お客様を獲得しやすい。だから残念ながら結局は商売で負けるだろう」と言われていました。

にもかかわらず、第二電電はみごと、新電電のトップを行くすばらしい経営をしています。今期の単独の売上が約三五〇〇億円で、経常利益は三〇〇億円という会社になりました。その会社のもとに、携帯電話会社、セルラー電話会社八社がありますが、第二電電が六五%以上の株式をもっています。セルラー電話会社八社合計の今期の売上が二〇〇〇億円、経常利益が四〇〇億円です。国鉄の日本テレコムも、道路公団・建設省の日本高速通信も、子会社に携帯電話の会社をもっていません。第二電電だけはもっており、すばらしい経営をしています。

自慢話に聞こえるかもしれませんが、私が申し上げたいのは、一〇〇〇億円の損害を被るかもしれない中、ハンディキャップを背負いながらも、たった一つ、哲学、考え方だけで勝負した結果、成功を収めることができたということです。

成功が明らかになったときに、京セラの役員、幹部たちに言いました。

「いかに考え方が大事なことなのか、わかったでしょう。考え方をちょっと変えるだけで人生は大きく変わるんです。そのことを皆さんに知ってもらいたい。今からでも遅くはありません。考え方を変えられれば、人生はすばらしく変わるんです。私の今日までの人生の中で気がついたそのことを、自分が知っているだけではもったいない。多くの人に考え方が大事だということを知ってもらいたい」

日本社会の繁栄のために

京セラは京都でお世話になり、発展することができましたので、なんとか恩返しをしようと思いました。六三年間の人生で、私が経験したことのうち、もし皆さんのお役に立つものがあれば、あますところなく皆さんにお教えしようと思っています。それはひとえに皆さんの会社がすばらしい発展を遂げることを願っているからです。

皆さんの会社が繁栄することは、京都の町が繁栄するということです。私は、中小企業で五人でも一〇人でも従業員を養っている経営者というのは、どんな学者よりも、どんな政治家よりも、どんな官僚よりも偉いと思っています。人間一人生きていくだけでも、この辛い厳しい世の中ではたいへんなことです。その中で従業員とその家族まで食べさせていくというのは並大抵のことではありません。よく「中小企業のおやっさん」と、中小企業経営者の方々を学者や役人がばかにしますが、とんでもないことです。たとえ五人、一〇人であっても、人を養っていくことは生半可なことではありません。中小企業のおやっさんは必死で生きて、従業員を養っているのです。

中小企業のおやっさんが、すばらしい哲学をもって従業員を守ってくれるなら、京都のみならず、日本社会は安定し、栄えていくでしょう。

私は日本社会の繁栄は、大企業のひと握りの人間ではなく、中小企業経営者の方が立派な哲学、思想をもって経営をし、雇っている従業員を大事にし、守っていただくことで約束されるだろうと思っています。たとえ世の中が騒然となって社会が乱れようとも、経営者が自分の会社をしっかり守っていき、従業員が安心して、「この社長のためなら、生きていける」と思う、そういう集団をつくるべきだと思います。そのような企業が輩出することを期待しています。

経営の原理原則

◉

経営というのは、トップがもっている考え方、意志で決まる。会社の経営がうまくいっていないのなら副社長が悪いのでもなければ、専務や重役が悪いのでもない。ましてや、従業員が悪いのでもない。それはただ一つ、トップの考え方がおかしいからである。

◉

トップの考え方が会社の成否を決めている。思っていること、考えていることがすべて、現象界、つまり自分の会社の実態に表れる。

◉

環境が厳しくなればなるほど、自分の会社は自分で守らなければならない。誰も助けてくれない。自助努力こそ経営の基本である。

両親や祖父母から「あれはやってはいかん」「これはやっていい」と教わった、本当にプリミティブな、人間として正しいこと正しくないことや、小学校、中学校、高校のときに、修身の先生から教わった、やっていいこと悪いこと、そういったものを判断基準にする。

◉

神様は、みんなが等しくすばらしい人生を送れるようにつくってくれている。苦労ばかりしなくてはならないようにはなっていない。ただし、すばらしい人生を神様に与えてもらうには、今置かれている状況に感謝し、明るく必死に生きる努力を続けなくてはならない。

◉

会社の現在の状態というのは、トップの人が、就任してから今日までずっと節々に下してきた判断の集積の結果である。石を積み上げるみたいに判断が積み重なってきた結果である。つまり、経営者の判断のインテグレーションが現在の会社を成している。

◉

物事を判断するときは、本能で判断するのではなく、また感覚で判断するのでもなく、感情で判断するのでもなく、理性で判断するのでももちろんなく、魂に照らして判断する。

◉

経営というのはすさまじいもので、どんな格闘技の選手がもっているものよりも激しい闘魂が要る。だから、生半可な人は経営をしてはいけない。

◉

自分だけもうけようとすることで、一回きりの商売はできるが、永続性のある商売はできない。

商売で必要なのは利他の心である。極端に言うと自分のことは棚に上げて、ものを買ったお客様のことだけを考えて、お客様が喜べるようにしてあげるのだ。利他の心で商売をすれば、自然に十分もうけさせてもらえるようになる。

◉

放っておくと、すぐに本能や感覚、感情で判断をしてしまう。だから、「そうあってはならないのだ」と常に自分に言い聞かせる。その反省の繰り返しがありさえすれば、少しずつすばらしい判断ができるようになり、会社経営がうまくいくようになる。

◉

技術や営業の良さ、経営管理や財務管理のうまさが会社の隆盛を決めているのではない。会社経営の良し悪しは、まさにどういうフィロソフィを会社

◉

がもっているか、どういうフィロソフィをトップと従業員が共有しているか、どういうフィロソフィに全従業員が共鳴をしているかで決まる。

第3章

稲盛和夫60～70歳代［1990～2000年代］
企業を成長発展させる考え方

2000年、京セラミタ発足記念式典にて。
1998年、倒産の危機に瀕した複写機メーカー三田工業株式会社の救済を請われ、「京セラミタ」（現京セラドキュメントソリューションズ株式会社）として再スタート。10年の更生計画を7年前倒しで達成するとともに、京セラグループのプリンタ事業を発展させる。常に「利他の心」をベースとした経営に徹することで、自社をさらなる飛躍へと導いていった。

KAZUO INAMORI LECTURES

戦略のベースとなる経営者の考え方

第一〇回日本証券アナリスト大会記念講演——一九九五年一〇月五日

背景

一九九五年一〇月五日、社団法人日本証券アナリスト協会が主催する第一〇回日本証券アナリスト大会が開催された。

記念講演の講師として招かれた稲盛は、京セラの海外展開と通信事業への進出を事例として、数字に表れない経営のベースとなる考え方について説いた。

戦略に対する考え方

京セラを設立して三六年になりますが、実際は本日の演題とは異なり、これまであまり戦略というものを組んできませんでした。特に私が社長を務めていた期間には、中長期の経営計画は策定せず、年次計画だけをつくっていました。それは、中長期計画を立てても、自分たちの意志とは無関係な動きをする景気変動など、さまざまなファクターに影響されてしまって、狂いが発生し、それをそのままにして、立てたスケジュールどおりに展開していこうとすると、無理が生じてくるからです。

私は、会社設立時からごく最近まで、「今日一日最善を尽くして生きれば、明日は見えてくる。今月一ヵ月精一杯生きれば、来月は見えてくる。今年いっぱい一生懸命生きれば、来年のことも見えてくる。しかし、二年先、三年先、五年先というのは、まことに神ならぬ身の知る由もなし」ということで、今日の京セラグループをつくり上げてきたわけです。このように、もともと戦略らしいものがない状態で経営をしてきたにもかかわらず、本日の講演では大上段に振りかざして、海外展開と通信事業戦略についてお話しするわけですから、戦略とは名ばかりの内容になるかと思いますが、ご了承賜りたいと存じます。

これまで、今お話ししたような考え方に基づいて経営を行ってきたものですから、海外展開にしても、通信事業にしても、実はすべてがバイ・チャンスでした。本来意味するところとは多少異なるかもしれませんが、人間は生きている限り必ず何かに遭遇していま す。ここでは、いろいろなことに遭遇することをバイ・チャンスと呼んでいます。

例えば事業をしていると、「この会社を助けてくれないか」とか「困っているからこの工場を買ってくれないか」といった機会がいくつも巡ってきます。私はそういう事象に遭遇したとき、これに手を染めることは善か、ということと、「天の時、地の利、人の和」について考えます。つまり、何かに遭遇して物事を実行しようとするとき、まず自らに「動機善なりや」ということを問いかけ、さらに自分の周辺に「天の時、地の利、人の和」という三要素が備わっているかどうかを考えます。それと同時に、相手の立場を尊重し、相手側のことを思いやる心、仏教で言う「利他の心」を常に念頭に置いて物事を判断し、処理してきました。

最初の海外展開のときも、第二電電を設立した際も、そのように考えました。またヤシカというカメラメーカーの合併を決断したときも、それらすべての条件がそろったが故の結果でした。

技術面、資金面から見れば一見無謀と思われることでも、まず先ほどの要素を考えてから判断します。しかしこれは囲碁に喩えると、三間《げん》、四間飛びといった何間も離れた場所に碁石を打つようなものです。そうすると、今度はその飛び石をなんとか生かそうと考え、その周辺に集中して石を打っていきます。するとかえってポイントが絞られてしまうため、非常に危険な状態になります。そこにだけ神経を集中してどんどん打ちますから、強い相手から見ると、非常にいいカモと言いますか、たいした戦略もなく、ただ単に思いつきで打っているのがよくわかります。そしてさらに無理を重ねて、ますます危険な状況に陥ってしまうのです。

そのことに気づいてから、私は初めて戦略らしいものを用いるようになりました。京セラという地盤から、数間飛びで打った石まで、なんとか石を切らせないでつなぐことさえできれば、飛び石も生き延びられると考えたわけです。私はそのようなときにのみ戦略的な考え方をします。それ以外のときには、皆さんが最も嫌われる方法ではないかと思いますが、エモーショナル（感情的、情緒的）な対処をします。しかしながら、ひとたび戦略らしいものを組む際には、誰にも負けない努力を払いながら、なんとしても石をつないで生かせるように展開してきたのです。

企業を支えている本質的なものとは

さて、アナリストの皆さんが企業分析を行われる場合、われわれ企業サイドはあらゆる情報をディスクローズ（公開）します。実際には、皆さんが満足されるほどの数字をディスクローズしない企業も多いでしょう。いずれにせよ、あらゆる観点からその企業を分析されるわけですが、私はその中でも数字に表れないものにこそ、実は大きな価値が潜んでいると思っています。表面に表れている数字というものは、企業価値の全体から見れば氷山の一角のようなものであって、実は企業を支えている、より本質的な部分は、マネジメントを行う人たちの思想、哲学、または感情であると考えています。

ですから、実際に企業を評価する場合には、数字で分析すると同時に、数字には表れない経営のベースにあるファクターをどのくらい加味して検討するかが、たいへん大切なことではないかと思うわけです。数字に表れない裏には、いったい何があるのか、少しでも皆さんの参考になればと思ってお話を続けさせていただきます。

最初に、京セラの展開の中で現在の事業内容についてお話しします。京セラで一番大きな事業は、半導体用のセラミックパッケージです。その他順不同ですが、エレクトロニクス向けの各種セラミック部品、電子部品があります。また最近では、液晶表示装置やファクシミリ用の電子デバイスもつくっています。

それから、一般産業用として使用されるセラミック構造部品、切削工具、セラミック製の人工関節や人工歯根と言われるバイオセラム製品。最近少し脚光を浴びている太陽電池。それから再結晶宝石のクレサンベール。最近当社の業績を非常に牽引している携帯電話端末機の製造、PHSなどを含めた地上局、基地局の製造。OA機器では、ドラムカートリッジの交換が不要な地球環境に優しいエコシスというページプリンタ。カメラでは、コンタックスブランドの高級カメラも製造しています。

京セラ本体の主な事業内容は以上ですが、関連グループとしては第二電電という通信サービス事業、タイトーというアミューズメント事業も含みます。

ここで少々僭越ですが、京セラグループ、第二電電グループ、タイトーグループなど、私が会長として直接経営に携わっているグループを、仮に「稲盛グループ」と表現して、その規模についても説明します。

現在京セラグループは、七四の子会社および一〇の関連会社で構成されており、海外の生産拠点は一三ヵ所、三二工場、海外の営業所は七〇ヵ所です。また第二電電グループは、一八の子会社と二つの関連会社。タイトーグループは、三つの子会社から成り立っています。「稲盛グループ」の全従業員数は、約三万九〇〇〇名、うち約半数が外国人です。事業展開は、国内外に半分ずつというグローバルな規模に拡大しています。

「稲盛グループ」の売上実績は順調に推移しており、本年三月期で売上一兆一〇〇〇億円、来年三月期予測では、一兆三七〇〇億円くらいになるであろうと思われます。

またグループの税引前利益ですが、単純合計すると、本年三月期で一五九八億円。来年三月期では、後ほど詳しく触れますが、米国子会社であるAVX社のニューヨーク株式市場への再上場に伴って生じました利益を含めると、一九八八億円になる見込みです。

このように業績がたいへん順調に推移している背景には、京セラの海外における展開と電気通信事業への展開があり、その両事業がともに事業拡大に貢献しています。

海外展開事例一・フェアチャイルド社のセラミックパッケージ工場購入

それでは、京セラの海外展開について、少し具体的なお話をしたいと思います。

今まで京セラの海外事業展開では、東南アジアを中心とした労働賃金の安い地域での生産は考えてきませんでした。米国を中心として京セラのお客様がおられるところでの生産に徹してきました。つまり、マーケット（市場）のあるところでもの（製品）をつくることで、お客様を大事にすること、またそのことを通じて進出した国の産業、経済の発展に貢献すること、この二点を海外生産の前提としてきました。しかし最近では、円高による価格破壊の影響などにより、お話ししたような従来からの方針とは異なり、賃金の安い国での生産も検討しています。

私が京セラを創業しましたのは、一九五九年、二七歳のときでした。しかし、ベンチャーで始めたファインセラミックスの事業は、日本国内ではなかなか信用が得られませんでした。そこで、日本の電子機器メーカーが米国企業と技術提携や技術導入を図っていたこともあり、日本企業が学んでいる米国企業にいち早くセラミックスを採用してもらえれば、国内でも販売しやすくなるのではないかという単純な考え方で、創業三年目、従業員がまだ一〇〇名以下で年間売上が八〇〇〇万円程度であった頃から、米国における市場開拓を開始しようとしたわけです。

続いて創業から一〇年目の一九六八年に、初めてサンフランシスコ南部のサニーベール、いわゆるシリコンバレーのど真ん中に販売拠点を設立し、一九七一年には、米国において半導体用セラミックパッケージの生産を開始しました。一九七〇年代初頭に日本企業が海外、特に米国に生産拠点を置くということは、非常にまれなことでした。当時は京セラのような売上規模の小さい中小部品メーカーが海外で生産すること自体、ほとんど前例がなかったと記憶しています。

実は米国で生産を始めるきっかけが、まさにエモーショナルな出合いだったのです。一九五〇年代に、米国でゲルマニウム・トランジスタに代わって、シリコン半導体の前身であるシリコン・トランジスタが開発されました。そしてその原理を開発したAT&Tのベル研究所から独立した研究者たちが、新たなプロジェクトを立ち上げるため出資者を求めて西海岸の今のシリコンバレー付近に集まっていました。

当時航空カメラメーカーだったフェアチャイルド・カメラ・アンド・インスツルメンツ社から出資を受けて、インテル創設者の一人である故ロバート・ノイス氏など、その後シリコン半導体に関する初期の研究開発を牽引する錚々たる研究者たちがフェアチャイルドセミコンダクター社（以下フェアチャイルド社）を設立したのが、その後シリコンバレーにおいて半導体産業が隆盛するきっかけとなったのです。

まだノイス氏が技術を担当していた頃、フェアチャイルド社ではシリコン・トランジスタの量産が開始されました。シリコン・トランジスタは、ゲルマニウム・トランジスタと比較して、性能も非常に優れかつ耐久性もあるのですが、その容器をセラミックスでつくりたいという要求が出てきました。その容器がシリコン・トランジスタ・セラミックヘッダーです。私はちょうどそこへ売り込みに行っていました。そして、米国のセラミックメーカーと競合しながら日本で量産を始めたのが、半導体産業とのつき合いの始まりでした。米国に工場をつくった一九七一年には、四個のトランジスタを同じシリコンチップ上にのせた集積回路がテキサス・インスツルメンツから発表されました。

世界初のＭＰＵ（超小型演算処理装置）の開発ということで、たいへんセンセーショナルなニュースでした。フェアチャイルド社でもさっそく、より進んだ製品の開発を行うことになりました。そして、十数個のトランジスタとダイオードをのせたＬＳＩの最初の形態が誕生したのです。

その際、それをどのようなパッケージ（容器）に入れて実装するかが大きな問題となりました。われわれがフェアチャイルド社と相談して決めたコンセプトは、セラミックスのベースとキャップの間に金属のリード線をはさんで足状に引き出した形のものでした。ベース、キャップとリードフレームの間をどのようにして埋めるのかが大きな技術課題でした。

そのとき、耐久性のある低融点ガラスを使用するアイデアが出てきました。当時、オーエンス・イリノイ社という米国のガラスメーカーが、低融点ガラスを製造していたので、これを利用してセラミックスとリードフレームの間を封止するという、現在サーディップと呼ばれるIC用セラミックパッケージの最初のコンセプトが完成しました。

セラミックスのキャップとベースは京セラが製造し、ガラスはオーエンス・イリノイ社、リードフレームは周辺地域の金属加工メーカーから調達するということで、サーディップタイプのICパッケージ生産が開始されました。

フェアチャイルド社では、自分たちも一緒に考えたコンセプトだったものですから、京セラからセラミック部材を買って、オーエンス・イリノイ社からガラスを購入し、自社内でパッケージのアッセンブルをしていました。しかし、すでに当時から半導体産業は激しい景気のアップ・アンド・ダウンを繰り返していました。現在では、シリコン・サイクルという言葉で半導体産業の景気が周期的に変動することは知られていますが、すでに初期の段階からそうだったのです。

つまり売れるからとの思惑で生産数量をアップすると、一気に供給量が飽和してしまい、急に売れなくなります。おかげで工場の製造ラインがストップしてしまうということを繰り返していたのです。

当時フェアチャイルド社は、サンディエゴにサーディップ工場を建てており、京セラからセラミック部材を購入して製造していました。京セラも、サーディップのパッケージを製造して、フェアチャイルド社に納入していましたので、おそらくフェアチャイルド社では、自社製品と京セラ製品とが半々という状況であったと思います。

ところがフェアチャイルド社では、半導体産業の激しいアップ・アンド・ダウンの中、自社のサーディップ工場を維持していくことが難しくなってきたため、京セラに工場を買ってくれないかと打診してきました。

私はまだ米国で工場を運営できるとは思っていませんでしたので、その要請を断りました。しかし、京セラの営業所があるサンフランシスコからフェアチャイルド社の工場があるサンディエゴまで飛行機を準備するから、ぜひ一度工場を見てくれということになり、実際に見に行きました。見学の後で、「印象はどうですか」と聞かれ、「あそことあそこが悪い、それぞれこうしなければならないのではないか」と答えると、「やはりそうですか。それならぜひあなたに買っていただきたい」というようなやりとりもあり、その後考えた末に、京セラのお客様でもあったことから、結局工場を購入することになりました。

私は米国で工場運営を任せられるようなリーダーを知りませんでしたので、私も面識のあったフェアチャイルド社の半導体技術者メル・ボーマンを工場長に迎えることと、工場に残っている在庫をゼロにするという条件をとりつけて、工場の購入を決めました。

何の計算もなくエモーショナルな買い方をしたので、予想どおりと言いますか、その後の工場運営には苦労しました。スタートから赤字で、工場長にはストックオプションの権利を与えていましたが、一年もしないうちに見込みがないと判断したのか、「ストックオプションも結構です」と、ついには辞めてしまいました。

これが京セラの最初の米国工場進出の顚末《てんまつ》です。現在、そのサンディエゴの工場はすばらしい工場に成長しています。インテル社のペンティアムという名称のMPUに使用される、リード数が数百本もある非常に難易度の高いピングリッドアレイ（PGA）というタイプのパッケージを供給して、たいへん成功しています。

今でこそ海外戦略での成功事例もありますが、最初は戦略もまったくなしで、依頼されるままに、しかも義理にほだされて海外展開をしてきたというのが、実態でした。

ベンチャービジネスの台頭期にあった一九七〇年代のシリコンバレーは、シリコン・トランジスタに始まった半導体集積回路の開発に象徴されるように、企業家精神旺盛な若いアントレプレナーが数多く集まって、次々と会社を起こしている時期でした。その中でも最も大きな発展の原動力となったのは、フェアチャイルド社の技術者たちでした。彼らが次から次へとスピンオフしてさまざまなベンチャー企業を設立していったのです。

彼らの中にベル研究所からフェアチャイルド社に移り、その後、インテル社を創業した一人であるノイス氏もいました。彼はわざわざ京都まで私を訪ねてきてくれたことがあり、彼の前途を祝して一席もうけ、励ましたことを今でも思い出します。

彼らはそれぞれの会社ですばらしい技術開発を続けていきましたが、いいＩＣができ上がると爆発的に売れるものですから、そのときは一気に生産数量をアップします。すると今度はすぐに市場が飽和してしまって、すぐにまた不況が来てしまうという、好不況の波を繰り返しました。そうしますと、好況時にはどんどん製造してきた京セラのパッケージも、不況になると一瞬にしてキャンセルが殺到し、もう要らないといった状況になるのです。ひどい場合には、注文書までもらって在庫をつくり、出荷スケジュールまで全部決めてあったにもかかわらず、その分までキャンセルされるという事例も経験しました。

現在でこそ、セラミックパッケージの市場において高いシェアをもつようになっていますが、当時は米国にも数社のセラミック部品の競合メーカーがありました。

ところが、あまりに半導体製造の若い経営者たちが無理難題を要求してくるので、結局それに愛想を尽かしてセラミック部品の製造をやめていったという経緯がありました。

米国の同業者の場合、その類のひどいキャンセルを受けると、訴訟を起こすという事態になります。特に米国ではユーザーもベンダーも対等という意識がありますから、すぐに訴訟問題にまで発展します。そうなれば、お互いの関係はさらにギクシャクしてしまいます。

京セラは、米国においても日本的なエモーショナルな商習慣で対応していました。米国流の商習慣にさらされてもじっと耐えながら三〇年間がんばってきたおかげで、たいへん大きなシェアをもつまでになったということなのです。これまでの展開は決して計算ずくのものではありません。少し浪花節的な表現ですが、ユーザーを助け続けてきた、その結果なのです。しかし、必ずしもいい話だけではありませんで、次のようなエピソードもありました。

ちょうど三年前の一九九二年のことです。米国のクアーズ（セラミックス）社というセラミックメーカーと別のもう一社が、米国の半導体用セラミックパッケージ市場に新規参入してきましたが、いずれも赤字続きでなかなかうまくいっていませんでした。すると、その二社は「日本製のセラミックパッケージが米国内で高いシェアをもっているのは、米国の国家安全保障の観点から問題である。例えば何らかの事情で輸入が滞ったり、日本政府が米国への輸出を禁じるような措置をとった場合、国防上問題である」として、クリントン大統領に請願を出して、京セラの輸出を阻止するような動きをとったのです。

そのとき京セラは、「半導体産業のベースとなる部品を供給することで、米国の半導体産業を下支えしているのであって、その行為は決して米国の国家安全保障に支障をきたすものだとは思わない」という内容で反論しました。

この事件については、米国半導体工業会（ＳＩＡ）が米国政府に対して京セラを支持することを表明してくれました。また、半導体を使う立場の米国電子工業会（ＥＩＡ）や、米国航空宇宙工業会（ＡＩＡ）なども、それぞれ商務省に京セラを支援する内容の報告書を提出し、原告の米国二社の主張を鵜呑みにしてもらっては困るとフォローしてくれたのです。おかげで、この問題は無事解決しました。

日本的でエモーショナルな対応ですが、お客様のために尽くしてきたことが、こういった災難のときに、思わぬ助けとなって、良い結果を招くことになったのだと考えています。

海外展開事例二・株式交換によるＡＶＸ社買収

さて、アナリストの方々はすでにご承知のことと思いますが、京セラはこのたび米国のＡＶＸという子会社をニューヨーク証券取引所に再度上場しました。このことについて少々お話ししたいと思います。ここでは、まず相手の立場を考える、つまり、相手のために良かれと思う心で接することが、ビジネス社会においては、非常に大事であるということをわかっていただくための一つの例としてお話ししたいと思います。

ＡＶＸ社は、京セラが一九九〇年に米国で買収したセラミックコンデンサのメーカーで、京セラとはもともと競合関係にある会社でした。現在の経営者であるマーシャル・バトラー氏は、先ほどお話しした、京セラがフェアチャイルド社にシリコン・トランジスタ用のセラミックヘッダーを納入している時期に、東海岸のフレンチタウン社という会社の社長をしていました。その会社も同様にフェアチャイルド社にセラミックヘッダーを納入していましたが、競争に敗れてセラミック部品製造を断念しました。彼は私よりも五歳年上ですが、その後ずっと別のセラミック関係の会社を経営しており、ライバル関係が続いていたのです。

今から六年ほど前に、私は「今までお互いにいろいろな面で競合してきたが、今後は一緒に協力してエレクトロニクス産業の発展のために貢献しよう。まことに僭越だが、あなたの会社を買収し、一緒に事業を展開していきたい」と申し出ました。バトラー氏もしばらくして賛同し、価格交渉に入りました。

当時のＡＶＸ社はニューヨーク証券取引所に上場しており、過去四年間で株価は一六ドルから二〇ドルあたりを行き来していました。そこで、二〇ドルを基準にその五割増の三〇ドルで話し合いを進めましたが、最終的に彼は「三〇ドルではやはり安過ぎるからもう少し価格を上げてくれないか」と言い出しました。そこで希望額を聞くと「ベースの二〇ドルの一割高、つまり三〇ドルと合わせて三二ドルにしてほしい」と主張しました。ＡＶ

X社もニューヨーク証券取引所に上場している企業であり、多くの株主に今回の買収を説明する際に、みんなに喜んでもらえる値段でなければ気持ちよく納得してもらえないと言います。

私は彼の立場もよくわかりましたので、どうすれば買収後も採算的にうまく経営していけるのかについて、再度検討してみました。その結果、京セラのADRはニューヨーク証券取引所に上場していますから、キャッシュでの買収ではなく、株式交換方式で、そのADRとAVX社の株式を交換することで「合併」することを提案しました。

キャッシュ・ディール（現金による買収）ではないので、キャッシュを準備する必要もなく、お互いにメリットがあります。また、キャッシュ・ディールでは、買収が成立したその翌日から京セラの子会社になってしまいますが、株式交換だとAVX社の今までの株主はそのまま京セラの株主になるのです。それは、一方的な買収のときのように、買収された側が植民地になることを意味しません。AVX社の株主に京セラの株主になってもらうほうが良いのではないかと考えた上でのことでした。結局その提案が受け入れられて、三二ドルでその年の暮れに合併することが決定しました。

しかし、いよいよクロージング（最終契約が締結され、決済が終了すること）の日が近づいてきた頃になって、ニューヨーク株式市場が低迷して、京セラのADRは八二ドルから七二ドルにまで下がっていました。あと二〜三日で株式交換の最終処理が終了というときに、バトラー氏から「交換比率は八二ドル対三二ドルで決まっていましたが、現在の七二ドルで交換させてほしい」との申し出がありました。

私は「ちょっと待ってください。ＡＶＸ社は合併の発表がなされたために、すでに上場をとりやめていますが、もし上場が継続されていれば、株価は同じように下がっていたはずです。京セラの株価下落は業績が悪くなったためではなく、ニューヨーク株式市場全体の低落が原因です。交換比率を七二対三二にするというのであれば、ＡＶＸ社の三二ドルという設定自体も同じような比率で低く設定しなおさなければ理屈に合わないでしょう」と反論しました。

彼は「理屈ではそうですが、現実には七二ドルを八二ドルとして交換したのではうちの株主もあまりいい気持ちはしないでしょう」と言いました。

京セラの弁護士がまた私が了解してしまうのではないかと、私の横をつついて注意したのですが、もし私が向こうの株主であれば、彼が言うようにいい気持ちはしないだろうと思い、再度計算をしなおしてみて、それでも経営していけると判断したので、申し出を了解しました。弁護士は、私のことを「人がいいと言うか、エモーショナルと言うか、もういい加減にしてください」と怒っていましたが、結局そのとおりに実行しました。

無事合併することができたその日に、ＡＶＸ社の本社や工場のあるサウスカロライナに行きましたが、そこはたいへん保守的で落ち着いた雰囲気の町でした。工場には戦争花嫁で来られた、私と同年配か少し上ぐらいの日系のご婦人方も数名勤めておられましたが、皆さん喜んで工場を挙げて大歓迎をしてくれました。経営陣も株主の方々も、京セラとの合併を皆さん喜んでいましたから、その喜びの気持ちが従業員の方々にも伝わっていたのでしょう。私が特にうれしく思いましたのは、合併した日に、突然日本人がオーナーとして工場に来ても、決して構えた雰囲気ではなく、皆さんとてもフレンドリーで、本当にいい人が来てくれたという歓迎の雰囲気があったということです。

人種や言語、文化、歴史、さらには宗教的なバックグラウンドも違うとなると、いくら人間の本質は同じと言っても、結局は哲学や思想の部分では食い違いも生じてくるものです。そういう環境の中で人を治めていくためには、何が必要なのでしょうか。

理知的で理性的な頭脳や才能でしょうか、それとも古来東洋で言われているような人間の徳なのでしょうか。私は以前から相手をして尊敬せしめるような哲学的な思想が大事なのではないかと思っていました。つまり、米国や欧州といった先進諸国で経営をしていく場合には、人種や理屈を超えて「あの人はいい人だ、尊敬に値する人だ」と言われるような評価を受けることが絶対条件であると思っていました。

そう思ってはいましたが、過去にサンディエゴ工場では、なんとか理屈を超えたものをわかってもらおうと思って、一生懸命、力んで話をすればするほど、もともとのバックグラウンドの違いから反発を受けるという苦い経験もしてきました。しかし、AVX社の場合は、もともと幹部を交代させたり、日本から役員を連れてくるといったことは何もしないという前提条件を提示していたことから、私に対する好意と言いますか、京セラという企業に対する好意を社員全員がもっているという状況がありました。ですから、私が話すことを全員が素直に聞こうという土壌がすでにありました。そこで、バトラー氏以下経営陣と従業員に京セラフィロソフィについて話をするということを始めました。

一般にフィロソフィといった説教じみた話は、われわれが話したのでは、なかなか受けつけてくれないか、素直に聞く耳をもたないのが通常です。しかし、AVX社では、たいへん真剣に聞いてくれました。米国という資本主義の最たる国でストイックなまでの東洋哲学を説くわけですから、当然のことながら、多少の反発はあります。しかし、そのような部分は十分な時間を使って議論し、納得のいくところまで話を詰めていきました。

そのような考え方、哲学の共有を進めてきた結果として、AVX社の売上高の推移は、買収直前の八九年度が四億一二〇〇万ドルであったのに対して、本年九五年三月期で九億八八〇〇万ドルとなり、五年間で約二・四倍に伸びました。さらに来年九六年三月期は、一一億ドルを予想しています。

税引前利益の推移は、買収以前は赤字と黒字を繰り返している状態でした。買収直前の八九年度は、税引前利益が二〇〇〇万ドルだったものが、本年三月期では一億一〇〇〇万ドルと五年間で五・五倍と買収後に大きく伸び、来年三月期には一億七〇〇〇万ドルとさらに大幅に増加する見通しです。

つまり買収してからの五年間で、業績を大きく伸ばしてくれました。そこでこのたび、改めてAVX社の経営幹部ならびに従業員へのインセンティブという意味合いもあって、再びニューヨーク証券取引所に上場したのです。主幹事証券会社であるメリルリンチ社からは、上場の際の売り出し価格は二六ドルではどうかとの提案がありましたが、少しでも安く設定することで、より多くの方々に喜んでもらおうと思いましたので、あえて五〇セント安い二五ドル五〇セントと設定して上場しました。数週間経過しましたが、このところの株価は三二ドル付近で推移しています。

三二ドルで時価総額を換算すると、二八億七〇〇〇万ドルになります。一九九〇年に株式交換で買収した際の金額は五億八〇〇〇万ドルでしたので、実に五年間で企業の評価額が約五倍に増加したことになります。京セラでは、今回の上場に伴って持ち株の一部を放出して、日本円にして約二六五億円の売却益を得ました。また現在でもAVX社の株式を保有していますので、一四六〇億円の含み益を計上するに至りました。

今から五〜六年前のバブル最盛期に、米国企業を買収した企業の多くが、円高の影響もあってたいへんな損失を出している中で、相手のことを思う、つまり理屈だけではなく、相手の立場を考えるという利他の心をもって対応してきたことが、このように良好な結果を生むことにつながったのではないかと思っています。戦略以前の問題として、経営には単にエモーショナルであるというよりも、利他の心といった相手を思いやる思想や哲学が大事なのではないかと思うのです。

通信事業戦略事例一・第二電電

海外戦略に関する話がたいへん長くなってしまい、通信事業のほうのお話をする時間がわずかになってしまいました。引き続きまして、第二電電の事業についてお話しします。

第二電電単体の売上推移ですが、創業以来、順調に伸ばしており、本年三月期には三七七八億円にまで成長しています。

また、営業利益は、数回にわたって通話料金などの値下げをしてきたにもかかわらず三五九億円となっています。この第二電電が成功したことに関しても、実はこれといった戦略というものはありませんでした。

すでにご存じの方もあろうかと思いますが、第二電電を起こす動機は、日本の長距離電話は料金がたいへん高く、一般大衆の方々が苦しんでおられるのを見て、それを安くしたいということにありました。つまり「万人に良かれかし」という気持ちで乗り出したのです。当時は、NTT（電電公社）という巨大な企業に対抗することになるため、まるでドン・キホーテではないかと言われたぐらいです。

さらにやや遅れて、新幹線沿いに光ファイバーを引いて開業するという当時の国鉄系の企業と、建設省、道路公団を中心に、日本の大手企業と組んで高速道路沿いに光ファイバーを引くという企業が新たに出てきました。京セラに新幹線や高速道路といった通信インフラとして利用できるものは何もありませんでした。しかし、第二電電を起こそうとした動機は純粋なものでしたので、かえって勇気が湧いたのを覚えています。

残念ながら他の手段がなかったものですから、山の頂から頂へとパラボラアンテナを設置して、その間をマイクロウェーブで結ぶという方法で東名阪間に長距離用の回線を建設しました。

国鉄系の企業は新幹線沿いに光ファイバーを設置し、高速道路系の企業は高速道路沿いに光ファイバーを設置していました。一方第二電電は、山頂から山頂に、夏はヤブ蚊が飛び交う猛暑の中で、冬には烈風吹きすさぶ吹雪の中で、また道路がない場所にはヘリコプターで機材を運んで鉄塔を組み、大きなパラボラアンテナを設置するという、たいへん厳しい工事ではありましたが、他の二社とまったく同じ時期に開業にこぎつけることができました。

これは、いくつもの悪条件にもかかわらず、なんとしても開業日だけは遅らせてはならないという、強い意志をもって工事を進めてきた結果です。その結果、現在では先ほどお話ししたように、業績もたいへん順調に推移し、長距離通信事業では新規参入組ナンバーワンのシェアと売上、利益を維持しているのです。通信業界は権謀術数渦巻く混沌とした世界のように見えるかもしれませんが、事業を進めていく上では、お話ししたような単純で明快な哲学をもつことが、むしろ大事なのではないかと思っています。

通信事業戦略事例二：携帯電話事業

また、当時は非常に大きな自動車電話しかありませんでしたが、私は第二電電を設立した当初から、いつでも、どこでも、誰とでも簡単に電話できる小さな携帯電話をもつ時代が必ず来ると思っていました。それは以前からシリコンバレーを中心とした半導体産業界の中心で仕事をしてきましたので、技術革新にしたがって、集積回路の集積度が幾何級数的に上がっていくことを知っていたからです。五年後くらいには、当時、自動車のトランクに置いてあった送受信機が、必ず小さな端末の中に収まる大きさになるはずであり、自動車電話は携帯電話に変化していくはずだと確信をもっていたため、携帯電話事業にも乗り出すことを決めたのです。

当時の第二電電はまだ創業したばかりで、営業も開始していませんでしたので、みんなが反対しました。しかし、将来は必ず携帯電話の時代が来るという信念で、みんなを励ましながら移動体通信事業に参入しました。

そのとき、京セラと同じような時期に乗り出してきた会社がもう一社ありました。いずれも関東、東海地区で事業をしたいということになり、各地域で参入枠が一社のため、認可がおりません。いつまでも争っているわけにはいきませんので、もう一社のほうに関東、東海地区という最も有利な市場を譲って、京セラはそれ以外の日本の地域で事業をすることになりました。そして、北は北海道から南は九州、沖縄までの地域を八分割したセルラー電話会社八社を設置して、事業を開始しました。

一九八一年当時の日本の自動車電話市場はＮＴＴの独占状態で、市場規模は台数で一三万台、普及率は〇・一%でした。先進諸国に比べてたいへん低調な状態でした。ちなみに、当時の米国の市場規模は一二三万台で、普及率は〇・五%、英国では二六万台で、〇・四五%となっていました。

その後、自動車電話は携帯電話となって発展を続け、昨年一年間だけで合計二二〇万台の新規加入がありました。特に、最近の市場規模は急速に拡大しています。

統計数字では、昨年末の日本の総稼働台数は四三三万台、普及率にして三・五%になってきています。その後、本年に入っても爆発的な拡大を続け、本年七月末には、早くも総稼働台数五八二万台、普及率四・七%となり、本年末には六〇〇万台に迫り、普及率は五%になる見込みです。

セルラー電話会社八社の経常利益の推移は、当初三年間は赤字を計上していました。四年目以降は黒字転換し、その後確実に利益を伸ばして、本年三月期の経常利益は四一〇億円となっています。

数字で表せないもので企業の業績を見る

時間が来ましたのでこれで終わらせていただきますが、まことに雑駁《ざっぱく》でエモーショナルな話をしました。計数に明るい、そして、すべてロジカルに展開しておられる皆さんの前で、このような話をしたのは他でもありません。

実は経営の中には、数字で表せないファクターが大きな部分を占めています。今後皆さんが、さまざまな企業の業績を見られるときに、そういう数字に表れないものも併せて検討していかれれば、皆さんの分析がさらに正確になっていくのではないかという老婆心《ろうばしん》から申し上げた次第です。

経営の原理原則

今日一日最善を尽くして生きれば、明日は見えてくる。今月一ヵ月精一杯生きれば、来月は見えてくる。今年いっぱい一生懸命生きれば、来年のことも見えてくる。しかし、二年先、三年先、五年先というのは、まことに神ならぬ身の知る由もなし。

◉

新しく物事を実行しようとするとき、まず自らに「動機善なりや」ということを問いかけ、さらに自分の周辺に「天の時、地の利、人の和」という三要素が備わっているかどうかを考える。それと同時に、相手の立場を尊重し、相手側のことを思いやる心、「利他の心」を常に念頭に置いて物事を判断し、処理しなければならない。

◉

表面に表れている数字というものは、企業価値の全体から見れば氷山の一角のようなものであって、実は企業を支えているより本質的な部分は、マネジメントを行う人たちの思想、哲学、または感情である。だから、実際に企業を評価する場合には、数字で分析すると同時に、数字には表れない経営のベースにあるファクターをどのくらい加味して解釈するかが、たいへん大切なことである。

◉

人種や言語、文化、歴史、さらには宗教的なバックグラウンドも違うとなると、いくら人間の本質は同じでも、哲学や思想の部分では食い違いも生じてくる。そういう環境の中で人を治めていくためには、相手をして尊敬せしめるような哲学的な思想が大事だ。つまり、人種や理屈を超えて「あの人はいい人だ、尊敬に値する人だ」という評価を受けることが絶対条件である。

KAZUO INAMORI LECTURES

なぜ高収益でなければならないのか

高収益経営のための社内講話——一九九九年八月一九日

背景

一九九九年八月一九日、稲盛が高収益経営について解説する京セラ社内講話（第一回）が、京セラ本社で開催された。稲盛は、企業が高収益でなければならない理由を六つ挙げるとともに、どれほどの収益性があれば高収益と言えるのかについて語った。

高収益企業・京セラの原点

まず「企業経営はなぜ高収益でなければならないのか」ということを考えてみようと思います。この原点は、京セラという会社をつくったときにあります。

　会社をつくった最初の年の売上は約二六〇〇万円でした。税引前利益はおよそ一割、三〇〇万円ほど出ました。それ以来、創立四〇周年を迎える今日まで赤字経営をしたことは一回もありません。企業史上、まれな記録をつくっている会社だろうと思います。

創業当時、私は経理をはじめ、経営について何もわかっていませんでしたから、三〇〇万円の利益が出たと言われても実感がありませんでした。

当時は、青山政次《あおやままさじ》元社長が専務でした。経理屋さんがいなかったものですから、青山さんが、一生懸命に銭勘定をしておられました。青山さんはもともと電気の技術屋で、経理がわかっていませんから、細かいことについては宮木電機の経理の人に手伝ってもらっていました。そうして初めて決算を締めたところ、三〇〇万円の利益が出たということを青山さんから聞いたわけです。たいへんうれしかったことを記憶しています。

なぜうれしかったのかと言いますと、会社をつくるとき、宮木電機の専務であった西枝一江さんが個人的に家屋敷を担保に入れ、京都銀行から一〇〇〇万円を借りてくださり、それを京セラに貸してくださっていたからです。できたばかりの京セラという会社には信用がありませんでしたから、京セラという名前では、誰もお金を貸してくれませんでした。

西枝さんはたいへん聡明な方で、そのような方に創業を支援いただいたことは今にして思えばわれわれにとって幸せなことでした。西枝さんは京セラをつくるとき、宮木電機の子会社として京セラを位置づけるのはやめておこうと言われたのです。

青山さんは松風工業にいたときの私の上司で、前役員でもあり、技術担当部長でした。私は技術部の一番下の係長で、伊藤謙介《いとうけんすけ》会長は私の部下でした。一緒に辞めることになってしまったのですが、そのときに青山さんが、旧制京都帝国大学の電気工学科で同級生であった西枝さんに、「稲盛という男がいる。すばらしい人間だから、ぜひ会社をつくって新しいスタートを切らせてやりたいので支援をしてくれないか」と頼んでくださいました。

そのとき、青山さんは西枝さんと同級生の交川有さんという人にも頼んでくださいました。交川さんは戦時中に特許局に勤めておられて、その当時は、宮木電機の常務をしておられました。西枝さんが専務で、交川さんが常務だったわけです。西枝さんと交川さんの間柄はツーカーの仲でした。

西枝さんは交川さんと相談をして、「稲盛君というすばらしい人間がいるなら支援しよう」と決められました。そのときに西枝さんは、「宮木電機に出資してもらうと京セラは宮木電機の子会社になってしまう。それは彼らにとって決して良いことではない。京セラという会社はみんなが個人で支援をしよう」と言われ、当時の宮木電機の社長さんに、「専務である私も出資します。交川も出資します。あなたも資本金を出してくださいでくださいました。さらに、宮木電機の他の役員の方々にも個人でお金を出すよう頼んでくださって、三〇〇万円の資本金をつくっていただいたのでした。そのために、京セラは最初から宮木電機の子会社にならなかったわけです。

西枝さんは「京セラは宮木電機の子会社にしてはいけない。これは将来、たいへん発展するかもしれないし、つぶれるかもしれない。発展した場合に宮木電機が足かせになっては迷惑だろう。また、むしろつぶれる確率のほうが高い。宮木電機の子会社にしておいてつぶれたら、宮木電機の名誉にかかわる。だから、なるべく離しておいたほうがよろしい」という考え方をおもちでした。

西枝さんは以前私に次のように言われたことがあります。

「私は宮木電機の専務です。宮木男也という社長がつくられた宮木電機の番頭として、専務を務めています。宮木電機は私の命がある限り絶対につぶさないし、この会社を守っていくつもりです。しかし京セラはつぶれても構わないのです」

会社ができた頃、宮木電機の役員もおられるところで言われたわけです。なんとまあ冷たいことを言われるなと思いました。「京セラはつぶれても構わない」と言われたのです。

たぶん、同級生の青山さんから頼まれたので、支援をして会社をつくってあげるけれども、そのせいで番頭として勤めている宮木電機の足手まといになったり、宮木電機に迷惑をかけるようなことがあったのでは、宮木男也という社長に対して申し訳ない。そういう非常に古いけれどもすばらしい考え方をもっておられたのだと思います。「宮木電機に迷惑をかけてはならん」という考えからされたことが、京セラをどこの系列でもなく、まったく独自の会社として発展させていくもとにもなったわけです。

そういう形で設立したものですから、宮木電機の保証でお金は借りられない。ですが、資本金の三〇〇万円では設備をそろえられないものですから、西枝さんが自分の家屋敷を担保にして一〇〇〇万円、借りてくれることになったわけです。

そのときに西枝さんが私に「稲盛君ががんばってくれるとは思うけれども、成功する会社というのは万に一つというところだからな。そう簡単に会社がうまくいくとは限らん。たくさんの会社ができてはつぶれていく。万に一つ成功するかしないかというのが会社なので、ダメかもしれない。そのときには銀行の担保に入れてある私の家屋敷も失うことになる。しかし家内に『それでもええか』と言ったら、家内も『はい』と言ったので、そういうことにした」とおっしゃってくださったのです。それが私の頭に強烈に残っていました。

縁もゆかりもない、青山さんの紹介で知り合っただけの私にそこまでしていただいて、西枝さんに万が一にも迷惑をかけてはいけない。そういう気持ちが私を責め続けました。

もう一つ、私の父親はくそ真面目で、人様から借金することが大嫌いでした。父親は戦前、私の小さい頃、鹿児島で印刷屋を営んでいました。大きな印刷機械があって、従業員もいましたから、田舎では成功者の部類に入ったと思います。しかし、それが空襲で灰塵《かいじん》に帰した後は、しばらく放心状態となり、戦後は一切、印刷屋を再開しようともしませんでした。私が「お父さん、またもう一回やろう」と言っても、「とんでもない、こんな厳しいインフレの時代に借金でもして七人もいる子供を飢えさせてはたいへんだ」と少しも動こうとしませんでした。

ことほどさように借金が怖くて、慎重居士だった父親の血を引いているところへ、西枝さんから「つぶれれば家屋敷も取られてしまうかもしれない」と聞いたのですから、もう何が何でも借金を早く返さなければ、万一会社がつぶれたらたいへんなことになってしまうと思ったわけです。

借金を返すために利益率を上げる

このような背景から初年度、青山さんから三〇〇〇万円の利益が出たと聞いたときに、「良かった」と喜びました。「三〇〇〇万円なら、一〇〇〇〇万円は三年で返せる。良かった。三年間なんとしてもがんばって、早く返そう」と思いました。

当然、私はお金そのものは見ていません。現金なんかあるわけがない。皆さんもご存じのように、それは在庫になったり売掛金になったりしています。

そのときに、青山さんと西枝さんと次のような話をしました。

「借りている一〇〇〇万円、早く返さなければならないと思っていたら、三年で返せそうなので、良かった」

「あんた、何を言うとるんや。三〇〇〇万円の利益が出たのは税引前であって、税金を納めなあかん」

「税金って、なんぼ払うんですか」

「半分の一五〇〇万円が税金や」

「そんな。一〇〇〇〇万円も借り入れがあって、今から三年かけてやっと返せるか、返せんかというのに、なんで税金を取られるんですか」

「そらあんた、もうかったからや」

「もうかっても借金があるじゃありませんか」

借金と損益の区別もつかない、それが当時の私でした。

「借金を全部返し終わってから、おまえはもうかったから税金を取ると言われるのならわかるけれども、借金があるのに税金を取られるなんて、そんなばかな。国というのは何の手伝いもしないで金だけ巻き上げる。それも即金で巻き上げる」

当時、ものを売っても、売掛残になったものは手形でもらっていました。

「売上は手形でもらうのに、税金は現金で召し上げる。とんでもない話だ」

「そんなことを言うのは、あんたが何もわかっておらんからや」

結局は一五〇〇万円しか残りません。さらにその一五〇〇万円から、非常勤を含めた役員の人たちに、少しボーナスを出してあげましょう、そして三〇〇〇万円の資本金を出してくれた人たちにも一割配当ぐらいは、お礼として当然すべきです、となったわけです。資本金三〇〇〇万円の一割の配当ですから三〇〇万円です。さらにボーナスを出すと、都合五〇〇万円ぐらいが消えてなくなり、後は一〇〇〇万円しか残りません。一〇〇〇万円だったら、一〇〇〇万円返すのに一〇年もかかってしまいます。

当時はセラミックスのプレスに自動機なんてありませんから、毎日、朝から晩までハンドプレスをまわさなければならず、伊藤会長は、ポパイみたいに腕が膨れ上がって筋骨隆々になったほどでした。そんな古い設備を使っているため、新たに設備投資をしなければならないのに、借金の返済にすら一〇年間かかります。二回目の投資をするまでにまだ一〇年かかると思ったのです。私の頭は、そういう悩みでいっぱいでした。

そこで、西枝さんに相談しました。

「こんなことをしていたら、会社が大きくなるわけなんてないじゃありませんか。一〇〇万円しか残らなかったからと、一〇〇万円を銀行に返していったって一〇年もかかります。やっと一〇年かけて返し終わった頃には、今の設備なんか、一〇年ももちはしないと思いますが、もったとしても、完全に陳腐化しています。そしたら一〇年後、また借金をしてそれをとり替えなければなりません。この調子でいくと会社が将来どうなっていくかわからないじゃないですか」と言いました。

すると、西枝さんはカラカラと笑って言われました。

「あんた、何を言うとるのや。あんたが今一生懸命にがんばって、税引前で一割の利益が出たんだから、この事業は有望だということなんですよ。一〇〇〇万円を借りてあげたけれども、一〇〇〇万円の金利も払った上に一割の利益が出たんだから、それだけの力があることになる。もっと設備投資をして売上が増えるのだったら、銀行からさらに金を借りてきて投資をすればいいんですよ」

「それじゃ、返すより借りる金が増えて、どんどん借金が増えていくじゃありませんか」

「そう、それが事業というものです」

「そんなことは怖くてできません。最初の一〇〇〇万円でも、ご迷惑をかけたらたいへんなことだと思っているのに、そんなことできやしません」

「あなたは、いい技術屋であっても、いい経営者にはなれんな。一〇〇〇万円借りたから返さなければいかん、とばかり言っていては、会社が大きくなるはずがありません」

「私はどうすれば良いのでしょうか。どうしてソニーや、本田技研は、あんなに大きくなったんでしょう。何か良い方法があるはずです。私の今の考え方では絶対に伸びるはずがないので、何か良い方法があるはずです」

「事業家というのはみんな、他人のお金を借りて設備投資し、大きくなっていくのです。金利を返し、償却ができさえすれば、金を借りることは決して恥でもなければ悪いことでもないんですよ」

　西枝さんはそう言われるのですが、私は経営の常識も何ももっていませんから、とにかく借金をすることだけは困ると思っていたわけです。今だったら、その説明を受けたら、

「よくわかりました」と納得すると思うのですが、当時は常識をもっていませんから納得できない。それはどうも危険な気がして、私はやっぱり返そうと思ったわけです。

そのときに、はっと気がつきました。

「そうか、税引前利益で一割の三〇〇〇万円の利益が出た。その半分の一五〇〇万円は税金に取られる。あとの五〇〇万円は賞与やら配当やらで消えて、一〇〇〇万円しか残らなかった。私は最初、三〇〇〇万円の利益が出たと聞いたから三年で返せるなと思ったのだが、それは税引前利益なので半分は税金で取られる。ならば、税引後で三〇〇〇万円残れば、三年で返せるんだ」

そう気づいたことが、京セラの高収益経営の発想の原点なのです。

会社が始まったときに、二〇%ぐらいの税引前利益率を出そうと思った。二〇%が可能とか、不可能とかという問題ではありません。必要だから、そう思ったわけです。

目指すのではなく、自然に「高収益」へと舵をとった

一割で三〇〇〇万円の税引前利益が出て、そこから半分税金が取られる。私もそれが惜しいと思い、「国というのは、時代劇に出てくる悪代官みたいなものだ。みんなが怒るのも

無理はない。われわれ庶民を痛めつけて税金をむしり取る。けしからん」と憤ったぐらいです。ですから、税金を取られるのはもったいないので、ごまかして脱税しようと考える人も出てきます。

あるいは、「汗水たらしてがんばったのに、何の手伝いもしてくれなかった国に一五〇〇万円も取られるぐらいなら自分で使ってしまおう。三〇〇〇万円も利益が出たから半分取られる。だったら、利益を減らせば良い。それだけの余裕があるのだから使ってしまおう。交際費で使うとか、従業員に臨時ボーナスでも出して、自分も経営者として少しもらう。山分けをして利益を減らそう」と考えるわけです。

この場合、最初の魂胆は、取られる税金が惜しいので、それを減らそうという発想だったのですが、それは期せずして低収益を望んでいることになるわけです。本当は、税金がけしからんから、税金から逃げようとしているだけで、決して低収益を望んでいるわけではありません。しかし結果として、そのメンタリティが、自分から望んで「低収益のほうが結構だ」という考えに結びついているわけです。

私は借金を返そうと思ったものですから、脱税しようともしなかったし、山分けをしようとも思わなかったのです。さらに収益性を上げて、一〇％の売上利益率だったものを、二〇％にしよう。そうして税引後に三〇〇〇万円残るようにしよう。そうすれば三年間で借金が返せるではないかと、素朴にそう考えたのです。

そのときは「高収益を目指そう」とは思っていませんでしたが、とにかく、税金も全部払った残りが三〇〇〇万円必要だと思ったからこそ、自然に「高収益」企業へと舵をとったわけです。つまり、「借金を返すためには、高収益でなければならない」と自分なりに考えたことが高収益企業への始まりだったのです。

高収益でなければならない理由一・財務体質を強化するため

そういう方向で経営が始まったものですから、西枝さんから「借金をしたら返さなければならん、と言うのでは、あなたはいい技術屋ではあっても、いい経営者にはなれない」と言われました。私はそれでも頑として聞き入れないで、「やっぱり返します」と言いました。返すためには原資が要りますから、当然高収益を目指しました。

そうして返していったのですが、そのときにちょっと知恵が出てきました。前の一〇〇〇万円はこうして返していく。新しい設備投資のため、またお金を借りてくる。それは第二弾として別途返していく。そういうふうに借金とその返済という一連の列車を設備投資のたびに何本も走らせていくというダイヤグラムを組んでいこうと考えたのです。最初の一〇〇〇万円は三年で返す、次に設備投資したものは何年で返していくと考えてやっていきました。

当然、どうしても返すということが頭の中にあったから、そういうふうに考えたのです。やがて京セラは一〇年ぐらいでほぼ無借金になり、無借金経営を達成できました。

西枝さんに「借金を返そう、返そうと言っていたのでは会社は大きくなりません」と言われたにもかかわらず、無借金で会社は高成長を遂げていきました。高成長を遂げながら無借金でいくというのは、まさに高収益でなければできない芸当です。

高収益ならば、無借金経営を実現し、安定した経営を図ることができます。無借金経営をするためには高収益でなければならないという理由があるわけです。

さらに専門用語で説明を加えますと、高収益はキャッシュフローを増やし、設備投資資金などを豊かにし、内部留保を増やして、自己資本比率を高めると同時に、借入金返済を可能にし、無借金経営を実現していくもとになります。つまり、財務体質を強化できるのです。ですから、企業は高収益でなければならないわけです。これが一番目の理由になります。

高収益でなければならない理由二・近未来の経営を安定させるため

二番目は、だいぶ後になって考えたことです。創業後、京セラがどんどん発展していきますと、日本経済は高度成長期でしたから、賃金の上昇も激しくなりました。

今では考えられないことですが、人件費が年間三〇%も上がるという賃金暴騰の時期もありました。毎年賃金が一〇%ぐらい上がるという時期が長く続いたのですが、そのときに気がついたことがあります。

当時、われわれ製造業の場合、売上に占める人件費比率は、いい会社で三〇%だと言われ、それが四〇%も占めているような会社は非常に悪い会社だと言われていました。例えば、その悪い会社が全従業員平均で一〇%の賃上げをしたとします。

今では毎年三%ぐらいの賃金上昇率ですが、当時は平均で一〇%の賃上げをしていたわけです。その場合、売上の四〇%が人件費ですから、人件費が一〇%上がれば、売上に占める人件費比率は四%上がることになります。

皆さんもご承知だと思いますが、日本の大企業の平均的な税引前利益率は五〜六%もあれば良いほうかもしれません。三〜四％が普通です。大企業の決算や会社四季報などを調べてもらえればわかりますが、大体その程度です。にもかかわらず、毎年一〇%ぐらいずつ賃上げをしていき、二〇%上がった年もあり、三〇%上がった年もありました。

私は、急激な賃上げに対して、みんながんばってくれと必死で訴え、なんとか高収益を維持していたのですが、そのときに不思議に思ったことがあります。

例えば売上に占める人件費比率を三〇%とすれば、人件費が一〇%上がれば、人件費比率が三%上がることになります。何も合理化をしていなかったとすれば、去年一〇%の利益があったとすれば、三%が人件費の上昇分で食われますから、利益率は七%に落ちてしまいます。来年また三%上がれば、七%であった利益率が四%になります。次も三%の賃上げがあれば一%になり、その次は赤字転落となってしまいます。今でも人件費は三%上がっていますから、追いかけっこみたいなもので、経営者としては追いかけてくる賃上げの波から逃げなければいけません。

こうして、賃上げの波から必死で逃げるわけですが、大企業を見ていて、「あの大企業は一〇%の賃上げをすればもう赤字転落かな」と思っていると、翌年また三%の利益が出ているのです。またその翌年「一〇%の賃上げをするから、もうあの会社、ダメかな」と思っていると、今度も三%出ているのです。

そのことがたいへん不思議に思えたのですが、人間というものは、尻に火が点くと、みんながんばるのです。三〜四％の黒字があれば安全だとすれば、赤字になりそうになって尻に火が点くと、また三〜四％の利益を出します。翌年も賃金が上がって、そのまま放っておくと赤字転落になりますが、合理化をして、改善をして、また三％の利益を出していきます。人間とは、不思議なもので、尻に火が点くと必死の努力で赤字から逃れようとするものだから、このような改善がなされるのです。火事場のばか力です。

二〇％の税引前利益があれば、例えば人件費が三％上がっても一七％だから、非常に安全な経営ができる。そういうふうに私は考えて、高収益を維持しようとしたわけです。

そのことを、当時、私は従業員にこういう表現で説明をしました。

「高収益会社というのは、将来上昇していく人件費、または上昇していく会社運営コスト、つまり近未来のコスト上昇に対して保証ができるということです。例えば一五％の利益率があって、毎年三％ずつ人件費が上がっていくとすれば、何の手も打たなくて、そのままであった場合にも五年間はその賃金上昇に耐えられる。それだけの余力をもっていることになる。つまり高収益性とは、近未来に起こってくる経費負担に耐えられる度合いを示すものです」

企業経営において、近未来に起こってくる負担に耐えていけるだけの余力を示すバロメーターとなるのが、利益率です。高収益とは、その負担に対する余力が大きい状態を示しているわけです。収益性とは、近未来において賃金上昇に耐えられる耐久力、または起ってくるコスト増に対する耐久力なのです。

また、景気変動によって売上が減少した場合、当然減益になります。高収益であった場合には、その景気変動に対する耐久力もあることになります。若干の景気変動があっても、簡単に赤字転落をしない。そのために高収益が必要になるのです。景気変動で売上が増減すれば、同時に変動費も増減します。固定費が低く利益率が高ければ、景気変動によって売上が減少しても、また、深刻な不況にも耐えられるわけです。

こういうように、近未来に対する経営を安定させるために高収益が必要なのです。これが二番目の理由になります。

高収益でなければならない理由三：高配当で株主に報いるため

税引前で高収益を上げれば、半分は税金になり、半分が残ります。その残った半分を内部留保にまわせば、自己資本比率が高まり、同時に借金の返済にも設備投資にも使えて無借金になると、先ほど言いました。もし設備投資もあまりしないし、借金もないのだとすれば、株主に対して高配当が可能となります。つまり、高い配当をして株主に報いるためにも、高収益は必要なのです。これが三番目の理由になるわけです。

ただし、これは少し古い経営思想だと思われていました。最近では、「配当なんかしなくても株価さえ高ければ良いのだ」というのが、欧米流の経営思想の中に定着しています。日本の場合でも、高配当と高株価の間には何の関係もなくなっています。つまり、株式に対する投資は、キャピタルゲインを得るためだけの歪《いびつ》なものになっています。ところが本来のオーソドックスな資本主義の考えでは、収益を上げていった会社は、税金を払った残りで高配当をしていく。その配当は銀行預金をするより、はるかに良い利回りでまわる。高収益の会社の株式を買えば、配当により非常に良い利回りを得ることができる。これがもともとの資本主義の発想です。

ところが最近では、もともと五〇円の額面の株が六〇〇〇円、七〇〇〇円もしていますから、額面に対して相当の高配当をしても、株価に対して良い利回りにはならない。しかし、だからといって配当を軽視する必要はありません。やはり株主に報いるためにはオーソドックスに、配当を高めていかなければならないと思います。

高収益でなければならない理由四．株価を上げて株主に報いるため

先ほど、高収益になった場合、税金を払った残りを内部留保にまわして借金を返すこと、あるいは株主に配当で報いていくことが可能になると言いましたが、さらに、その利益剰余金で自社株を購入し、自社株を消却する、つまり、発行済株式総数を減らすことなどによって、株価を上げていくことができます。自社でもうけたお金でもって市場に出回っている自社の株を買い、その株券を破棄してしまうわけです。

例えば、今七〇〇〇円で流通している京セラの株を、もうけたお金でもって買い戻し、それを消してしまう。そうして発行済株式総数が減ることによって一株当たりの利益が高まり、株価が上がっていきます。そうして株価を上げることによって株主に報いていくのです。高収益になればこそ、こういう芸当ができるわけです。

アメリカではだいぶ昔からとられている手法ですが、最近、日本でもこの方法がもてはやされているようです。先般も日本の代表的な企業がこの方法を採用し、株価の上昇を実際に図っているようです。

高収益でなければならない理由五.
事業展開の選択肢を広げるため

高収益になれば、税金を払っても利益はまだ残ります。そうすることにより、通常会社には余裕資金が生まれますから、多角化がやりやすくなるわけです。

例えば、セラミックスだけでは会社の将来性に不安があると考えて、新たにソーラー事業に手を出すとします。しかしまだ機が熟していないために、あるいは研究開発に長時間を要するために、なかなか収益に結びつかず、ずっと赤字が続くとします。新規事業に進出し、しばらくの間は赤字が続いたとしても、それに耐えていくには高収益企業である必要があるわけです。

企業を長期的に発展させていくためには、どうしても新規事業に乗り出していかなければなりません。しかしその新規事業というものは、決して平坦な道ではありません。当初は、必ず赤字が出ます。その赤字を負担して、なおかつ会社が盤石であるためにも、本体の事業が高収益でなければ、その負担に耐えることはできません。つまり、高収益企業である場合には、新規の事業展開の選択肢が広がるわけです。

よく「貧すれば鈍す」と言います。「現在の事業が低収益で利益が出ないために、新規事業に手を出して、それが赤字であった場合には命とりになってしまう」というように、新規事業が軌道に乗らない間にますます本業も弱ってしまうことがあります。つまり、事業展開の選択肢を広くするためにも、高収益企業であることはたいへん重要になります。

高収益でなければならない理由六、企業買収によって多角化を図るため

京セラのような高収益企業になると、内部留保を貯め、自由に使えるキャッシュが二〇〇〇億円もあるというほど手元流動性が高まってきます。そうすると、自己資金によって企業買収をし、新規事業に出ていくことができるようになります。

また、「会社を買収した」としても、買収の成果が上がるのに時間がかかるという場合、借金をして買収していたのでは大きなリスクを背負うことになります。今まで貯めてきた自分のお金であれば、借金の利息も元本も返す必要がないわけですから、買収などの手が打ちやすくなります。

高収益企業だからこそ踏み切れた、電気通信事業への展開

今から一四年前、日本の通信業界は新しい時代を迎えました。国営であった電電公社がNTTとして民営化され、新電電の新規参入を認めるということになったのです。そのときに私は京セラを母体として第二電電という会社をつくろうと考えました。「二一世紀初頭にはきっとネットワークの時代が来る。今まではわれわれみたいなものづくりを得意とする会社が中心だったかもしれないけれども、二一世紀初頭には必ずネットワークの時代が来るだろう。また、そのとき国民のために通信料金を安くしなければならない。だから通信事業に乗り出したい」と考えて、私はいの一番に手を挙げ、電気通信事業に乗り出そうとしたわけです。

そのときに役員会で私が言ったことを、役員の方々は覚えておられると思います。「非常に危険性が高いけれども、第二電電をどうしてもやりたい。もし事業が簡単に軌道に乗らず京セラに負担をかけるとしても一〇〇〇億円の負担まではやらせてくれ。限界の一〇〇〇億円までいったら、そのときには事業を放棄する。京セラに一〇〇〇億円の負担がか

かるところまではやらせてほしい」と言ったのです。

当時、京セラには一五〇〇億〜一六〇〇億円ほど、貯めてきたお金がありました。それは必ずしも内部留保だけではありません。上場して株式市場から集めたお金も含めて、トータルで一五〇〇億〜一六〇〇億円はあったと思います。第二電電を手がけて、京セラがいろいろな保証をし、限度の一〇〇〇億円まで設備投資などを行っていって、もし第二電電が行き詰まってしまえば、その一〇〇〇億円を京セラが負担しなければなりません。失敗ですから、現預金の一〇〇〇億円は全部取られてしまいますし、京セラとしても期間損失として一〇〇〇億円の赤字が出るわけです。

たとえ一〇〇億、二〇〇億円の利益を出していても、それを引いた九〇〇億、八〇〇億円の赤字を計上してしまうことになります。

世間的にはたいへんな大赤字で、大騒ぎになります。しかし実際には、過去に貯めたお金が一六〇〇億円ありますから、そこから一〇〇〇億円が消えてなくなるだけであって、会社がつぶれることにはならないわけです。まだ六〇〇億円の現金をもった上に、本業はしっかりした高収益会社です。その一年だけは大赤字ですが、翌年からはまた同じように一五%、二〇%の利益を出していけますから、会社としては影響が小さいのです。一期だけは汚名を着るけれども、京セラ本体がぐらつくとか、将来がダメになってしまうということは一切ありません。ですから、「今まで過去に貯めたお金を一〇〇〇億円だけ使わせてくれ」と、そのときに言ったのです。

もし、これが高収益企業でなく、あまり利益が出ない会社で、過去何十年もかけてやっと一五〇〇億～一六〇〇億円貯めたのだとすれば、そこから一〇〇〇億円が消えてしまえば、それはその一年間の大赤字という問題だけではなくなってきます。後々まで尾を引いて、本体そのものまで危うくなってしまうわけです。そういうことがあったのでは思い切った新規事業など始められません。

第二電電は相当な冒険に踏み切ったわけですけれども、それを踏み切っていけた理由は、京セラがもともと高収益企業であると同時に、過去の高収益により内部留保を厚くし、すばらしい余裕をもっていたからです。戦後の経営史の中でも特筆されるような一大決断ができた理由は、私に勇気があったからだけではありません。そういう備えがあったからできたのです。そういう条件が整っていなければできるわけがないのです。

私はいつも皆さんに「土俵の真ん中で相撲をとる」ことが必要だと言っていますが、このときも「土俵の真ん中」で勝負しているわけです。ドン・キホーテが巨大な風車に戦いを挑むようなもので、世間からはばかではないかと映ったと思います。たいへんなリスクを背負ってばかげた戦いを挑むと、みんなは思ったでしょうが、私にしてみれば土俵の真ん中の戦いです。本体は二〇％ぐらいの高収益を上げられる状態のままで、もっている現預金から一〇〇〇億円を新規事業に使うだけのことですから、本体にはほとんど損傷も与えません。余裕をもった状態での非常に安全な戦いです。京セラが高収益企業だったからこそ、世間があっと驚くようなチャレンジが可能であったわけです。

なぜ高収益企業でなければならないのかという理由を挙げてきましたが、もともとからこういう理論があったわけではありません。京セラという会社をつくったときから数々の問題に頭をぶつけて悩みながら、「高収益」でなければならないと思ってやり始め、自分が実行してきたことをつぶさに分析してみると、そうであったということです。六つの理由を挙げましたけれども、それは後から理屈をつけただけです。

しかし、「高収益企業になりなさい」と言う限りは、こういう理屈づけが要るのです。また、「なぜ高収益でなければならないのか」と言われた場合に、「この六つのことが実現できるから、高収益でなければならないのです」と言えるようにしたわけです。

高収益はメーカーの勲章である

それでは、高収益とはどのくらいの税引前利益率を上げれば良いか。京セラの場合には、創業時たまたま利益率が一〇％だったものが、やがて一五％になり、二〇％になり、三〇％台までいったこともあります。では、どのくらいの税引前利益率であれば高収益企業と言えるのでしょうか。

もちろん、高ければ高いほど高収益企業だと言えるわけですが、高収益とはどのくらいの税引前利益率を上げれば良いのか。つまり、高収益とはどのくらいの税引前利益率を指すのか。今まで誰も、このことについて答えを出してはいません。

業種によっても利益率は異なります。ある業種は全体的に利益率が高い、ある業種は利益率が低いというように、業種によっても利益率はさまざまです。特に最近はゲームソフトを開発している会社が高収益を出しています。しかしこれは、ゲームソフトが大ヒットを飛ばしたときには高収益になり、売上に対する利益率は四～五割ということがある一方、ヒットしなければ、売上が少ないために利益率が極端に低くなるわけです。ですから、必ずしもゲームソフトをつくっている会社の利益率が高いわけではないかもしれません。

では、どのくらいの利益率が高収益なのでしょうか。京セラを始めたとき、一生懸命働いた結果、最初にたまたま売上利益率が一〇％出ました。その後しばらくして、「メーカーとしてどのくらいの利益率が正しいのかな」と、思い始めました。いったいいくらの利益率が正しいのかというのは、おそらくどこの会計の本にも書いていないだろうと思います。どれくらいの利益率が正しいということは、絶対に言えないだろうと思います。

私は日本の大規模メーカーが出している売上利益率三〜四％はどう考えても低いと考えました。それでは経営が安定するわけがないと思ったのです。ではいくらぐらいが良いのかを考えていたとき、ふと思いついたのは、銀行の金利でした。当時、銀行の金利は年間六〜八％でした。

会社が始まって一〇年はたっていなかったと思いますが、ある都市銀行の京都支店長と親しくなりました。確かお金を借りようと思って、私が接待したのだと思いますが、そのときに「銀行というのはもうかる商売ですな。楽して、もうかりますね」と言ったのです。普通なら「そんなことありませんよ」と言うのですが、その支店長はおもしろい人物で、「そうなんです、稲盛さん。やっぱり、そう思われますか。これが大蔵省の許認可さえなければ、私は個人でやりたいと思います。こんなに楽してもうかる商売はありません」と言いました。

「やっぱり、そうですか。結構な話ですな」

そういう会話をしたことを覚えています。

銀行を見ていますと、まるで鵜飼いみたいにお金にヒモをつけて泳がせておいて、そのヒモを年一回たぐり寄せると、金利がついてくる。一方、製造業では、お金を使い、ものを使い、人を使い、そして知恵を使い、知的産物である発明発見や特許などあらゆる英知を結集して、利益を出しているわけです。われわれは朝から晩までがんばって働いているわけですが、貸したお金は寝ることがありません。金利は二四時間つき、休まず稼いでくれるのです。しかも、人手はほとんど要りません。お金だけを泳がせておけば良いのですから、楽なわけです。

もちろん、銀行も何もしていないわけではありません。下手に貸せばコゲつきますから、よほど人を選んで貸さなければいけません。審査をしなければいけないので、何もしないわけではありません。とはいえ、あまり努力をしないでも金利を稼げます。一方、メーカーは人、もの、金、知恵、いろんな経営資源を使うのに、たった三〜四%しか稼げないのでは、あまりにもばかげていると思いました。

例えば一〇〇億円のお金をまわしているとします。メーカーは一〇〇億円売って、回収をして、材料を仕入れてまた売ってというように、まわしています。その利益率は大企業の場合、三〜四%です。銀行の場合、年間動かしているお金を売上だと考えれば、一〇〇億円をまわせば、何もしなくても六〜八%の利益が出ます。これでは割に合わないと思ったのです。

「われわれ人間の労働というのは、もっと価値があるものではないか。ましてやものづくりの世界においてわれわれは、匠の技を使い、特許を得られるようなすばらしい発明発見を通じて、英知を集めたすばらしい技術を開発し、ものをつくっている。人間の英知を結集しているのに、お金だけを貸しているのと同じ利益では見合うはずがない。それはものづくりに携わる自分たちに対しての侮蔑《ぶべつ》みたいなもので、それでは自分自身がかわいそうだ。私たち技術屋がしている仕事は、もっと価値があってしかるべきで、ただ単にお金を貸して稼いでいる人たちと同じなんてとんでもない。少なくとも倍や三倍ぐらいの利益率があってもおかしくない。またわれわれはそれだけの価値を生み出している。科学技術を通じ、ものづくりという熟練の技を通じ、そのくらいの価値を生み出しているはずではないか」と思ったのです。

私が皆さんに「一五%ぐらいの利益は当たり前だ」と言っているのは、こういうことからきているわけです。

「銀行屋さんの金利と同じぐらいの利益だったのでは、何の価値も生んでいないということになるのではないでしょうか。お金だけ動かせば稼げるという程度の利益しか上げていないのだったら、自分が惨めではありませんか。私どもが動けば、私どもが考えれば、もっと価値を生み出すものであってしかるべきではありませんか。われわれはそんな安っぽいものではありません。そのくらい、人間の労働、とりわけものづくりというものは尊いものであるはずです」

そういう理屈をつけて、「だから当然、高収益でなければならない」と言っているのです。そうですから、もし一五〜二〇%という高収益を上げて、それを不当な利得だと言われることがあれば、「そうではありません。私どもは英知を集めて懸命に付加価値を高めています」と言えば良いのです。競争がない中で不当に高い値段で売り、不当な利益を得ている場合にはアンフェアだと言わなければなりませんが、よしんばパテントがあったとしても、世界的な競争の中、製品をつくって、高収益を上げていることは、製造業を営んでいるわれわれの勲章であって、決して非難されるべきものではありません。世界的競争の中で、人が得られない利益を生み出しているとすれば、それはわれわれの英知、われわれの努力でもって稼ぎ出したものです。堂々と胸を張るべきものです。

こう考えたものですから、売上利益率は、京セラをつくった初年度の一〇%から、ずっと上がっていったわけです。一五〜二〇%に上がり、三〇%台まで上がりました。その後は一〇%近くまで落ちていきますけれども、こういう理由から、先般から伊藤会長も「原点への回帰」ということを言い、私も「原点への回帰は高収益企業への回帰ではないか。まず高収益へ回帰すべきだ」と申し上げているわけです。

高収益とは、税引前利益でいくらぐらいか

では、高収益とは税引前利益でいくらぐらいなのか。

これは屁理屈になるかもしれません。しかし、屁理屈でもいいから、人間には根拠が要るのです。それを自分が信じ、貫いていくためには根拠が要る。根拠がなかったのでは、心がフラフラッとしますから、理屈を無理につけてでも根拠が要るわけです。根拠さえあれば、それはやがて確信に近づいていきます。理屈を確信にまで高めていき、「だからおれはこうするんだ」と考えるのです。言ってしまえばこじつけです。こじつけだけれども、うそではありません。本当のことなのです。

私は、盛和塾の塾生さんたちにも「業種には関係なく、事業を営む以上、最低一〇％の収益を上げられないようでは企業経営者のうちには入りません。ぎりぎりの利益しか出ないような企業など、汗水たらして経営をするかいがありません。そんな事業だったら、もうおやめになったほうが良いです」と言っています。

事業経営の場合には、最低一〇％の利益率が必要だと私は考えています。ですから、少なくともその倍の二〇％ぐらいなければ高収益とは言えない、と考えるべきなのです。

「最低一〇％ぐらいの収益を上げていこう」と言えば、「利益率は業種によって違うのではないか」と異を唱える人がいるかもしれません。

私は会社を始めた当時から今日まで、実は製造業で良かったと思っています。製造業は、たいへん苦労も多く難しいのですが、コストの中には材料費、人件費、その他さまざまな諸経費がありますから、付加価値を生もうと思えば、削減できる要素が非常に多くあり、そこには創意工夫の余地がいくらでもあります。つまり、知恵を出せば、いくらでも利益を上げることができるのが製造業です。

一方、流通業を考えてみてください。流通業の場合にはメーカーでつくったものを仕入れて売りますから、仕入れに上乗せをしたマージンがいくらかで利益が決まってきます。それは通常あまり大きいものではありません。

京セラをつくってしばらくしてから、営業は営業で独立採算をしなければならないと思いましたので、営業に一〇％のマージンをコミッションとして渡すことに決めました。営業はそれでもって飯を食いなさいと決めたわけです。

一方、営業には「売り切り」「買い切り」という方法があります。これは、仕入れをして、自分で価格を決めていく方法です。つまり、仕入値に販売手数料を上乗せして売っていく方法と、売り値から一〇％のコミッションを引いて仕入値段とする方法があるわけです。

資本主義が勃興してきた頃、流通業が盛んになりました。この流通業は、人類が狩猟採集で生きていた頃にはまだ起こっていません。人類はやがて、山河を歩いて狩猟採集して食べるのではなく、定住をして、牧畜・農耕を始めるようになります。牛や羊を飼って乳を搾り乳製品をつくる、またはお米や小麦をつくる。すると、ある地域で豊富にものが穫れた場合、その地域の周辺では、それを安く分けてあげることができます。しかしそこから遠いところに行けば、同じものが払底していて値段が高い。そこに気の利いた人が現れて、たくさん穫れたところから安く仕入れ、遠い道のりを品物を担いで歩き、不足しているところに行って売る。そしてその人は、ものを移動させた駄賃としてマージンをもらう、というのが流通業の始まりです。

こちらで仕入れたものを現地まで担いでもっていき、その現地の相場に合った値段をつけて売る。安く仕入れて、高く売れればものすごく利益が出る。このやり方は現在でも同じです。石油の大資本にしても何にしても、ものを安く仕入れて高く売る。為替相場で売り買いをしているディーラーも、今日の安い値段で買い、明日の高い値段で売ってサヤを稼ぐ。そのように、流通資本が勃興してきたのが資本主義の始まりです。

当時私は知らなかったのですが、そういう「売り切り」「買い切り」がもともとの商売の原型であるのです。しかし京セラの営業の場合はそうした方法は採用しませんでした。

「売り切り」「買い切り」にして営業に責任をもたせようとすれば、営業は製造から安く買いたたこうとする。すると、その間で関係がギクシャクしてしまう。

また、ばかな営業が製造から高く買わされて、その仕入値段よりも安い値段でしかお客様が買ってくれないということになったのでは、逆ザヤになってしまって、営業が損をしてしまう恐れがあります。

それでは困るので、まずお客様への売り値を交渉する。そのときには必ず製造に連絡して、「この値段で注文をとっていいか」と聞く。製造がよろしいと言ったならば注文をとる。そしてどんな値段であれ、とった値段の一〇%は営業にマージンとして渡す、という方法にしました。ですから製造側も、営業が言った値段から一〇%引かれたものが自分のところにまわってくるということを最初から頭に入れて、その注文をとってもいいかどうかの返事をします。また、営業にも「おまえは一〇%で飯を食え」と最初から言ってあるので、工夫すればやっていけるだろうと考えて、一〇%のマージンというものを決めたのです。

しかし、この方法にも難点があります。そういうふうに決めたら、今度は売り値をいくら安くしても、マージンを一〇%はもらえるわけですから、売り値を下げても営業は痛くもかゆくもない。ところが製造は、売り値が損益分岐点より下になれば赤字になってしまう。営業はいくらの値段であっても、注文をとりさえすれば一〇%はもらえる。これは「値決めは経営」の話になりますが、値段は安ければ安いほど注文がとれますから、なるべく安くして、楽をして注文をとろうとする。そして製造に「コンペティターは売り値がいくらだ」などと言えば、お客様に言われたとおりの安い値段が適切だと、製造も思ってしまいます。

しかし、「売り切り」「買い切り」にして営業の収益がガタガタになるよりは、営業が安い注文をとってくるという危険性はあっても、そこさえチェックすれば、営業にマージンを与えるやり方のほうが良かろうと思いました。そこで「一〇％のマージンを渡すから、営業はその中で交通費から人件費からすべての経費をまかない利益を上げる」と決めたわけです。

これは特殊な場合ですが、「最低でも一〇％の利益が出なければ経営のうちには入らない」と言われても、もとが一〇％しかないのですから、そこから人件費などの経費を引けば、残りは三～四％になるのは当たり前です。ですから、この場合には私が言う最低一〇％にはなりません。ただし、これはメーカーの営業として、メーカーがつくるものを売ってくれる形だから、三～四％の利益しか出なくてもいいわけです。製造側で一五％の利益が出れば、売上に対して合計で一八～一九％の利益が出る。メーカーに直結した共同体としての営業であれば、それで良いと思って一〇％のマージンとしたわけです。

では、メーカーと完全に分離した商社だった場合にはどうなるのでしょうか。日本には有名な総合商社がありますが、そこでは一〇％ぐらいの高いマージンを取るケースもあれば、場合によっては非常に低いマージンを取るケースもあります。高いマージンを取ることもあるのに日本の総合商社は何兆円という売上に対し、利益率はコンマ数％しかないのは、皆さん、ご承知のとおりです。売上だけが非常に大きくて利益率は非常に低い。今、商社は淘汰されるところもありますが、もともと私は、そういう商売をして成り立つのかなと思っていました。

また、ただ単に「私は京セラの代理店です」と言って口を利く場合、在庫も何ももっていない場合は、どうでしょうか。京セラは、アメリカではレップ（Rep：Manufacturer's Representativeの略語）と呼ばれる代理人を使っています。「私は京セラの代理人です。京セラのパッケージを買いませんか」と顧客をまわって、向こうが買うと言えば、「すぐに京セラに取り次ぎます。後はじかに京セラと取引をしてください」と言って、京セラには「私はこの一〇〇億円の取引の口利きをしたのですから、マージンをください」と言うことになります。これがレップというものですが、その場合には確かに品物も扱いませんし、お金もかかりません。ただ口を利くだけですから、三％ぐらいのマージンで良いのかもしれません。

ところが、一般消費者向けの製品を売り出してから、初めてわかったのですが、一般消費者向け製品のメーカーの販社、もしくは販売部門は、粗利として三〇％ぐらいのマージンがなければやっていけないのです。それまでは部品メーカーでしたから、直販だけをやっていて、一般消費者向けの商品を売ることを知らず、一〇％の流通マージンでも高いと思っていました。

京セラには特殊な製品が多かったものですから、あまり宣伝広告をしませんでした。部品営業ではどうしても東芝、日立などメーカーにダイレクトに売り込んでいきますので、新聞やテレビに広告を出して一般消費者に知らせる必要がありませんから、宣伝広告費は要りません。一方、一般消費者に製品を売ろうとした場合には宣伝広告が要ります。同時に、在庫ももたなければなりません。ですから、相当高いマージンが要るということを、そのとき初めて知ったわけです。「これはたいへんだな」と、初めて気がつきました。

流通業では、京セラの営業の場合とは違って、大体が買い切りです。自分でお金を払って仕入れをし、その在庫を売っていきます。ですから、三〇％のマージンの中で在庫金利ももたなければいけませんし、売れ残ってしまった場合には売れ残りを処分する、損切りもしなければなりません。また、自分が最初に決めた値段で売れれば三〇％の粗利があったとしても、値段を下げてしまえば三〇％どころか、二〇％になり、一〇％になってしまうというケースもあります。つまり、値崩れをさせた場合には、たちまちに三〇%の粗利も得られなくなるという危険性があるわけです。ですから、自分で仕入れて売るという流通業の場合には、相当な才覚がなければ一〇%の収益を上げることはできません。

高収益を得ようとすれば、さらにものすごい才覚が要るわけです。

経営の原理原則

税金が惜しいので、それを減らそうと発想することが、期せずして低収益を望むことにつながる。本当は、税金から逃れようとしているだけで、決して低収益を望んでいるわけではない。しかし結果として、そのメンタリティが、自分から望んで「低収益のほうが結構だ」という考えに結びつく。

◉

高収益はキャッシュフローを増やし、設備投資資金などを豊かにし、内部留保を増やして、自己資本比率を高めると同時に、借入金返済を可能にし、無借金経営を実現していくもとになる。

◉

企業経営において、近未来に起こってくる負担に耐えていけるだけの余力を示すバロメーターとなるのが、利益率である。高収益とは、その負担に対する余力が大きい状態を示している。収益性とは、近未来において賃金上昇に耐えられる耐久力、または起こってくるコスト増に対する耐久力である。

◉

企業を長期的に発展させていくためには、どうしても新規事業に乗り出していかなければならない。しかしその新規事業というものは、決して平坦な道ではない。赤字を負担して、なおかつ会社が盤石であるためにも、本来の事業が高収益でなければ、その負担に耐えることはできない。

◉

競争がない中で不当に高い値段で売り、不当な利益を得ている場合にはアンフェアだと言わなければならないが、世界的な競争の中、製品をつくって、高収益を上げていることは、製造業を営んでいる者の勲章であって、決して非難されるべきものではない。

◉

屁理屈でもいいから、人間には根拠が要る。それを自分が信じ、貫いていくためには根拠が要る。根拠さえあれば、それはやがて確信に近づいていく。

◉

業種には関係なく、事業を営む以上、最低一〇％の収益を上げられないようでは企業経営者のうちには入らない。ぎりぎりの利益しか出ないような企業など、汗水たらして経営をするかいがない。

◉

事業経営の場合には、最低一〇％の利益率が必要である。少なくともその倍の二〇％ぐらいなければ高収益とは言えない。

KAZUO INAMORI LECTURES

売上最大、経費最小を実践するには

盛和塾中部東海地区合同塾長例会講話——二〇〇四年五月一八日

背景

本講話は、二〇〇四年に開塾した盛和塾三河で、初めて行われた塾長講話である。

稲盛は、新しく盛和塾に加わった三河塾生が、業種を問わず入塾の目的を理解できるテーマとして、損益計算書に基づいた具体的な経営手法について説明した。

盛和塾に入塾する目的とは

今日は新しく五六番目の塾となる盛和塾三河が開塾してから、初めての塾長例会です。新しく盛和塾へ入られた方々にどういうお話をすれば良いのか、いろいろと考えてまいりました。塾生の企業の中には、いろいろな業種がありますし、規模もそれぞれに違いますので、共通の話題となると難しいのですが、新しく盛和塾に入られた方々、また全国から集まられた塾生の皆さんが、「盛和塾に入って、良かった」と思える話をさせていただきたいと思います。

会社が立派になってきたと実感していただき、盛和塾に入って本当に良かったと思っていただくことが、私が盛和塾をやっている唯一の理由ですので、今日は皆さんの経営に直結する、具体的な話をさせていただきます。

私は今まで多くの塾生にお目にかかってきましたが、中には、なぜ盛和塾に入ったのかわからないという人がいます。いろいろな塾生とおつき合いができるからという漠然とした目的で入っている人もいますし、盛和塾の会合に出ると楽しいから入ったのだという人もいます。しかし先ほども言ったように、盛和塾の目的は、盛和塾に入った人たちの企業すべてが成長発展し、塾生の皆さんが「盛和塾に入って本当に良かった」と思えるようになることであると、思っています。

今回、盛和塾三河に入塾された皆さんは、「自分の会社をもっと良くしたい」という思いをもって盛和塾に入ってこられたのだと思います。会社経営が不安定であれば、経営者として不安な毎日を過ごすことになります。ですから、もっと会社を良くしたいと思う理由には、一日でも早く自分自身が経営者として安心できる会社にしたいということが、まずあるのだろうと思います。

また、会社を良くしたいと思う二番目の理由には、従業員が安心して勤務できるようにしてあげたいということがあるはずです。従業員たちが、自分の勤めている会社は利益を上げる立派な経営をし、待遇も決して他社に引けを取らないという誇りをもち、会社に信頼を寄せる。そして、そういう会社に勤務している自分自身を誇りに思い、勤務していることに心から喜びを感じる。従業員のみんながそう思えるような会社にしたいと、皆さんは思っているはずです。さらに、この会社に勤務していることで、従業員とその家族が安心して生活できる、頼りになる会社に、一日も早くしていきたいとも考えていると思います。

三番目には、国や社会に貢献できる企業にしていきたいということがあるはずです。企業経営をする以上は利益を上げなければなりませんが、そのおよそ半分は税金として納めることになります。われわれの企業経営による利益、また個人の所得から税金が納められ、日本の社会と国家が成り立っているわけですから、利益を出すということは、国家、社会に貢献していることにもなるのです。

事業の目的、意義を明確にする

父や祖父がつくった企業をただ引き継ぎ、父の代からの多くの社員や番頭さんもいるため、特に目的をもたず、漠然と経営をしている方もいるだろうと思います。または、経営者である自分自身の給料を少しでも高くし、自分の財産を増やしていきたいという目的から会社を経営している人もいるかもしれません。

しかしそのように無目的、あるいは目的をもっていたとしても、私利私欲に満ちたもので経営をしてはなりません。盛和塾では、全従業員の物心両面の幸福を追求するために会社を立派にする、という大義名分のある目的を明確にもつことを、自分の体験に基づいて教えてきました。

私は「全従業員の物心両面の幸福を追求すると同時に、人類、社会の進歩発展に貢献すること」を、京セラの経営理念として掲げてきました。私が必死に会社経営をしているのは、一緒に働いている全従業員の物心両面の幸福を実現してあげたいからだ。同時に、人類、社会の進歩発展にも貢献していきたいからだ。そういう思いをもって、京セラを経営してきました。

お手元に「経営十二カ条」というものが配られていると思います。その第一条には「事業の目的、意義を明確にする」とあります。事業の目的、意義とは、自分に都合の良いものではなく、大義名分のある、公明正大で高邁なものでなければなりません。つまり先ほど述べた、自分を含めた全従業員を、物質的にも精神的にも幸福にしていくことを、経営の目的としてはっきりと掲げるべきなのです。

まずは、全従業員が物心両面の幸福を感じ、働くことに喜びと感謝を感じてくれる会社にすることです。すると、従業員が喜んで働いてくれることで、会社もますます立派になり、結果として経営者である自分自身も幸せになっていくことになるのです。自分自身も幸せになりたいが、まずは従業員に幸せになってもらいたいと思う。これが、私がよく言う「利他の精神」です。自分の会社に勤めている従業員を幸せにしてあげるという「利他」を実践することは、取りも直さず、自分自身の幸せにもつながっていきます。

同時に、企業経営を通じて、人類、社会の進歩発展にも貢献するとも言いました。たとえ数名の従業員しかいない会社であったとしても、その企業活動は何らかの形で地域社会に貢献をしているはずです。つまり、ささやかですが人類、社会の進歩発展に貢献をしているのです。今申し上げたことが、経営をする上で最初に必要になります。皆さんが何のために盛和塾に入ったのだと問われれば、自分の会社を立派にするためだと答えられなくてはなりません。

さらに、なぜ会社を立派にしたいのかと問われれば、全従業員の物心両面の幸福をどうしても達成し、人類、社会の進歩発展にも貢献するためだ、と答えられなければならないのです。「全従業員の物心両面の幸福を実現するために、そして人類、社会の進歩発展にも貢献するために会社を立派にしたい。だから私は盛和塾に入ったのだ」と言えるように、盛和塾に入塾した目的を、明確にしていただきたいと思います。

売上を最大限に伸ばし、経費を最小限に抑える

では、立派な会社にしていくためには、具体的にどうしていけば良いのでしょうか。経営十二カ条を念仏のようにただ唱えるだけではなく、その一つひとつを実践していかなければなりません。経営十二カ条の五番目に「売上を最大限に伸ばし、経費を最小限に抑え

る」というものがあります。売上をできるだけ大きく伸ばし、経費はなるべく使わないようにする。これが経営を立派なものにしていく要諦なのです。

先ほど、もともとは漁網をつくっていたという塾生がいらっしゃいました。その方は、漁網の製造に限界を感じ、トラックの荷台から荷物が落ちないようにするネット、または農作物を猪や鹿などの野生動物による害から守るために、田んぼや畑を覆うネットの製造にも乗り出している、という話をされました。最初は魚を獲る網をつくっていたが、漁網では売上を伸ばすのに限界があった。そこで、経営十二カ条の一〇番目「常に創造的な仕事をする（今日よりは明日、明日よりは明後日と、常に改良改善を絶え間なく続ける。創意工夫を重ねる）」を実践されたわけです。

ネットの用途は漁網だけとは限らないと考え、自分の得意技を生かし、先ほど述べたような展開をされたのだと思います。また、例えば、お惣菜をつくってスーパーマーケットに卸すという事業をしている場合にも、売上を最大限に伸ばしていくには、決して昨日までと同じことをしていてはなりません。もし味つけに強みがあるとすれば、それを生かしたもっと多面的な展開をするなど、創意工夫次第で、いろいろな事業展開が可能になるはずです。

つまり、「売上を最大限に」というのは、限界を自分でつくるのではなく、あらゆることにチャレンジして売上を増やしていくということなのです。

組織はどのように分けるべきか

塾生の皆さんの中で、自社で損益計算書をつくっているところは、おそらく一〇億円以上の売上があるところだろうと思います。大半は社外にある税理士事務所、会計事務所にお願いして損益計算書をつくっているのだろうと思います。

しかし、社外の専門家に任せているだけでは経営にはなりません。そこで、今日は今までにないテーマになりますが、損益計算書を使いながら、経営とは何をしていくのかということを、皆さんにお話ししようと思います。製造業を営んでいるA社の組織図をご覧ください（図表1）。

組織とは、企業の中の採算を見るためのものです。どの部門で利益が出ているのかがわかるものでなければならず、一般には、営業、製造、総務というように分かれています。A社の組織図を見ますと、まず営業があり、その営業は関東営業課と関西営業課の二つに分かれ、関東と関西の両方に営業所があることがわかります。

そして関東、関西、両営業所の営業管理業務を行う営業管理課という組織があります。

A社は製造業ですから、もちろん製造の組織もあります。関東と関西の両方に製造工場をもっていることが、この組織図からわかります。さらに製造工場の中は、金型係、試作係など、いろいろな組織に分かれています。また、関東と関西にそれぞれ品証課と管理課があります。これら営業、製造、品証、管理と、四つの部で構成される組織が、全社を統括する本社機構となっています。A社のように、会社は組織的に分けなければなりません。

これらの組織は、それぞれが独立採算になっています。関東にある製造課も独立採算なら、その下にある金型係も独立採算です。先ほどの関東営業所も関西営業所も独立採算です。ここで言う独立採算とは、組織一つひとつに損益計算書があり、それを見ればその組織の業績がわかるという意味です。

普通、利益が出ているのか出ていないのかを見るときは、会社を全体として見ます。しかし、それでは会社のどこで利益が生まれたのかがわからないので、どの部門でどのように利益が出たのかを明確にしなければなりません。京セラはものづくりの会社です。製造でものをつくり、それを営業が販売します。その場合、利益がどこで生まれているかを明確にする上で、二つの方法があります。

一つは、製造がつくったものを営業で社内買として買い取り、そこに利益を乗せて販売するという方法です。営業はなるべくたくさんの利益を得たいと思いますから、商社のよ

図表1

A社組織図

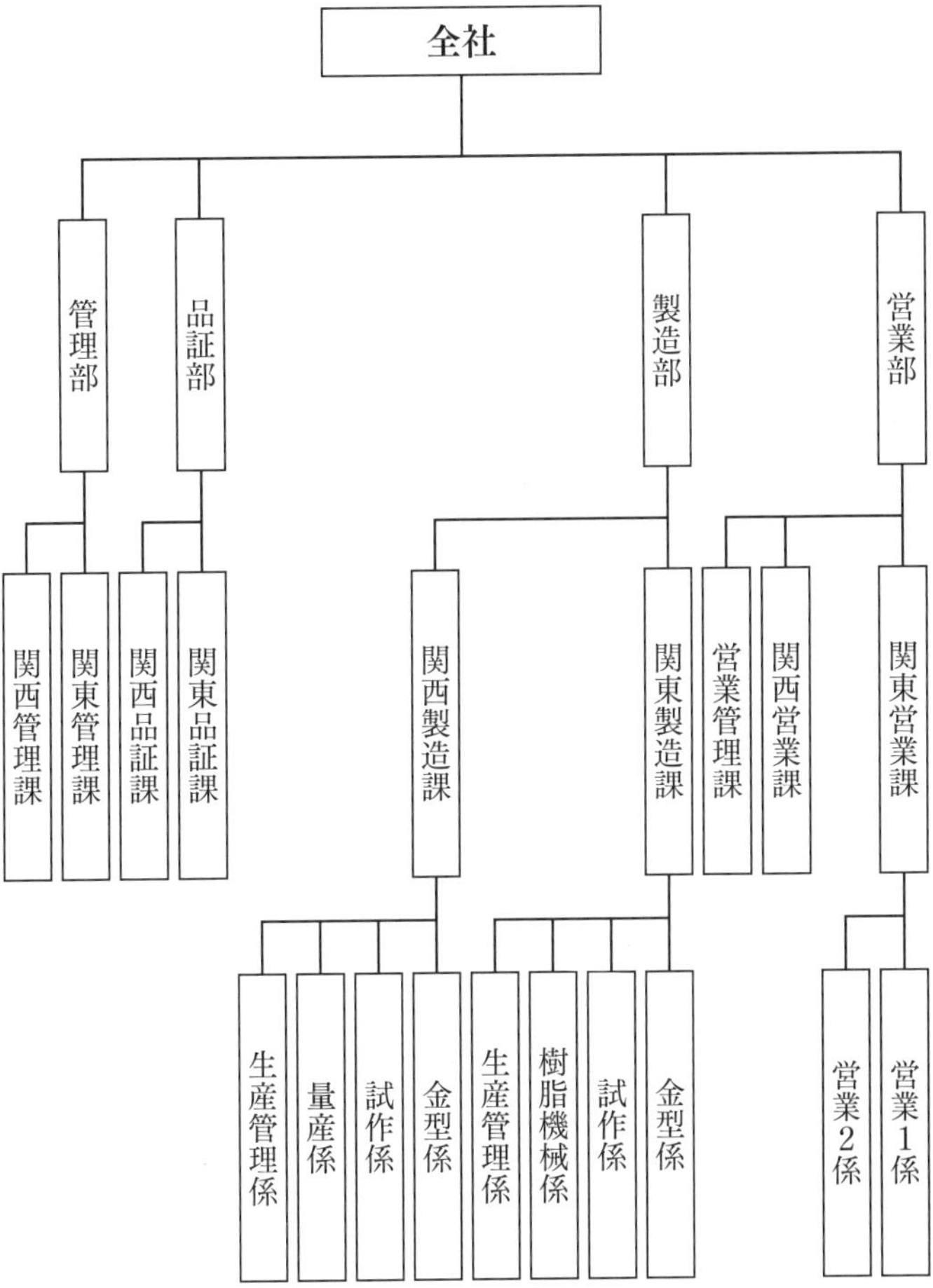
全社
管理部
品証部
製造部
営業部
関西管理課
関東管理課
関西品証課
関東品証課
関西製造課
関東製造課
営業管理課
関西営業課
関東営業課
生産管理係
量産係
試作係
金型係
生産管理係
樹脂機械係
試作係
金型係
営業2係
営業1係

うに、製造からなるべく安く仕入れ、なるべく高く売ろうとします。そのため、このケースでは同じ社内でありながら、製造と営業の間でもめ事がよく発生します。

もう一つは、製造から営業にマージン（利幅）を与えて販売する方法です。京セラの場合には、このマージンとして営業口銭というものを設定しました。営業が販売をしたときに、品目によって若干比率が異なりますが、売上の一〇%ほどがマージンとして営業の分け前になるのです。

営業部門の損益の管理

次に、A社の損益計算書（図表2）をご覧ください。関東、関西の工場でつくったものを、A社では関東営業所と関西営業所で販売しています。関東営業所では一ヵ月に一億九七九五万円、約二億円の売上（総売上高）を上げています。関西営業所では九〇七二万円、約九〇〇〇万円の売上となっています。先ほど、京セラの場合には営業に一〇%のマージンをあげていると申し上げましたが、A社も同じ形をとっていて、関東営業所には約二〇〇〇万円、関西営業所には約九〇〇万円のマージンが渡っています。営業は、より大きな売上を上げることを目標にしています。営業が業績を上げようと思えば、売上の一〇%の

図表2

A社の損益計算書

○○年○月度　　　　　　　　　　　　作成日：
【アメーバ経営採算表　実績】　　　　作成者：
部門名：営業部　　　　　　　　　　　　　　　　［単位：円］

	関東営業課	関西営業課			営業管理課	営業部計
受注高	234,373,173	108,196,161			0	342,569,334
総売上高	197,957,127	90,722,683			0	288,679,810
総収益(受取口銭10%)	19,795,713	9,072,268			0	28,867,981
経費合計	15,769,046	6,805,881			0	22,574,927
人件費	5,466,984	2,301,888			863,208	8,632,080
旅費	154,876	115,662			7,180	277,718
交通費	779,944	434,061			1,809	1,215,814
接待交際費	55,409	63,158			0	118,567
会議費	28,590	2,000			0	30,590
広告宣伝費	14,000	0			0	14,000
通信費	292,937	94,194			15,332	402,463
通信交通費	0	820			381	1,201
工場消耗品費	0	3,530			3,880	7,410
事務用消耗品費	2,534	88			8,820	11,442
備品・消耗品費	16,480	0			0	16,480
電力費	176,476	26,690			9,288	212,454
ガス代	428	0			68	496
水道料	0	11,063			0	11,063
保険料	160,003	130,662			25,264	315,929
地代家賃	21,408	0			3,380	24,788
修繕費	10,000	0			0	10,000
厚生費	326,284	178,177			51,487	555,948
運賃	0	0			0	0
車両費	416,010	155,140			50,517	621,667
保守点検費	7,400	0			0	7,400
研修費	69,048	0			0	69,048
管理諸費	0	0			0	0
減価償却費	95,363	66,486			20,668	182,517
リース料・賃借料	590,705	369,400			49,800	1,009,905
固定資産除却損(益)	0	0			0	0
貸倒償却	0	0			0	0
その他経費	25,312	16,217			5,478	47,007
社内金利(売掛債権)	1,493,970	542,852			0	2,036,822
社内金利(固定資産)	63,284	30,498			10,592	104,374
部門共通費	1,119,328	471,296			-1,590,624	0
本社共通費	2,481,873	1,044,999			391,872	3,918,744
本社収支共通費	1,900,400	747,000			71,600	2,719,000
経常利益	4,026,667	2,266,387			0	6,293,054
人員	19.0	8.0			3.0	30.0

マージンがもらえるのですから、売上をひたすら増やせば良いのです。

次に、その売上を上げるために必要な経費を、いかに減らすかが課題になります。関東営業所の場合、一億九七九五万円の売上の一〇%の一九七九万円、約二〇〇〇万円を自分たちで稼いだことになりますが、この二〇〇〇万円を得るために、いくらの経費を使ったのかを見なければなりません。実際に損益計算書を見ると、合計で一五七六万円の経費を使ったことがわかります。

その経費の主な内訳ですが、まず関東営業所にいる一九名の人件費が、五四六万六〇〇〇円となっています。そして営業員たちが販売活動するために使った旅費が一五万四〇〇〇円、通勤などに要する交通費が七七万九〇〇〇円、接待交際費が五万五〇〇〇円となっています。さらに会議費が二万八〇〇〇円、通信費が二九万二〇〇〇円、電力費が一七万六〇〇〇円、保険料が一六万円、地代家賃が二万一〇〇〇円、修繕費が一万円、厚生費が三二万六〇〇〇円、営業車両の償却費と維持費が四一万六〇〇〇円、研修費が六万九〇〇〇円、固定資産に対する減価償却費が九万五〇〇〇円、コピー機、コンピュータのリース料金、オフィスの賃借料が五九万円となっています。

私が今言いましたように、経費の中身はこのぐらい細かくあげ、毎月いくら使ったのかという明細がわかるようにしなければなりません。

　また、A社では社内金利というものを設けて、売掛債権に対する金利を取っています。営業所が商品を販売し、まだ代金を回収していない売掛金については金利を取るのです。売掛金を回収しない限り、いつまでも売掛金のまま残ってしまいます。そのために会社が銀行から資金を借りれば、金利がかかってしまうわけですから、売掛債権からも社内金利として金利を取り、早期に回収させるのです。

　同様に、固定資産についても金利を取ります。それぞれの組織は会社の固定資産を使っています。その固定資産を取得するのに会社は金を使ったのだから、それに対する金利として年率六％を取っています。現在銀行の金利は一～二％ほどですが、社内金利はそれよりもあえて高い設定になっています。

　さらに、共通費という項目もあります。本社でかかっている費用を人頭割りし、関東営業所では一九名分の負担をする。関東営業所の一九人が使った総時間に対して一律で、例えば二〇〇円を掛けるというやり方もあります。営業部門の共通費についても、人頭割りで負担をします。

　そういうものをすべて足し合わせ、総経費を出します。売上からそれを引いたものが経常利益となるのです。A社の関東営業課の場合、四〇二万円の経常利益が出ていることになります。

これらはA社の中での約束事です。このように約束事を決めて、関東営業所は自分たちが売り上げた一億九七九五万円から一〇%のマージンの一九七九万円をもらう。

一方で、今一つひとつあげてきたような経費、つまり人件費から社内金利の六%までを足し合わせたものが一五七六万円ある。この二つを差し引きすると、四〇二万円の利益が出るのです。

勘定科目を見ながら経営をする

A社では、こうした数字は月末に出てきます。自社で損益計算書をつくらず、会計事務所などでつくってもらっている会社では、今申し上げたような勘定科目は、より大きな括りとなっています。例えば、ガス代、水道料、電力費というようには分かれず、光熱費として一緒に括られてしまいます。

会計事務所などでは勘定科目を大きな括りにしているのに、A社はなぜそれを細かくしたのか。それは細かくした勘定科目を見て、経費を最小にするためには、どの経費を減らせば良いのかということを、経営者が見られるようにするためです。

例えば、電力費が一ヵ月に一七万六〇〇〇円かかっているとわかれば、無駄な電気を使っているかもしれないと考えることができます。便所の電灯など、あらゆる無駄な電気を切るようにしよう。その効果も来月の電力費を見ればわかります。

また旅費を見ると一五万四〇〇〇円になっています。営業をするのにタクシーを乗りまわしていたのでは、旅費は大きく増え、利益が減ってしまいます。だからタクシーの使用料をもっと減らして旅費を少なくしていこうじゃないか。さらに接待交際費が多ければ、それを減らそうじゃないか。そのように、細かく分けた勘定科目を一つずつ見ながら経費を減らしていく作業が、経費を最小にするときには必要になります。

損益計算書は、普通一般には会計事務所や税理士事務所に、年に一回つくってもらうという会社が大半だと思います。毎月自社でつくっているところは少ないでしょう。しかし本当は、毎月自分たちでつくらなければなりません。

そして、それを見ながら経営をしていきます。例えば、関東営業所の営業課長は、この先月の損益計算書をベースに経営にあたります。先月は一億九七九五万円の売上だったので、一〇%のマージンの一九七九万円を得られたが、今月はもっとがんばって売上を増やし、マージンを少しでも増やそうと努力する。同時に、先月は一五七六万円の経費がかかったから、それを減らそうとする。人件費は簡単に減らせないが、人件費の中身を見ると、残業代が大きな比率を占めているのであれば、残業が少なくなるような管理をする。さらに細かく分けた勘定科目の一つひとつを見て、先月は通信費を二九万円使ったのであれば、今月は少しでも通信費を少なくしようとする。

勘定科目を細かくした資料を自分の机の上に置き、それをにらみながら、今月はこの項目をどう減らそうかということを考え、実践していく。これが経営十二カ条にある「売上を最大限に伸ばし、経費を最小限に抑える」ということなのです。

「売上を最大限に伸ばし、経費を最小限に抑える」ということは、ただ念仏のように唱えていれば良いものではありません。今皆さんに見てもらっているような経営資料をよく見て、売上を伸ばして営業口銭を増やし、同時に経費を少しでも減らし、利益を増やそうとする。そのように実践することが大事なのです。

今見てもらっているような損益計算書を、先ほどの組織図にあった営業、製造の部門ごとにつくらなければなりません。

会計事務所や税理士事務所で損益計算書をつくってもらっているのなら、「社長である私が見て使えるような経営資料を、各部門ごとにつくってください。それも毎日つくって、見せてください。私はそれを使って従業員とともに経営にあたっていきます」と頼んでください。

製造部門の損益の管理

次にA社の製造部門の損益計算書（図表3）について説明します。A社には関東製造課と、関西製造課という二つの製造部門があります。関東製造課の総生産は二億六三三三万円、関西製造課は八二三四万円の生産をしています。

関東製造課の人件費は、ひと月に四三〇九万円、関西製造課では一四九五万円です。人員数は、関東製造課が九八名、関西製造課が三四名です。そして、関東製造課では全部の経費を足した合計が一億六〇七五万円であり、総生産の二億六三三三万円と差し引きした四五五七万円が経常利益となります。

一方関西製造課では、八二三四万円の生産ですが、経費の総合計は八二二三万円となっています。ですから、関西製造課ではわずか一一万円の経常利益しか出ていません。

この損益計算書には「営業口銭（10％）」という記載があります。この損益計算書では、関東営業所に払う口銭は関東製造課が負担をして、経費として差し引かれています。

つまり先述のように、製造部門は営業部門に製品を売ってもらうために、営業に対して一〇％の口銭を支払っています。しかし、その他の経費を節約することによって生じた利益は、製造部門がもらえるわけです。

関東製造課は約二億円の売上で、営業に一〇%の口銭を払い、それでも約四五〇〇万円の利益を上げるというように、たいへん高い利益を上げています。九八名の人たちが一生懸命に働いて、これだけの利益を上げた、ということが損益計算書からわかります。

先ほどの関東営業所の損益計算書をもう一度ご覧ください。いわゆる「稼ぎ」の項目については、当月に獲得した「受注高」、当月の「総売上高」、営業がもらう売上口銭一〇%の「総収益」があります。あとの経費項目については、例えば人件費は「時間実績×時間当り人件費」というように、勘定科目ごとにそれぞれ算出方法を決めておきます。このように、損益計算書にある経費科目の定義を社内で決めておくわけです。

このような経営資料を社内でつくり、経営をしていきます。私は「経営は飛行機の操縦と同じだ」と言っています。コックピットに座り、目の前にある計器盤を見ながら、高度や速度を確認して操縦をしなければ、経営にはならないのです。先ほど説明した損益計算書の各数字を、毎日見ながら経営をしていかなければなりません。

図表3

A社の製造部門の損益計算書

○○年○月度　　作成日：
【アメーバ経営採算表　実績】　　作成者：
部門名：製造部

［単位：円］

	関東製造課	関西製造課			製造部計
総出荷	250,985,412	96,547,455			347,532,867
社外出荷	197,957,127	90,722,683			288,679,810
社内売	53,028,285	5,824,772			58,853,057
社内買	44,649,772	14,203,285			58,853,057
総生産	206,335,640	82,344,170			288,679,810
経費合計	160,759,377	82,233,631			242,993,008
人件費	43,098,214	14,952,442			58,050,656
外注加工費	48,152,698	31,252,177			79,404,875
材料費	1,692,689	5,260,084			6,952,773
工場消耗品費	3,409,550	1,562,370			4,971,920
修繕費	757,480	1,999,050			2,756,530
保守点検費	212,998	81,000			293,998
運賃	1,540,753	1,114,531			2,655,284
電力費	2,569,728	1,241,108			3,810,836
ガス代	2,208	0			2,208
水道料	0	47,018			47,018
旅費	9,600	35,528			45,128
交通費	171,051	479,538			650,589
通信費	26,958	20,987			47,945
車両費	307,904	254,693			562,597
会議費	30,790	0			30,790
研修費	437,066	93,429			530,495
厚生費	1,689,219	744,759			2,433,978
保険料	833,276	555,315			1,388,591
地代家賃	128,423	96,000			224,423
減価償却費	4,400,166	2,233,863			6,634,029
リース料・賃借料	6,788,203	2,617,875			9,406,078
固定資産除却損(益)	0	0			0
その他経費	856,590	269,629			1,126,219
営業口銭(10%)	19,795,713	9,072,268			28,867,981
内部技術料(10%)	0	0			0
社内金利(固定資産)	1,459,663	608,921			2,068,584
社内金利(その他)	0	0			0
部門共通費	0	0			0
本社共通費	12,801,237	4,441,246			17,242,483
本社収支共通費	9,587,200	3,199,800			12,787,000
経常利益	45,576,263	110,539			45,686,802

人員	98.0	34.0			132.0

具体的な目標を立てる

細かく分けた数字を見て、売上をどう増やしていくのか、また経費をどう減らすのか、ということを考えていく。売上を増やすことにも、経費を減らすことにも創意工夫が必要です。売上を最大に、経費を最小にするということは、同時に経営十二カ条の一〇番目にある「常に創造的な仕事をする」ということでもあります。

「これで限界だ、これ以上売上を増やすことはできない」とあきらめるのではなく、無限の可能性を信じながら、常に創意工夫をしていかなければなりません。常に創意工夫をするためには、まず経営十二カ条の二番目である、「具体的な目標を立てる」ことが必要です。

「具体的な目標を立てる」とは、例えばA社の関東製造課であれば、先月の生産は二億円で、今月も受注は十分に見込めるから、今月は二億五〇〇〇万円の生産をするというように、具体的な目標数字を示すということです。経費についても、今月は五〇〇〇万円の増産が目標だが、利益率を上げるために、先月の一億六〇七五万円よりも少し増える程度で抑えようと考え、収益の向上を目指す。このように、具体的な目標を立てるというのは、具体的な目標数字を示すということなのです。

もしレストランの経営をしている場合なら、損益計算書を見ながら、「先月の売上はこれだけだったが、今月はもう少しがんばってこれだけの売上にしよう。また、できれば食材費から人件費まで、あらゆる経費を目標とする数字まで、いやさらにはそれを超えてできる限り少なくしていこう」と考える。このように、損益計算書にある数字を使い具体的な目標を立てなければ意味はありません。

具体的な目標を立てた後は、経営十二カ条の三番目の「強烈な願望を心に抱く」ことが求められます。損益計算書を見ながら、具体的な数字をあげて、「立てた目標はなんとしても達成する」と自分に言い聞かせることが、「強烈な願望を心に抱く」ということです。目標の達成のためには、潜在意識に透徹するほど強く持続した願望をもたなければなりません。

同時に、経営十二カ条の四番目の「誰にも負けない努力」も、続けなければなりません。地味なことを一歩一歩積み重ねていくこと、つまり誰にも負けない努力を続けることによって、立てた目標を達成していくことができるのです。

具体的な数字を目の前に置いて来月、来年の目標を立てて、それをなんとしても達成しようという強烈な願望を抱いて誰にも負けない努力をする。それが「売上を最大に、経費を最小に」を実現する道なのです。

目標を共有する

企業経営をする場合には、具体的な数字目標を立て、トップ自らがその達成のために率先垂範し、強い願望をもち、誰にも負けない努力を続けなければなりませんが、いくら一人でがんばっても限界があります。そのため、冒頭でも述べましたように、事業の目的、意義を明確にした上で、従業員と共有し、一緒にがんばってもらうのです。

つまり、「わが社の経営の目的は、全従業員の物心両面の幸福を追求し、同時に、人類、社会の進歩発展にも貢献することにあります。この目的のために、売上を増やし、利益を上げていきたいと考えています。皆さんのため、また世のため人のためなのですから、ぜひ協力をしていただきたい」と従業員に話し、立てた目標を社長だけのものではなく、全従業員の目標にしていかなければならないのです。

それによって、従業員も「なるほど社長の言うとおりだ。会社が立派になり、利益が出れば、われわれの待遇も良くなっていく。事実、過去もそうしてもらった。であれば、今後もわれわれは喜んで売上を少しでも増やすように、また経費を少しでも抑えるように協力します」と言ってくれるようになります。現場の一作業者までが、売上を最大に、経費を最小にすることに関心をもつようになり、目的・目標が全社で共有されるのです。

経営をしていくには、このようにして、従業員を巻き込んでいかなければなりません。従業員たちを「社長、あなたの言うとおりだ。われわれも協力しましょう」という気持ちにさせなければ経営にはなりません。

トップ一人が必死になって、力んでやってみたところで知れています。ときには、トップが力んでやればやるほど従業員が白けてしまうことさえあります。「社長が勝手に旗を振っているだけだ。がんばって売上を増やせ、経費を減らせと一生懸命に言っているが、そうしてもうかったお金は結局自分のものにしている。この会社は社長のものだから、自分がもうけたいがために、われわれをだまして、がんばれと言っているのだ」と受け取られてしまうのです。

ですから、経営十二カ条の一番目にありますように、事業の目的、意義を明確に決め、例えば次のように社員に宣言しなければならないのです。

「私が会社を経営する目的は、私だけのためではありません。社長である私も幸せになりたいと思っていますが、その私を含めた全従業員を、物質的にも精神的にも幸福にすることが私の目的です。この目的を達成するということは、皆さんのためにもなります。ですから、ぜひとも協力をしていただきたいのです」

例えば、「この会社はおじいさんがつくったもので、これまで長い間家業としてきた。けれども、今後は企業の目的を、従業員みんなが幸せになることと明確にし、従業員の皆さんと一緒に実現していこうと思う」というように改めて、企業の目的、意義を話します。すると従業員たちも、「わかりました。社長が言うとおり、われわれも協力しましょう」となるはずです。そして「来月はこれだけの売上を達成しましょう。経費はこれだけに抑えましょう」と、数字をあげて話をする。

このように、月初に従業員に数字を見せながら、「こういう方針でいきますので協力してください」とはっきり言うことが大事になります。

しかし従業員たちに、数字を使いながら今のような話をしたとしても、それを実際に達成することは容易ではありません。数字を達成していくためには、経営十二カ条の七番目に「経営は強い意志で決まる」とありますように、岩をもうがつような強い意志が必要です。いくら目標を立ててみたところで、なまくらな人間では達成できません。

同時に、経営十二カ条の八番目に書いてあるように、「燃える闘魂」も必要です。経営には、どんな格闘技にも勝る激しい闘争心が要ります。トップが勇気とガッツをもっていなければ、経営などできないのです。それは暴力を使えという意味ではありません。精神的な強さが求められるのです。女性経営者であっても、燃える闘魂が要ります。なまくらな男の経営者など問題にならないくらいの強い意志と闘魂をもっていれば、女性も男性以上の経営をしていくことができます。

さらに、十二カ条の九番目には「勇気をもって事に当たる」とあります。勇気のない人は経営者になってはいけません。「こうしたい！」と自分が強く思うなら、また従業員にも「こうしてもらいたい！」と要求するなら、勇気をもって従業員に話をして、協力をしてもらうように説得する必要があるのです。そういう意味で、数字をあげて目標を立て、共有することには非常に厳しい一面があります。

ですから、来月はこのようにしようと厳しい話をする場合、従業員のみんなが「なるほど協力しましょう」と腹に落ちるよう、コンパでもしながら話さなければなりません。お酒を飲みながら「一緒にがんばろうな」という雰囲気にしていく。そういう場であれば、従業員のみんなも「社長わかりました。がんばりましょう」と言ってくれるはずです。

堅苦しい話を杓子定規に話すときと、酒を飲んで話すときでは雰囲気が違います。だからこそコンパの雰囲気を利用して、厳しい数字だけれども「頼むよ。やってくれよな」というように職場に落とし込む。それがコンパをする理由なのです。「社長は全従業員の物心両面の幸福を願っている。ただ厳しいだけの社長ではなく、必死になってわれわれのことを考えてくれているのだ」ということをわかってもらうために、お酒を飲み、飯を食べながら、社長が従業員に対する思いやりを語る必要があります。それによって、「これだけわれわれのことを考えてくれている社長のためなら、われわれもぜひ協力してがんばろう」と従業員も言ってくれるはずです。

損益計算書から現場のすべてを読み取る

損益計算書は経営に不可欠なものです。しかし、技術屋出身の私は、京セラという会社を四五年前（一九五九年）に始めたとき、損益計算書というものをまったく知りませんでした。また営業、技術開発、製造という多くの部門を一人で見ていたため、自分で月ごとの損益計算書をつくる時間もありませんでした。そのため経理の人にすべてを任せ、損益計算書をつくってもらっていました。

しかし、会計の専門家がつくった損益計算書を見ても、経営の実態がわかりませんでした。そこで自分で使えるよう、勘定科目を細かく変えてもらったのです。その細かく分けた勘定科目を見て、ひと月ごとに、売上を最大限に、経費を最小限にするよう努力しました。やがて月末になり、そのように自分が一生懸命にがんばった結果がどうなったのかを早く知りたいと思い、損益計算書を早く出してもらうように頼んだのですが、出てきたのは二〜三ヵ月後でした。二〜三ヵ月もたってから損益計算書が出てきても意味がありません。二〜三ヵ月前に利益が出たのか、または赤字が出たのかということがわかるだけで、事業にも生かせず何にもなりません。

ですから京セラでは、売上も経費も当月末で締めて、一週間以内に損益計算書を出すようにしています。経営管理部門が日々集計をして、月末に締めたら一週間もしないうちに損益計算書を出します。その損益計算書から、自分が必死にがんばった先月には、自分が思ったとおりの利益が出ているのかどうか、ということを見るのです。

部門が多岐にわたる会社であれば、この損益計算書の資料は何冊もの分量になります。私の場合、何冊もある損益計算書を、出張のときでもいつでも肌身離さず、必ず自分のカバンの中に入れていました。

例えば先ほどのA社であれば、損益計算書を見て、関東製造課が二億円の生産をしたことがわかれば、その数字とともに関東製造課の長をしているAという男の顔も浮かんできます。「先月、私が二億三〇〇〇万円の生産をするようにと言ったとき、彼はやりますと言った。それなのに結局二億円しかしていないではないか」というように、担当する責任者の顔が損益計算書から浮かんでくるわけです。

次に経費の総額を見ると、「彼は先月、経費は一億三〇〇〇万円でなんとか抑えると言っていたはずだ。私もそのようにお願いした。それなのに、一億六〇〇〇万円も使っているではないか。いったい何をしているのか」と思いながら、さらに細目を見ていきます。すると、「ここでこんなに多くの消耗品を使っている」ということがわかり、多くの消耗品を使っている現場担当者の顔まで浮かんできて、「帰ったらすぐに担当者を呼び出して叱らなければならない」となります。

損益計算書には数字しか出ていません。しかし小説よりも、ずっとおもしろい、すばらしい読みものになっています。出張で会社にいなくても、これを見るだけで会社の内容が手に取るようにわかります。だから、来月はどこに手を打てば良いかということも、すぐにわかるのです。

社長が工場に入ってみると、廊下の電気が点いたままになっていたので、その社長は次々に廊下の電気を消していく、という話をよく聞いたりします。しかし、廊下の電気を消すくらいなら、無駄にまわっているモーターのスイッチを切ったほうが電力費をはるかに安くできます。大切なのは、どこに力を入れて経費削減を図るべきかがわかっているのか、いないのかということです。

経費を減らすにあたって重要なのは、何を目標にするのかということです。つまり、工場の中で何が起こっているのかということを知り、その中で何をターゲットにして改善するかということまでが、損益計算書に出ている数字からすべて読み取れなければ、経営にはならないのです。

損益計算書は「コックピットの計器」

今日お話をしてきたような製造業ではなく、仕入れて販売をする流通業のような場合には、非常に競争が激しく、わずか五〜六％の粗利しかないという場合もあると思います。また赤字が続くので経費を減らそうとしても、今の経費以下ではやれない、つまり事業として成り立たないような業態もあります。

その場合には、その業態を続けていけば、これからも赤字が続くわけですから、業種転換を図らなければなりません。つまり、損益計算書の数字を見て、自分の事業に見切りをつけることも、あるときには必要になります。

例えば飲食業の場合には、損益計算書の最初に材料費がきます。同じ飲食業でも、例えば大衆レストランと高級料亭では、まったく違います。高級料亭では、すばらしい調理人がすばらしい料理をつくり、お客さんからも喜ばれているのに、材料費が大きな比率を占め、あまり利益が出ていないという場合もあると思います。その場合には、材料費は売上に対して何％くらいが妥当なのかという常識も必要になるでしょう。高級な料理をつくっているからといって、高級な材料を経費感覚もなく使っていてよいというものではありません。しかも手間ひまかけて料理をつくるだけでなく、仲居さんやウェイトレスも使うだけに、その他にも費用がかかります。ですから、材料費として使える上限は、売上に対して何％かという基準を考える必要があるのです。

普通のレストランでは、材料費は三〇％がマキシマムではないでしょうか。調味料から何まで全部入れて三〇％です。つまり、材料費の三倍くらいで料理が売れなければ採算が合わないと思います。また高級料亭では、二五％ほどの材料費にすれば利益率がもっと上がると思います。

材料費を低くするために品質を落としたものを仕入れたのでは、お店の料理の味も良くなりません。新鮮で良い食材を安く仕入れようとすれば、社長自ら仕入れをしなければなりません。経営のことを知らない調理人に仕入れを任せれば、高いものを買ってくるかもしれません。それでは採算が合わず、利益率も低くなってしまいます。

この前、東京の盛和塾でお世話になった、銀座をはじめ何店舗もチェーン展開しているお寿司屋さんは、塾生である社長自ら朝の三時、四時に起きて築地の魚市場に行き、大量の仕入れをしています。彼のように寿司屋の経営者でありながら、築地の魚市場に行き、直接仲買人から仕入れるという人は珍しく、値段に詳しい彼には、仲買人の人たちもたいへん安くしてくれるようです。

このようにして、このお寿司屋さんは安くて良い材料を仕入れることができるので、ネタはいいし、美味しいいし、安いというので、繁盛しています。良いものを安く仕入れるためには、トップ自らが率先垂範、努力しなければならないのです。

先ほども言いましたように、経営は飛行機の操縦と同じです。経営者である皆さんはパイロットです。コックピットに入り、操縦桿をもち、企業という飛行機の操縦をする。つまり、コックピットにある計器盤の一つひとつをきちんと見て、今この飛行機はどういう高度で、どういう速度で、どちらの方向に飛んでいるのか、数字を見ながら操縦桿を握る必要があります。

このコックピットにある計器が損益計算書です。このように経営とは、損益計算書を指標として、常に見ながら行うものなのです。

切磋琢磨する者たちが集う「盛和塾」

そのようにして、経営者自身が努力し、また主だった幹部の人たちも協力し始めるようになると、業績は上がっていきます。そして業績が上がり始めると、経営はたいへんおもしろくなります。今まではしんどいと思っていた経営が、こんなにもおもしろいものか、と思うようになっていきます。会社に帰っても、幹部の人たちに対して、今度はこういうことをしよう、こんな工夫もしてみようというように、いくらでも話題が増えていきます。会社のみんなもますますおもしろく感じるようになってきます。

苦痛を感じながら、経営をしていたのでは話になりません。苦痛であれば、少しでも楽をしようと思い「なんでこんな苦労をしなければならないのか」と逃げようとしてしまいます。

そうではなく、たまらないくらいにおもしろい、楽しいと感じられるように経営をするのです。やってもやっても赤字が続くのでは、楽しくなるはずがないのです。経営が楽しくなってくると、この盛和塾で同じような仲間と集まる意味が出てきます。経営者というものは、いくら自分の部下が協力をしてくれても、結局は孤独なものです。トップが従業員を慰めたり、励ましたりすることはあっても、従業員から慰められたり、励まされたりすることがあっては本末転倒です。トップとは、どんなに辛くても一人で耐えなければならない、孤独なものなのです。

そこで、同じ悩みをもち、同じように孤独な人たちが、こうして何ヵ月かに一度集まって会う。その中で仕事が楽しくてがんばっている人を見て「おれもああいう気持ちになろう！」と励まされる。また同じ悩みをもち、苦労をしている仲間が集まり、互いに切磋琢磨する。そういう場が盛和塾でなければならないのです。最初にも言いましたが、ただ仲の良い人をつくるために盛和塾に入り、勉強会で一緒に私の本を読み、ビデオを見て、食事をして楽しかったという程度であったのでは話になりません。入塾したときの会社の業績を正確に記録に残しておき、そこから業績がどのように伸びていったのか記録をとり、「やっぱり盛和塾に入って良かった」と思えるようにならなければ意味がないのです。「業績が上がって良かった」と思えないなら、盛和塾に入った意味がありません。そのように思えない人は一人ずつ、「おまえは何をやっているのだ」と説教をしなければなりません。盛和塾はただ単におもしろくて楽しいという会ではありません。「社長が盛和塾に入ってくれたために、会社が立派になり、われわれ従業員も安心して働けるようになった」と、従業員が喜んでくれる会社にする、このことを目的として盛和塾に入ったのだ、と言えるようになってほしいと思います。

経営の原理原則

まずは全従業員が物心両面の幸福を感じ、働くことに喜びと感謝を感じられる会社にする。すると、従業員が喜んで働いてくれて会社はますます立派になり、結果として経営者である自分自身も幸福になっていく。

◉

自分自身も幸せになりたいが、まずは従業員に幸せになってもらいたいと思う。これが「利他の精神」だ。自分の会社に勤めている従業員を幸せにしてあげるという「利他」を実践することは、取りも直さず自分自身の幸せにもつながっていく。

◉

企業経営を通じて、人類、社会の進歩発展にも貢献する。たとえ数名の従業員しかいない会社であったとしても、その企業活動は何らかの形で地域社会に貢献をしている。つまり、ささやかだが人類、社会の進歩発展に貢献をしている。立派な会社にしていくためには、具体的にどうしていけば良いのか。経営十二カ条を念仏のようにただ唱えるだけではなく、その一つひとつを実践していかなければならない。

◉

経営十二カ条の五番目に「売上を最大限に伸ばし、経費を最小限に抑える」というものがある。そのように売上をできるだけ大きく伸ばし、経費はなるべく使わないようにする。これが経営を立派なものにしていく要諦だ。

◉

売上を最大限に伸ばしていくには、決して昨日までと同じことをしていてはならない。強みがあるならば、それを生かした多面的な展開をするなど、創意工夫次第でいろいろな事業展開が可能になる。つまり「売上を最大限に」とは、限界を自分でつくるのではなく、あらゆることにチャレンジして売上を増やしていくということなのだ。

独立採算とは、組織一つひとつに損益計算書があり、それを見ればその組織の業績がわかるという意味だ。普通、利益が出ているのか出ていないのかを見るときは、会社を全体として見る。しかし、それでは会社のどこで利益が生まれたのかがわからないので、どの部門でどのように利益が出たのかを明確にするのだ。

◉

経費を最小にするときには、通常の損益計算書よりも細かく分けた勘定科目を一つずつ見ながら、経費を減らしていく作業が必要になる。損益計算書は、会計事務所や税理士事務所に、年に一回つくってもらうという会社が大半であり、毎月自社でつくっているところは少ない。しかし本当は、毎月自分たちでつくらなければならない。

◉

「売上を最大限に伸ばし、経費を最小限に抑える」ということは、ただ念仏のように唱えていれば良いものではない。損益計算書などをよく見て、売上を増やし、同時に経費を少しでも減らし、利益を増やそうとする。そのように実践することが大事だ。

◉

勘定科目を細かく分けた数字を見ながら、売上をどう増やしていくのか、また経費をどう減らすのか、ということを考えていくためには、創意工夫が必要だ。つまり売上を最大に、経費を最小にするということは、同時に経営十二カ条の一〇番目にある「常に創造的な仕事をする」ということでもある。「これで限界だ、これ以上売上を増やすことはできない」とあきらめるのではなく、無限の可能性を信じながら、常に創意工夫をしていかなければならない。

◉

常に創意工夫をするためには、経営十二カ条の二番目である、「具体的な目標を立てる」ことが必要だ。例えば先月の生産は二億円で、今月も受注は十分に見込めるから、今月は二億五〇〇〇万円の生産をするというように具体的な目標数字を示す。経費についても、今月は増産しながらも先月の額よりも少し増える程度で抑えようと考え、収益性の向上を目指す。このように、具体的な目標を立てるというのは、具体的な目標数字を示すということなのだ。

◉

具体的な目標を立てた後は、経営十二カ条の三番目の「強烈な願望を心に抱く」ことが求められる。損益計算書を見ながら、具体的な数字をあげ、「立てた目標はなんとしても達成する」と自分に言い聞かせることが、「強烈な願望を心に抱く」ということだ。目標の達成のためには、潜在意識に透徹するほど強く持続した願望をもたなければならない。

◉

経営十二カ条の四番目の「誰にも負けない努力」を続けなければならない。

地味なことを一歩一歩積み重ねていくこと、つまり誰にも負けない努力を続けることによって、立てた目標を達成していくことができる。

◉

企業経営をする場合には、具体的な数字目標を立て、トップ自らがその達成のために率先垂範し、強い願望をもち、誰にも負けない努力を続けなければならない。だが、いくら一人でがんばっても限界がある。そのため、事業の目的、意義を明確にした上で、従業員と共有し、一緒にがんばってもらう必要がある。

◉

現場の一作業者までが、売上を最大に、経費を最小にすることに関心をもつようになり、目的・目標が全社で共有される。経営をしていくには、そのように従業員を巻き込んでいかなければならない。従業員たちを「社長、あなたの言うとおりだ。われわれも協力しましょう」という気持ちにさせなければ経営にはならない。

◉

経営十二カ条の八番目に書いてあるように、「燃える闘魂」も必要だ。経営には、どんな格闘技にも勝る激しい闘争心が要る。トップが勇気とガッツをもっていなければ、経営などできない。それは暴力を使うという意味ではなく、精神的な強さが求められるという意味だ。女性経営者であっても、燃える闘魂が要る。なまくらな男の経営者など問題にならないくらいの強い意志と闘魂をもっていれば、女性も男性以上の経営をしていくことができる。

◉

十二カ条の九番目には「勇気をもって事に当たる」とある。勇気のない人は経営者になってはならない。「こうしたい！」と自分が強く思うなら、また従業員にも「こうしてもらいたい！」と要求するなら、勇気をもって従業員に話をして、協力をしてもらうように説得する必要がある。そういう意味で、数字をあげて目標を立て共有することには、非常に厳しい一面がある。

厳しい話をする場合、従業員のみんなが「なるほど協力しましょう」と腹に落ちるように、コンパなどをしながら話さなければならない。お酒を飲みながら、「一緒にがんばろうな」という雰囲気にしていく。そういう場であれば、従業員のみんなも「社長わかりました。がんばりましょう」と言ってくれる。

◉

売上も経費も当月末で締めて、一週間以内に損益計算書を出すようにする。経営管理部門が日々集計をして、月末に締めたら一週間もしないうちに損益計算書を出す。その損益計算書から、自分が必死にがんばった先月に思ったとおりの利益が出ているのかどうか、ということを見る。

◉

経費を減らすにあたって重要なのは、何を目標にするのかということだ。

◉

つまり、工場の中で何が起こっているのかということを知り、その中で何をターゲットにして改善するかということまでが、損益計算書に出ている数字からすべて読み取れなければ、経営にはならない。

◉

経営は飛行機の操縦と同じであり、経営者はパイロットだ。コックピットに入り、操縦桿をもち、企業という飛行機の操縦をする。コックピットにある計器盤の一つひとつをきちんと見て、今この飛行機はどういう高度で、どういう速度で、どちらの方向に飛んでいるのか、数字を見ながら操縦桿を握る。このコックピットにある計器が損益計算書だ。このように損益計算書を指標として使い、常にそれを見ながら行っていくのが、経営というものだ。

第4章

稲盛和夫70歳代［2000年代］
リーダーシップと利他心

2002年、米国ケース・ウエスタン・リザーブ大学にて「企業倫理とリーダーシップ」について語る。
2000年代、国民の利益のために「小異を捨てて大同につく」という大義のもと、KDDI発足を主導するとともに、資本主義の倫理が世界的に問われる時代背景の中で、企業の永続的な成長にとって最も重要な要素であるリーダーの心のあり方について、国境を越えて説き続けた。

KAZUO INAMORI LECTURES

企業倫理とリーダーシップ

ケース・ウエスタン・リザーブ大学講演——二〇〇二年一〇月一八日

背景

ケース・ウエスタン・リザーブ大学は一八二六年に創立された、米国の私立大学で、機械工学、心理学、生物学などの分野で特に顕著な実績があり、過去にも多くのノーベル賞受賞者を輩出している。

また同大学と京セラは、大学内に設立された「京セラ教授職」(京セラの寄附講座)を通じ、セラミックスの研究において連携を図っている。

稲盛は、同大学が主催する「倫理シンポジウム」にて、「企業倫理とリーダーシップ」と題し、約一〇〇名の聴講者を前に基調講演を行った。

さらに厳しく問われるリーダーのあり方

ただいまご紹介いただきました、稲盛でございます。

私は、京セラグループとKDDIグループという二つの企業グループを創業し、経営してきました。この二つのグループの売上を合算しますと、現在、売上は約四兆円、経常利益は約一四〇〇億円という規模に成長しています。日本経済がたいへん低迷を続けてきたこの一〇年間に、幸いにも両社の売上は、およそ五倍程度に拡大してきました。

本日は、このような四〇年あまりにわたる、私の企業経営の経験に基づき、「企業倫理とリーダーシップ」と題して話をさせていただきます。

歴史を見れば明らかなように、国家をはじめとして、どのような集団であれ、その盛衰はリーダーによって決まってきました。中国の古典に「一国は一人を以て興り、一人を以て亡ぶ」という言葉があるように、人類の歴史はまさにリーダーの歴史とも言えるのです。

これは企業についても言えることです。企業リーダー、つまり経営者の行動の成否は、企業の繁栄やその従業員の運命を決します。特に現在、企業リーダーが関与した企業不祥事が頻発し、それによって著名企業といえども淘汰されています。そのような時代にあって、経営者のあり方がさらに厳しく問われています。

例えば、ご存じのように、米国の大手エネルギー会社エンロン社は、すでに破綻しました。またその監査を担当していた、大手会計事務所アーサー・アンダーセンも、その長い歴史に終止符を打ちました。さらには、大手通信電話会社ワールドコムも、米連邦破産法一一条の適用を申請するなど、厳しい事態を迎えています。

また日本でもここ数年、経営トップが関与した不正行為などにより、歴史ある多くの大企業が淘汰され、日本経済のさらなる停滞を招いています。

このように、経営者に端を発する企業統治の危機は、一企業の崩壊を招くのみならず、経済社会全体へ波及する深刻な事態を招くのです。

過大なインセンティブは経営者を堕落させる

このような企業の不正の原因として、企業や経営者をして不正に走らせる現在の経営システムの問題を、最初に指摘することができます。特に近年の米国企業において顕著な、経営者への高額な報酬や莫大な額のストックオプションは、経営者のモチベーションとなる半面、企業内のモラルを低下させ、経営者を堕落させる一面もあると危惧しています。

経営者が企業のリーダーとして、すばらしい才能をもち、多大な貢献をはたしているならば、その働きにふさわしい処遇を与え、さらに力を発揮してもらう。そのようにして企業の業績を伸ばしてもらうことは、従業員にとっても、株主にとっても、さらには社会にとっても良いことです。私も、経営者が業績に応じて報酬を受け取る、いわゆるインセンティブの必要性を、全面的に否定するものではありません。しかしそれがあまりに高額であれば、問題となると考えています。

まず経営者と従業員の収入格差の問題があります。この二〇年で、米国の最高経営責任者（CEO）の報酬は四〇倍以上に増えたものの、一般労働者の報酬は二倍止まりだという報道もあります。そのように収入格差があまりに拡大することは、企業内のモラルを維持するにあたって大きな障害になります。

次に、あまりに高額の報酬やストックオプションは、経営者自身の精神を堕落させてしまうという問題もあります。莫大な報酬やストックオプションの権利が与えられると、たとえ立派な人格をもつ経営者であったとしても、いつの間にか自分の利益を最大化することのほうに関心が向くようになってしまうことでしょう。そして、会社や従業員のことよりも、株価をいかに高く維持し、自分の利益を増やすかということに、腐心するようになってしまうのです。事実、エンロンやワールドコムの事件も、株価を高く維持しようとして、経営者が不正会計処理を指揮したと言われています。

あまりに高額のインセンティブは、経営者の精神を麻薬のようにむしばみ、その倫理観を麻痺させてしまいます。企業を健全に成長発展させる上では、そのような現在の経営システムは見直すべきだと考えています。

リーダーの選任にあたって最も大切なこと

しかし私は、先進諸国の経済社会が現在直面する、企業の統治の危機を未然に防ぐには、経営システムや経営者の処遇の問題だけではなく、経営者の資質という根本的な問題についても、改めて考えるべきだと思うのです。

およそ一三〇年前、西郷隆盛《さいごうたかもり》という傑出したリーダーが、明治維新という革命を成し遂げ、日本に近代国家への道を切り開きました。西郷は私心のない清廉潔白なリーダーとして、今も多くの日本人の敬愛を集めていますが、リーダーの選任にあたって、最も大切なことは次のようなことだと述べています。

徳の高い者には高い位を、功績の多い者には報奨を

つまり、高い地位に昇格させるのは、あくまでも「人格」を伴った者であり、すばらしい業績を上げた者の労苦には、金銭などで報いるべきだ、と言うのです。

現在の企業では、そのリーダーである経営者の選任にあたって、「徳」つまり「人格」はあまり顧みられず、その能力や功績だけをもってCEOなどの幹部が任命されています。さらには先に述べたように、高額の報酬がインセンティブとして与えられています。つまり、「人格者」よりも、功績に直結する「才覚」の持ち主のほうが、リーダーにふさわしいと、ビジネス界では考えられているのです。

しかし本来、多くの人々を率いるリーダーとは、報酬のためではなく、集団のためという使命感をもって、自己犠牲を払うことも厭《いと》わない高潔な「人格」をもっていなければならないはずです。事業が成功し、地位と名声、財産をかちえたとしても、それが集団にとって善きことかどうかをよく考え、自分の欲望を抑制できるような強い「克己心」や、その成果を社会に還元することに心からの喜びを覚える「利他の心」を備えた、すばらしい「人格者」でなければならないのです。

資本主義社会の黎明期は、まさにそのような考え方が広く共有されていました。皆さん

もご存じのとおり、資本主義はキリスト教の社会、特に倫理的な教えに厳しい、プロテスタントの社会から生まれています。初期の資本主義の担い手は、敬虔《けいけん》なプロテスタントの人々でした。著名なドイツの社会科学者であるマックス・ウェーバーによれば、彼らはキリストの教える隣人愛を貫くために、労働を尊び、生活は質素にして、産業活動で得た利益は、社会のために生かすことをモットーとしていました。

そのため、企業のリーダーである経営者は、公明正大な方法で利益を追求し、あくまでも社会の発展に役立つことが求められていました。つまり「世のため人のため」ということが、初期資本主義を担った、彼らプロテスタントの倫理規範であり、その高い倫理観故に、資本主義経済が急速に発展したと言えるのです。

皮肉なことに、その初期資本主義発展の原動力であった倫理観は、経済発展とともに希薄になりました。経営者が企業経営をする目的は、いつの間にか「自分だけよければいい」という利己的なものに堕していきました。インサイダー取引をテーマとした映画「ウォール街」の中には、「貪欲は善であり、資本主義のエンジンだ」とうそぶく企業買収家が登場するそうです。そのような私利私欲に満ちた経営者が後を絶たないのです。

「才覚」よりも重要な「人格」

一方、中国明代の著名な思想家である呂新吾《りょしんご》は、リーダーの資質について、その著書『呻吟語《しんぎんご》』の中で、次のように述べています。「深沈厚重《しんちんこうじゅう》なるは、これ第一等の資質」、つまりリーダーとして一番重要な資質とは、常に深く物事を考える重厚な性格をもっていることであり、リーダーはそのような「人格者」でなければならない、と言うのです。

さらに呂新吾は、『呻吟語』の中で「聡明才弁なるは、これ第三等の資質」とも述べています。つまり「頭が良くて才能があり、弁舌が立つこと」などは、優先順位の低い資質でしかないとも言います。

現在の荒廃の原因は、洋の東西を問わず、「第三等の資質」、つまり「才覚」だけをもち合わせた人がリーダーに選ばれていることにあると考えます。ベンチャーを起こし大成功を収める創業型の経営者も、またもともとある企業をさらに飛躍させ中興の祖となる経営者も、いずれにしてもまさに才気煥発《さいきかんぱつ》で、「才覚」にあふれた人たちばかりです。

彼らは、斬新な技術開発、マーケティング手法、経営戦略など、ビジネスでの「才覚」を駆使し、燃えるような情熱をもって、事業を成長発展へと導きます。アナリストやベンチャーキャピタリストたちも、そのような「才覚」にあふれた経営者が率いる企業を高く評価し、結果として高い株価を示すようになります。

しかし、ITバブルの頃がそうであったように、多くの新進気鋭の経営者や企業が突然彗星のように登場しながらも、その後われわれの前から去っていきました。それは企業のリーダーである経営者を、西郷や呂新吾が言ったような「人格」ではなく、「才覚」だけで評価したことによる結果だと思うのです。

このことは、先ほども述べたワールドコムの例を見ても明らかです。私自身が、KDDIという日本第二位の通信電話会社を創業し、その経営に携わってきた経験もありますので、ワールドコムを例にとり、リーダーの資質について考えてみたいと思います。

ワールドコムは、皆さんご存じのように、一九八三年に、バーナード・エバーズ氏が創業した会社です。私は、このワールドコムから一年遅れの一九八四年に、冒頭にご紹介したKDDIの前身となる、第二電電（DDI）という通信電話会社を創業いたしました。そのとき、私が参考にしたのが、後にワールドコムに買収された、長距離通信電話会社MCIでした。

エバーズ氏は、積極的なM&A戦略を通じ、ワールドコムの発展を図りました。MCIをはじめ五〇件以上もの合併買収を繰り返し、わずか二〇年足らずで、AT&Tに対抗するほどの巨大な通信電話会社に成長させました。そのビジネスモデルは、自社の株価を高く維持し、その株高を生かしての、株式交換によるライバル企業の買収でした。

ところが本年、同社の不正会計処理疑惑が浮上し、七〇億ドルもの巨額の粉飾決算を行っていたことが判明いたしました。アナリストが注目する財務指標である、ＥＢＩＴＤＡ（利払い・税金・償却前利益）を高く維持しようとして、一般経費を設備投資として計上するなどの不正会計処理に努めたと言われています。

これも企業の経営内容を実態より良く見せ、株価を高く維持することによって、Ｍ＆Ａによる急成長を続けるとともに、ストックオプションを通じて高額の報酬を得たいというエバーズ氏と、その側近であった最高財務責任者（ＣＦＯ）の、利己的な欲望に端を発した問題であると言えます。

このように、ワールドコムの事件は、そのリーダーたる経営者の人格に問題があったために起こりました。ですが私は、経営者の「才覚」のみに着目し、それを見抜けなかったアナリストやベンチャーキャピタリストにも責任の一端があると考えています。

日本には、「才子、才に倒れる」という格言があります。「才覚」に恵まれた人は、その並みはずれた才能をもって、大きな成功を収めるけれども、その「才覚」を過信し、あるいはその使い方を誤り、やがて破綻に至るということを、日本の先人は説き、人々を戒めてきたのです。

人並みはずれた「才覚」の持ち主であればあるほど、それらの力をコントロールするものが必要となります。私はそれが「人格」であり、この「人格」を高めるために、哲学や宗教などを通じ、「人間として正しい生き方」を繰り返し学ばなければならないと考えています。

人格は後天的に磨かれる

では、「人格」とはどのようなものでしょうか。「人格」とは、人間が生まれながらにもっている先天的な「性格」が、その後人生を歩む過程で、後天的に磨かれ、でき上がるものだと考えています。

先天的な「性格」は人によってさまざまであり、強気であったり弱気であったり、強引であったり慎重であったり、さらにはエゴイスティックであったり思いやりにあふれていたりと、まさに千差万別です。もし人生の途上で何も学ばず、新たな要素を何も身につけられないとすれば、もって生まれた「性格」が、そのままその人の「人格」となります。そしてその「人格」が、その人のもつ「才覚」の進む方向を決めてしまうことになるのです。

そうなれば、どのような事態が起こるのでしょうか。生まれながらの「性格」がエゴイスティックなリーダーが、すばらしい「才覚」を発揮したなら、いったん成功できるでしょう。しかし「人格」に問題があるため、いつしか私利私欲のために、不正を働くことにもなるかもしれません。逆に、生まれつきの「性格」が至らないものだったとしても、その後の人生ですばらしい聖賢の教えに触れ、人間として正しい生き方を学んでいくなら、後天的にすばらしい「人格者」になることができるはずです。

誰しもがもって生まれた「性格」が完全なわけではありません。だからこそ、すばらしい哲学や宗教を繰り返し学ぶなどさまざまな取り組みをし、その教えを自らの血肉とすることを通じて、「人格」を高めようと努力する必要があるのです。特に、多くの社員を雇用し、社会的な責任も大きい経営者には、率先垂範自らの「人格」を高め、維持しようと努力することが不可欠なのです。

もちろん、「才覚」あふれる経営者も、「人格」が大切だという認識や、人間としての正しい生き方を示してくれる、哲学や宗教などの教えについての知識はもっています。しかし、知っていることと、実践できることは違うのです。多くの経営者は、「人間として正しい生き方」などは、一度学べばそれで十分だと思い、繰り返し学ぼうとはしません。そのため、それを実践することができず、才に溺れる経営者が後を絶たないのです。スポーツマンが毎日肉体を鍛錬しなければ、そのすばらしい肉体を維持できないように、人間の心も手入れを少しでも怠ると、あっという間に堕落してしまいます。

リーダーにとって必要なことは、そのような「人間として正しい生き方」を繰り返し学び、常に理性にとどめられるように努力することです。また自分の行いを日々振り返り、反省することも大切です。「人間として正しい生き方」に反したことを行っていないかどうか、厳しく自問し、日々反省をしていくことが大切なのです。

このように絶え間なく努力を重ねていくことで初めて、自分がもともともっていた「性格」のゆがみや欠点を修正し、新しい「人格」、言うならば「第二の人格」をつくり上げることができます。つまり、「人間として正しい生き方」を繰り返し学び、自らの血肉としていくことにより人格を高め、維持することができるのです。

「うそを言うな」「正直であれ」。単純な教えの意味

では、「人間として正しい生き方」とは何でしょうか。一見、高邁な哲学や宗教だけにしか示されていないもののように思われるでしょうが、私はそうではないと考えています。

われわれは子供の頃に、両親や教師から、「欲張るな」「だましてはいけない」「うそを言うな」「正直であれ」というように、人間として最も基本的な規範を教えられています。その中に、「人間として正しい生き方」は、すでに示されているのです。

まずは、そのような単純な教えの意味を改めて考えなおし、徹底して守り通すことが大切だと思います。米国を代表する大企業のCEOたちに、このようなことを問えば、「一流大学や有名ビジネス・スクールを優秀な成績で卒業し、企業内でトップにまで登りつめた自分に失礼だ」と一蹴されるかもしれません。しかし実際には、そのような大企業のリーダーが、簡単な教えを守ることができなかった、あるいは社員に守らせることができなかったために、企業不祥事が続発しているのではないでしょうか。

実際、先に述べたエンロンやワールドコムでは、業績に影響を与える事象が生じたときに、リーダーは欲張り、企業決算を粉飾しました。またその事実が発覚しないように、うそを言い、人をだまして、事実の隠蔽に走ったのです。

現在、企業統治の危機を防ぐために、高度な管理システムの構築が急務だと叫ばれています。しかし私は、それよりも、先ほど述べた「欲張るな」「だましてはいけない」「うそを言うな」「正直であれ」というような、単純でプリミティブな教えを、まずは企業リーダーである、経営者や幹部自身が徹底して守り、また社員に守らせるほうが、はるかに有効だと考えます。リーダーが、「人間として正しい生き方」を示してくれる、プリミティブな教えに基づき、率先して「人格」の向上に努め、そして維持するために不断の努力を続ける。そのようなことは一見迂遠《うえん》に思えますが、企業を転落から未然に防ぐ、最善の方法なのです。

そのような悠長な取り組みで、相次ぐ企業統治の危機を克服できるのか、疑問に思われる方もいるかもしれません。しかし「才覚」だけを備え、「人格」を伴わないリーダーが大きな権力を握り、企業内を跋扈《ばっこ》するようになれば、いくら高度な企業統治のシステムを築こうとも、有名無実と化すに違いありません。

福沢諭吉が説く、理想のビジネスリーダーのあり方

一九世紀後半、日本が近代の夜明けを迎えつつあるとき、実学的な教育の大切さを唱えた啓蒙思想家である福沢諭吉は、青雲の志を抱く学生たちに向かって、次のように理想の経済人の姿を語りました。

その言葉を、二一世紀の経済社会を担うであろう、ここにお集まりのビジネスマンの皆さんや、ケース・ウエスタン・リザーブ大学の学生の皆さんに送り、私の講演の結びとし

たいと思います。

思想の深遠なるは哲学者のごとく、心術の高尚正直なるは元禄《げんろく》武士のごとくにして、これに加うるに小俗吏《しょうぞくり》の才能をもってし、さらにこれに加うるに土百姓《どびゃくしょう》の身体をもってして、はじめて実業社会の大人《たいじん》たるべし

つまり、ビジネス社会における、すばらしいリーダーは、哲学者がもつような高邁な「思想」、武士がもつような清廉潔白な「心根」、能吏がもつような小ざかしいくらいの「才覚」をもち、さらには、朝は朝星、夕は夕星を見るまで労働にいそしむ農民のような、誰にも負けない「努力」を重ねることが必要である、と言うのです。これはリーダーに必要な条件を、端的に表現しているのではないかと思います。

このようなリーダーが多く輩出されることによってこそ、われわれの経済社会が健全に育まれていきます。このケース・ウエスタン・リザーブ大学が、そのような集団を幸福へ導く、真のビジネスリーダーのインキュベーターとして、経済社会ひいては人類の未来に貢献することを心から願っています。

ご清聴ありがとうございました。

経営の原理原則

企業リーダー、つまり経営者の行動の成否が、企業やその従業員の運命を決する。特に現在、企業リーダーが関与した企業不祥事が頻発し、それによって著名企業といえども淘汰されている。そのような時代にあって、経営者のあり方がさらに厳しく問われている。

◉

企業統治の危機という問題を未然に防ぐには、経営システムや経営者の処遇の問題だけではなく、経営者の資質という根本的な問題についても、改めて考える必要がある。

◉

高い地位に昇格させるのは、あくまでも「人格」を伴った者である。すばらしい業績を上げた者の労苦には、金銭などで報いるべきだ。

◉

本来リーダーは、報酬のためではなく、集団のためという使命感をもって自己犠牲を払うことも厭わない、高潔な「人格」をもっていなければならない。事業が成功し、地位と名声、財産をかちえたとしても、それが集団にとって善きことかどうかをよく考え、自分の欲望を抑制できる強い「克己心」や、その成果を社会に還元することに心からの喜びを覚える「利他の心」を備えていなければならない。

◉

リーダーとして一番重要な資質は、常に深く物事を考える重厚な性格をもつ「人格者」であるということである。頭が良くて才能があり、弁舌が立つことなどは、優先順位の低い資質でしかない。

◉

人並みはずれた「才覚」の持ち主であればあるほど、それらの力をコントロールするものが必要となる。それが「人格」である。「人格」を高めるためには、哲学や宗教などを通じ、「人間として正しい生き方」を繰り返し学ばなければならない。

◉

「人格」とは、人間が生まれながらにもっている先天的な「性格」が、その後人生を歩む過程で、後天的に磨かれることによってでき上がるものだ。

◉

もって生まれた「性格」が完全なわけではない。だからこそ、すばらしい哲学や宗教を繰り返し学び、自らの血肉とすることを通じて、「人格」を高めようと努力する必要がある。特に多くの社員を雇用し、社会的な責任も大きい経営者は、率先垂範して自らの「人格」を高め、維持しようと努力することが不可欠だ。

◉

リーダーは、「人間として正しい生き方」を繰り返し学び、常に理性にとどめられるように努力することが必要だ。また自分の行いを日々振り返り、反省することも大切だ。「人間として正しい生き方」に反したことを行っていないかどうか、日々厳しく自問し、反省をしていくことが大切なのだ。

◉

「人間として正しい生き方」とは、「欲張るな」「だましてはいけない」「うそを言うな」「正直であれ」というように、子供の頃に両親や教師から教わった、人間として最も基本的な規範のことである。そのような単純な教えの意味を改めて考え、徹底して守り通すことが大切だ。

◉

単純でプリミティブな教えを、まずは企業リーダーである経営者や幹部自身が徹底して守り、その上で社員にも守らせる。そのようにしてリーダーが、率先して「人格」の向上に努めるとともに、その維持のために不断の努力を続ける。一見迂遠に思えるが、それが企業を守る最善の方法だ。

◉

ビジネス社会における、すばらしいリーダーは、哲学者がもつような高邁な「思想」、武士がもつような清廉潔白な「心根」、能吏がもつような小ざかしいくらいの「才覚」をもち、さらには朝は朝星、夕は夕星を見るまで労働にいそしむ農民のような、誰にも負けない「努力」を重ねることが必要である。

KAZUO INAMORI LECTURES

次代のリーダーに望む

九州大学ビジネス・スクール第一期生修了記念シンポジウム講演

——二〇〇五年三月一五日

背景

九州大学ビジネス・スクールは、世界に通用するビジネス・プロフェッショナルを九州の地で育成することを目指して設立された。その第一期生のＭＢＡ取得を記念したシンポジウムが開催され、稲盛は「次代のリーダーに望む」と題して講演を行い、リーダーに求められる資質や考え方について説いた。

未来のリーダーたちへ

ご紹介いただきました、稲盛です。

九州で初めて発足した九州大学ビジネス・スクールの第一期生の方々が、このたびめでたく卒業されるにあたり、先般、「話をせよ」とのご依頼をいただきました。

すでに半世紀が経過いたしますが、当時二〇歳代前半であった自分が、青雲の志をもってこの九州の地を後にしたことを思い返し、「自分のお話が少しでもご参考になるならば」と考え、ご依頼をお引き受けし、今ここに立っている次第です。

本日は「次代のリーダーに望む」と題して、その頃の私と同じく、限りない夢を人生に描き、今後多くの従業員を雇用する会社を経営し、さらには日本の将来を背負って立つであろう未来のリーダーの方々に向けて、お話をさせていただきたいと考えています。

また、今すでにリーダーとして各界で大活躍をされている会場にお集まりの皆様にとりましても、私の話が参考になればまことに幸いです。

確固たる人格を備えたリーダーの重要性

さて、私は、アメリカでも有数のシンクタンクである、ワシントンの戦略国際問題研究所（CSIS）と、親しくさせていただいています。今月の二三日にも、CSISとの共催で、京都で国際シンポジウムを開催することになっています。「政治の新しい国際主義――二一世紀の国連改革」をテーマに、CSISのジョン・ハムレ所長と国際協力機構の緒方貞子《おがたさだこ》理事長にご講演をお願いする予定です。

このCSISと親しい関係を築くに至りましたのは、CSISの副会長である、デイビッド・M・アブシャイア元NATO大使が、アメリカで翻訳出版された私の著書『新しい日本 新しい経営』を読まれ、特にその中の「リーダーのあり方」という箇所に大いに感銘を受けられたことに始まります。

彼は、「今ほど世界でリーダーのあり方が問われている時代はない。そんなとき、あなたの本を読み、大いに触発された。私はワシントンで、『リーダーシップ、創造性、価値観』というシンポジウムを開催することを考えている。ついては協力してもらえないか」と申し出てこられました。私はその趣旨に賛同し、一九九九年にワシントンで会議を共催し、アメリカの政・官・財各界の著名な方々にも参加していただき、活発な討議が行われました。

そのときに、私が特に感銘を受けましたのは、会議冒頭のアブシャイアさんのスピーチでした。彼は、「ジョージ・ワシントンが初代アメリカ大統領になった最大の理由は、彼がすばらしい人格者であったからだ」と述べられました。

アメリカはイギリスから独立を勝ち取り建国をはたしたわけですが、世界各地の植民地の中で、アメリカのように独立後も順調に発展を遂げていった例はほとんどありません。アフリカ諸国の例を見ても、旧宗主国のくびきがとれるや否や、独裁政治に陥り、内乱に明け暮れ、せっかく独立をはたした国々が、混乱を極め、四分五裂してしまうというのがほとんどです。その中で、アメリカ合衆国だけが、独立後もすばらしい発展を遂げることができた。それは、次のようなことがあったからだと言うのです。

アメリカが独立したとき、合衆国議会は大統領に強大な権限を与えましたが、それは初代大統領のワシントンがすばらしい人格者であったからです。もし彼に人間として重大な欠点があったなら、国の運命を危うくすることになるだけに、一人の人間に強大な権限を与えることはしなかったであろうと言います。つまるところ、アブシャイアさんは、リーダーとして一番大切なことは、その人がもつ「人格」であるということを、ワシントンを例に説かれたのです。

私もその会議の昼食会で、「人格の重要性」と題してスピーチをしました。いくらすばらしい人格をつくり上げても、時間とともに変化してしまう。ならば変節をしない強固な人格をもった人をリーダーに選ばなければならない。権力の座についた途端に傲慢に陥るようなリーダーを選出したのでは、その集団は不幸な目に遭う、という内容でした。

私は続けて、そのような強固で変わらない人格を形成した事例として、内村鑑三《うちむらかんぞう》が著した『代表的日本人』という本から、二宮尊徳《にのみやそんとく》を紹介しました。二宮尊徳は一介の農民でありながら、誰にも負けない努力をもって田畑を耕すことで、荒廃した村々を次々に再建し、やがて幕府に召し抱えられることになります。また、彼が初めて殿中に上がったとき、その立ち居振る舞いは、どんな高貴な者にも勝るとも劣らないものであったと言います。そのように、尊徳は労働を通じて不動の人格をつくり上げたという話をし、確固たる人格を備えたリーダーの必要性についてお話ししました。

その折、アブシャイアさんから、「ワシントンですばらしい会議を行うことができた。次は、日本でも開催されたらいかがでしょう」と提案を受けました。私も、「日本こそ真のリーダーが払底している。特に政界でその傾向が著しい。首相を含めたリーダー不在の現状を打破する必要がある」と、強く感じていましたので、お引き受けしました。

そして、二〇〇一年に、「いま問われるリーダーシップ」と題し、東京で日米リーダーシップ会議を開催しました。会議には、中曽根康弘《なかそねやすひろ》元総理をはじめ、作家の堺屋太一《さかいやたいち》さん、弁護士の中坊公平《なかぼうこうへい》さん、ベストセラー『大国の興亡』の著者ポール・ケネディさん、元米財務省次官のデイビッド・マルフォードさんなど、日米の錚々たるメンバーに参加していただき、リーダーシップについて有意義な議論が展開されました。

そのときに私は、冒頭のスピーチにおいて、「一国は一人を以て興り、一人を以て亡ぶ」という中国の古典の一節から説き起こし、リーダーシップの大切さについて、持論を申し上げました。つまり、国家というのは、リーダー次第で勃興することもあるが、リーダー次第で滅亡してしまうこともあり、それほどリーダーシップというのは重要だということを、まず申し上げたのです。

人類の歴史はリーダーの歴史

まさに、人類の歴史とはリーダーの歴史だ、と言っても過言ではありません。それは企業経営においても、決して変わることはありません。実際に、一人のリーダーによって企業が発展し、また、同じ一人のリーダーのために、大成功を収めた企業が無惨にも崩壊していくさまを、近年われわれは数多く見聞しています。なぜ、そのようなことが起こるのか。それは、リーダーに求められる資質を考えることで、自ずから明らかになると私は考えています。

では、リーダーに求められる資質とは、どのようなものであるべきか。中国の古典に精通しておられた安岡正篤《やすおかまさひろ》さんは、「知識」「見識」「胆識」という、「三識」をもって表現しておられます。

まずは、仕事に必要な「知識」は、当然もっていなければなりません。しかし、「知識」だけでリーダーが務まるはずがありません。安岡さんは、リーダーには「見識」が必要だと説かれています。「見識」とは単なる知識ではなく、「こうでなければならない」「こうありたい」という、確固たる信念にまで高まったものです。

さらに、リーダーは組織の先頭に立ち、集団を導いていかなくてはなりませんから、そこには自ずから統率力が求められます。それは、勇気や豪気、また決断力や実行力といったものです。そのようなものがリーダーに備わっていなければ、多くのメンバーで構成される集団を率いていくことはできません。

安岡さんは、そのようなものを総称して、「胆識」と呼ばれています。いくら信念にまで高まった「見識」をもっていても、それを実行できるだけの胆力が備わっていなければ、集団を導いていくことはできない。「見識」に胆力が加わった「胆識」を身につけるよう、リーダーは努力すべきだと言われるのです。

私は、このようなリーダーの資質に加えて、先にジョージ・ワシントンの例をアブシャイアさんが述べられたように、人格が重要だと考えています。また、それは洋の東西、時代の新旧を超えた真理であろうとも思っています。

中国の呂新吾が明代に著した『呻吟語』という著作に、リーダーに求められる資質について言及した一節があります。呂新吾はリーダーの資質を、次のように三つに分けて表現しています。

「深沈厚重なるは、これ第一等の資質。磊落豪雄《らいらくごうゆう》なるは、これ第二等の資質。聡明才弁なるは、これ第三等の資質」

われわれはともしますと、才能がある、つまり戦略的な思考もでき、専門の知識にも長け、弁も立つ、いわゆる「聡明才弁」なる者をリーダーに登用してきました。例えば、官界においては、難関の国家公務員の上級試験を受け、その狭き門を突破するような、いわゆる秀才型の人たちが行政のリーダーとなっています。しかし、呂新吾に言わせると、そのような聡明で弁が立つというような能力は、第三等の資質でしかないのです。

そのような能力は、一介の官吏としては必要にして十分な資質でしょうが、集団を導いていくリーダーとしては、それだけで事足りるはずがありません。集団を率いるリーダーには、先ほどもお話ししたように、あらゆる局面で集団を正しく導いていけるだけの勇気が必要です。

しかし、それだけでも、真のリーダーたりえません。呂新吾が「磊落豪雄なるは、これ第二等の資質」と言うように、剛胆で勇気があるということは、リーダーの資質としては、まだ二番目に過ぎないのです。

リーダーの資質として最も大切なことは、呂新吾が「深沈厚重なるは、これ第一等の資質」と説いたように、浮ついたところがなく、考え深く、信頼するに足りる重厚な性格をもっていることです。ひと言で言うならば、それは「人格者」ということであろうかと思います。つまり呂新吾は、能力、勇気、人格の三つを兼ね備えていることが望ましいけれども、もし序列をつけるとするなら、一番が「人格」、二番が「勇気」、三番が「能力」だと言っているのです。

集団を率いるために必要なこと

このような資質を備えた上で、リーダーが集団を引っ張っていくためには、私はさらにビジョン、目標を掲げることが必要だと考えています。「我が社は、我が部は、こういう目標に向かって進んでいく」という明確なビジョン、目標を高く掲げることが必要です。

また、そのベースには、ミッションがなければなりません。すなわち、我が社、あるいは我が部の「使命」を明確にしなければなりません。単に業績を上げるためであれば、目標の設定だけで十分ですが、その集団の永続的な成長発展を目指すなら「目標を達成することで、何を目指すのか」ということまで考え尽くすことが、リーダーには求められます。目標を達成することが、会社にとって、社会にとって、国家にとって、さらには人類にとって、どういう意義があるのか。そのような根本的な問題にまで考えを進め、誰もが共感できるような大義名分のある「使命」を明確にする必要があります。そのような高邁なビジョンやミッションを集団内で確立することで、メンバーも自分自身も、それらをモチベーションにして、業務に精励することができるのです。

さらに、リーダーは明確な判断基準をもつことが大切です。

私は二七歳で京セラという会社をつくっていただき、経営に携わることになったわけですが、会社経営についての知識や経験があったわけではありません。ファインセラミックスの技術者としては、若干の知識や経験があったかもしれませんが、経営者としては、まったくゼロからのスタートでした。その私が、会社を創業したときに最初に遭遇したのが、経営者として何を基準に判断すれば良いのかという問題でした。

創業当時の京セラは、「この仕事はこう工夫しよう。お客様にはこう訴えよう。この仕事は次にこう展開しよう」と、すべてを私が采配を振らなければならず、そのために、たった二八人の小さな会社でしたが、四六時中判断を求められることになりました。できたばかりの、吹けば飛ぶような小さな会社ですから、私が判断を一つ間違えても、会社の存続にかかわることになります。

私に経営者としての経験があれば、「あのときにはこうだったから、こうすれば良い。あのときにこんなことがあって失敗したから、これはやってはいけない」と、経験則に基づき、判断を下せたことでしょう。ところが、当時の私はまだ二七歳と若く、そのうえ経営に関する知識や経験がまったくなかったものですから、判断する基準をもち合わせていませんでした。だからといって、何も決めなければ会社は迷走するばかりです。

困り果てた私がたどり着いた結論は、子供の頃に両親や学校の先生に教わったことを基準に判断することでした。つまり、非常にプリミティブな倫理観である、「人間としてやって良いこと、悪いこと」をもとに、物事の是非を決めることにしたのです。私は経営の判断基準を「人間として何が正しいのか」ということに置き、その原理原則をひたすらに貫き通すことを決意したわけです。

そのような私の判断基準は、非常にプリミティブなものではありましたが、今思えば、それこそが、京セラがその後、企業として道を踏み外すことなく、順調に成長発展を重ねていくにあたり、たいへん大きな支えとなったのではないかと思います。

誰にでもわかるよう考えた、人生方程式

また私は、田舎の大学を卒業し、徒手空拳でベンチャーを創業した自分のような者が、一流大学を卒業して大企業に就職した人たちに伍して仕事をし、人生を生きていくにはどうすれば良いのかということを、常々考えていました。同時に、それを誰にでもわかりやすいように表すことができないかとも考え、ある方程式に至りました。

それは、「人生・仕事の結果＝考え方×熱意×能力」というものです。

人間が生まれてから死ぬまでにつくり上げる人生の結果、または仕事の結果は、その人がもつ「能力」に加えて、その人がどのくらい「熱意」をもって人生や仕事に取り組んだのか、さらには、その人がどういう「考え方」で人生を歩み、仕事に向かってきたのかという、三つの要素の積になると考えたのです。

先に私は、リーダーにはまず「能力」が必要だと申し上げました。リーダーは戦略、戦

術を考えていかなければなりませんし、仕事には専門的な知識が求められるわけですから、どうしても「能力」が要ります。また、この「能力」とは頭の良さだけを言うのではありません。健康で頑健でタフな仕事ができるという肉体的能力も、「能力」の一つです。リーダーには、そのような高い「能力」が求められます。

しかし、中には「能力」はあるけれども、「熱意」があまり感じられない人がいます。特に有名大学の出身者にまま見られる傾向ですが、自分は頭がいいと思っているものですから、真面目に一生懸命努力をしたがらないのです。「頭の悪い人は朝から晩までがんばっているけれども、自分は頭がいいから、あれくらいのことは簡単にできる」と考え、あまり熱心に仕事をしません。一方、その反対に、たとえ頭の出来は良くなくても、そのぶん朝から夜遅くまで一生懸命に身を粉にして仕事に励む、そんな「熱意」にあふれた人もいます。

この「能力」と「熱意」は、〇点から一〇〇点まであり、さらにはそれが足し算ではなく、掛け算で人生に影響を与えると私は考えています。そうすれば、優秀な大学を出た、頭のいい人の「能力」は九〇点くらいで、田舎大学出身で能力はあまり高いとは思えない人の「能力」は六〇点くらいになるのでしょう。また、たった一度の人生を、ただぼやっと過ごしても意味がない、誰にも負けない努力を払い、一生懸命生きてみたいという人の

「熱意」は九〇点になります。

一方、朝から晩まで働くのはばからしい、たった一度の人生ならおもしろおかしいほうがいいと、刹那《せつな》的に生きる人の「熱意」は三〇点になります。そうすると、「能力」があまり高くないけれど、熱意を人一倍もって努力する人は、「能力」六〇点×「熱意」九〇点で五四〇〇点になります。一方、「能力」が九〇点もあったとしても、懸命に働くことを嫌い、三〇点しか「熱意」がなかった人は二七〇〇点と、その半分にしかなりません。「能力」と「熱意」が足し算であれば、差はほとんど開きません。掛け算だけに大きな差が開いてしまうのです。また、こう考えることにより、能力がさほどなくても「誰にも負けない努力」を払えば、優れた能力をもった人を超えて、すばらしい成果を上げることができると考えられるのです。

ここに「考え方」という要素が加わります。この「考え方」とは、マイナス一〇〇点からプラス一〇〇点まであると考えています。そうすれば、掛け算ですから、わずかばかりの否定的な考えであったとしても、人生や仕事の結果はすべてマイナスになってしまいます。それも、「能力」と「熱意」があればあるだけ、大きなマイナスの値となります。

つまり、この方程式は「考え方」の重要性を示しているのです。考え方、人間性、思想、哲学、あるいはその人の人格が、人生にとって最も重要な要素であるということを表しています。

考え方が狂っただけで、人生のすべてが変化する

「考え方」が大事だということを示す実例に、次のようなものがあります。

例えば、「能力」や「熱意」は十分にあるのに、どうしたはずみか世をすねて生きているような人がいます。世は矛盾に満ち、不公平であると断じ、そんな社会なら斜に構えて生きようと、テロ行為に走るような人たちです。そのような人たちは、もともと高邁な理想があったとしても、いつの間にか考えが独善的になり、利己的な手段を使ってでも理想を実現しようとしますから、人生の結果はマイナスになってしまうのです。

昔のことですが、一九六〇年当時には、いわゆる六〇年安保闘争がありました。そのとき、国会周辺は日米安全保障条約の改定に反対する学生や労働組合の人たちのデモで、騒乱状態に陥りました。当時私は、すでに京セラを創業していましたが、正義感が旺盛で血気盛んなこともあり、経営者である私自身が京セラを代表して国会デモに参加したいと思っていました。東京へ出張したついでに、当時すでに六〇歳近くになっていた専務と一緒に、国会まで出かけていったことがあります。当時の日本には、多くの人が純粋な気持ち

から、そのような社会運動に参加したくなるような時代の雰囲気があり、正義感に燃えた若者たちの多くが、デモに参加したものです。

しかし、そういう人たちの多くも、実社会に出て年をとるにしたがい、社会に順応していきました。その中で一部の人だけが屈折していき、無差別テロによる社会転覆を考えるようになっていきました。いわゆる日本赤軍です。彼らは当初、純粋な正義感から、日本の歩むべき道を真剣に考えた人たちでした。しかし、その後、考え方がネガティブなものに変化してしまったのです。

数年前に、そのような赤軍のリーダーの一人が日本に帰国し、逮捕されました。本人は「自分の人生は充実していた」とうそぶいています。しかし、若い頃に日本を出て、ずっとゴラン高原あたりで戦闘訓練に明け暮れ、無差別テロによる殺人を繰り返し、五〇歳を過ぎた今、ようやく故国に帰ってきたものの、長い収監生活を送らなければならない。

そのような人生で何が残るのでしょうか。たった一度しかない貴重な人生を、そんなことに費やして良かったのでしょうか。すばらしい「能力」をもって生まれ、また燃えるような「熱意」をもって活動した。しかしただ一点、「考え方」が狂っただけで、人生のすべてが変化してしまったのです。

ことほどさように、人生において、「考え方」とは大切なものなのです。そうであれば、われわれはどういう人生を送りたいのか、どういうリーダーでありたいのか。まずはそれに見合った「考え方」をもたなければならないはずです。

どういう「考え方」、人生観、哲学をもつのか、それはまさに個人の自由です。しかし、そのように自分が抱いた人生観、哲学がもたらす人生の結果も、自分の責任で受け止めなければなりません。

ところがわれわれは、そのような人生観について、学校などで教わることはめったにありません。そのために人生観について深く考えることもなく、漫然と生き、その報いを甘んじて受けざるをえなくなるのです。私は、どのような考え方、どのような哲学をもって生きるべきかということを、若いときにこそ徹底的に教わる必要があると強く思います。

私は若いときから「考え方」が大切だと思ってきたものですから、二七歳で会社をつくった後も、「京セラフィロソフィ」、つまり人間としてこうあるべきだということを、箇条書きにまとめ、書きためていきました。仕事をする中で学んだ、「こういう考え方で人生を生きるべきだ」ということを、何十ヵ条にも著していきました。

それをひと言で言えば、先ほど述べた「人間として何が正しいのか」という一点に尽きるのではないかと思っています。「会社にとって何が正しいのか」ではありません。「自分にとって何が正しいのか」でも決してありません。「人間にとって何が正しいのか」ということ、つまり人間として普遍的に正しいと思われることを原理原則として、人生を生き、また京セラにおいても、会社の「フィロソフィ」として、社員に繰り返し説き、その共有に努めてきたわけです。

つまるところ「考え方」とは何を目指すのかである

当時、そのようなことを社内で言うと、一部の人は、「どんな考え方をしようと個人の自由ではないか。なぜ京セラに入社したら、考え方を教えられなければならないのか。これは思想統制だ。われわれは自由社会に生きているから、自由に考えていいはずなのに、京セラでは考え方が強制されるのはおかしいではないか」と反発をしました。

たいへん悩みましたが、「確かに、どんな考え方をもつのも自由だ。しかし、勝手気ままな考え方をしたのでは、仕事は決してうまくいかない」ということを、わずかな経験であっても私は確信していましたから、あえて会社の考え方である「京セラフィロソフィ」を社員に説き続けました。しかし、一朝一夕に納得してもらえるわけでもありません。反論を受け、大議論になり、当時たいへん苦しんだ記憶があります。

また、そのような「考え方」軽視の傾向は、社外においても同じことでした。

あるとき、ひと回り年上でありながらたいへん懇意にしてくださった、ワコールの創業者である塚本幸一さんと共同で、京都の祇園の一角に、経営者だけが集まる「イレブン」という名のクラブをつくりました。そこには京都の経営者がたくさん集まり、また東京からも、ソニーの盛田昭夫《もりたあきお》さんをはじめ、多くの方が足を運んでおられました。

ある日、そこで私より二〜三歳若い京都のアパレル系の会社の経営者と議論になりました。彼は、二代目のいわゆる御曹司で、有名大学卒業後、銀行勤務を経て後を継いだ、いかにも頭が良く、スマートな経営を志している人でした。私が「経営とはこうあるべきだ」と持論を述べると、彼が「稲盛さん、それはおかしい。私はこう思います」と反論をし、激しい議論になりました。

塚本さんは普段、そういう難しい話には乗ってこられない方なのですが、そのとき突然、その御曹司に向かって、「おまえは何を言っているんだ。黙れ」と怒鳴ったのです。いきなり「黙れ」と言われ、彼も一瞬ムッとしていました。続けて、塚本さんが言われるには、「稲盛君は、自分の人生観に基づいて、立派な経営をしている。それをおまえは、自分の考えとは違うと反論しているが、おまえの経営と稲盛君の経営とを比べてみろ。業績は月とスッポンほど違うではないか。それを単純に横並びで比較して、どちらが正しいと議論することと自体がおかしい。稲盛君よりも立派な会社を経営していて、あなたの考え方ではダメですというなら話になるかもしれないが、おまえと稲盛君ではもともと目指すところが違い、議論にもならない」と、その御曹司を叱ったのです。

塚本さんは、つまるところ「考え方」とは、何を目指すのかということによってまったく変わってくる、ということを言われたかったのだと、私は考えています。どこへ行きたいのか、それによって実現のためのプロセスが異なり、そのための「考え方」も変わってくるのであって、目指すところが違う者同士が、互いを正しい、正しくないと議論できるものではない、ということを、塚本さんは自己流に表現されたのだと思います。

この「どういう考え方をもつべきか」ということは、「どの山に登るのか」ということに喩えることができます。近くの低い山に、ハイキング気分で登りたいというなら、普段着で運動靴を履いてでも登ることはできるでしょう。ところが、北アルプスなどの冬山を征服しようと思えば、相応の装備をしなければなりません。ましてや、エベレストに登ろうと思えば、ロッククライミングの技術から多岐にわたる装備、厳しいトレーニングも必要になるでしょう。このように、登る山によって準備や装備が違うが如く、どういう人生、どういう経営を目指すかによって、その人がもつ「考え方」のレベルはまったく違ってくるのです。

世界の最高峰を目指すなら、ハードトレーニングを積まなければならないのに、「そんなハードトレーニングを続けたら、体がつぶれてしまう。部下にも楽をさせ、気晴らしをさせないと、ついていけるものではない」というような甘いことが、一般に言われます。塚本さんは、「そのようなハイキング気分で登れる山と、稲盛君が登ろうと思っている山とは根本的に違う。険しい山に登ろうとすれば、たとえ落伍する人が出ようとも、厳しいトレーニングを積み、周到な準備を重ねていかなければならない。つまり、会社の高い目標に見合うだけの高邁な考え方を、社員がもつようにしなければならない」ということを、われわれに諭してくださったのだと思います。

実際に私は、創業時には、次のようなことをよく社員に話していました。

京セラはたった二八人で、京都市中京区西ノ京原町というところにあった、宮木電機製作所という会社の倉庫を借りて創業しました。二八人の社員のうち、七人は私と一緒に前の会社を辞めてきた人や、他の会社から移ってきた人たちです。あとの二〇人は新卒で入社してもらった人たちです。私は毎日のように彼らを集めて、「今はこんな零細企業だけれども、まずは原町一の会社になろう。原町一になったら西ノ京一になろう。西ノ京一になったら中京区一になろう。中京区一になったら京都一になろう。京都一になったら日本一になろう。日本一になったら世界一になろう」と、まるでお囃子みたいに繰り返し説き続けました。

しかし実際には、西ノ京地区で一番を目指すといっても、地区内には一生かかっても超えられないと思うくらい大きな会社がありました。京都機械工具という、自動車修理用のスパナなどの工具をつくっている会社でした。ましてや中京区一といえば、島津製作所がありました。島津製作所といえば、近年ノーベル賞受賞者を出したことで有名になりましたが、当時も私が大学時代に研究室で使っていた分析器などを製造していた、ハイテク企業でした。それだけに、そんな高度な技術を駆使する大会社を抜くなど、とても不可能なことだと、内心では思っていました。

しかし、それでも私は、社員に対して「世界一を目指す」と言い続けました。そして、そのような先発の大企業や一流企業に少しでも近づこうと思えば、並みの努力ではとても追いつけないと思い、私は目指すべき高い目標にふさわしい「考え方」を全社員で共有するように努めたのです。

これはスポーツの世界でも同じことです。例えば、少し古い話で恐縮ですが大松博文《だいまつひろふみ》監督率いる日本の女子バレーボールチームが、一九六四年の東京オリンピックで優勝しました。大松監督はそのとき、回転レシーブを可能とするため、女子選手をしごき抜きました。あまりに厳しい練習に、「女子をあんなにしごいて、人権を無視しているのではないか」という批判もあったくらいです。

しかし、世界一のバレーボールチームをつくろうと思えば、そういう常識を超えたトレーニングが要るのです。日本で少し強いくらいのバレーボールチームをつくろうという程度の目標なら、それほど過酷な練習も必要としないのでしょうが、世界一を目指すとなると、人並みはずれた厳しい鍛錬が不可欠なのです。まずは、何を目指すのかという「目標」が問われ、それによって必要とする「考え方」も決まってくるわけです。

京セラでは、そのような高い目標を掲げ続けたことから、会社が軌道に乗ってからも、私は真面目でストイックな「考え方」を貫きました。そのため、ジャーナリストなどから、「京セラはクレイジーだ」と中傷されるようになりました。また私が、「画期的な発明や発見をする人は、狂の世界に踏み込まなければならない」と発言した、その言葉尻をとらえて、京セラの京という字を、狂うの狂と読み替えて、「狂セラ」と揶揄したジャーナリストもいました。

また、経営者の中にも、「おもしろおかしく経営をするのが、うちの会社の流儀です。稲盛さんの経営はあまりにストイックで厳し過ぎる。社員も、うちのようなおもしろおかしい会社のほうが居心地がいいと思う」と言う人もいました。

そのような批判にも、私はあえて反論をしませんでした。それは、おもしろおかしく人生を生き、またおもしろおかしく経営をしたいという人が目指している会社と、私が目指している会社とはまったく異なっていたからです。

私は、誰も知らない未踏のファインセラミックスの世界を開拓して、世界でナンバーワンの会社をつくることを目指していました。そのような会社は、おもしろおかしいというような考え方では、絶対に実現不可能なのです。辛酸をなめつつ苦難の道を歩き続ける、というような生き方を避けることはできないのです。

リーダーに求められる次元の高い考え方

昨今、日本の産業界でもさまざまな不祥事が続発し、かつて脚光を浴び名経営者と呼ばれていた方々や、歴史を誇る大企業が没落をしていきました。そのような経営者、会社を目の当たりにして、私は心が痛みます。特に創業者の方の場合は、同じ境遇を生きた者として、本当に辛い気持ちになります。

私は、そのようなことも、すべてリーダーの「考え方」に端を発しているように思えるのです。つまるところ、「どの山を登るのか」ということに関して、企業の羅針盤であるべきリーダーに、いささか過ちがあったように思えてなりません。

ベンチャーであれ、歴史ある老舗企業であれ、そのリーダーには卓越した「能力」があり、燃えるような「熱意」があったはずです。また、「考え方」も当初は悪くはなかったものと思います。だからこそ、大成功を収め、会社を発展させることができたのです。しかし、いったん成功を収めた後に、地位や財産、名誉欲、さらには親族への愛情などに溺れることで、リーダーの考え方が変質してしまい、没落の引き金を引いてしまったのです。成功の扉を開いたのもそのリーダーなら、没落の引き金を引いたのも同じリーダーなのです。

先に述べましたように、人間はどんな考え方をしようと、その結果を自分自身で負う限り、それは自由です。しかし、企業経営者をはじめ、集団のリーダーだけはそうではありません。リーダーの考え方が及ぼす結果は、自分一人だけではなく、従業員にも、また社会にも累を及ぼすからです。ですから、集団を率いるリーダーは、どんな考え方をしても自由だということは決してありえないのです。集団を幸せにし、また社会を豊かなものにするために、高邁な考え方をもつことが、リーダーの義務であるはずです。ましてや、一国を導いていく宰相は、とりわけすばらしい「考え方」をもち、高潔な「人格」を備えている人でなければ、亡国の事態にもなりかねません。

企業においても、社長だけでなく、たとえ部長であっても、課長であっても、組織の長たる者の考え方が自由でいいというわけでは決してありません。集団を幸せにするために、すばらしい「考え方」をもたなければならないのです。このことを、リーダーは、またリーダーを目指す人は、深く理解する必要があります。先に二宮尊徳の例を挙げたように、どんなに環境が変わろうと、鍛え抜かれた不動の「人格」を確立していなければ、真のリーダーたりえないのです。

中国の古典に「ただ謙のみ福を受く」という言葉があります。謙虚でなければ、幸せやラッキーは得られないという意味です。謙虚さを失うことは、人生を生きる上で、また経営においても最大の損失です。たとえ成功を収めても、足るを知り、謙虚さを失わず、幸せであることを、周囲に感謝しなければなりません。同時に、他の人も幸せになるように何かをしてあげようという「利他の心」をもつことが大切です。成功を収め、絶好調のときに、そのように「他に良かれかし」という考え方ができるならば、決して没落の引き金を引くことにはならないはずです。

私は「盛和塾」という、若手経営者に経営を指南する経営塾を、ボランティアでやっています。現在三五〇〇人ほどの中堅・中小企業の経営者が集まり、私の経営哲学をもとに、各地で勉強会を行っています。そうして研鑽《けんさん》を積んできた塾生の中から、多くの方が上場や店頭公開をはたしましたが、そんな中にも上場した途端に勉強会に来なくなる方が時折おられます。そのうちに、やがてそのような方が道を踏み外し、会社の業績を大きく悪化させたということが、耳に入ってきます。

私も「考え方」を一生懸命に教え、本人もそれを一生懸命に勉強し、実践してすばらしい成功を収めたのですが、自分を取り巻く環境が変わるにしたがい、「考え方」が変貌を遂げ、会社経営そのものも変わってしまったのです。人一倍「考え方」の大切さを学んだような人でも、ともすればそのようなことに陥ってしまうのです。私はそんなさまを、数多く目の当たりにしてきました。

会場にお集まりの各界のリーダーの方々を前に、まるで子供に諭すようなことをお話し、たいへん失礼かと思いますが、われわれはこのような「考え方」を一度学べば十分と考え、繰り返し繰り返し学び続けることがありません。改めて、この「考え方」の大切さをよく理解し、日々絶えざる反省を繰り返すことを通じて、自分のものとしていかなければならないと強く思います。そうすれば、必ずやわれわれの人生や仕事は、今まで以上に豊かで実り多いものになると、私は確信しています。

九州大学は、日本有数の大学として、今まで各界に人材を輩出してこられました。このたび第一期の卒業生を送り出されるこのビジネス・スクールも、今後多くのすばらしいリーダーを生むインキュベーターとなるものと思います。

日本は今、産業界を含め大きな転換点にあります。そのような環境下において、九州大学がはたす役割は今後さらに重みを増すことと思います。ぜひ、本日お話ししましたように、ビジネスのスキルのみならず、「人格」の面においても優れた人材の育成に努めていかれますことを祈念し、私の講演の結びとさせていただきます。

ありがとうございました。

経営の原理原則

人類の歴史とはリーダーの歴史だと言っても過言ではない。それは企業経営においても、決して変わることはない。実際に、一人のリーダーによって企業が発展し、また、同じ一人のリーダーのために無惨にも崩壊していくさまを、われわれは数多く見聞している。

◉

リーダーには「見識」が必要である。「見識」とは単なる知識ではなく、「こうでなければならない」「こうありたい」という、確固たる信念にまで高まったものである。さらに、リーダーは組織の先頭に立ち、集団を導いていかなくてはならないから、そこには自ずから統率力が求められる。それは、勇気や豪気、また決断力や実行力といったものだ。そのようなものがリーダーに備わっていなければ、多くのメンバーで構成される集団を率いていくことはできない。

◉リーダーの資質として最も大切なことは、呂新吾が「深沈厚重なるは、これ第一等の資質」と説いたように、浮ついたところがなく、考え深く、信頼するに足りる重厚な性格をもっていることである。ひと言で言うならば、それは「人格者」ということである。

◉リーダーが集団を引っ張っていくためには、ビジョン、目標を掲げることが必要である。「我が社は、我が部は、こういう目標に向かって進んでいく」という明確なビジョン、目標を高く掲げることが必要だ。

◉単に業績を上げるためであれば、目標の設定だけで十分だが、その集団の永続的な成長発展を目指すなら、「目標を達成することで、何を目指すのか」ということまで考え尽くすことが、リーダーには求められる。

目標を達成することが、会社にとって、社会にとって、国家にとって、さらには人類にとって、どういう意義があるのか。そのような根本的な問題にまで考えを進め、誰もが共感できるような大義名分のある「使命」を明確にする必要がある。そのような高邁なビジョンやミッションを集団内で確立することで、メンバーも自分自身も、それらをモチベーションにして、業務に精励することができる。

◉

子供の頃に両親や学校の先生に教わったことを基準に判断する。つまり、非常にプリミティブな倫理観である、「人間としてやって良いこと、悪いこと」をもとに、物事の是非を決めることにした。経営の判断基準を「人間として何が正しいのか」ということに置き、その原理原則をひたすら貫き通すことを決意したのだ。

◉

◉

「人生・仕事の結果＝考え方×熱意×能力」。人間が生まれてから死ぬまでにつくり上げる人生の結果、または仕事の結果は、その人がもつ「能力」に加えて、その人がどのくらい「熱意」をもって人生や仕事に取り組んだのか、さらには、その人がどういう「考え方」で人生を歩み、仕事に向かってきたのかという、三つの要素の積になる。

◉

能力がさほどなくても「誰にも負けない努力」を払えば、優れた能力をもった人を超えて、すばらしい成果を上げることができる。ここに「考え方」という要素が加わる。この「考え方」とは、マイナス一〇〇点からプラス一〇〇点まである。掛け算だから、わずかばかりの否定的な考えであったとしても、人生や仕事の結果はすべてマイナスになってしまう。それも、「能力」と「熱意」があればあるだけ、大きなマイナスの値になる。

どういう人生を送りたいのか、どういうリーダーでありたいのか。まずはそれに見合った「考え方」をもたなければならない。どういう「考え方」、人生観、哲学をもつのか、それはまさに個人の自由だ。しかし、そのように自分が抱いた人生観、哲学がもたらす人生の結果も、自分の責任で受け止めなければならない。

◉

「どういう考え方をもつべきか」ということは、「どの山に登るのか」ということに喩えることができる。近くの低い山に、ハイキング気分で登りたいというなら、普段着で運動靴を履いてでも登ることはできる。ところが、エベレストに登ろうと思えば、ロッククライミングの技術から多岐にわたる装備、厳しいトレーニングも必要になる。登る山によって準備や装備が違うが如く、どういう人生、どういう経営を目指すかによって、その人がもつ「考え方」のレベルはまったく違ってくる。

◉

◉

ベンチャーであれ歴史ある老舗企業であれ、そのリーダーには卓越した「能力」があり、燃えるような「熱意」があったはずだ。また、「考え方」も当初は悪くなかった。だからこそ、大成功を収め、会社を発展させることができた。しかし、いったん成功を収めた後に、地位や財産、名誉欲、さらには親族への愛情などに溺れることで、リーダーの考え方が変質してしまい、没落への引き金を引いてしまったのだ。成功の扉を開いたのもそのリーダーなら、没落の引き金を引いたのもリーダーなのだ。

◉

われわれは「考え方」を一度学べば十分と考え、繰り返し繰り返し学び続けることがない。「考え方」の大切さを理解し、日々絶えざる反省を繰り返すことを通じて、自分のものとしていかなければならない。そうすれば、必ずわれわれの人生や仕事は、今まで以上に豊かで実り多いものになる。

KAZUO INAMORI LECTURES

一つの「自力」と二つの「他力」

盛和塾ニューヨーク塾長例会講話——二〇〇六年二月二六日

背景

盛和塾ニューヨークは、五七番目の塾として二〇〇五年四月に開塾した。本講話はその開塾式以来、二度目となるもので、アメリカおよび日本から参加した塾生およそ二〇〇名を前に、稲盛は経営者に必要な「三つの力」、つまり一つの自力と二つの他力について説いた。

「あなたには経営者としての力がありますか」

本日は、異国の地でがんばっていらっしゃるニューヨークの塾生さんたちの参考になればと思い、経営において大切な三つの力についてお話しします。

一つ目は、「経営者自身がもっている力」です。どのように、それを推し量ることができるのでしょうか。それは経営十二カ条の全項目を実行できているか、ということです。「あなたには経営者としての力がありますか」と問われたときに、「経営十二カ条の全項目を忠実に守り、実践できている」と答えることができるのであれば、その方は経営者として十分な力をもっていることになるわけです。

今始めようとしている事業が、ビジネスとして成り立つか

アメリカの塾生さんのお話を聞いていて気づくのは、皆さんの大半が、アイデアをビジネスにしようと独立しておられることです。日本の場合には親から事業を継承するか、または会社に入って自分自身がいろいろなことを勉強し、経験したことをもとに独立されま

す。一方、アメリカの場合には、独創的な着想を得て、それを生かした何か新しいビジネスを始めたいと思って独立されるというケースが多いように思います。そういう方々の場合には、経営十二カ条を実践する前に必要なことがあります。

それは、今始めようとされている事業がビジネスとして成り立つのかということを、自分で検証してみることです。

製造業であれば、つくろうとしている製品のマーケットプライスがすでに存在しているはずです。そのマーケットプライスに対して、材料費、人件費などを含めて、十分見合う原価でつくることができるのかどうか、それを検証しなければなりません。

そういう検討もしないで、「私はこれをつくることができるから」というような理由だけで事業を始めてしまうと、その品物のマーケットプライスはすでに崩れていて、採算が合わないということになりかねません。そうはならないように、マーケットプライスに十分見合う原価でつくることができるという確信をもった上で、製造を始めなければならないわけです。

流通業も同じです。ひと口に流通業といっても、ものを仕入れて販売する形態もあれば、実際にものを仕入れて販売しないで、コミッションだけをもらう形態もあります。アメリカでは後者を「レップ」と言います。メーカーの代わりに商品を買ってくれるユーザーを探して、両者が直接取引できるように話をまとめ、口利き料として代金の数%のコミッションをもらうというビジネスです。アメリカでビジネスをする場合には、資本がかかりませんので、流通業が一番手っ取り早いビジネスだろうと思います。

この流通業の場合でも、販売価格から仕入価格を引いたグロスマージンがどのくらいあるのかということをあらかじめ考えておかなければなりません。販売管理費があまりかからなければ、少ないグロスマージンでも採算が合うかもしれません。

しかし、販売をするのに、宣伝費用が大きくかかってしまい、グロスマージンが大きくなければやっていけないというケースもあると思います。販売促進のため、人件費が相当かかってしまうケースもあるでしょう。業種やマーケットによって、いくらの粗利があれば良いのかということを考えなければならないのです。

このように、流通業の場合でも、自分が取り扱おうとしている商品で、どのくらいのグロスマージンが得られ、営業員を抱えて販売していくときにそれで十分ペイするのかということを、まず考えなければならないわけです。

シミュレーションを行い、採算性を十分に検討して、「これならいけそうだ」と思ったならば、起業の前提ができたわけですから、そのビジネスを始めても良いのです。このとき初めて、先ほど申し上げました、経営者に力があるかどうか、つまり経営十二カ条を忠実に実践していけるかどうかということが問題になってくるわけです。

自分がやろうとしているビジネスは間違いなく十分なグロスマージン、粗利を稼ぐことができる、自分が無駄遣いをしたり、いい加減な経営をしたりしない限りは十分にやっていくことができるという目安がつけば、次は経営十二カ条に謳われている、経営者としての自分の力、能力を存分に発揮していくことが大事になってきます。経営者としての力が不足する人に、経営ができるわけがありません。企業のトップに立つ者は、経営十二カ条を忠実に行っていく力をもっていなければならないのです。

経営者が実践すべき経営十二カ条

では、次にその経営十二カ条を簡単に解説します。

一番目は「事業の目的、意義を明確にする」です。公明正大で大義名分のある高い目的を立てることが必要です。つまり、なぜこの事業をするのかということを自分に言い聞かせるためにも、大義名分のある目的、意義をはっきりさせることが不可欠です。事業を始めた理由が、自分の私利私欲を満たすためであれば、従業員は「経営者がもうけるためにわれわれはこき使われているのだ」と思い、その協力は得られないでしょう。従業員から共感を得られるような大義名分のある高い次元の目的、意義を立てることが必要となってくるわけです。

今、自分の私利私欲で会社を始めるようではいけないと言いました。しかしアメリカの場合には、経営者が私利私欲に満ちていて、自分がもうけたいがために事業を始めるケースが多いように思います。そして、幹部に「パートナーであるおまえにもこれだけのものをやるから協力しないか」ともちかけ、利害で結ばれた人間関係を社内に築きます。

このように上層部だけしか分け前にあずかりませんから、一般の従業員に不平不満が残ってしまい、組合ができるなどして、いろいろなトラブルが発生してしまう。そのように利害得失で動くアメリカ社会だからこそ、できるだけ大義名分のある目的を立てるべきだと思います。

二番目は「具体的な目標を立てる」です。「我が社は今月、これだけの売上をあげ、これだけの利益を出していこう」と、具体的に月々の計画を立て、それを従業員によく説明し、共有するのです。「社長、わかりました。その計画でいきましょう」と言ってもらうことが必要です。従業員の協力を得、会社のベクトルをそろえられるように、具体的な計画を立てて、その共有を図るのです。そのような共通の目標となる計画を月次で立てていない企業では、話になりません。

三番目は、「強烈な願望を心に抱く」です。そこに、「潜在意識に透徹するほどの強く持続した願望をもつこと」とつけ加えています。どうしてもこうありたい、なんとしても成し遂げたいという強烈な願望を、リーダーは心に抱かなければなりません。寝ても覚めてもそれを思うほどの強い願望をもたなければならないわけです。

社長時代、京セラを経営しながら、いろいろと悩んでいたときのことです。その頃から私は、強烈な願望なしには物事は成就しないと思っていました。そこで、ある年の新年、会社の初出勤の日、集まった社員にその年の方針として、「新しき計画の成就は只不屈不撓《ふくつふとう》の一心にあり。さらばひたむきに只想え、気高く強く一筋に」というスローガンを示しました。実はこれは、中村天風《なかむらてんぷう》さんの言葉からお借りしたものです。この言葉を毛筆でしたため、社内に貼り出しました。

大義名分のある目的を立てて会社を起こし、月次の具体的な計画を立て、それで経営していこうとする。その計画を成功させるのは、どんな困難に遭遇しようともめげない不屈不撓の一心なのです。だからこそ、一生懸命に、真剣に、ひたむきにただ思う。それも邪心なく気高く、強く一筋に思うのです。

高貴なまでの思いを抱き、貫き通すということが、計画の成就には必要なのです。そのことを、天風さんの言葉を借りて、スローガンとしたわけです。これが強烈な願望を心に抱くということです。

四番目は、「誰にも負けない努力をする」です。毎日の仕事というのは、決して派手なものではありません。毎日毎日、営業にはいずりまわり、断られても断られても注文をとりに行く。そういう地味な仕事を一歩一歩堅実に行い、たゆまぬ努力を続けていかねばなりません。

五番目として、「売上を最大限に伸ばし、経費を最小限に抑える」と私は言っています。利益を追ってはなりません。利益は後からついてきます。売上を最大にして、経費を最小にする努力を続ければ、結果として、自然に利益は出てくるのです。そして、これこそが高収益の企業体質を実現するのです。

六番目は「値決めは経営」です。先ほど、グロスマージンが出るかどうかを検証しなくてはならないというお話をしましたが、この前提である売り値や仕入値を決めることに失敗してしまったのでは、いくらがんばってみたところで利益は出せません。まさに値決めは経営なのです。

売り値も仕入値も自分一人で決めることはできません。マーケットや相手が決めることです。しかし、その値段で良いのだと決めるのはトップ自身です。どの価格にすれば、どのくらいの個数が売れるのか、それを予測することは難しいことです。しかし、トップは自社の製品の価値を正しく認識した上で、利益が最大となる一点を求めなければなりません。まさに値決めはトップが行う仕事だと言っても過言ではありません。

七番目として、私は「経営は強い意志で決まる」と言っています。経営には、何ものにも屈しない、岩をもうがつような強い意志が要るのです。第二条で立てた具体的な目標を達成していくためにも、何ものにも負けない強い意志が要るわけです。

八番目は「燃える闘魂」です。経営にはいかなる格闘技にも勝るような激しい闘争心が要ります。ビジネスには競争がつきものです。厳しい競争に打ち勝ち、企業を伸ばしていくには、トップに闘魂がなければなりません。

九番目は「勇気をもって事に当たる」です。トップに卑怯な振る舞いがあっては、組織全体に野火のように不正が蔓延してしまうでしょう。多くの従業員を率いる経営者は、強い使命感と信念に裏打ちされた勇気をもって、率先垂範、正しいことを貫いていかなければなりません。

一〇番目は「常に創造的な仕事をする」です。一〇年一日の如く同じことを繰り返していては、企業は発展しません。ただ、「クリエイティブであれ」といっても、一挙に独創的なことができるわけではありません。今日よりは明日、明日よりは明後日と、毎日のように創意工夫を重ね、仕事をしていく。そうすることが、真に創造的な仕事をするということです。

一一番目は「思いやりの心で誠実に」です。商いとは、「相手にも自分にも良かれ」というものでなければなりません。「自利利他」というように、他人に良かれかしと願う思いやりの心、誠実な心で商いに努めることこそが、お客様に喜ばれ、ひいては自分自身の利益をももたらすのです。

一二番目は「常に明るく前向きに、夢と希望を抱いて素直な心で」というものです。経営には次々と難題が発生します。ともすれば、そのような難題に打ち負かされそうになりますが、経営者は苦しければ苦しいほど、常に明るく前向きであるよう心がけねばなりません。それにはまず、自分自身が夢と希望を抱いて、素直な心で生きることが大切です。

以上の十二カ条を、経営者が実行できなければ経営になりません。経営に必要な三つの力の一つ目が、この経営者自身の力です。すなわち、経営の原点十二カ条を実行する力を経営者がもっているということが、経営を成功させるための必要条件となります。

支えてくれるパートナーと全従業員の「他力」

二つ目は、自分と同じような気持ちで経営をしてくれる人、とりわけ副官、片腕となるパートナーの力、つまり他力です。この他力を得ることができる経営者でなければなりません。

自分のパートナーとなるような人を得た経営者といえば、思い出すのは本田技研工業の本田宗一郎《ほんだそういちろう》さんです。鍛冶屋に生まれ、ものづくりに長けている本田さんを、経理に明るい藤沢武夫《ふじさわたけお》さんがサポートしました。本田さんと藤沢さんのすばらしいパートナーシップがあったからこそ、ホンダは世界的な企業になったと言われています。

松下幸之助さんにも、髙橋荒太郎《たかはしあらたろう》さんというパートナーがいました。幸之助さんはものづくりや商いのあり方、またその心を考える人でした。一方で、経理、会計を守る髙橋さんがいた。そのような先例があることから、経営の片棒を担いでくれる良いパートナーを得られるか得られないか、それによって経営の成否が決まると言われるのです。

経営という重い荷物の入った大きなリュックサックを一人で背負い、腰をかがめながら坂道を登っていくよりは、天秤棒の一方を相棒に担いでもらい、真ん中に経営という重い荷物を吊しながら、二人で「よいしょ、よいしょ」と担いでいくほうがはるかに楽に運べるはずです。片棒を担いでくれる相棒の協力という他力を得ることができるかどうかが、経営を行う上で非常に大事なのです。

私の場合には、本田宗一郎さんにとっての藤沢武夫さん、松下幸之助さんにとっての髙橋荒太郎さんのようなパートナーがいませんでした。自分で製造も営業も見なければならない。『稲盛和夫の実学』や『アメーバ経営』の本にあるように、もともと技術者の私が、経理まで見なければなりませんでした。一人でオールマイティにやらなければならなかったわけです。それは決して褒められたことではありません。

私はたいへん苦しみました。自分と同じ気持ちで経営をしてくれるパートナーが欲しいと強く思いました。そして、孫悟空みたいに自分の毛を抜いて自分の分身をつくるという、そんな手品みたいなことができるのなら、私もそうしたいものだと考えたのです。分身がいれば、おまえは営業を見てくれ、おまえは経理を見てくれと頼むことができるわけです。

そこで考え出したのが、アメーバ経営です。経営の舵取りに呻吟する私の気持ちを理解してもらうためには、ある部門を担当してもらって、自分と同じ経験をしてもらうしかない。そう思い、アメーバ経営を始めたわけですが、つまるところ、経営者の気持ちを理解してくれるパートナーが欲しかったわけです。いわば、共同経営者になるような人が欲しかった。そうしたことから、部門別独立採算制度をつくって、各リーダーに部門の経営を任せていき、まさに経営のパートナーとなるべき人を育成しようとしたわけです。

私はこのように、自分であらゆることをオールマイティにやってきた中で、苦しみ抜きました。その結果思ったことが「自力」の限界でした。人間は決して一人では生きていけません。人の支えがあって、初めて生きることができるのです。同じように、自分一人で経営をしていくのはなかなか難しい。やはり相棒というものが必要なのです。

心と心で結ばれた強い信頼関係を築く

そうはいっても、アメリカで信頼できる相棒を見つけるのはなかなか難しいだろうと思います。人種も宗教も違う。ましてや、ドライな損得勘定だけで人間関係が成り立っている資本主義の本場、アメリカ社会で相棒を見つけるのは非常に難しいことです。

しかし、難しいのは日本でも同じです。昨日まで信頼していた相棒が、同業他社へ高い給料で簡単に引き抜かれてしまう。技量があり、力を発揮する人ほど、同業他社の垂涎《すいぜん》の的となります。当然、同業他社からヘッドハンティングされることもあるでしょう。今日まで一緒に仕事をしていた同僚が、翌日にはライバルとなる。そうなればこちらの情報を全部もっているだけに、大きく出し抜かれてしまいかねません。このように相棒を得ようにも、なかなか難しいわけです。日本はアメリカほどドライではありませんが、難しいことには変わりはないのです。

だからといって、自分一人でがんばってみたところでたかが知れています。小規模の会社にまでは育てられるかもしれません。しかし、売上一〇〇億円、二〇〇億円という中堅規模の会社にまでもっていこうと思えば、どうしても信頼できる相棒が要るのです。例えばストックオプションなどを使ってインセンティブを与えるなど、報酬でもって仲間をつくっていくことが、アメリカではよく行われています。最近は日本でも行われるようになりました。しかし、そういう欲をベースとした関係は決して長続きしないはずです。

信頼できるパートナーを得ようと思えば、心と心で結ばれた信頼関係を築かなければなりません。もちろん、利害も合わなければなりませんが、ベースにあるのはあくまでも人の心なのです。

京セラは心と心で結ばれた関係をベースにしてきました。創業時、私はあまりたいした技術をもっていませんでした。頼れるものは志を同じくする人たちだけでした。ですから、その人たちの心を頼りにしていこうと思ったのです。人間の心というものはたいへん移ろいやすい、はかないものです。しかし歴史をさかのぼってみれば、心で結ばれた人との約束を命を賭けてでも守ったという逸話に頻繁に出合うように、心はひとたび結ばれると本当に頼りになるすばらしいものなのです。移ろいやすく、はかないのが人間の心ですが、一方でたいへん強く、信頼できるすばらしいものにもなりうる。何も頼るものがなかった私は、このすばらしい心の結びつきをもとに経営していきたいと思ったわけです。

そのためにはまず、自分自身が企業経営に対して立派な使命感をもつこと、次にそれを相棒にしようとしている人に明確に伝えなければなりません。「私はこういう人生観、哲学をもち、人生を送ろうと思っている。私はこういう考え方で企業経営をしていこうと思う。私の考え方に賛同してくれないか」と、今後自分の相棒になってもらいたいと思っている人に諄々《じゅんじゅん》と説いていく。そしてその人に、「そういう考え方なら私も一緒に協力していきましょう」と言ってもらうのです。

また、すばらしい心と心の結びつきをつくるためには、自分の考え方を相手に伝えるだけでなく、相手から信頼してもらえるよう、経営者自身が心を開いて接しなければなりません。私がそういう心で接すれば、相手も同じような心を私にも返してくれるだろう、私は創業期からそう考えてきました。

そして、そのようなパートナーが一人できれば、やがて二人、三人と増えていく。役員が六人いるとすれば、その六人全員が同じ心で結ばれた人間関係になる。そういう関係で結びついた人たちは、信頼できるパートナーとなり、他力として、自力を備えた経営者を支えてくれるわけです。まずは自分で立派な考え方を構築して、次にその考え方に共鳴してくれるよう仲間に働きかけ、信頼できるパートナーとしていくわけです。

全従業員に信頼され、協力を得る

パートナーだけでなく、全従業員の力を得ることも重要です。

全従業員が自発的に働いてくれるような雰囲気をつくるためには、自社の経営について包み隠さず話をし、わかってもらわなければなりません。また、コンパの席などを通じて、「私はこういう経営をしていき、その結果、従業員の皆さんにこういうことをしてあげたいと思っている」ということも話していかなければなりません。そして、従業員全員を「この社長のためなら協力を惜しまない」と思うまでにしていくことが大事なのです。

塾生さんも盛和塾に入塾してからは、従業員たちを自分と同じ方向に向けさせるよう一生懸命に努力していらっしゃると思います。全従業員に理解され協力してもらえるかどうかで会社の経営が左右されると言っても過言ではありません。

宇宙、自然の力を味方につける

ここで少しまとめると、経営に必要な力の一つ目は、経営者の力、自力です。経営者は、経営十二カ条の全項目を実践できなければなりません。

二つ目は、他の人の力、他力です。実力をもっている経営者を全身全霊でサポートするパートナーを得、増やしていくと同時に、社長が立派な経営ができるよう、協力を惜しまない従業員をつくっていかなければなりません。

経営をしていく上で大切な力の三つ目も、他力です。ただし、これは二つ目の他力とは違い、人の力ではありません。偉大なる宇宙の力、自然の力を味方につけることです。この力があれば、幸運を得る、つまり運命を好転させることができます。

何やら神がかり的で、難しいことを言っているように思えますが、これは皆さんにいつもお話ししていることです。

運命は変えることができるのだということを、『陰騭録《いんしつろく》』を題材にして皆さんにお話ししたことが何度もあります。善きことを思い、善きことを行えば、運命は良い方向に変わっていく。悪しきことを思い、悪しきことを行えば、運命は悪い方向へと変わっていく。善因は善果を生み、悪因は悪果を生むというこの因果の法則は、厳然たる宇宙の真理だということを、繰り返し申し上げてきました。この法則にしたがい、善きことを思い、善きことを行うことによって、良い結果を得る。それが、偉大なる宇宙の力、自然の力を味方につけるということなのです。

仏教でも説かれている因果の法則

善きことを思い、善きことを実行すれば、良い結果が生まれる。悪しきことを思い、悪しきことを実行すれば、悪い結果が生まれる。この因果の法則は、人生においてはっきりしていて、仏教では「因縁」という言葉で、その考え方を教えています。われわれはよく「因縁をつけられた」と言って、悪い意味で使っていますが、本来は違う意味です。

お釈迦さまは、まず「因」（直接の原因）というものがあり、それが「縁」（間接の原因）に触れて、「果」（結果）が生まれるとおっしゃっています。このことをのちに、白隠禅師《はくいんぜんじ》などの高名なお坊さんがいろいろな喩えで説いていらっしゃいます。

例えばお米は、籾《もみ》のひと粒が因です。籾を田に落とすと、水、土、光、熱などの縁に触れて、発芽し、生長します。やがて稲穂が実ります。そして、お米が穫れるという果が生まれるわけです。これが本来の因縁の意味です。

仏教では「輪廻転生を繰り返してきたわれわれの過去の業が、現世に生きている中でいろいろな縁に触れて結果が生まれる。だから、今あなたがこういう人生を送っているのは、あなたがもって生まれた業が縁に触れて現れてきた結果なのだ」とも言います。仏教の因果の法則も『陰騭録』で説かれている因果の法則とまったく同じことです。

お釈迦さまはカルマ（業）が因であり、それは思念より生ずるとおっしゃっています。何にもなかった宇宙の中で最初に起こったものが「思い」だということになります。また、キリスト教では、「はじめに言葉ありき」と言います。思念が先になければ、神も言葉を発することはないでしょうから、やはり思いこそが最初に起こったものであり、すべての原因だとしているわけです。

少し脱線して、仏教において因果の法則がどのようにとらえられているのかを示す話をご紹介します。

私が属している臨済宗をはじめとする禅宗には『無門関《むもんかん》』という、禅問答を集めた公案集があります。この第二則に「百丈野狐《ひゃくじょうやこ》」という問答があります。それは次のような内容です。


いつも熱心に説法を聞きにくる老人がいる。あるとき、説法が終わってもその老人が帰らない。和尚さんが尋ねてみると、自分はかつて、この寺の住職をしていた者だという。さらに老人は話します。

「私が住職をしていたとき、『悟りをひらいた偉いお坊さんは、仏陀が説いている因

果の法則とは関係のない存在なのだろうか』と問われました。私は『それは当たり前だ。悟りをひらいた偉い人ともなれば、因果の法則を解脱してしまう』と答えました。そう答えたばかりに私は野狐に輪廻するようになってしまったのです。改めて、和尚さん、あなたにお聞きします。悟りをひらいた人は因果の法則から解脱することができるのでしょうか」

和尚さんは、その老人に答えます。

「たとえ悟りをひらいた人であっても、因果の法則から逃れることはできません。しかし悟りをひらいた人は、なぜ因果の法則があるのかということはよくわかっています。そのように、因果の法則をよくわかった人が悟りをひらくことができるのです」

「なるほど、わかりました。私は傲慢にも悟りをひらいた人は因果の法則から解き放たれ、自由なのだと言ったばかりに、野狐として輪廻することになりました。和尚さんのお話を聞いてよくわかりました」

さらに老人は、「野狐として生きた我が身を、今日で終えます。この寺の裏山に野狐の死骸があるはずですから、その野狐を一人の坊主として野辺送りしてくださるようお願いします」と言って場を去ります。

和尚さんは葬式を営むために雲水たちを集めます。「誰の葬式だろう。誰も亡くなっていないはずなのに」と、怪訝な顔をしながらも、雲水たちは和尚さんに言われた裏山に集まりました。見ると、和尚さんの足元に一匹の野狐の死骸がありました。和尚さんたちはこの野狐を、お坊さんと同じように荼毘《だび》に付し、お経を唱え、手厚く葬ってあげました。

これが、『無門関』の第二則「百丈野狐」です。禅宗ではこうした話をもとに禅問答を行います。禅宗は理知的なものですので、死後の世界のことは一切言いません。その中にあっても、因果の法則が厳然としてあると言っているわけです。

話を本筋に戻しましょう。

常に感謝の心をもつ

偉大なる宇宙の力、自然の力を得るためには、因果の法則にしたがい、善きことを思い、善きことを行うことが必要です。

では、その「善きこと」とは何なのか。『陰隲録』でも「善きことを思え」と説かれていますが、簡単に言えば、感謝、利他です。利他とは、他を思いやり、慈しむ美しい愛、仏教で言えば慈悲です。

そのような利他の心は、常に感謝の心がなければもてません。自分自身が幸せだから他に感謝をする。森羅万象あらゆるものに対して感謝の心をもっていること、それ自体が美しい善き心ですが、そういう感謝の心があれば、自然と他を思いやり、他を慈しむ心の状態になっていきます。

昨日の歓迎夕食会で、感謝祭について次のようなお話がありました。

「一六二〇年、メイフラワー号に乗った清教徒が、祖国イギリスからアメリカ大陸に渡ってきた初めての年、一団を待ち受けていたのは、厳しい初めての冬でした。大勢の尊い命が失われましたが、生き残った者たちに食料を分け与え助けたのは先住民であるネイティブ・アメリカンでした。生き残った清教徒たちは、先住民にならって勤勉に働き、翌年一一月に、お世話になったネイティブ・アメリカンを招いて、初めて収穫した作物や山で獲った野生の七面鳥を食卓に載せてお祝いの席を開き、友人と神の恵みに感謝（サンクスギビング）したということです」

私はこの話を聞いて、感謝の心というものがセレモニーとして残っているだけではなく、現在のアメリカ社会に定着していれば、もっとすばらしい社会であるはずなのに、と思いました。日本でもそういうものが失われ、とげとげしい世相になりつつあります。

善き心を説明するのに、たくさんの言葉を並べる必要はありません。感謝をする心、思いやりの心だけで良いのです。一方、悪い思いとは何なのかといえば、利他の心の対極にある利己の心です。例えば、自分だけよければいいという貪欲の心が悪しき心、悪しき思いです。

利他の思いを常に抱き、感謝しながら生きている人は、必ず宇宙の力を得、幸運を得ることができます。逆に、自分だけよければいいという利己のかたまりのような人は、やることなすこと、なかなか思うとおりに進んでいきません。

知性で煩悩を抑える

私はいつも皆さんに、善き心をもつように言っていますが、同時に、そうすることはなかなか難しいことだとも言っています。

われわれ人間は、自然から本能を与えられて、生まれてきます。その本能の中で一番強いものは、お釈迦さまがおっしゃっている煩悩です。その煩悩の中でも一番強いものが三毒と言われる三つの煩悩です。その一つ目が「貪欲」、二つ目が「怒り」、三つ目が「愚痴」です。愚痴とは、不平不満を鳴らし、人を恨んだり、妬んだり、そねんだりする、悪しき思いのことです。

本能、煩悩は、自然がわれわれに与えてくれたものです。もしなければ、生きていくことはできません。例えば、肉体を維持するための食欲や、敵と戦うという闘争心は、生きるために必要なものとして、自然がわれわれに与えてくれたものなのです。

しかし、われわれは、知性でもって、自分がもつこの本能、煩悩をコントロールしなければ、日常のすべてが「貪欲」「怒り」「愚痴」の三つで支配されてしまうのです。頭で考えるのではなく、反射的にそれらが出てきてしまうのです。反射的に損得を考え、反射的に腹を立て、反射的に不満を募らせる。頭でいったん、考えているのではありません。瞬間に出てくる本能、煩悩にわれわれの日常茶飯の行動は支配されてしまうわけです。それが本能であり、煩悩なのです。

もう一度申し上げます。本能、煩悩がなければ人間は生きられません。しかし、それが強くなり過ぎてしまうと利己心、つまり悪しき心を生んでしまい、身を滅ぼしてしまいます。なんとしても本能、煩悩を抑えて利他の心が出てくるようにしなければなりません。

その際に必要なのが知性なのです。「自分だけよければいいというのはおかしいではないか。みんなが幸せになっていくように考えたらどうだ」などと、知性でもって自らに言い聞かせなければなりません。本能、煩悩を抑え、感謝の心が大事だ、思いやり、慈しむ心が要るのだということを日常茶飯、自分自身に言い聞かせていく。それ以外に方法はありません。このようにして、利他心が常に出るように、自分に教えていく、そういう努力を続けていくことが必要です。

昔からよく「修行が必要です」と言われます。それは、利己心を抑えて利他心が出てくるように、自分に言い聞かせていくことです。そのような努力の結果が、「あの人は修養を積んだ人だ」「あの人は精進をしていらっしゃる人だ」という人物評価につながっていくわけです。

英国の啓蒙思想家ジェームズ・アレンは、そのような心の様相を「庭」に喩えて説いています。

心の庭の手入れをしなかったなら、そこには雑草の種が舞い落ち、いつの間にか雑草が生い茂るようになってしまう。心の庭にすばらしい花を咲かせたいと思うならば、美しい花々の種を植え、手入れすべきだと説くのです。つまり、心の庭の手入れをしなかったなら、そこには煩悩という雑草が自然に生い茂ってしまうのです。ですから、その煩悩の雑草を引っこ抜き、そこに新しい利他の心、優しい思いやりに満ちた慈しみの心、感謝の心という美しい花の種を植えていくのです。

もちろん植えるだけではいけません。手入れをし続けなければ、たちまちのうちに、また煩悩という雑草が生い茂ってしまい、せっかく植えた利他の心という美しい花々も枯れてしまいます。常に手入れをして、利他の心が咲きほこるようにしなければならない。ジェームズ・アレンの言葉を借りれば、そういうことが人生では必要なのです。

利己心を抑え、利他心や感謝の心が出てくるよう、日常から自分に言い聞かせて、努力をしていく。今ここで聞いて理解したからといって、それだけでは利他の心は簡単には出てきません。絶えず努力をしなければならないのです。

利他心をもつ努力が、人格を変え、幸運をもたらす

利己心を抑え、利他の心が出てくるように、常に自分に言い聞かせる。そうした努力を続けていれば、人格が変わり、感じのいい人へと変わっていきます。周囲から、「二〇年前、二〇年前のあの人とはずいぶん違ってきた」と言われるようになります。もっと言えば、人相までが変わっていきます。人間の顔は生まれつきのものです。しかし、人相、表情は変わっていきます。顔は心の映し鏡と言われているとおり、心を手入れし、美しいものにしていけば、人相までもが美しく変わっていくのです。

人格が変われば、自然も味方をしてくれます。私はどうしたわけか、年をとってから、

虫が殺せなくなってしまいました。家にゴキブリが出てくると、箒《ほうき》をもち出してたたきつぶすのが普通だと思いますが、私にはできません。ゴキブリだけではなく、蚊も殺せなくなりました。血を吸っていたら、「ちょっと、あっちに行ってよ」と追い払うだけです。私の自宅の周辺は自然が多いものですから、熊蜂という大きな蜂もよく飛んできます。庭師さんに「この蜂は危ないです。すぐに追い払わなければなりません」と言われるのですが、近くに飛んできても私は追い払いもしないし、逃げもしない。すると、向こうも危害を加えようとしないわけです。

また、夏に外に出ようとしたら、突然の夕立にあうことがありますが、それすら喜ばしく感じられるようになりました。今の今までかんかん照りで、アスファルトのすき間から伸びている雑草も水がなくて青息吐息になっている。そこへ一週間ぶりのにわか雨が降った。すると、その雑草が喜んでいる声が聞こえてくるような感じがするのです。私にしてみれば、外に出ようとした矢先の夕立ですから、本来なら都合が悪い。都合が悪いはずなのに、そこにある植物たちが喜んでいる声までもが聞こえてくるものですから、「ああ、雨が降って良かった」と思えてしまいます。

利己心を抑え、利他心が出るよう常に自分に言い聞かせていけば、その人の人格も変わっていく。同時に、自然、宇宙からの協力も得られる。何も超能力、超常現象の話をしているのではありません。実際に運が良くなっていくわけです。それまでなら失敗したり、いろいろな妨害にあったりするものが、順調に進むようになる。人格が変われば、そういうことも起きてくるのです。

経営をする上で大事な三つ目の力は、二つ目と同じ他力ですが、人の力ではなく、宇宙、自然の力です。それを味方につけ、幸運に恵まれることが必要です。その幸運は努力して得るものです。もし、いつも幸運に恵まれる人がいれば、それは単にあの人は運が良いというのではなく、その人が美しい心をもっているからなのです。

今日お話ししたことをまとめますと、経営者はまず、自分自身が力をもっていなければなりません。これは自力です。二つ目は他力です。すばらしいパートナーの力を得ると同時に、従業員のすべてから協力してもらえるような人でなければなりません。三つ目も他力ですが、これは宇宙、自然の協力を得られなければならないということです。この三つの力がなければ、立派な経営は行えません。

資本主義社会では、「利他の心で経営ができるものか。利己心がなければ経営はできない」と思われています。しかし、決してそうではありません。仏教で言う「自利利他」です。自分の利益を得たいと思うなら、まずは利他が要る。他を助けてあげることがなければ、決して自分もうまくいかないのです。

事業計画を立てる場合、自分がもうけようと思って計画を立てるのか、それとも参画する周囲の人たちすべてが幸せになるようにと思って計画を練るのかによって展開は大きく異なってきます。「みんなのために」という思いで事業計画を立てれば、他力を得て仕事はうまくいきます。自分だけもうけようという利己的な思いで計画を練るならば、いくら立派な計画を立てたとしても、さまざまな妨害を受けたりしてうまくいかなくなってしまうことでしょう。

資本主義社会の中にあっても、利他ということが、最も大切なのだということを最後に重ねて申し上げ、今日の話を終わります。ありがとうございました。

経営の原理原則

経営十二カ条を実践する前に、始めようとしている事業がビジネスとして成り立つか、シミュレーションを行い、採算性を十分に検討する。「これならいけそうだ」と思ったならば、そのビジネスを始めても良い。この前提があって初めて起業ができる。

◉

経営者としての力が不足する人に、経営ができるわけがない。企業のトップに立つ者は、経営十二カ条を忠実に行っていく力をもっていなければならない。

◉

自分と同じような気持ちで経営をしてくれる人、とりわけ副官、片腕となるパートナーの力、つまり他力が必要だ。この他力を得ることができる経営者でなければならない。

◉

経営という重い荷物の入った大きなリュックサックを一人で背負い、腰をかがめながら坂道を登っていくよりは、天秤棒の一方を相棒に担いでもらい、真ん中に経営という重い荷物を吊しながら、二人で「よいしょ、よいしょ」と担いでいくほうがはるかに楽に運べるはずだ。片棒を担いでくれる相棒の協力という他力を得ることができるのかどうかが、経営を行う上で非常に大事となる。

◉

経営の舵取りに呻吟する経営者の気持ちを理解してもらうためには、ある部門を担当し、経営者と同じ経験をするしかない。そうして始まったのが、アメーバ経営であり、経営者の気持ちを理解してくれるパートナー、共同経営者になるような人を求めた。部門別独立採算制度をつくり、各リーダーに部門の経営を任せ、経営のパートナーとなるべき人を育成しようとした。

心はひとたび結ばれると本当に頼りになるすばらしいものだ。移ろいやすく、はかないのが人間の心だが、一方でたいへん強く、信頼できるすばらしいものにもなりうる。他に何も頼るものがなかったために、このすばらしい心の結びつきをもとに経営していきたいと思ったのだ。

◉

すばらしい心と心の結びつきをつくるには、自分の考え方を相手に伝えるだけでなく、相手から信頼してもらえるよう、経営者自身が心を開いて接する。そういう心で接すれば、相手も同じような心を返してくれるだろう。創業期からそう考えてきた。

◉

経営に必要な力の一つ目は、経営者の力である自力。二つ目は、他の人の力、他力。経営をしていく上で大切な力の三つ目も、他力。ただし、これは

◉

人の力ではない。偉大なる宇宙の力、自然の力を味方につけることだ。この力があれば、運命を好転させることができる。

◉

偉大なる宇宙の力、自然の力を得るためには、因果の法則にしたがい、善きことを思い、善きことを行うことが必要だ。「善きこと」とは、感謝をする心、思いやりの心だけで良い。一方の悪い思いは、利他の心の対極にある利己の心。自分だけよければいいという貪欲の心が悪しき心、悪しき思いだ。利他の思いを常に抱き、感謝しながら生きれば、必ず宇宙の力を得、幸運を得ることができる。逆に、自分だけよければいいという利己のかたまりでは、やることなすこと、なかなか思うとおりに進んでいかない。

◉

本能、煩悩がなければ人間は生きられない。しかし、それが強くなり過ぎると利己心、つまり悪しき心を生み、身を滅ぼす。本能、煩悩を抑えて利他の心が出てくるために必要なのが知性。知性で日常茶飯、自らに言い聞かせる、それ以外に方法はない。利他心が常に出るように、自分に教えていく努力を続けていくのだ。

◉

経営をする上で大事な三つ目の力は、宇宙、自然の力。それを味方につけ、幸運に恵まれる。しかし、その幸運は努力して得るものだ。もし、いつも幸運に恵まれる人がいれば、それは単に運が良いのではなく、その人が美しい心をもっているからなのだ。

◉

事業計画を立てる場合、自分がもうけようと思って計画を立てるのか、参画する周囲の人たちすべてが幸せになるようにと思って計画を練るのかによって展開は大きく異なってくる。「みんなのために」という思いで事業計画を立てれば、他力を得て仕事はうまくいく。自分だけもうけようという利己的な思いで計画を練るならば、いくら立派な計画を立てたとしても、さまざまな妨害を受けたりしてうまくいかなくなってしまうだろう。

第5章

稲盛和夫70歳代［2010年代①］
繁栄する企業の経営手法

2011年、稲盛和夫経営哲学広州報告会にて。
2010年代、リーマンショック後の世界的な経済変動の中で、企業経営における哲学の重要性を強く認識した多くの中国企業家が稲盛の経営哲学、経営手法に解を求め、『生き方』をはじめ著書が中国で相次いでベストセラーとなった。稲盛は中国各地で開催されたシリーズ講演において、自らが生涯を通じて体得してきた経営の要諦を体系的に伝えた。

KAZUO INAMORI LECTURES

アメーバ経営が持続的な企業成長をもたらす

二〇一二稲盛和夫経営哲学広州報告会講演——二〇一二年九月二五日

背景

本講演は、二〇一一年九月二五日に、中国における稲盛思想の伝播を目的に設立された「稲盛和夫（北京）管理顧問有限公司」が主催する、「二〇一一稲盛和夫経営哲学広州報告会」で行われたものである。

中国、日本の経営者約一六〇〇名が参加したこの報告会は、中国における稲盛経営哲学の普及を通して、中国企業のさらなる発展に寄与することを目的としている。二〇一〇年六月の北京での報告会を皮切りに、一〇月には青島で開催、今回の報告会は三回目となる。

北京では「なぜ経営に哲学が必要か」、青島では「経営の原点十二カ条」をテーマに講演を行っている。

経営の実践の中から生み出されたアメーバ経営

本日の講演では、経営の実学として、私がつくりました独自の管理会計システムである「アメーバ経営」について、お話し申し上げようと考えています。

日本ではよく「中小企業と吹き出物は大きくなるとつぶれる」ということが言われています。それは、大きく肥大した組織になればなるほど、経営実態や無駄がわかりにくくなり、必要な経営改善の手が打てず、また誤った経営の舵取りをしてしまうことで、せっかく成長させた企業を衰退させてしまう例が、後を絶たなかったからです。

家族経営の小さな食料品店を例にとれば、そのことをよく理解いただけるのではないでしょうか。例えば、夫婦で経営をしているような小さな食料品店では、野菜や鮮魚、精肉、さらには加工食品など、さまざまな食料品を扱っています。そして、そのような食料品店では、往々にしてグロスで採算を見ていることが多く、いったい何でもうかっているのかがわかっていないことが多いのです。

例えば、全体でもうかっていたとしても、実態は精肉部門がほとんどの収益を稼ぎ出し、野菜部門は赤字なのかもしれません。それがわかれば、野菜を根本からテコ入れするとともに、精肉は規模を拡大するなど、必要な経営の舵取りを行い、さらに店の発展を図ることができるはずです。

そのようなことから、私は京セラが急成長を続け、組織が日増しに拡大していく中で、少しでも無駄のない経営を図るために、組織を細分化し、その組織ごとに月々の売上と経費の明細が迅速かつ明確にわかるようなシステムを構築し、その運用に努めてきました。

それが、これからお話しする「アメーバ経営」と呼ぶ、私がつくりました独自の管理会計システムです。

管理会計とは、経営情報をステークホルダー向けに開示するための財務会計や、納税のために行う税務会計とは異なり、経営者が経営実態を把握し、その意思決定や業績管理に活用するための会計手法です。「アメーバ経営」はその中でも、経営の実践の中から生み出された、まさに経営者が経営を行うための管理会計システムです。

京セラやKDDIの今日までの成長発展の大きな原動力となったばかりか、昨年（二〇一〇年）から私が経営再建に尽力をしています、日本のナショナルフラッグキャリアである日本航空においても、本年の春から導入を図ってきました。そのこともあり、未曾有《みぞう》の東日本大震災後の大幅な旅客数の減少があったにもかかわらず、その直後の四半期でも黒字を確保するなど、「アメーバ経営」が日本航空の経営改善の大きな力となっています。

また、京セラの企業グループのみならず、社外からたくさんの要請を頂戴したことから、「アメーバ経営」の導入を支援するコンサルティング事業を開始しましたところ、現在までに日本で四〇〇社以上の導入実績を重ね、すでに上場された企業、また上場予備軍の企業も続々と現れています。

さらには、巷間の声に応え、この「アメーバ経営」の要諦をまとめた書籍を二〇〇六年に上梓《じょうし》したところ、いち早く国内でベストセラーとなったばかりか、現在も版を重ね、すでに約二〇万部に達しています。中国でも、二〇〇九年に刊行され、高い評価を頂戴しています。

経営者の強い思いとあふれるような情熱、そして誰にも負けない努力と絶えざる創意工夫があれば、企業は成長発展を遂げていきます。しかし、その急激な会社発展のかげで、組織が肥大化し、無駄がわからなくなり、どんぶり勘定に陥ってしまったりすることで、企業が衰退の道をたどり始めることが往々にしてあります。

企業が発展を遂げ、その繁栄を長く持続するには、確固たる管理会計システムを確立し、それぞれの部門ごとに経営実態をリアルタイムで把握し、必要な手を迅速に打つことが絶対に必要となってきます。

現在、急激な成長を遂げる中国経済の中にあって、多くの中国企業が、その業容と組織を飛躍的に拡大しておられます。そのような急速な発展を遂げた中国の企業であればこそ、確固たる管理会計システムの導入が、今や喫緊かつ不可避のテーマであろうと、私は考えています。

そのようなことから、本日は「アメーバ経営が持続的な企業成長をもたらす」と題し、お話し申し上げようと考えた次第です。

アメーバ経営の三つの目的

冒頭にあたり、アメーバ経営を理解する上で、最も大切な「アメーバ経営」の目的、つまり「なぜ、アメーバ経営は必要なのか」ということについてお話ししていきます。

アメーバ経営の目的とは、次の三つであると、私は考えています。

一．マーケット（市場）に直結した部門別採算制度の確立
二．経営者意識をもつ人材の育成
三．経営哲学をベースとした全員参加経営の実現

一・マーケットに直結した部門別採算制度の確立

まず、第一の目的は「マーケットに直結した部門別採算制度の確立」ということです。このことについてお話しすることは、アメーバ経営の誕生の経緯を語ることにもなろうかと思います。

私が大学を出て、最初に勤めた松風工業というセラミックスの碍子の製造会社で、当初、私は研究開発に従事していました。その後、あるセラミック材料の開発に成功してからは、その材料を使った製品を製造する部門のリーダーとして、製造や販売にも従事することになりました。しかし、会計処理については会社の経理部門が行うだけで、私が経営数字を見ることはなく、部門の収支もよく理解していませんでした。

その後、京セラを創業してからは、ともに会社創業に携わった、松風工業では上司にあたる方に経理の仕事も見ていただきました。その方は精緻な原価計算を行い、数ヵ月くらいたってから、「あのときの原価はこうなっている」と私に報告に来られました。

私は開発、製造、営業と日々走り回っていましたから、そんな過去の数字を見る暇はありません。しかし、その方があまりに熱心に言われるものですから、私は「申し訳ありませんが、そういう過去の原価計算は現在の経営には役に立ちません」と、自分の考えを申し上げました。それは、次のようなものでした。

「私は経営者として、今月これだけの利益を出そうと思って、毎日手を打っているのであって、三ヵ月前の原価がこうだから利益がこれだけ出たと三ヵ月後に言われても、もはや手の打ちようがありません。ましてや、常に値段が変わる、品種が変わるという状況では、三ヵ月前の製品の原価を聞いたところでまったく無駄なのです」

そのように説明したのですが、実際に、京セラ創業当時はエレクトロニクス関連部品の市場価格が劇的に下がっていきました。先月注文をもらった製品が、今月注文を受けるときには、「一割値下げをしてほしい」と、お客様から要請を受けるような状況です。そういう刻々と変化する売り値に追随していかなければならないのに、三ヵ月前の原価を理解したとしても、何の意味もなかったのです。それは、大幅なディスカウントが横行する昨今のビジネス環境でも、同様のことであろうかと思います。

工業製品は通常、いくつかの製造工程を経て、製品ができ上がります。その何段階にもわたる製造工程を経過する間に、原材料費、人件費、減価償却費、光熱費、雑費などの費用が加わり、製品の原価はそれら各工程でかかった費用の合計となります。

一方、製品を販売するときの値段はそんな積み上げた原価とは関係なく、市場原理で決まってしまいます。つまり、お客様が買ってくださる価格で販売せざるをえず、それで利益を出そうとするなら、その市場価格よりも安い原価で製品をつくるしかないわけです。

また、その市場価格も日々変動します。もし、製品の値段が刻々と下がっていく中で、先手を打つことができず、また打つ手を誤れば、経営者が目標とする利益を出すどころか、すぐに赤字になってしまうことでしょう。

ですから、後追いで計算した原価などにまったく意味がなく、それは経営者にとって、数ヵ月前にどう経営の舵を切ったのか、その結果を示す記録でしかありません。経営者が必要とするのは、今企業がどのような経営状態にあり、どういう手を打てばいいのかを教えてくれる、「生きた数字」でなければならないのです。

原理原則に基づいた部門別採算制度

さて、その後、京セラは経験豊かな経理の専門家に経理業務を見てもらうようになりましたが、そのときのことです。

私はその経理担当者に、「今月の決算はどうなっているのか」と尋ねました。彼は難しい会計用語を使って説明をしてくれましたが、私にはよくわかりません。そのため、質問を繰り返した挙げ句、私は「わかった。手っ取り早く言えば、経営というのは売上を最大に、経費を最小にすればいいんだな。そうすれば利益は自ずから増えるわけだな」と言い放っていました。

その瞬間に、「売上最大、経費最小」ということが、経営の原則であることに、私は気づいたのです。また、それ以降、この経営の原則にしたがい、ただひたすらに売上を最大にする努力を払う一方、すべての経費を徹底的に減らすように、私は努めてきました。

しかし、私はトップとして全社の売上、また経費を把握し、「売上最大、経費最小」という原則に則り、経営をすることができますが、社員の大半を占める製造部門では、工程ごとの売上がわからず、経費を削減していくように努めることができても、売上を増やすことには関心も責任ももちようがありません。

「売上最大、経費最小」という経営の原則からすれば、各製造工程においても経費を最小にすると同時に、売上を最大にするよう努力をしてもらわなければなりません。そのためには各製造工程のリーダーが、売上がいくらであり、それがどのように発生するのかということを実感できるようにしなければなりません。

そこで、工程全体を小さなユニット・オペレーションに分割し、その工程ごとに採算を明確にしていけるような管理体制を考えました。例えば、セラミックスの製造部門であれば、それを原料工程、成形工程、焼成工程、そして加工工程という四つのオペレーションに分割し、その各ユニット・オペレーション間で社内売買をすることにしたのです。

つまり、「原料部門は成形部門に原料を売る」というように、各工程の仕掛品を、次の工程に社内売買する形にすれば、各ユニット・オペレーションに売上が生じ、それぞれの組織を、まるで一つの中小企業のように独立した採算単位とすることが可能となります。

そうすれば「売上最大、経費最小」という経営の原則を、どの小さなユニット・オペレーションでも実践できるようになるわけです。

また、そのユニット・オペレーションは固定的なものではなく、事業展開にしたがって単細胞生物のアメーバのように分割したり増殖したりするようにすればいいと考え、京セラではそのユニット・オペレーションを、「アメーバ」と呼ぶようにしました。これが、「アメーバ経営」という言葉の由来となっています。

この「売上最大、経費最小」という原則に則り、アメーバごとの採算を誰でもわかるような形で表したものが、これも京セラ独自の「時間当り採算表」です。この「時間当り採算表」では、売上と経費だけではなく、「時間当り」と言い、労働時間一時間当たりの付加価値を計算することで、そのアメーバの生産性が明確にわかるようにしています。

また、この「時間当り採算表」の予定と実績を対比させることで、各アメーバが売上、経費の予定、いわゆる計画に対して、現在どういう遂行状況にあるのかを、そのアメーバのリーダーはリアルタイムに把握することができ、すぐさま必要な手を打てるようになっています。

多くの製造業では経理部門が事後処理として会計処理を行い、原価などのデータが後追いで出てきます。しかし、市場価格は常に変化しているので、過去の原価をベースにしていたのでは、経営の実態と乖離し、適切な改善の手を打つこともできません。

そのため、複雑で大きな全体のオペレーションを、必要に応じてアメーバと呼ぶ小さな組織に分割し、そのアメーバごとに、売上や経費などの経営実績がリアルタイムに把握できるような経営管理システムが、どうしても必要になるのです。

また、そのような経営管理システムがあれば、たとえ市場価格が大幅に下がっても、売り値の下落がアメーバ間の売買価格にすぐに反映され、各アメーバは即座に経費を下げるなどの対策をとることができ、急激に採算が悪化するようなことも回避できるのです。

つまり、アメーバ経営とは、マーケットのダイナミズムを社内のアメーバにダイレクトに伝え、さらにはそのマーケットの変化に会社全体がリアルタイムに対応することができる、まさに市場に直結した経営管理システムなのです。

先ほど会社経営の原則とは、「売上最大、経費最小」だとお話ししましたが、この経営の大原則を徹底して実践するために、組織を小さなユニット・オペレーションに分け、市場の動きに即座に対応できるように、部門別の採算管理を行う、これがアメーバ経営を行う第一の目的です。

二. 経営者意識をもつ人材の育成
――共同経営者としての仲間を増やす

次に、「アメーバ経営」の第二の目的である、「経営者意識をもつ人材の育成」についてお話しします。

創業当時、私は開発、製造、営業、管理などすべての部門を直接見ていました。製造に問題があれば、すぐに現場に走っていかなければなりませんし、注文をとるために客先まわりもしなければなりません。また、客先からのクレームにも陣頭指揮をとって対応しなければなりません。つまり、同時に一人何役もこなさなければならないほど、私は多忙を極めていたわけです。

できることなら自分の分身をつくり、「おまえは営業に走れ」とか「おまえは製造で問題が起きているから、すぐにそこに飛べ」と命令できれば、どれほど助かるだろうかと思いました。孫悟空のように自分の毛を抜き、ひと吹きすれば自分の分身が何人も現れ、それらに命じることができればいいのにと、真剣に思ったくらいです。

また同時に、自分と同じように、経営に責任をもち、経営者としての自覚をもった人が欲しいと強く感じていました。「経営者としての責任感をもった共同経営者」が欲しい、それも一人でも多く、そのような人材を育てたいと思っていたのです。

どんな会社でも経営者は孤独なものです。トップとして自分一人で最終的な決断をしなければならない。それだけに、心細さが常につきまといます。私の場合、会社経営の経験もなければ、経営の知識もなかったわけですから、なおさら自分と苦楽をともにし、一緒に経営の責任を担ってくれる、いわゆる仲間としての共同経営者を、心の底から欲していたのかもしれません。

そのように会社が大きくなるにしたがい、会社全体をトップ一人で見ていくことが難しくなってきた場合、営業と製造を分離して、「営業だけでも責任をもって見てくれ。製造は自分が面倒見るから」と、製造部門と営業部門とを分担するのが一般的です。

また、それでもなお業容が拡大していくとすれば、営業部門については、例えば東部と西部というように地域を分けることになります。さらに顧客が増えてくれば、東部地域や西部地域をA地区、B地区、C地区というように、より組織を細かく分けていきます。

製造部門についても同様です。製造の責任者一人で工程全体を管理していくことが不可能となれば、製造を小さな単位に分けて、その小さなユニット・オペレーションのリーダーに、それぞれ経営責任をもってもらい、きめ細かく採算を見ていくようにしていかなければなりません。

そのような小さな組織単位にすれば、それぞれの組織ごとの管理はそれほど難しくはありません。つまり、企業を小さなユニット・オペレーションに分割することで、特段に高い能力をもっていない人、いわば普通の能力しかもたない人間でも経営ができるようになるのです。

また、会社の組織を小さなユニット・オペレーションに分け、それぞれが独立した中小企業のような形にすることで、リーダーが中小企業の経営者のような意識をもつようになり、その結果、私がかねて願っていた経営責任をともに担ってくれる仲間、いわゆる共同経営者が育っていくことにもなるのです。このように、会社を中小企業の集合体として再構成し、その経営をそれぞれのリーダーに任せ、経営者意識をもった人材を育成していく。これがアメーバ経営の第二の目的です。

三．経営哲学をベースとした全員参加経営の実現

――経営理念と情報の共有化で従業員の経営者意識を高める

アメーバ経営の第三の目的は、「経営哲学をベースとした全員参加経営の実現」です。これは、京セラを創業した当時の日本の社会情勢が背景となっています。第二次世界大戦後、日本は労使対立が激しくなり、京セラの所在地である京都は、特にそのような傾向が強い土地柄でした。

なぜ、労使間の対立が生じるのか。それは、労働者が自分たちの権利だけを主張し、経営者の苦しみ、悩みを理解しようとしないからです。また、経営者も労働者の苦しみを理解し、その権利を守ってあげようとはしないからです。

他にもさまざまな社会的要因があろうかと思いますが、つまるところ、労使双方が自分のエゴをむき出しにし、自己の利益の追求だけに執着し、相手のことを思いやる気持ちがないということが、最も大きな要因だと私は考えています。

そうであれば、労使の対立を解消するためには、経営者が労働者の立場をよく理解し、その権利を尊重すると同時に、労働者の意識を経営者と同じレベルにまで高めていかなけ

ればならないはずです。そのようにして、経営者と労働者が同じ考え方、意識を共有することができるならば、労使間の対立は消えてなくなるに違いありません。

では、そのためにどうすればいいのか。そのとき、私の頭に浮かんだのが「大家族主義」という考え方でした。つまり、世の中にはさまざまな会社形態があるわけですが、もし「社員全員が経営者」という会社があれば、そんな会社が一番強いはずだと私は考えたのです。

しかし、それは日本の社会制度上、存在しない会社形態でした。それでも私は労使という対立関係ではなく、従業員と経営者が一つの目的のために、同じ土俵に立って協力し合えるような会社形態が理想だと考え、そのモデルを「家族」に求めたのです。

会社がまるで一つの大きな家族であるような経営ができれば、労使の対立は解消するし、経営は必ずうまくいくのではないか。そう考えた私は、全従業員が家族の如くお互いに助け合って、対立のない経営を行っていくという「大家族主義」を、京セラの経営哲学の骨格に据えました。

当時、労使対立構造にあった日本社会にあって、経営者と従業員が同じ意識で集う、まるで家族のような企業をなんとしてもつくり上げていかなければならない、そう固く心に誓ったのです。そのためには、先にお話ししたように、まずアメーバリーダーに小さなユニット・オペレーションを任せることで、経営者意識をもった人を一人でも多く育てていくことが必要です。しかし、組織を小さく分割するといっても自ずから限界が出てきます。

そこで私は、労使の立場を超えて、経営者と従業員が一致団結するために、すべての従業員が納得し共感できる経営の目的、つまり「経営理念」の共有に努めました。

京セラの経営理念は、「全従業員の物心両面の幸福を追求すると同時に、人類、社会の進歩発展に貢献すること」です。つまり、京セラという企業は、すべての従業員の物質的、また精神的な幸福を追求することを第一義として、その上で「世のため人のために」貢献をはたすということを、会社の大義名分としました。

そのような誰しもが納得でき、共感できる経営理念であればこそ、従業員は京セラを自分の会社と思い、懸命に働いてくれるはずです。また、経営者も従業員の幸福の実現のために、全身全霊を傾けて経営にあたるはずです。その結果として、経営者と従業員が、同じ目的のために、同じ意識をもって臨む、同志または家族となっていくのです。

私は、そのようなことから、「経営理念」を高く掲げ続け、ことあるごとに、その意義について社員に語りかけ、共有するように努めてきました。

このように大義名分を共有することで、経営者のエゴ、労働者のエゴという対立構図を超えて、「全員参加の経営」を行う、これがアメーバ経営を行う第三の目的なのです。

アメーバ経営運用にあたっての留意点
――アメーバ組織づくりの三つのポイント

さて、アメーバ経営の三つの目的について理解いただいたと思いますので、次に、アメーバ経営を実際に運用していく上での留意点についてお話をしたいと思います。

まずは「アメーバ組織のつくり方」です。アメーバ経営では、どのように組織を切って、アメーバをつくるのかということが、まずは成功の鍵となります。そのポイントはやはり三つあります。

第一のポイントは、「部門の収入と経費がはっきりし、独立採算が可能な単位であること」です。つまり、その部門に収入が明確に存在し、かつ、その収入を得るために要した費用も明確に出る、この条件を満たす組織に分ける、ということです。

どのような組織でも経費については把握できますが、収入については見えにくい部門があったり、部門によっては収入がなかったりするところがあります。独立採算を行うには、売りと買いがはっきりして収支計算ができること、つまり収入もあり、経費も明確に把握できるということが第一のポイントとなります。

第二のポイントは、「事業として完結できる状態に細分化すること」です。言い換えれば、一個の独立した会社として成立するくらいの機能をもつ単位に細分化することです。アメーバのリーダーは、経営者として、アメーバを独立採算で経営していくわけですから、アメーバが一つの事業として完結した状態にあり、リーダーが経営者としての創意工夫を重ね、やりがいを感じられるものでなければ意味がありません。

例えば、ファインセラミックスの製造工程を考えてみたいと思います。先にお話ししたように、ファインセラミックスの製造工程は、まず原料を調合する原料工程があり、次にその原料粉末をプレスしたりして望む形に仕上げる成形工程があり、次にそれを高温で焼き固める焼成工程、続いて焼き上がった製品を磨き上げ、仕上げる加工工程があります。

京セラの製造で最初にアメーバとして分けたのは、その中の原料工程でした。最初は、セラミックスの原料を調合するという工程を独立採算にするのは、事業として完結するという条件に照らすと、細分化し過ぎではないかとも思いました。

ところが日本には、京セラのようなセラミックメーカーにセラミックスの調合済み原料を売っている会社があります。原料の調合だけで成り立っている会社があるのなら、京セラでも原料を安く仕入れて調合し、次の工程の成形部門に売るということは、生業《なりわい》として成り立つのではないかと考え、アメーバとして独立させることにしたのです。

次の工程の成形や焼成、加工についても、実際にそのような賃加工だけで経営が成り立っている中小企業は、日本にはいくらでもあります。機械や材料を支給されて加工賃だけをもらい、事業を営んでいるのです。京セラのそのような部門も、原料部門から原料を買って、成形をしたり、焼成をしたり、加工をしたりすることで、売りを立てるようにすれば、独立採算部門として成り立つのではないか。そう考えて、これらの部門もアメーバとして独立させました。

このように、独立した事業として成り立つ状態にまで組織を細分化していくことが、アメーバの組織のつくり方の第二のポイントです。

第三のポイントは、「会社としての本来の目的を遂行できること」です。たとえ独立採算がとれる組織という条件を満たしたとしても、それをアメーバとして独立させてしまうと、会社全体として一貫した経営というものが阻害される場合もあります。そのようなときには、アメーバとして独立させてはならないのです。

つまり、アメーバとして細分化すれば、会社として調和がとれているべき機能がバラバラになってしまい、会社の目的を達成しえなくなる、そのようなアメーバづくりはすべきではないということです。

営業部門を例にとれば、受注や売上が増え、組織が次第に大きくなってくると、営業部門をさらに細分化して、受注をとりに行く部門、製品を配送する部門、請求書を発行し代金の回収だけを行う部門というように、独立採算が可能な部門に分けることもできるわけです。

しかし、それでは営業として客先に一貫したサービスが提供できません。お客様と取引をしていくには、ある部門は受注だけを見ていればいいのかと言うと、決してそうではありません。そこには納期管理もあれば、納品もあれば、クレーム対応も代金回収もあります。それをそれぞれ別のアメーバが担当していたのでは、お客様の要望にお応えすることができなくなってしまいます。

したがって、アメーバはただ分けられるから分ければいい、というものではありません。会社全体の目的、方針を遂行することができる単位にしか分けてはならないのです。

また、大切なことは、そうしていったんアメーバをつくったらそれで終わりではないということです。時々の事業環境に合った組織になっているかということを、経営者は常に注意して見ていく必要があるのです。

既存のアメーバをさらに細分化していく、あるいは逆に細分化し過ぎたものは再び統合をさせるというように、常に見直しをかけていくことが必要です。製造部門であろうと営業部門であろうと、アメーバの組織をいかにつくるかということは、たいへん重要な問題であり、これに失敗すればアメーバ経営を行う意味もなくなってしまうのです。その意味では、「アメーバ組織をどうつくるのかということこそ、アメーバ経営の始まりであり、終わりである」と言っても過言ではありません。

アメーバ間の値決めをどうするか

さて、アメーバ経営の実践における、もう一つのポイントは、「アメーバ間の値決め」です。

工程ごとにアメーバ組織ができてきますと、それぞれのアメーバは売買をしますので、各アメーバ間で売り値を決めなければなりません。しかし、各アメーバは少しでも採算を上げようと必死になっていますから、このアメーバ間の売り値を決めることは、アメーバ経営にとってたいへん重要な問題であるとともに、また非常に難しいことでもあるのです。それは、アメーバ間の売り値というのは、客観的な値段がないからです。お客様に売る最終的な価格はありますが、工程間の売買価格については、客観的な基準は一切ありません。

では、どのようにしてアメーバ間の売り値を決めていくのか。まずは、ある製品の受注が決まれば、その最終的な売り値からさかのぼって、各工程の値段を決めていきます。この製品は客先にこの価格で売るのだから、最終の検査部門ではいくら、加工部門ではいくらと、原料部門までさかのぼって、売り値を決め、各工程間の値段を決めていくのです。

その際、ある部門では労力もたいしてかからないのに高い売り値をつけ、簡単に採算が上がる。一方、別の部門ではたいへんな手間がかかるのに、売り値が安く、いくらがんばっても採算が合わないというのではうまくいきません。アメーバ間の売り値を判断する人が常に公平であり、みんなを納得させるだけの見識をもち合わせていなければなりません。

アメーバ間の売り値を判断する人が、どの部門にどのくらいの費用が発生するのか、どのくらいの労力が必要なのか、どのくらい技術的に難しい製品なのかなどをよく把握し、さらには社会的な常識にも照らし合わせ、それらに見合うような採算が出せるよう、値決めをしていかなければならないのです。

社会的常識とは、労働の価値に対する常識であり、例えば電子機器を販売するには粗利が何%くらい必要だとか、内職やアルバイトの日当はいくらだとか、この作業を外注したら手間賃はいくらだとか、そういったことをよく理解している必要があるのです。

要するに、各アメーバ間の値決めは、それぞれのアメーバの仕事をよく理解しているリーダーが、そのアメーバにかかる経費や労力を社会的な常識から勘案し、それに見合う売り値をつけて、フェアに決めていかなければならないという非常に難しい行為であり、それだけにたいへん重要なことなのです。

会社全体のモラルと利益を損なわせる「利益の対立」

そのようにアメーバ間の値段を決めても、アメーバ同士の利害が対立し、争いが起こることがあります。例えば、ある製品を受注し、最初はアメーバ間で公平に売り値を決めたとします。ところが、二ヵ月もたたないうちに、市場競争で最終的な売り値が一割下がるとします。

そのような場合、全工程で売り値を一割値下げすることができれば、うまくいくかもしれません。しかし、中には「その製品は以前から採算が合わず、値段を是正するように前々から求めていたのに、今度また一律一割の値下げと言われたのでは、採算がさらに悪化し、製造する意味がない。それなら、もうその注文は要らない」というアメーバが出てくるかもしれません。そうなると、一律一割の値下げができなくなり、アメーバ間でけんかが始まるわけです。

また、営業と製造の間でも対立が起こる場合があります。メーカーでは、「売り切り買い切り」で、製造・営業間の取引を行っているケースが大半です。営業が商品を製造から買い取って、全責任をもってお客様に売るような形態です。この場合、営業は製造からなるべく安く仕入れて、できるだけ高く顧客へ売ってもうけようとする商社のように、才覚で商売ができる妙味があります。

しかし、京セラのようなメーカー直販営業の場合に、「売り切り買い切り」を行えば、営業はできるだけ安く買おうとし、製造はできるだけ高く売ろうとしますから、営業と製造の間で激しく利害が対立し、会社全体を疲弊させてしまうことにもなりかねません。

そこで私は、営業と製造が対立しないように、当初、国内営業が売上を上げれば、一〇%の口銭を自動的にもらえるようにしました。いわゆるコミッション制をとったわけです。この形態では、営業が自分の才覚でもうけることはできないのですが、その代わり、売上さえ上げれば一〇%の手数料がもらえますから、営業と製造が仕切り値でけんかすることはなくなります。

ところがこの形態では、営業はいくら製品の売り値が下がっても、口銭として売上の一〇%を必ず受け取れるものですから、客先の値下げ要求を簡単に受けてくるようになってしまいました。製造にとって、コストを一割下げることさえたいへんなことであり、赤字になるかもしれないのに、営業はいとも簡単に客先の値下げ要求を受け入れてくるようになったのです。そのようなことから、製造と営業の間で利害が対立し、けんかとなることもしばしばでした。

また、海外の現地法人と、日本の本社の間でも対立は起こりました。特に、クレームや納期問題が起こると、米国の営業と日本の製造部門の間でたちまちに争いが始まりました。米国の営業は、自分の実績が上がらないのは日本の製造に問題があると、烈火の如く怒り出します。当時はテレックスで連絡していましたが、抗議のテレックスが次々と日本に舞い込んできました。

本来ならば、クレームのようにお客様の信用を失いそうなときにこそ、日米の製造・営業が一致協力をして、危機的状況を回避することに努めなければなりません。ところが、実際には逆で、危機に際して内輪もめが起こり、それが巡りめぐってお客様にも聞こえていくのです。現地の営業が納期問題などで何回もお客様から叱られると、お客様に向かって、「これは京セラの日本の製造がいい加減なのです。私は何度も製造へテレックスを打ちましたが、一向に約束を守りません」というようなことを、平気で客先で言う者まで出てきました。

自分の顔を立てるために、営業がお客様に向かって自社の製造部門を非難するわけです。そんなことをすれば、京セラ全体の信用を失い、二度と注文をもらえなくなるかもしれないのに、当座自分の顔を立てるためだけに、そんなことを言う営業まで出てくる始末でした。

このような対立は、自分を守ろうとする「利己」の結果、生まれるものです。アメーバ経営では、会社を小さな組織に区切り、それぞれが独立採算で経営していますから、自部門の利益をできるだけ多く出そうとする意識が強くなりやすいのです。そのために、部門間の争いが起こり、会社全体の調和が壊れやすくなってしまうのです。

本来、各部門は自分たちの部門を守り、発展させようということに懸命に努めるとともに、会社トータルとしての利益を最大限にするために全力を尽くさなければなりません。いわば、個と全体の調和です。しかし現実にはそうはならず、個の利益は達成できても、全体の利益が損なわれることになってしまいかねないわけです。

アメーバ経営のリーダーにはフィロソフィが必要

そのような矛盾を解決するには、個の利益を追求しながらも、立場の違いを超えて、さらに高次元の判断ができるような、確固たる「哲学」が必要となってきます。つまり、アメーバのリーダーは、各部門の利益代表であると同時に、京セラ全体の利益代表でもあるという、高次元の哲学が必要になってくるのです。

ここで言う高次元の哲学とは、京セラの場合は、まずは先ほどご紹介した「全従業員の物心両面の幸福を追求する」という経営理念でした。このような全員が共有できる理念があるからこそ、従業員は自部門の利益だけではなく、仲間の幸福の実現のために、会社全体の利益を優先して考えるようになるのです。

また、普遍的な価値観としての確固たる考え方も必要です。私は、京セラにおいて、ことあるごとに、人間としての基本的な考え方を説いてきました。それを京セラでは、フィロソフィと呼んでいます。それは、公平、公正、正義、勇気、誠実、忍耐、努力、親切、謙虚、博愛、というような、プリミティブな言葉で表される、両親や先生から教わった、人間としての基本的な徳目であり、「人間として何が正しいのか」という問いに対する解でもあるわけです。

そのような普遍的な哲学、フィロソフィが企業内で共有されていればこそ、アメーバリーダーは、自分たちだけよければいいという、悪い思いを払拭し、会社全体のために何をしなければならないのかという、善い考えに立脚することができるのです。

「アメーバ経営」を推進するリーダーに、高邁な哲学、フィロソフィが必要となる、もう一つの理由があります。それは、リーダーとなるような人間は、もともと利己的で自己主張の強い人間であるということです。

ともすれば悪さもしかねないような人間であるからこそ、普遍的なフィロソフィをもって、自分の行動を制御していく必要があるのです。つまり、自分を律する高い次元のフィロソフィを身につけることで、自分勝手な行動をできる限り抑え、アメーバ経営を正常に機能させていかなければならないのです。

そのようなことから私は、リーダーは高邁なフィロソフィをもち、すばらしい人間性を兼ね備えた人間でなければならない、それも「まったき人格者」でなければならないとよく話してきました。つまり、「アメーバ経営」におけるリーダーとは、全人格的に優れた人間でなければならず、そのようなリーダーであってこそ、組織を永続的に発展させることができるのです。

「人に優しい経営」を可能にする経営システム

京セラでの「アメーバ経営」の運用において、そのような哲学の浸透が色濃く反映しているのが報酬制度です。

京セラでは、たとえあるアメーバがいくらすばらしい業績を上げても、それに連動して、多額の昇給があったり、賞与が出るということはありません。もちろん、仕事の実績は長期的には評価されて、昇給、昇格に反映されていきますが、採算が良ければ、ただそれだけですぐに昇給、賞与の金額が大幅に増えるというような報酬システムはとっていません。

もし、アメーバの実績を個人の報酬に直接反映させていけば、社員は短期的な業績のみに一喜一憂することになり、また、不満や妬みから社内は砂を噛むような人間関係に陥ってしまうことでしょう。そのため京セラでは、すばらしい実績を上げれば、会社全体に対して大きな貢献をしたということで、仲間から賞賛と感謝が与えられます。

このことを社外の人に話しますと、「それでよく機能しますね」と不思議がられます。しかし京セラは、先ほどもお話ししたように、全従業員が納得し、共鳴できる経営理念のもと、「人間として正しいことを貫く」というフィロソフィを徹底して伝え、全社で共有してきました。

そのことで、金品で人の心を操るのではなく、会社への貢献をみんなから賞賛されることこそ、最高の栄誉であると、リーダーをはじめ全員が考えるようになっているのです。

このように、アメーバ経営とは、崇高な哲学をベースとした経営システムであると言っても過言ではありません。

欧米企業の多くは成果主義による経営をとっています。成果主義とは、人間の物欲にストレートに応える手法であり、仕事の成果に応じて報酬も雇用さえもドライに割り切る方法です。しかし、そのような方法では、一時的なモチベーションアップは図れても、長年それを持続していくことは難しくなるはずです。

一方、「アメーバ経営」は、経営者と従業員、そして従業員同士の信頼関係をベースにした全員参加の経営であり、いわば人の心を大切にする経営システムです。「アメーバ経営」では、全従業員が経営に参加するため、工場で作業をしている人も含めて、すべての従業員が自分たちの目標に向かって、自発的に仕事をするようになります。

ときに世間では、労働者はただ働けば良いとばかりに過酷なノルマを与えて強制的に働かせたり、あるいは高額の成功報酬で釣るような打算的な経営を行ったりすることで、業績の向上を図ろうとします。一方、「アメーバ経営」とは、現場で働く社員一人ひとりが、「自分たちは経営者だ」という意識をもつことで、働く喜びを感じながら自発的に仕事に励むことで、業績向上を図る経営システムなのです。

このように「アメーバ経営」は、フィロソフィをバックボーンとした「人間尊重の経営」であり、「人に優しい経営」を可能にする経営システムなのです。さらに言えば、自らが参画し、自らが経営していく喜びを感じられる経営、一人ひとりの労働の価値を尊重する経営、それこそがアメーバ経営なのです。

全世界の隅々まで浸透したアメーバ経営

京セラグループ躍進の原因は、そのようなフィロソフィに根ざしたアメーバ経営が全世界の隅々まで浸透し、グローバルに実践されていることにあると私は考えています。

中国の企業におきましても、今後ますますグローバル化が進展していくはずです。そうすれば、世界各地のオペレーションにおいて、グローバルに通用する普遍的な経営哲学を共有するとともに、それをバックボーンとした、確固たる経営管理システムを確立し、正しく実践することが必ず求められてくるものと思います。

本日の私の講演が、そのようなすばらしい経営を、この会場にお集まりの皆さんが実現される契機となりますなら、まことに幸いに存じます。

経営の原理原則

大きく肥大した組織になればなるほど、経営実態や無駄がわかりにくくなり、必要な経営改善の手が打てず、また誤った経営の舵取りをしてしまうことで、せっかく成長させた企業を衰退させてしまう例が、後を絶たない。急成長を続け、組織が日増しに拡大していく中で、少しでも無駄のない経営を図るために、組織を細分化し、その組織ごとに月々の売上と経費の明細が迅速かつ明確にわかるようなシステムを構築し、その運用に努めることが必要だ。

◉

管理会計は、経営情報をステークホルダー向けに開示するための財務会計や、納税のために行う税務会計とは異なり、経営者が経営実態を把握し、その意思決定や業績管理に活用するための会計手法である。「アメーバ経営」は、経営の実践の中から生み出された、経営者が経営を行うための管理会計システムである。

◉

経営者の強い思いとあふれるような情熱、そして誰にも負けない努力と絶えざる創意工夫があれば、企業は成長発展を遂げる。しかし、その急激な会社発展のかげで、組織が肥大化し、無駄がわからなくなり、どんぶり勘定に陥ってしまったりすることで、企業が衰退の道をたどり始めることが往々にしてある。企業が発展を遂げ、その繁栄を長く持続するには、確固たる管理会計システムを確立し、それぞれの部門ごとに経営実態をリアルタイムで把握し、必要な手を迅速に打つことが絶対に必要となる。

◉

アメーバ経営の三つの目的は、「マーケットに直結した部門別採算制度の確立」「経営者意識をもつ人材の育成」「経営哲学をベースとした全員参加経営の実現」である。

後追いで計算した原価はまったく意味がない。経営者にとって、数ヵ月前にどう経営の舵を切ったのか、その結果を示す記録でしかないからだ。経営者が必要とするのは、今企業がどのような経営状態にあり、どういう手を打てばいいのかを教えてくれる、「生きた数字」だ。

◉

「売上最大、経費最小」の原則に則り、アメーバごとの採算を誰でもわかるような形で表したものが、京セラ独自の「時間当り採算表」である。そこでは、売上と経費だけでなく、「時間当り」という、労働時間一時間当たりの付加価値を計算することで、そのアメーバの生産性が明確にわかるようにしている。この「時間当り採算表」の予定と実績を対比させることで、各アメーバが売上、経費の予定、いわゆる計画に対して、現在どういう遂行状況にあるのかを、そのアメーバのリーダーはリアルタイムに把握することができ、すぐさま必要な手を打てるようになっている。

◉

経営の実態に即し、適切な手を打つには、複雑で大きな全体のオペレーションを、必要に応じてアメーバと呼ぶ小さな組織に分割し、そのアメーバごとに、売上や経費などの経営実績がリアルタイムに把握できるような経営管理システムが必要になる。そのような経営管理システムがあれば、たとえ市場価格が大幅に下がっても、売り値の下落がアメーバ間の売買価格にすぐに反映され、各アメーバは即座に経費を下げるなどの対策をとることができ、急激に採算が悪化するようなことも回避できる。

◉　◉　◉

アメーバ経営とは、マーケットのダイナミズムを社内のアメーバにダイレクトに伝え、さらにはそのマーケットの変化に会社全体がリアルタイムに対応することができる、市場に直結した経営管理システムである。

「売上最大、経費最小」という、経営の大原則を徹底して実践するために、組織を小さなユニット・オペレーションに分け、市場の動きに即座に対応できるように、部門別の採算管理を行うことがアメーバ経営を行う第一の目的である。

◉

どんな会社でも経営者は孤独だ。トップとして自分一人で最終的な決断をしなければならない。

◉

会社の組織を小さなユニット・オペレーションに分け、それぞれが独立した中小企業のような形にすることで、リーダーが中小企業の経営者のような意識をもつようになり、その結果、経営責任をともに担ってくれる共同経営者が育つことにもなる。会社を中小企業の集合体として再構成し、その経営をそれぞれのリーダーに任せ、経営者意識をもった人材を育成していくことが、アメーバ経営の第二の目的だ。

◉労使の対立を解消するためには、経営者が労働者の立場をよく理解し、その権利を尊重すると同時に、労働者の意識を経営者と同じレベルにまで高めていかなければならないはずだ。そのようにして、経営者と労働者が同じ考え方、意識を共有することができるならば、労使間の対立は消えてなくなるに違いない。

◉労使の立場を超えて、経営者と従業員が一致団結するために、すべての従業員が納得し共感できる経営の目的、つまり「経営理念」を高く掲げ続け、ことあるごとに、その意義について社員に語りかけ、共有するように努める。大義名分を共有することで、経営者のエゴ、労働者のエゴという対立構図を超えて、「全員参加の経営」を行う、これがアメーバ経営を行う第三の目的である。

◉アメーバ組織のつくり方の第一のポイントは、「部門の収入と経費がはっきりし、独立採算が可能な単位であること」である。つまり、その部門に収入が明確に存在し、かつ、その収入を得るために要した費用も明確に出る、この条件を満たす組織に分けるということだ。

◉アメーバ組織のつくり方の第二のポイントは、「事業として完結できる状態に細分化すること」であり、一個の独立した会社として成立するくらいの機能をもつ単位に細分化することだ。なぜなら、アメーバのリーダーは、経営者として、アメーバを独立採算で経営していく。アメーバが一つの事業として完結した状態にあり、リーダーが経営者としての創意工夫を重ね、やりがいを感じられるものでなければ意味がないからだ。

アメーバ組織のつくり方の第三のポイントは、「会社としての本来の目的を遂行できること」である。たとえ独立採算がとれる組織という条件を満たしたとしても、それをアメーバとして独立させてしまうと、会社全体としての一貫した経営が阻害される場合もある。そのようなときには、アメーバとして独立させてはならない。

◉

いったんアメーバをつくったらそれで終わりではない。時々の事業環境に合った組織になっているかを、経営者は常に注意して見ていく必要がある。

◉

アメーバの組織をいかにつくるかということは、たいへん重要な問題であり、これに失敗すればアメーバ経営を行う意味もなくなる。アメーバ組織をどうつくるのかということこそ、アメーバ経営の始まりであり、終わりである。

◉

各アメーバ間の値決めは、それぞれのアメーバの仕事をよく理解しているリーダーが、そのアメーバにかかる経費や労力を社会的な常識から勘案し、それに見合う売り値をつけて、フェアに決めていかなければならない。これは非常に難しい行為であり、それだけにたいへん重要なことなのだ。

◉

アメーバ経営では、会社を小さな組織に区切り、それぞれが独立採算で経営するため、自部門の利益をできるだけ多く出そうとする意識が強くなりやすい。そのため、部門間の争いが起こり、会社全体の調和が壊れやすくなってしまう。自分たちの部門を守り、発展させようということに懸命に努めるとともに、会社トータルとしての利益を最大限にするために全力を尽くさなければならない。個と全体の調和を図ることが、大切なことになる。

◉

アメーバ間の矛盾を解決するには、個の利益を追求しながらも、立場の違いを超えて、さらに高次元の判断ができるような、確固たる「哲学」が必要となる。アメーバのリーダーは、各部門の利益代表であると同時に、会社全体の利益代表でもあるという、高次元の哲学が必要になってくる。

◉

アメーバ経営を正常に機能させるには、リーダーは高邁なフィロソフィをもち、すばらしい人間性を兼ね備えた人間でなければならない。それも「まったき人格者」でなければならない。「アメーバ経営」におけるリーダーとは、全人格的に優れた人間でなければならず、そのようなリーダーであってこそ、組織を永続的に発展させることができる。

◉

ときに世間では、労働者はただ働けば良いとばかりに過酷なノルマを与えて強制的に働かせたり、あるいは高額の成功報酬で釣るような打算的な経営を行ったりすることで、業績の向上を図ろうとする。一方、「アメーバ経営」

とは、現場で働く社員一人ひとりが、「自分たちは経営者だ」という意識をもつことで、働く喜びを感じながら自発的に仕事に励むことで、業績向上を図る経営システムなのだ。

◉

「アメーバ経営」は、フィロソフィをバックボーンとした「人間尊重の経営」であり、「人に優しい経営」を可能にする経営システムである。さらに言えば、自らが参画し、自らが経営していく喜びを感じられる経営、一人ひとりの労働の価値を尊重する経営、それこそがアメーバ経営なのだ。

KAZUO INAMORI LECTURES

京セラ会計学

―今こそ求められる経営のための会計学―

二〇一一稲盛和夫経営哲学大連報告会講演――二〇一一年一〇月二三日

背景

「稲盛和夫（北京）管理顧問有限公司」が主催する四回目の経営哲学報告会が中国の大連で開催された。稲盛は、「京セラ会計学――今こそ求められる経営のための会計学――」と題して、飛躍的な成長をはたした中国企業がさらにその発展を持続するために求められる七つの会計原則について説いた。

経理の専門家ではない私が確立した、会計の原理原則

本日は、経営の実践学として、私が考える企業会計のあり方、いわゆる「京セラ会計学」についてお話ししようと考えています。

私は、経理の専門家ではありません。しかし、経営者として日々経営に取り組む中で、会計の重要性に気づき、自ら勉強を重ねるとともに、経営の実践の中で、そのあり方について、自分なりの原理原則を確立してきました。

京セラが五〇年以上にもわたり、一度の赤字もなく、隆々と成長発展を続けているのも、この企業会計の考え方を早期に確立し、その後も貫いてきたことが要因の一つであろうと考えています。

そのような経験をもとに、一九九八年に日本で、私の企業会計の考え方とその実践をまとめた書籍を、『稲盛和夫の実学』と題して出版したところ、「エンジニア出身の経営者が著した実践的なビジネス書」としてベストセラーとなり、現在も経営者、ビジネスマン、会計士などの間で広く読まれています。また、ここ中国でも、本年（二〇一一年）新たに発刊され、高い評価をいただいています。

飛躍的な発展を続ける中国経済、その中にあって、多くの中国企業も急激な成長発展を遂げておられます。そのような急成長をはたした企業が、持続的に成長発展を続けていくためには、それを支える確固とした企業管理の考え方や、管理体制の構築が必要不可欠です。それが「アメーバ経営」であり、また本日お話しする「京セラ会計学」なのです。

経営の原点と会計――物事の本質に立ち返って考える

まずは、そのような私の会計学がどのようにして生まれたのか、ということから、お話しします。

一九五九年に、支援してくださる方々のご厚意により京セラを設立したとき、まだ二七歳の技術者であった私に、経営の経験や知識はありませんでした。それでも、その前に勤めていた会社で、私は製品の開発から事業化までを担当していましたので、製品を開発すること、製品を生産すること、そして製品をマーケットで売ることという、企業経営の三つのファンクションについては、何とかできるだろうと考えていました。

しかし、「会計」については何も知りません。初めて貸借対照表というものを見て、右手の貸方に「資本金」というお金があり、左手の借方にも「現金・預金」というお金がある。そこで「お金が二手に分かれて、両側にある」ぐらいに考えていたほどです。

そんな私でありましたが、社員たちは、あらゆる事柄について、私に判断を仰いできます。また、京セラは生まれたばかりの零細企業でしたので、一つでも判断を間違えば、すぐに会社は傾いてしまうかもしれません。私は何を基準に判断すべきなのか、夜も眠れないほど悩んでいました。

そして、経営の知識や経験はないのだから、すべての事柄について「人間として何が正しいのか」と問い、「正しいことを正しいままに貫いていく」ことを決心しました。自分にも理解できる、両親や学校の先生から幼いときに教わったプリミティブな倫理観に照らし、すべての物事を判断することにしたのです。そうすれば、経営の知識や経験がなくとも、そう誤った判断をすることはないだろうと考えたのです。

そうして、いわゆる原理原則に基づいた判断基準を自分の中に確立し、振り返ってみると、経営の常識にとらわれることがなかったことが、むしろ幸いであったかと思います。と言いますのは、物事をその本質からとらえることができるようになったからです。

「会計」についても同様でした。常に物事の本質に立ち返って考えるようにしていたので、会計上の案件について、納得できないことがあれば、すぐに経理の担当者から詳しく説明をしてもらうようにしました。

しかし、私が知りたかったのは、会計や税務の教科書的な説明ではなく、会計の本質とそこに働く原理であったのですが、往々にして、経理の担当者からは、そのような回答を得ることができませんでした。

経理の専門家から「会計的にはこのようになる」と言われても、日々経営に呻吟する私にはどうしても腑に落ちず、「それはなぜか?」と、納得できるまで質問を重ねていきました。

経理部長とのやりとりを通して生まれた会計学

京セラを創業してから数年後に入社してもらった、ある経理部長がいました。彼は、歴史ある企業で豊かな業務経験を積んだ、ベテランの経理マンでした。彼が入社したての頃、私とよく意見が対立しました。ベテランの経理マンである彼は、私が社長であるからといって、容易に自分の信ずるところを譲ることがなかったからです。

しかし私は、疑問に思ったことはどんな小さなことでも、彼に遠慮なく質問をぶつけました。「なぜ、この伝票を使うのか?」「経営の立場からはこうなるはずだが、なぜ、会計ではそうならないのか?」など、根ほり葉ほり「なぜ」を繰り返したのです。

相手が「とにかく企業会計ではそういうことになっているのです」と音を上げても、「それでは回答にならない。経営者が知りたいことに答えられないような会計では意味がないではないか」と、納得がいくまで食い下がっていったのです。

最初、彼は私のそのような質問に驚き、あきれていました。経理の専門家を自負する彼にとっては考えられないような珍問の連続であったからだと思います。しかし、数年を経た頃から突然彼の態度は一変し、私の意見に真摯に耳を傾けてくれるようになりました。

私が経営者として、「経営はいかにあるべきか」という立場から、会計について発言していることを理解し、経理マンとして、これまで考えたことがなかった、まさに経営のための会計という考え方を進んで汲み取ろうとするようになったのです。後に彼に聞くと、私の言っていることは、「会計の本質を突いている」ことに気づいたと言います。

その後、彼は経理部長として、日本での株式上場、アメリカでのＡＤＲ発行などに携わり、京セラの成長発展の歩みの中で、会計システムをより精緻なものへと進化させてくれました。

私もそのような京セラの成長発展の過程で遭遇した、さまざまな会計や税務の案件に対して、自分の経営哲学に基づいて真正面から取り組み、判断を重ねていきました。そして、具体的な経営事案を通じて、会計や財務のあり方、あるべき姿について、自分なりに得心できる考え方をもつに至りました。

また、そのような考え方が「京セラ会計学」として、京セラ独自の経営管理システムである「アメーバ経営」とともに、京セラ社内に浸透し、京セラ成長の原動力の一つとなっていったのです。

そのようにして生まれ、育まれていった、まさに経営者のための実践的な会計学である「京セラ会計学」は、七つの原則から成り立っています。今から順にお話ししていきたいと思います。

一．キャッシュベース経営の原則

第一の原則は、「キャッシュベース経営の原則」です。

これは、会計上の数字ではなく、実際の「現金の動き」にスポットをあてるということです。これも、物事の本質に基づいた経営を行うということから生まれたものです。

近代会計学では、収入や支出を発生させる事実が起きたときに、収益や費用があったものとして計算をします。これが「発生主義」と言われる会計処理方法ですが、この方法をとると、実際のキャッシュの受け取りや支払いがなされるときと、それが収益や費用として、会計上認識されるときが異なってきます。

その結果、決算書に表される損益の数字の動きと、実際のキャッシュの動きとが直結しなくなり、経営者にとって、経営の実態がわかりにくいものとなってしまうのです。

例えば、利益が出ているといっても、実際には現金ではなく、在庫に形を変えていたり、集金されていない売掛金になっていたりと、さまざまな形態をとっています。このようなことから、決算上は黒字なのに、銀行から借金をしなければならないという事態が起こるのです。

経営のベースとなるのは、あくまでも手元のキャッシュですから、会計上の利益が出ているからと安心するのではなく、「もうかったお金は、どこにあるのか」ということを常に考え、手元のキャッシュを増やすような経営をしていかなければなりません。

このキャッシュをベースとする経営は、企業に安定をもたらしてくれるものでもあります。日本では、「手形が落ちない」と言って必死に金策に走り回り、ようやく手形を落とし、あたかも立派な経営努力をしたかのように思い込んでいる経営者がいます。しかし、常に金策に走り回って自転車操業をしているようでは、マイナスの経営をやっとのことでプラスマイナスゼロに戻しただけで、とても企業を成長発展させることはできません。

また、日本の経営者には銀行から借金をして、それを元手に事業を拡大していくと考えている人が多いのです。しかし、「天気の良い日には傘を貸すが、雨が降れば傘を取り上げる」と日本で言われるように、いざとなれば、銀行とは残酷なものです。だからこそ、どんなときでも自分の力で雨に濡れないようにしておかねばならないのです。

また現代は、技術革新が急速に進み、わずかな間に事業環境が一変してしまうことがあります。そのような企業を取り巻く激変する環境の中にあっても、事業を継続的に伸ばしていくためには、必要な資金を必要なタイミングで、研究開発や新規設備に投入しなければなりません。

だからこそ、経営者は必要に応じ、すぐに使えるお金、すなわち自己資金を十分にもてるようにしておかなければならないわけです。そのためには、内部留保を厚くする以外に方法はありません。すなわち、企業の安定度を測る指標である自己資本比率を高くしていかなければならないのです。

先ほどもお話ししたように、日本の企業は借入を前提として経営を進めるということになりやすい傾向があります。利益を積み重ねて、自分のお金で経営をするのではなく、銀行からお金を借りて経営する。利益を出して税金や配当金を支払うよりも、借金して金利を支払ったほうが節税にもなり、メリットが大きいという考え方です。

ところが、借入による資金調達は、市場における金利や資金需給の動向、政府や金融機関の政策や方針といったものに影響を受けることになります。それでは、新しい事業や生産設備の拡大のための投資が、タイミングを失いかねないことになります。

私は、そのようなことから、創業間もないときから、手元のキャッシュをできるだけ増やすという経営に努めてきました。その結果、京セラは高収益の企業体質に加えて、早期に無借金経営を実現できたのです。

さらには、このキャッシュベースの経営に努め、手元に潤沢な資金をもつことができたことで、新たなビジネスチャンスが訪れたとき、思い切った手を打つことができ、新規事業を優位な立場で進めることができるようになったのです。

このように、「キャッシュベース経営」とは、企業経営に安定をもたらすとともに、さらに発展し続ける経営の基盤となる、まさに基本原則なのです。

二・一対一対応の原則

二番目は、「一対一対応の原則」です。

「一対一対応の原則」とは、品物とお金が動けば、必ず伝票が起票され、それが品物やお金とともに動いていくというものです。社内にこの「一対一対応の原則」を徹底させると、一枚一枚の伝票の数字の積み上げが、そのまま会社全体の業績を表すことになり、企業会計が会社の真の姿を表すことにもなるのです。

このようなことの重要性に、私が気づいたのは、次のような体験からでした。

京セラ創業から三年目の一九六二年、私は初めてアメリカに渡りました。当時、日本ではファインセラミックスの市場は限られていたので、最先端のエレクトロニクスや半導体の産業が発展しつつあったアメリカで、セラミック製品の販売を図るためでした。

最初はまったく注文もとれず苦労しましたが、六八年には、後に半導体産業の中心地となるシリコンバレーの近くに営業拠点をつくり、現地での営業活動を開始しました。そのとき、海外経験豊富な貿易部長に、入社したばかりの若い社員をつけて、アメリカ駐在員として赴任させました。

この新入社員は、後に京セラ副社長となり、海外関連の仕事を統括し、活躍してくれることになったのですが、当時は英語も話せなければ会計の知識もない、理工系出身の若者でした。そこで、日系二世の公認会計士に経理を指導してもらうように依頼しました。新入社員は伝票処理などに懸命に努めていましたが、なかなかうまく覚えられず苦労していたようでした。

そのため、私はアメリカへ出張した際に彼を誘い、サンフランシスコ郊外にあるスタンフォード大学の図書館に行って、一緒に勉強したことがありました。書棚には、難解な会計の専門書だけでなく、小売店の店主に向けた簿記の解説書まで置かれていました。改めて実学の国アメリカであると思いながら、二人で基礎から経理の勉強をしたことを覚えています。

やがて、アメリカでの販売も順調に伸び始めました。ちょうどシリコンバレーの半導体産業の勃興期で、半導体メーカーからの注文が急速に増加していったのです。新入社員の彼も、営業活動や製品の発注、納品管理、さらには経理業務と、超人的な働きで、一人ですべてをこなしていました。

そのさなか、渡米した私をつかまえ、業績推移を表す経理資料を見せて、「社長、順調に伸びています」と、彼が勇んで報告するのです。事実、半期ごとの業績を見れば、売上も利益も順調に伸びていました。ところが、月次決算を見ると、大赤字を出したり、大黒字を出したり、乱高下を繰り返しているのです。

私は、「こんなことがあるわけないではないか。この月はこれだけ売り、こんなに黒字が出る。しかし、翌月は同じような売上なのに、こんなに赤字が出るというのはおかしいではないか。どうなっているんだ」と聞きました。

しかし、彼は「いや、公認会計士の言うとおりに処理しています。そうすれば、確かにこうなるのです」と言うのです。そこでよくよく調べてみると、実は「一対一の対応」ができていなかったのです。実際の処理は次のようになっていました。

顧客にせかされて日本から製品を航空便でアメリカに送ります。空港に着くと、すぐに新入社員は顧客にもって行きます。そして、そのとき売上伝票を起票します。ところが、日本から現地宛の「船積書類」は、銀行経由で一週間くらい遅れて届くのです。そのときに初めて、彼は日本からの仕入れを計上するわけです。つまり、売った製品の仕入処理がないまま、売上処理を先に行っていたわけです。

だから、月末に日本から製品が届き、それを顧客に納めたら、その月は売上が立ち、利益が大きく上がるのですが、一週間後に仕入れが立つと、翌月には大赤字が出る。そうして、月々の損益が大きく変動していたのです。

つまり、仕入れを計上する前に、売上を計上するため、売上が即利益につながってしまったのです。

私はこのことを指摘し、「一対一対応の原則」を徹底させるようにしました。ものが入荷した際に仕入伝票を起こして、日本の本社に対する買掛金を計上すること、その後、「船積書類」が届いたときに、仕入伝票と突き合わせて、買掛金を銀行に対する支払債務に振り替えること。この二点を、彼に指示しました。

いくら個々の取引の処理が正しくできていても、一対一の対応で処理されていなければ、経営資料が実態を表さなくなり、経営の舵取りを誤る恐れさえあるのです。

このアメリカでの会計処理については、次のような後日談があります。

京セラが初めて株式を上場しようというとき、ある公認会計士を紹介いただきました。早速お願いにあがろうと思っていると、先方から「あなたがどのような経営者なのかを見定めた上で、引き受けるかどうかを決めたい。お願いされることはありがたいのですが、受けるかどうかは、依頼される方の人物を見た上で決めます」と言ってきたのです。

また、実際にその公認会計士の方に会ってみると、さらに厳しいことをおっしゃいました。

「監査をしている会計士に、『このくらい目をつぶってくれよ。このくらいの経理操作はいいではないか、堅いことを言うな』と言う経営者がいるのです。私はそういう方とは一切おつき合いしたくありません。会計はフェアでなければいけません。正しいことを正しくやれる経営者でなければ、監査の依頼をお受けしません。よろしいですか」

私は、すぐさま応じました。

「結構です。私の生き方がそうなのですから。願ってもないことです」

すると、このような言葉が返ってきました。

「みんな、初めはそう言うのです。今は会社の調子がいいから、そう言えるのです。しかし、経営がおかしくなって調子が悪くなってくると、『何とかしてくれ』と必ず言うようになります」と言うのです。

つくづく頑固な会計士だと思いましたが、「私はフェアな人間です。信用してください」と話し、そんなやりとりの末にようやく京セラの会計監査を引き受けていただきました。

いよいよ京セラが上場すると決まったときも、その公認会計士は、「ベンチャーで創業して、こんなに早く上場しようというのだから、社内の管理システムはまだ整ってはいないだろうし、さまざまな問題があるはずだ」と考えておられたようです。

そして、内部管理の監査に取り組まれ、まっさきに目をつけたのが、本社から目の届きにくい海外でした。先ほどのアメリカの営業拠点まで、わざわざ出向いて行かれたのです。行ってみると、これまた理工系出身の若い男が、英語もうまくしゃべれないのに、営業から経理までたった一人で、すべてこなしています。その公認会計士は、もう「推して知るべし」と思われたらしいのです。

ところが、いざ調べてみると、すべての伝票が見事に一対一対応で処理されています。また、現金の管理をする小さな金庫があるのですが、金庫を開けて現金と帳簿を照らし合わせると、一セントたりとも違っていません。その公認会計士は舌を巻き、それ以来、京セラの会計システムを全面的に信頼されたというのです。

この「一対一対応の原則」は企業の中で、あらゆる瞬間に成立していなければなりません。例えば、客先に製品を出荷するときは、必ず出荷伝票を発行して売上を計上し、以後売掛金として管理し、入金までフォローする。製品の配送を運送業者に託しても、あるいは営業マンが客先に直接届けに行く場合でも、この手続きは同じです。

京セラの創業当初は、納入する客先の多くは企業の研究所や公的な研究機関でした。そのような機関の研究者から「こういう実験をやりたいので、至急こういうものをセラミックスでつくってほしい」と頼まれて、さまざまな製品をつくっていました。また、先方の実験の進み具合によって、約束した納期より前倒しを命じられることも珍しくありませんでした。

そのようなときは、夜中でも、営業があわてて飛んで行き、ともかく品物だけを置いて帰ってくるというようなことがよくありました。そして、営業は「伝票は明日に」と思いつつ、いつの間にか忙しさにまぎれて忘れてしまうのです。

そして、月末近くになって、製造から「あの製品の入金はどうした。いつ売上になるのか」と言われて、あわてて飛んで行っても、伝票もなく、先方では担当者の記憶も定かではなく、当の製品もどこかに使われてしまい確認のしようがありません。結局、お金を支払ってもらえない。そのようなケースがありました。

だから、私はどんな場合でも、伝票を発行しなければものを動かせない、一対一対応のシステムを構築していったのです。それは、今後、企業内でＩＴ化がいくら進もうとも、同様です。このプリミティブな原則が現場で守られていなければ、コンピュータによって集計される数字もまったく意味をなさないものとなってしまいます。

また、ものの動き、お金の動きがすべて、一対一で処理されているということは非常に単純なように見えますが、それが健全な経営を行うために、どれほど大切なことであるかは、企業経営において、往々にして発生する不正処理、不祥事の数々を思い起こせば、容易にご理解いただけることと思います。

例えば、取引先と結託し、架空の売上をいったん期末に計上し、翌期の初めに返品で戻し、帳尻を合わせるというような例です。このようなことが横行した結果、経営の実態が見えなくなるばかりか、社内の経営管理が形骸化し、組織のモラルを大きく低下させてしまうことになっていきます。そんな会社が永続的に発展していくはずはありません。

ここ中国でも、幾度かの「誠信危機《せいしん》」と呼ばれる、企業会計の不正事件が発生したと聞いています。また最近、アメリカの証券取引委員会、いわゆるＳＥＣが、北米で上場する中国企業の会計処理に対し、粉飾などの疑惑が浮上し、監査の辞退、株価の急落、上場廃止といった事態が発生していることから、中国当局と協議に入ったということが、日本でも報じられています。

現在、世界経済できわめて大きな役割をはたしている中国経済の担い手である、中国企業に、今まさに健全な会計が望まれています。その健全な会計を実現するためにも、この「一対一対応の原則」を社内で確立することが大切です。

この「一対一対応の原則」の要諦は、まさに「原則に徹する」ことです。トップ以下誰もが一切の例外なく、「一対一対応の原則」を徹底して守ることで、企業内の不正を未然に防ぎ、さらにはモラルを高め、会社に対する社員の信頼感を増すことになるのです。「一対一対応の原則」を通じて、公明正大な姿勢が、職場内に貫かれている企業こそが、現代のグローバル経済においても、成長発展の軌道を走り続けることができるのです。

三．筋肉質経営の原則

第三の原則は「筋肉質経営の原則」です。

企業は永遠に発展し続けなければなりません。そのためには、企業をして、贅肉のない、引き締まった肉体をもつものにしていかなければなりません。それが、「筋肉質経営」ということです。

会社にとって「筋肉」とは何か。それは、「人」「もの」「金」「設備」といった、売上と利益を生み出す会社の資産です。一方、売上や利益を生み出さない余分な資産、例えば売れない在庫や過剰な設備は贅肉です。この無駄な資産を徹底して削ぎ落とし、有効な資産を最大限に活用することで、永遠に発展し続けられる「筋肉質」の企業体質とすることができるのです。

私は、この「筋肉質の経営」を実現するために、さまざまな具体的な取り組みを行ってきました。

京セラ創業期の頃は、資金的余裕がなく、まさに倹約を旨としていました。事務所の机や椅子も新しいものを買うのではなく、中古の安いスチール家具を買ってきて使っていました。どこかの会社が移転をするときに処分したものが、新品の何分の一という値段で売られていましたので、そんな中古品ばかりを買い求めていたのです。

製造設備を購入する場合も、現場の技術者は新品の機械を買いたがるのですが、私は「機械や設備は、中古で間に合うのなら、それで我慢せよ」と常々言ってきました。優れた性能の機械があっても安易に買うことを許さず、現在ある機械をいかに使いこなすかを徹底的に考え、創意工夫をこらすよう教育してきたのです。

創業間もない頃、アメリカを訪問した際に、競合するアメリカのセラミックメーカーの工場を見学する機会がありました。そこにはドイツ製の最新プレス機械が整然と並び、リズミカルに動いていました。京セラでは、自分たちで設計した、手作りのプレス機械を懸命に工夫して動かしていた頃です。

そんな最新鋭の工場を見学しながら、「この機械は一台、いくらぐらいするのか」と尋ねると、工場長が、目の玉が飛び出るような金額を答えました。そのときすぐに、私はこう考えました。

「こんなに高価な機械だが、一分間でいったい何個つくっているのだろうか。京セラで動いている自作の機械でもこの半分は生産をしている。つまり、生産性は半分だ。この設備の投資金額に比べて、何十分の一の値段の機械の生産性が最新の設備の五〇％もあるなら、投資効率から言えば、われわれの手製の機械のほうが勝っているではないか」

設備投資を行えば、確かに生産性は向上しますし、最先端の技術を使っているという満足感も得られるかもしれません。しかし、それが経営効率の向上につながるとは限らないのです。

エンジニアや経営者も、ともすれば優秀な最新鋭の機械を欲しがり、それを買わなければ競争に負けると思い込みがちですが、設備導入により固定費を大きく押し上げて、経営体質を弱くすることがあるということを十分に理解しておかなければなりません。中古設備の導入も含め、費用対効果を十分に検討し、固定費を可能な限り抑えることで、少々の減収でもびくともしない、高収益の経営体質とすることができるのです。

また、私は、投機を戒め、額に汗して得た利益にのみ価値を置いてきました。私にとって投資とは、自らの額に汗して働いて利益を得るために、必要な資金を投下することであって、苦労せずに利益を手に収めようとすることではありません。私の会計学には一攫千金を狙うという発想は微塵《みじん》もありません。

例えば、余剰資金の運用については、元本保証を大原則として、土地や金融商品への投機的な投資は一切行ってきませんでした。日本企業では、土地や株式が高騰したバブル経済のときに、「財テク」と称して、財務部門が投機的な資金運用に走る例が数多くありました。

ところが、バブル経済が崩壊した後に、そのような企業の多くが甚大な損害を受けることになってしまったのです。われわれ京セラは、浮利を追うのではなく、新たな価値を社会に提供することで得られる「汗の結晶」としての利益をいかに増やすかという、本来の企業活動に注力してきました。

企業の使命とは、創意に富んだ企業活動によって新たな価値を生み出し、社会の進歩発展に貢献することです。そのような活動の成果として得られる利益を、私は「額に汗して得た利益」として、企業が追求するべき真の利益と考えてきました。

そして、そのようにして得た、公明正大な利益を営々と貯えることで、どのような不況にもびくともしない、すばらしい筋肉質の企業を実現することができるのです。

また、この「筋肉質の経営」ということでは、物品の購入にあたって、「当座買い」を原則としてきました。当座買いとは「必要なものを、必要なときに、必要な量だけ購入する」ことです。一般には、原材料や消耗品などは、一括して大量に買えば安くなる、また価格変動が激しいものは、安いときにまとめて仕入れるものと考えがちです。しかし、私はあえてそれを否定してきました。

なぜなら、人間はたくさんのものを買えば、つい無駄に使ってしまうからです。また、大量の品物を管理する手間やコストも必要になってきます。さらには、市場の変化によって、製品の仕様が変わってしまい、ストックした原材料のすべてが無駄になる可能性さえあります。

一方、当座買いをすれば、手元に必要な量しかありませんので、節約を心がけ、大切に使うようになるばかりか、余分な管理費や倉庫費などもかかりません。また、市場の変化にも柔軟に対応できるはずです。

この当座買いは、今日多くの企業で採用されている、ジャスト・イン・タイム、つまりカンバン方式の考え方に通じるものですが、京セラは創業間もない五〇年以上も前から、この考え方を貫き、「筋肉質の経営」を実現しているのです。

ただ、厳密に言うと、カンバン方式と、私が言う当座買いの方式とは若干違います。カンバン方式の場合には、ストックを業者に仕入れ負担させていますが、そうではなく、自分たちで使う分だけを少しずつ、当座で仕入れ自分で負担をしていくというものです。

四．完璧主義の原則

次の四番目の原則は、「完璧主義の原則」です。

これは、曖昧さや妥協を排除し、あらゆる仕事を完璧にすることを目指すものです。研究開発や製造現場では、わずかなミスが研究の失敗や不良の発生につながることから、完璧な仕事が求められています。

ところが、間接部門など事務部門では資料を作成するときなど、「少々の間違いは仕方ない、消しゴムで消せる」と考えている人が多いものです。しかし、投資計画にしろ、採算管理にしろ、基礎となる数字に少しでも誤りがあれば、経営判断を誤ることにもなりかねません。そのため、管理部門や営業部門、特に経理部門においては、完璧主義を貫くことが必要不可欠です。

私は、経理に月次決算書の不明な箇所について、よく説明を求めていました。また、そのとき、経理書類に誤りを発見するたびに、厳しく注意していました。その際のことを、当時の経理部長は「社長に資料を十分検討していないままに提出した場合は、必ず厳しく内容をチェックされ、質問にうろたえることになった。しかし厳しい追及に懲りて、万全を期し、さまざまなチェックを行って提出した資料は、簡単に説明を聞く程度で、拍子抜けさえした」と話しています。

私の場合、資料を見つめていると、数字の矛盾や誤りが、どういうわけか目に飛び込んでくるのです。間違っている数字や問題のある数字がまるで助けを求めるかのように、眼前に飛び出してくるのです。反対に、事前に数字が十分にチェックされた資料であれば、私がいくら見ていても気にかかる点は見出せません。

経営において責任ある立場の人が自ら完璧主義を貫くよう肝に銘じ、ど真剣に仕事に取り組んでいれば、そのような資料の中のつじつまの合わない部分や数字のバランスが崩れているところに、鋭敏に注意がいくようになるはずです。また、そうすることによって、資料をつくる側も自然に完璧主義が身につくようになります。

そうして、経営者自身が率先垂範、習い性となるまで、ど真剣に集中して取り組むことで、会社全体に「完璧主義」が浸透していくのです。

この「完璧主義」は、そのような経営資料の作成時だけでなく、企業全体で目標達成に向けて取り組む姿勢としても、全社員で共有すべきものです。例えば京セラでは、売上や利益などの経営目標に対して、「一〇〇%には達しないものの、九五%は達成したから、よしとする」という考えはありません。売上、利益、さらには製品の開発スケジュールに至るまで、仕事全般にわたる姿勢が「完璧主義」で貫かれていなければならないのです。

そのような完璧主義が貫かれた会社が、いかなる経済変動をも乗り越え、成長発展していくことは言うまでもありません。

五．ダブルチェックの原則

五番目は、「ダブルチェックの原則」です。

これは、あらゆる伝票処理や入金処理を複数の人間で行うというものです。

この「ダブルチェックの原則」を貫くことは、間違いの発見やその防止のために有効なのですが、このような原則を厳格に守る、もう一つの目的は、人を大切にする職場をつくることにあります。

人間はふとしたはずみで過ちを犯してしまうという弱い一面をもっています。この「人の心」がもつ弱さから社員を守るにあたり、すべての会計処理を複数の人間で行うという、ダブルチェックの原則が有効なのです。

少し古い話ですが、一九九五年に、日本の有力な都市銀行のニューヨーク支店の一行員が、一一年間にわたってアメリカ国債の簿外取引を行い、一一〇〇億円もの巨額の損失を会社に与えるという事件が発覚しました。この事件により、その都市銀行はアメリカからの撤退を迫られたばかりか、後に他の銀行との統合を余儀なくされ、今は存在していないのです。

なぜ、一介の銀行マンが引き起こした事件が引き金となって、歴史ある大銀行が崩壊していったのか。それは、ダブルチェックのシステムがなかったか、あるいはあったとしても、厳格に守られていなかったからです。

複数の人間や部署がチェックし合い、確認し合って仕事を進めていく。このような厳格なシステムが存在することによって、人が罪をつくることを未然に防ぐとともに、緊張感と活力にあふれた職場をつくり上げ、企業を永続的な発展へと導くことができるのです。

このダブルチェックの要点は、日々の業務における、具体的なチェックシステムの構築にあります。京セラ創業以来、私はさまざまな事柄について、その具体的な管理方法を一つひとつ確立してきました。少し細かくなりますが、具体例を挙げながら、このダブルチェックのあり方を説明していきたいと思います。

まず、入出金の管理においては、お金を出し入れする人と、入出金伝票を起こす人を必ず分けることが原則です。小さな会社の場合、例えば社長自らが出金伝票を切り、自分で現金を出すということが、日常的に行われていることと思います。これでは、悪意はなくとも、いくらでも勝手なことができるし、厳密な管理はできません。それを防ぐためには、伝票を起こす人とお金を扱う人とを必ず分ける必要があります。

銀行に預金をするにしても、購入品の支払いをするにしても、労務費の支払いをするにしても、またその他の経費の支払いをするにしても、支払いをする人と、伝票を起こす人は、必ず別にしなければならないのです。

また入金の場合も、振込があったからといって、お金を扱う担当者が入金伝票を切って処理してはなりません。その入金にかかわる担当者、担当部署に連絡し、入金内容を明確にした伝票を起票してもらい、入金処理をします。すなわち、伝票を起こす人とお金を扱う人は絶対に切り離すというのが、ダブルチェックの原則なのです。

現金の取扱いも同様です。小口現金を扱う場合は、毎日の締めにおいて現金の残高が伝票から作成した残高表と一致することは当然です。それには、締めのときにつじつまを合わせるのではなく、すべての時点において、現金の動きと伝票の動きが合致していなければなりません。そのために、現金出納担当者以外の者が、業務時間内に適切な頻度で、現金残高と伝票とをチェックするようにしていかなければならないのです。

会社印鑑の取扱いも同じ考えに基づいています。印鑑箱は二重にして、外箱は手提げ金庫、内箱は小型の印鑑箱とします。そして、内箱の鍵の管理者である捺印者と外箱の鍵の管理者とを必ず別の者にして、相互にチェックできるようにしてきました。

金庫の管理も、そのように考えました。金庫が二つの鍵を備えている場合、必ず別々の者が開錠するようにしました。また、金庫は業務時間内であっても常時施錠し、朝晩の定期的な開錠を含め、必要があって開ける際には、必ず立会者を置いて複数の人間で出し入れを行うようにしています。

物品やサービスの購入についても、ダブルチェックのシステムが不可欠です。要求元の部門が購買担当部門に対する依頼伝票を起こして、購買担当から発注をしてもらうというシステムにしました。要求元が業者に直接電話などで依頼したり、値段や納期の交渉をしたりすることは、基本的に禁じています。

会社の正規の購買システムで購入することは、購買に伴う業者との癒着などの問題を未然に防ぐことになり、ダブルチェックに基づく管理システムに必要不可欠なことです。また業者に対する確実な支払いを保証することにもなります。

さらに、自動販売機や公衆電話の現金回収についても、厳格に処理しています。わずかな金額だからと、注意を払っていない場合が多いかと思います。しかし、一回に取り扱うお金は微々たるものであっても、積もり積もって大きな金額になります。また何より、「堤防も蟻の一穴《いっけつ》から崩壊する」と、中国の古典『韓非子《かんぴし》』で説かれているように、些細に見えることであっても、おろそかにしないことが大切です。

ダブルチェックの原則は、金額の大小、ことの軽重にかかわらず、必ず徹底的に守らせる。これが鉄則です。一見当たり前のようなことばかりですが、そんな当たり前のことを確実に守らせることが実際には難しいのです。単に指示するだけではなかなか徹底されません。トップ自らが現場に出向き、厳しく指示し、チェックしていかなくてはなりません。トップ自らが厳格に取り組み、繰り返し確認していくことによって初めて、ダブルチェックの原則が社内に定着していきます。

しかし、最も大切なことは、その根底にあるべきは、社員に決して罪をつくらせないという、経営者の優しい思いやりの心だということです。社員への温かい思いが経営者にあればこそ、ダブルチェックの原則が社内で共有され、実践されていくのです。

六、採算向上の原則

六番目は「採算向上の原則」です。

企業にとって、自社の採算向上を図ることは重大な使命です。私は、採算向上のために、創業直後から「アメーバ経営」と呼ぶ、小集団独立採算制度をとってきました。それは、会社が急速に成長するにつれ、次第に肥大化していく組織を小さく分割し、それぞれの組織が主体性をもって事業を展開できるようにしたものです。

事業の進展に合わせ、組織が自在に変化することから、原生生物のアメーバになぞらえて「アメーバ経営」と呼んでいます。各アメーバはそれぞれがプロフィットセンターとして運営され、あたかも一つの中小企業であるかのように活動します。また、そのアメーバのリーダーには、基本的には、経営計画、実績管理、労務管理など、経営の全般が委任されています。

「アメーバ経営」とは、その意味では、リーダーを中心として、社員一人ひとりが自分の目標を明確に把握し、それぞれの持ち場立場で、目標を達成するために自発的に努力を重ねることができる、まさに全員参加型の経営システムなのです。

この「アメーバ経営」と、本日お話しした「京セラ会計学」とは、車の両輪として、京セラの経営管理体制の根幹を成しています。つまり、京セラの経営とは、「フィロソフィ」という経営哲学の基盤の上に、京セラ会計学とアメーバ経営という二本の柱によって支えられた、堅固な家にも喩えることができようかと思います。

この京セラの「アメーバ経営」については、先月（九月）の「経営哲学広州報告会」において、詳しくお話ししていますので、ここでは「アメーバ経営」の中で会計学に密接に関連し、採算を向上させるために重要な役割をはたす、「時間当り採算制度」についてお話ししたいと思います。

一般には売上を増やそうとすると、売上に比例して経費も増えてしまいがちです。しかし私は、あらゆる知恵と工夫を駆使して、売上を最大限に増やす一方、経費は徹底して最小限にまで切り詰めるようにすることを、経営の大原則としてきました。

「時間当り採算」では、この「売上最大、経費最小」という経営の大原則を実現していくために、売上から経費を差し引いた「差引売上」という概念を用いています。この差引売上は、一般的な経済用語で言う「付加価値」に近いものです。

企業が採算を向上させていくためには、この「付加価値」を高めていかなければならないのですが、私は社員にこの付加価値をできるだけわかりやすく理解してもらうために、単位時間当たりの付加価値を計算して、「時間当り」と呼び、付加価値生産性を高めていくための指標としました。

この「時間当り採算制度」においては、複雑な原価計算は用いず、アメーバを構成する全員に、自分の部門の採算が容易に理解できるようにしています。そして、そのような指標が記載された「時間当り採算表」を、すべてのアメーバが月次で作成するようにしています。

一般の企業では、末端の社員には、自分の部門がどれだけの売上、利益をあげているかさえ知らされず、当然どれくらいの付加価値をあげているかなど、まったくわからないはずです。そのような企業で、社員が自主的に採算の向上に努めることなど、できるはずがありません。

一方、京セラでは、「アメーバ経営」と「時間当り採算制度」によって、従業員は、それがたとえ入社間もない新入社員であっても、自分の部門の経営目標とその達成状況を確実に把握し、採算向上のために、今自分が何をしなければならないかを明確に理解しているのです。このことも、京セラが高収益の企業体質を実現するに至った、大きな要因なのです。

七. ガラス張り経営の原則

七番目の原則は、「ガラス張り経営の原則」です。

私は京セラの創業以来、「心をベースにした経営」を心がけてきました。また、そのような従業員との信頼関係を構築するためにも、経営が「透明」なものでなければならないと考えてきました。

そのためには、会社を取り巻く状況を踏まえ、トップが今何を考え、何を目指しているかを正確に社員に伝えることが大切になってきます。会社の現況、遭遇している課題、そして目指すべき方向について、正しく知らせることで、社員のベクトルを合わせ、そのもてる力を結集していかなければ、高い目標を達成することも、困難を乗り切っていくこともできないはずです。

また、受注がどれほどあり、それが計画からどれくらい遅れているのか、また利益がどれくらい出て、それがどのように使われているのかなど、会社の置かれている現況について、幹部だけではなく末端の社員にも、よく見えるような、「ガラス張りの経営」を目指してきました。

もう一つ、この「ガラス張り経営」で大切なことは、トップ自らが率先垂範、公明正大な姿勢を貫くということです。経営トップによる会社経費の流用や、無分別な接待などは、決して許されるべきものではありません。もし、そのようなことが行われるなら、社員の離反を招き、モラルの崩壊は野火のように拡大して、企業経営を根幹から揺るがすことにもなりましょう。

その意味で会計がはたす役割はきわめて大きいのです。企業会計において、「ガラス張り経営」に基づいた、公明正大な管理システムが構築されていれば、人をして不正を起こさせません。また、万が一不正が発生しても、それを最小限のレベルにとどめることができます。

そのための経理システムは、決して複雑なものである必要はありません。人間として普遍的に正しいことを追求するという経営哲学をベースとして、「ガラス張りの経営」が貫かれ、社内に風通しの良い職場がつくられているかどうかということが大切なのです。

このような会計の考え方やシステムは、単に企業内で不正を防ぐのみならず、その健全な発展のために必要不可欠なものであり、このような会計システムがなければ、いくら立派な技術力があろうと、また十分な資金があろうと、企業を永続的に成長させていくことは難しくなるはずです。

京セラが道を誤ることなく、順調に発展することができたのも、確固たる経営哲学をベースとした、会計の考え方とシステムを構築し、公明正大な社風を確立することができたからだと考えています。

以上、私の考える、企業会計にあたっての七つの原則について、お話ししてきました。

より堅固な経営管理体制で、さらなる発展を

日本では、急速に発展成長してきたベンチャー企業が、突然破綻することがあります。それは、企業会計の原則やシステムを確立しないまま、急速に組織や売上規模だけが大きくなるからです。また、歴史ある大企業が、経営悪化に陥り、粉飾決算など不正会計を引き金に、崩壊していく例も数多くありました。これも、企業内で会計原則がなおざりになってしまったからです。

複雑に見える会社経営の実態を正しく表し、経営に貢献するとともに、社内に凛とした公明正大な風土を築き上げることができる、経営管理の体制を確立することが不可欠です。また、それは専門的な会計知識や経験を要するものではなく、今までお話ししてきましたように、万人が理解できるシンプルで明快なものであるべきです。そうであるからこ

そ、企業内で広く社員に共有することができ、また社員が実践できるのです。

中国は現在（二〇一一年）、世界第二位の経済大国として大きく発展を遂げ、今後さらにその影響力を増していかれるでしょう。その中で、経済発展の中核を担うべき、中国の経営者の皆さんに今求められていることは、企業経営の管理体制をより堅固なものにされることであると考えています。

現在のあふれんばかりの企業家精神に加え、本日お話しした会計学、また管理会計のシステムを企業内に確立されるなら、中国の企業は、今後いかなる経済変動があろうとも、さらに成長発展を重ねていかれるに違いありません。また、そのことを通じて、中国は今後も、世界に冠たる経済大国として存在し続けることを、私は確信しています。

本日の私の講演が、そのようなすばらしい企業経営を、この会場にお集まりの皆さんが実現される契機となりますなら、まことに幸いです。会場にお集まりの企業経営者の皆さんのますますのご発展、また伸びゆく中国のますますの繁栄を祈念申し上げ、講演の結びとさせていただきます。

経営の原理原則

経営のベースとなるのは、あくまでも手元のキャッシュであり、会計上の利益が出ているからと安心するのではなく、「もうかったお金は、どこにあるのか」ということを常に考え、手元のキャッシュを増やすような経営をしていかなければならない。

企業を取り巻く激変する環境の中にあっても、事業を継続的に伸ばしていくためには、必要な資金を必要なタイミングで、研究開発や新規設備に投入しなければならない。だからこそ、経営者は必要に応じ、すぐに使えるお金、すなわち自己資金を十分にもてるようにしておかなければならない。そのためには、内部留保を厚くする以外に方法はない。

キャッシュベースの経営に努め、手元に潤沢な資金をもつことができることで、新たなビジネスチャンスが訪れたとき、思い切った手を打つことができ、新規事業を優位な立場で進めることができるようになる。

◉

社内に「一対一対応の原則」を徹底させると、一枚一枚の伝票の数字の積み上げが、そのまま会社全体の業績を表すことになり、企業会計が会社の真の姿を表すことにもなる。

◉

どんな場合でも、伝票を発行しなければものを動かせない、一対一対応のシステムを構築していく。このプリミティブな原則が現場で守られていなければ、コンピュータによって集計される数字もまったく意味をなさないものとなってしまう。

◉

ものの動き、お金の動きがすべて、一対一対応で処理されているということは、非常に単純なように見えるが、それが健全な経営を行うために、どれほど大切なことであるかは、企業経営において、往々にして発生する不正処理、不祥事の数々を思い起こせば、容易に理解できる。

◉

「一対一対応の原則」の要諦は、まさに「原則に徹する」ことだ。トップ以下誰もが一切の例外なく、「一対一対応の原則」を徹底して守ることで、企業内の不正を未然に防ぎ、さらにはモラルを高め、会社に対する社員の信頼感を増すことになる。

◉

企業は永遠に発展し続けなければならない。そのためには、企業をして、贅肉のない、引き締まった肉体をもつものにしていかなければならない。

◉

会社にとって「筋肉」とは何か。それは「人」「もの」「金」「設備」といった、売上と利益を生み出す会社の資産である。一方、売上や利益を生み出さない余分な資産、例えば売れない在庫や過剰な設備は贅肉である。この無駄な資産を徹底して削ぎ落とし、有効な資産を最大限に活用することで、永遠に発展し続けられる「筋肉質」の企業体質とすることができる。

◉

設備投資を行えば、確かに生産性は向上するし、最先端の技術を使っているという満足感も得られるかもしれない。しかし、それが経営効率の向上につながるとは限らない。

◉

私は投機を戒め、額に汗して得た利益にのみ価値を置いてきた。私にとって投資とは、自らの額に汗して働いて利益を得るために、必要な資金を投下することであって、苦労せずに利益を手に収めようとすることではない。私の会計学には一攫千金を狙うという発想は微塵もない。

企業の使命とは、創意に富んだ企業活動によって新たな価値を生み出し、社会の進歩発展に貢献することである。そのような活動の成果として得られる利益を、私は「額に汗して得た利益」として、企業が追求するべき真の利益と考えてきた。そして、そのようにして得た、公明正大な利益を営々と貯えることで、どのような不況にもびくともしない、すばらしい筋肉質の企業を実現することができるのだ。

◉

経営において責任ある立場の人が自ら完璧主義を貫くよう肝に銘じ、ど真剣に仕事に取り組んでいれば、資料の中のつじつまの合わない部分や数字のバランスが崩れているところに、鋭敏に注意がいくようになる。また、そうすることによって、資料をつくる側も自然に完璧主義が身につくようになる。

◉

売上や利益などの経営目標に対して、「一〇〇％には達しないものの、九五％は達成したから、よしとする」という考えはない。売上、利益、さらには製品の開発スケジュールに至るまで、仕事全般にわたる姿勢が「完璧主義」で貫かれていなければならない。

◉

人間はふとしたはずみで過ちを犯してしまうという弱い一面をもっている。この「人の心」がもつ弱さから社員を守るにあたり、すべての会計処理を複数の人間で行うという、ダブルチェックの原則が有効である。

◉

複数の人間や部署がチェックし合い、確認し合って仕事を進めていく。このような厳格なシステムが存在することによって、人が罪をつくることを未然に防ぐとともに、緊張感と活力にあふれた職場をつくり上げ、企業を永続的な発展へと導くことができる。

一般には売上を増やそうとすると、売上に比例して経費も増えてしまいがちだ。しかし私は、あらゆる知恵と工夫を駆使して、売上を最大限に増やす一方、経費は徹底して最小限にまで切り詰めるようにすることを、経営の大原則としてきた。

◉

会社を取り巻く状況を踏まえ、トップが今何を考え、何を目指しているかを正確に社員に伝えることが大切だ。会社の現況、遭遇している課題、そして目指すべき方向について、正しく知らせることで、社員のベクトルを合わせ、そのもてる力を結集していかなければ、高い目標を達成することも、困難を乗り切っていくこともできない。

◉

「ガラス張り経営」で大切なことは、トップ自らが率先垂範、公明正大な姿勢を貫くということだ。経営トップによる会社経費の流用や、無分別な接待など、決して許されるべきものではない。もし、そのようなことが行われるなら、社員の離反を招き、モラルの崩壊は野火のように拡大して、企業経営を根幹から揺るがすことになる。

◉

急速に発展成長してきたベンチャー企業が、突然破綻することがある。それは、企業会計の原則やシステムを確立しないまま、急速に組織や売上規模だけが大きくなるからだ。また、歴史ある大企業が、経営悪化に陥り、粉飾決算など不正会計を引き金に、崩壊していく例も数多くある。これも、企業内で会計原則がなおざりになってしまったからである。

第6章

稲盛和夫70～80歳代［2010年代②］
企業経営の要諦

2013年、日本航空取締役退任後の感謝の会にて。
2010年、経営破綻した日本航空の会長に就任。経営哲学「フィロソフィ」の浸透と管理会計システム「アメーバ経営」導入を軸に改革を図り、破綻から2年8カ月という短期間で再上場をはたした。経営者人生の集大成となった日本航空再建により、その経営哲学、経営手法の実効性と普遍性を世に知らしめた。

KAZUO INAMORI LECTURES

フィロソフィこそ経営の源泉

盛和塾福島開塾式講話——二〇一一年六月二日

背景

東日本大震災から三ヵ月ほどが経過した二〇一一年六月二日、かねて準備を進めていた盛和塾福島が予定どおり開塾を迎えた。

稲盛は、原発事故による影響も危惧された当時の状況にあって、郡山市を訪ね、未曾有の困難と闘う福島の塾生に向けて、日本航空の再建を事例として、経営におけるフィロソフィの必要性、またその強大なパワーについて説いた。

未曾有の困難と懸命に闘う皆さんへ

皆さん、こんにちは。先ほど、盛和塾福島開塾にあたって塾生の方々に自己紹介をしていただきました。皆さんの話を聞いているだけでも、まだ混乱が続く中で、復興に向けて必死で立ち上がろうとしていらっしゃるさまが感じられました。特にこういう厳しい環境の中であればこそ、どうすれば自分の会社や従業員、そして自分の家族を幸せにしていけるか、真剣に考えていらっしゃることと思います。本当に苦しい状況ですが、ぜひがんばっていただきますようお願いいたします。

今日はせっかくの開塾式ですので、どういうお話をすれば良いのか、迷っていましたが、やはり、現在の混乱下で最も大切なことは、フィロソフィをもう一回考えなおしてみるということではないでしょうか。皆さん方がフィロソフィを学ばれると同時に、それを全従業員と共有するということが会社経営において最も大切なことだと私は思います。

特にフィロソフィを共有するということは、全従業員が経営者と同じ気持ち、同じ考え方をもってくれるということを意味しますので、それが会社経営において最も重要であり、現在の状況下でも根本的な原動力になると私は考えています。

地震発生からすでに三ヵ月近くが経過しましたが、今も被災地にはがれきが散乱し、福島第一原子力発電所では、原子炉の安定化に向け、懸命な作業が続いています。また、いまだ避難生活を送っておられる方々が一〇万人を超えると報道され、さらにはいわれのない風評被害に苦しんでおられるようなこともあろうかと思います。

盛和塾福島はそのような過酷な状況の中で、開塾しました。ぜひ、この開塾を未曾有の困難と懸命に闘う福島塾生の皆さんを全国の盛和塾の仲間、いわゆるソウルメイトが温かく励まし、試練を克服する勇気を共有する機会としたいと思います。

経営の要諦は「フィロソフィ」に尽きる

さて、本日はフィロソフィの必要性、またそのフィロソフィがもつすばらしい力について、「フィロソフィこそ経営の源泉」と題してお話をさせていただきます。

このたび入塾をはたされた福島塾生の皆さんも、それぞれの会社の経営をもっとすばらしいものにしたいと願い、その方法を知りたいと考え、入塾を希望されたのではないかと思います。

では、すばらしい経営を行っていくには、どうすればいいのでしょうか。

その方法は、さまざまあろうかと思います。世の中には、経営に関する書籍が多数出版されています。また、数多くの経営コンサルタントの方が活躍しておられます。さらには、大学で経営学を教える先生方は、次々と新しい経営理論を展開しておられます。

そして、多くの経営者が、そのような経営書や経営コンサルタント、さらには経営理論にすがろうとしています。しかし、そのいずれにしたがい、参考にしたとしても、なかなか思ったとおりの経営にはならないものです。そのため、いったいどのように経営をすれば良いのかと、多くの経営者が、迷い、戸惑い、途方に暮れておられるのではないでしょうか。

そうではありません。経営の要諦は「フィロソフィ」に尽きるのです。つまり、企業内で経営哲学を確立し、それを経営者はもとより、全従業員で共有し、実践することで、必ずや企業は成長発展を遂げていくと、私は固く信じています。

それは、私自身が、京セラやＫＤＤＩの経営で経験したのみならず、現在取り組んでいる日本航空の再建においても、まさに実感していることです。後ほど、その日本航空の再建を例として、「フィロソフィ」がいかに企業経営において大切かということを、お話ししていきたいと思います。

「フィロソフィ」は逆境の中で悩み抜いて、ようやく見つけたもの

まずは、「フィロソフィ」とはどのようなものか。京セラの創業間もない頃に生まれ、今日の成長発展の基盤となってきた、私の経営哲学「フィロソフィ」について、その誕生の経緯からお話しししたいと思います。

私は二七歳のときに、支援してくださる方々に、京セラを創業していただきました。テレビのブラウン管の電子銃に用いられる絶縁部品の製造で、会社がスタートしたわけですが、その製品は、大学を卒業して最初に就職をした松風工業という、碍子の製造会社で私が開発した、新しいセラミック材料を用いたものでした。

その松風工業では、大学を出たばかりの若輩者であった私でしたが、すぐに研究開発から製造・販売に至るまで、一貫して担当することになりました。つまり、単に材料の研究を行うのみならず、その材料を使った製品の開発から、生産プロセスの検討や製造設備の設計、さらには日々の生産活動から客先への営業活動まで、この製品にかかわる仕事のほぼすべてを、広範囲に担当していました。

しかし、私は会社経営ということについては、まったく経験や知識がありません。その

ため、支援してくださる方々に資本金三〇〇万円を出資いただき、さらに一〇〇〇万円の資金を銀行から借りていただき、京セラを創業したものの、経営者である私自身は、たいへん不安に駆られた船出であったのです。

そのため、私は日々「経営をしていくには、どうすればいいのだろう」と一生懸命に考え続け、現在「フィロソフィ」と呼んでいる、私の経営哲学の原形のようなものを、次第に編み出していったのです。

実は、そのように、物事のあるべき姿を考える習慣は、松風工業時代の研究をしているときからのことでした。松風工業は赤字続きで、給料日になっても給料が払えず、「少し待ってくれ」と言われ、一週間、場合によっては二週間も給料の支払いが延びるといったような会社でした。もちろんボーナスはほとんど出ませんし、いつも労働組合ともめて、社内に赤旗が林立し、年中ストライキをしているような窮状でした。

私は、そういう会社から出ていくこともままならず、与えられた新しいセラミック材料の開発という仕事に、やむなく取り組まなければならない、という境遇にありました。そして、待遇も悪く、不十分な研究設備という劣悪な環境の中にあっても、すばらしい研究成果を上げるには、どういう心構えで仕事にあたらなければならないかということを、毎日考え、悩んでいたわけです。

今の福島の皆さんにおかれましてもそうだと思います。劣悪な環境の中で、生活費にも事欠くような状況からどうすればいいかと皆さんが悩んでおられる境遇と、当時の私の境遇とは似たようなものであったのではなかろうかと思います。

その頃から、「仕事をするには、こういう考え方、こういう方法でなければならないのではないか」ということを思いつくたびに、研究実験ノートの端に書き留めていました。

京セラを経営することになったときに、その自分なりの仕事の要諦のようなものを書き留めていたノートを引っ張り出して、その後経営に携わり気づいたことを加えて、改めて経営の要諦としてまとめなおしたものが、私がつくり出した「フィロソフィ」というものなのです。

つまり、たいへん劣悪な環境の中、その会社を辞めて出ていくのもままならず、研究開発に取り組まなければならないというときに、そういう逆境の中で仕事をし、立派な研究をし、立派な会社にしていくにはどうすればいいかということを、考え、悩みつつ、生きていく中で、そのつど、ノートの端に書き留めていったものが、今からお話しする「フィロソフィ」の原形なのです。

つまり、私自身が経営に携わるにあたって、経営というものがわかっていなかったがために、「不安で不安でたまらない。どうすれば、経営がうまくいくのだろう」と悩み抜いて、ようやく見つけた経営の考え方、そしてその方法をまとめたものが、「フィロソフィ」なのです。

その「フィロソフィ」には、例えば「心をベースとして経営する」とか、「ベクトルを合わせる」、また「原理原則にしたがう」「一日一日をど真剣に生きる」「土俵の真ん中で相撲をとる」など、さまざまなものがありますが、それらは今お話ししたように、私が仕事や研究を続け、経営で呻吟する中で編み出していった、まさに実践的な経営哲学なのです。

人並み程度の能力で、人並み以上のことを成し遂げるには

その中でも、私が自分自身の経営哲学を総合的に説明する中で、よく取りあげている項目に、私自身の人生観、仕事観を一つの「方程式」に表した、「人生・仕事の方程式」というものがあります。

それは、「人生・仕事の結果＝考え方×熱意×能力」というものです。つまり、人生の結果、また仕事の結果は、その人がもっている考え方、つまり哲学に、その人がもっている熱意、そしてその人がもっている能力を掛け合わせた値で表されるというふうに考えた

わけです。

私は長年、この方程式に基づいて仕事をしてきました。またこの方程式でしか、私自身の人生や、京セラの発展を説明することはできないと考えています。

私は、決して裕福でない家に生まれ、中学や大学の入学試験、そして就職試験にもことごとく失敗してきました。そのように、多くの挫折を経験した、人並み程度の「能力」しかもたない私が、人並み以上のことを成し遂げるにはどうすればいいのだろうか、と考えた末に見出したのが、この方程式なのです。

人生の結果、または仕事の成果を表すこの方程式の三つの要素、「考え方」「熱意」「能力」の中で、「能力」は多分に先天的なものです。両親から授かった知能や運動神経、あるいは健康などがこれにあたります。

天賦の才とも言える、この「能力」を点数で表現しようとすれば、個人差があるため、それこそ、〇点から一〇〇点まであると言えるでしょう。

この「能力」に、「熱意」という要素が掛かります。この「熱意」とは、「努力」と言い換えてもいいのですが、これに関しても、やる気や覇気のない無気力な人間から、仕事や人生に対して燃えるような情熱を抱き、懸命に努力をする人間まで、やはり個人差があります。この「熱意」も同じように無気力な人が〇点とすれば、燃える闘魂で誰にも負けない努力をする人は一〇〇点というように幅があります。

ただし、この「熱意」は、「能力」とは異なり、自分の意志で決めることができます。そのため、私はまず、「能力」は自分に天賦の才で備わったものであって、これはそう変えられないけれども、この「熱意」のほうは自分の意志で変えられるのではないだろうかと思い、その「熱意」を最大限にするように、京セラを創業してから今日まで、「誰にも負けない努力」で働き続けてきました。

際限のない努力が成功をもたらす

この「誰にも負けない努力」で働くということが、最も大切なことです。多くの人が、自分は努力したと言います。しかし、ビジネスの世界では、相手が自分以上に努力を払えば、負けてしまいます。並みの努力では意味がなく、誰にも負けない努力でなければ、厳しい社会を勝ち抜いていくことはできないのです。

また、その努力は瞬発的な、一時的なものではなく、際限のないものでなければなりません。つまり、持続した際限のない努力を続けていく忍耐力が必要なのです。私自身、周囲の人からは「いつかあの人は倒れるだろう」と言われ続けながらも、創業以来、昼夜を分かたず、仕事に全身全霊を捧げて打ち込んできました。

それは、マラソンに喩えると、まるで四二・一九五キロを短距離競走の如く全力で走り始めたようなものでした。そんなことは誰しも不可能だと思っていたところ、京セラは全速力で創業時から走り続けたのです。すると、セラミックスの世界では最後発の参入であったにもかかわらず、歴史ある先発メーカーをいつの間にか視界にとらえ、一気に凌駕し、今や世界一のファインセラミックメーカーにまで成長することができたのです。これは、「熱意」、つまり努力がもたらした成果だと私は考えています。

実は、京セラを経営し始めたときに、人生という長丁場のマラソンの勝負を、一〇〇メートル競走を走るような、つまり全速力で走っていこうと思って走り続けてきましたが、社員も、私の周囲の家族も、そんなにがんばって走ったら、体がもたない、おそらく一ヵ月も続かないのではないか、ましてや企業経営は一生かかるものであるにもかかわらず、そんな無茶なことをしたのでは、体がもたないでしょうと、みんなが注意をしました。しかし、一流のマラソン選手は、マラソンのペースで走っても、われわれの一〇〇メートル競走ぐらいのペースで走っているわけです。われわれ素人が四二・一九五キロを走ろうと思って、ゆっくりと走っていたのでは、ますます離されてしまうに違いありません。

ですから私は、たとえ途中で倒れてもいいから、なんとか一流のマラソン選手と同じペースで走っていこうということを社員に話し、共有しようとしました。勝負にならないような勝負はやめよう。たとえ途中で倒れてもいいから、マラソン選手が走るペースでわれわれもついていこうと、そう言い続けたのです。ところが、一生懸命走っているわれわれのペースが思いのほか速かったと見えて、先行するセラミックメーカーを視野にとらえることができ、そしていつの間にか抜きさっていて、自分でも驚いたことを思い出します。

考え方がマイナスなら、結果もマイナスに

さて、先ほどの方程式に話を戻しますが、この「能力」と「熱意」を点数で表してみましょう。例えば、健康かつ優秀で、「能力」が九〇点という人がいるとします。この「能力」九〇点の頭が良く、良い大学を出た人が、もし自分の能力を過信し慢心し、真面目に努力することを怠るなら、その人がもっている熱意は三〇点くらいのものになるでしょう。すると能力九〇点に熱意三〇点を掛けても、二七〇〇点にしかなりません。

一方、「自分は平均より少しだけマシな程度で、能力は六〇点ぐらいだろう。しかし、抜きん出た才能がないだけに、必死で生きていこう、必死で努力をしていこう、がんばっていこう」と自分に言い聞かせ、情熱を燃やし、ひたすら努力するような人であれば、「熱

意」はまさに九〇点となるでしょう。そうすると、六〇点掛ける九〇点で、五四〇〇点と、先ほどの能力が高いが努力しない人の点数、二七〇〇点と比べると、もう倍の結果が出てくるわけです。

つまり、平凡な「能力」しかもっていなくても、努力をひたむきに続ければ、能力の不足を補って、能力をもった優秀な才能にあふれた人の倍の成果を収めることも決して不可能なことではないのです。

そして、この方程式で最も大事なことは、この「能力」と「熱意」の積の値に、さらに「考え方」が掛け算されてくるということです。また、先ほど「能力」や「熱意」が〇点から一〇〇点まであると言いましたが、この「考え方」には、悪い考え方から良い考え方まで、マイナス一〇〇点からプラス一〇〇点までの大きな振れ幅があるということです。

例えば、自分の苦労を厭わず、「他に良かれかし」と願い、一生懸命に生きていくような「考え方」はプラスですが、世をすね、人を妬み、まともな生き方を否定するような「考え方」はマイナスの考え方だと、私は考えています。

そうすると、掛け算ですから、プラスの「考え方」をもっていれば、人生・仕事の結果は、さらに高いプラスの値となりますし、逆に少しでもマイナスの考え方をもっているだけで、その方程式の答えは一気にマイナスの結果となってしまうのです。「能力」があればあるほど、「熱意」が強ければ強いほど、人生や仕事において、大きなマイナスという無残な結果を残すことにもなってしまうのです。

先ほどの例で言えば、六〇点の「能力」と九〇点の「熱意」の持ち主が、人間として正しく、九〇点の「考え方」の持ち主であれば、方程式の値は、六〇×九〇×九〇で、四八万六〇〇〇点という、すばらしく高いものとなります。

一方、「能力」と「熱意」が同じであっても、わずかなりとも否定的な「考え方」、つまりマイナスの考え方をすれば、例えばマイナス一点の「考え方」の持ち主であっただけで、方程式の結果は、一転マイナス五四〇〇点となってしまいます。さらに反社会的でマイナス九〇点という、たいへん悪い考え方の持ち主であれば、最終的にはマイナス四八万六〇〇〇点という、きわめて悲惨な結果を、人生や仕事で招いてしまうのです。

つい先日、日本赤軍のメンバーであった一人が、心臓病により獄中死しました。ちょうど還暦を迎えた六〇歳でしたが、若くて正義感が強かった頃、日本の政治が乱れているというので、なんとかそれを変えたいというすばらしい情熱、つまり熱意とすばらしい能力をもっていたはずです。

しかし、現状を変えていくのには暴力革命しかないという悪しき考え方から、ダッカ日航機ハイジャック事件を起こしました。高校卒業という最終学歴にもかかわらず、すばらしい熱意とすばらしい能力をもっていたのですが、ただ考え方だけが誤っていた。そのため、晩年、無期懲役になり、そして獄中でずっと過ごし、つい先日亡くなったという結末を聞いて、この考え方というものがいかに大切なのかということが、この方程式で改めて説明できるのではないかと思いました。

実際に、人並みはずれた「能力」と、あふれるような「熱意」をもち、創業した会社を発展させ、巨万の富を手にしたものの、傍若無人の行動をとるようになり、社会から指弾を受け、表舞台から去っていくような人が、いつの時代にも存在します。そのような人は、「考え方」だけが正しくなかったのです。

では、どのような「考え方」でなければならないのでしょうか。私の考えるプラスの「考え方」を列挙してみたいと思います。

常に前向きで、建設的であること。また、みんなと一緒に仕事をしようと考える協調性をもっていること。明るいこと。肯定的であること。善意に満ちた心をもっていること。思いやりがあって、優しいこと。真面目で、正直で、謙虚で、努力家であること。利己的ではなく、また強欲ではないこと。「足る」を知っているということ。そして、常に感謝の心をもっていることです。

プラスの考え方とは、今言ったようなことを備えていることであり、ひと言で言えば、善き考え方であり、善い行いをすることです。

一方、マイナスの考え方とはどういうものなのでしょうか。ちょうど、今挙げたプラスの考え方の対極に来る、いわば悪しき考え方であり、悪い思いをもち、悪い行いをすることでもあると考えています。これも、同じように列挙してみたいと思います。

後ろ向き、否定的、非協調的。暗くて、悪意に満ちて、意地が悪く、他人を陥れようとする。不真面目で、うそつきで、傲慢で、怠け者。利己的で、強欲で、不平不満ばかり言う人。人を恨み、人を妬む。こういったものが、悪い考え方ではないかと私は思います。

もちろん、それ以外にももっとたくさんあると思いますが、自分の考え方がはたして、プラスなのか、それともマイナスなのか、つまり善きものなのか、悪しきものなのかということを、日々反省を繰り返しながら、少しでもプラス方向、つまり善き考え方をもつように心がけていくことが、「人生・仕事の方程式」の結果を最大にすることになると私は思っています。

私が今日皆さんにお話をする、このフィロソフィ、つまり経営哲学、人生哲学を自分の心の中に確立し、日々生きていくということこそが、善き考え方なのです。先ほど列挙したことが、フィロソフィの中に、全部包含されているのです。その意味で、人生方程式の中で私が最も大切だと思っているこの「考え方」は、フィロソフィと同じということになるのです。

つまり、私がお話ししているフィロソフィを勉強し、それを自分のものにし、それで人生を生きていくと同時に、従業員にもそれをよく説明し、自分と同じようにその善き考え方を共有してもらう。そうすれば、会社は必ずうまくいくのです。

講演聴講者から贈られた即興詩

人生・仕事の結果というものはこの方程式で表されるものだと私は思っていますし、同時にその中の考え方が、フィロソフィだと思っています。そのため、私は海外などさまざまなところに行って、この方程式を紹介して、ことあるごとに説いてきましたが、その中で、特に思い出すことがあります。

一九九九年一〇月、私はニューヨーク州立アルフレッド大学を訪問しました。その大学には、ジョン・フランシス・マクマホン・レクチャーという、かつて在籍した先生の名前を冠した講義枠があり、私に一時間半ほどレクチャーをしてほしいという依頼があったからです。講師に選ばれることはたいへん名誉なことですし、以前その大学で名誉博士号をいただいたこともあってお受けしたのですが、私の講義には多数の学生のほか、地元の名士や他大学の先生方などもたくさん集まっておられました。

その中に、当時アルフレッド大学のセラミック工学・材料科学学部長のロナルド・ゴードン教授とその夫人もおられました。このご夫妻には空港まで迎えに来ていただいたり、ホテルに送っていただいたりして、滞在中はたいへんお世話になっていました。

講義ではスライドとサンプルを使って、京セラ創業以来、セラミックスの開発を、このように進めてきたという話をしました。また、「技術者は、どういう心構えをもって仕事をするべきか」ということを、先ほどお話ししました「人生・仕事の方程式」を交えて話したのです。

その夜、講義に対する御礼の晩餐会が開かれたときに、先のゴードン夫人が、「今日のお話にはたいへん感銘を受けました。その気持ちをつづった詩をお贈りしたい」とおっしゃいました。夫人は、私からはかなり離れたテーブルにいらっしゃったのですが、わざわざ私の席までその詩をもってこられたのです。

読んでみると、実にすばらしい詩でした。私が「喜んで頂戴します。けれども、あなたがつくられた詩ですから、ぜひあなたから今日集まっている晩餐会の皆さんに朗読してあげてください」と夫人にお願いし、読みあげていただくと、晩餐会に参加された人たちも、たいへん感動しておられました。彼女はこの詩を「ＦＯＲＭＵＬＡ（フォーミュラ）」と題しました。その詩を日本語に訳したものを朗読させていただきます。

「方程式（FORMULA）」

今　私の心の琴線にふれた
あなたの叡智に充ちたその言葉
それは　成功のためのプロセスを輝かせる
一つの方程式
情熱の限り行う努力を
能力と掛け合わせなさい
そして前向きな考え方を
大いに加えよ
そして掛け合わせたものを
常に強固なものにするために
多くの愛を注ぎなさい
そう　多くの愛を

数々の経験を経た
人生の熱い炉（窯）の中から
新しいものが限りなく生まれてくる
あなたの方程式が応用されることで
知らねばならない
誰もがこの方程式にしたがって
自分の人生を歩んでいるのだから
このことを疑う余地はないのだ
あなた自身　前向きに人生を考え始めたことで
何百万もの人々に
貢献をしてきた
私にはわかる
なぜなら　あなたをこの目で見
あなたの言葉を聞き
そしてあなたを信じているから

ジョアン・ゴードン

私の「人生・仕事の方程式」に触発され、「フィロソフィ」がもつ力を、見事に詩に表現しておられます。

日本航空の意識改革は、フィロソフィがもたらした

この「フィロソフィ」がいかにすばらしいパワーをもっているかということをより深く理解していただくために、私が日本航空の再建において体験したことを、次にお話ししたいと思います。

皆さんもご承知のとおり、私は八〇歳を前にして、日本政府の要請を受け、倒産した日本航空の会長に就任し、昨年（二〇一〇年）二月から、再建の任にあたってきました。今まで京セラとＫＤＤＩという、二つの異なった業種の会社を創業し、両社合わせれば売上五兆円に迫るまで、成長発展させてきた経験はありますが、航空運輸事業についてはまったくの門外漢でした。

誰に相談をしても、一人として賛成してくれる方はいらっしゃいませんでした。「もうお年なのですから、おやめになったほうがいいですよ」という助言をいただくことがほとんどでした。

しかし、日本政府からの強い要請に加え、日本航空を救ってあげることは、低迷する日本経済を浮揚させることにもつながりますし、逆に日本航空が二次破綻でもしようものなら、日本経済に甚大な影響を及ぼすことになります。また、一部の従業員には辞めてもらわざるをえないとしても、なんとしても残った従業員の雇用は守ってあげるべきではないか。そのような義侠心のような思いが募り、身のほど知らずにも、日本航空の再建をお引き受けし、会長に就任したのが、昨年の二月のことでした。

先ほどもお話ししたように、私は、航空運輸事業に関する経験や知識はまったくもち合わせておりません。もちろん勝算もありません。そんな私が、日本航空再建のために携えていったものは、「フィロソフィ」と「アメーバ経営」だけでした。

つまり、自分でつくり上げた、京セラという企業の原点とでもいうべき、「経営哲学」と「経営管理システム」を携えて、日本航空の再建をはたすことを心に決め、京セラグループの二人の役員とともに、日本航空に向かったのです。

しかし、「アメーバ経営」を日本航空の経営管理システムとして定着させるには準備に時間がかかることから、最初に手がけたのは、日本航空の幹部や社員の意識改革、いわば「フィロソフィ」を日本航空という企業に移植することでした。

昨年の六月、日本航空の経営幹部を集め、私自身が「経営十二カ条」について、連続講義を行った他、過去の私の講話ＤＶＤなどを通じ、日頃私が「フィロソフィ」として、皆さんに説いてきたような考え方を集中的に学んでいただきました。合宿までされて、グループ討議は深夜遅くまで続いたようです。

そのような経営幹部を対象とする研修会を集中して実施するうちに、当初は私の経営哲学である「フィロソフィ」に違和感を覚えていた日本航空の幹部たちも、回を重ねるごとに、「フィロソフィ」への理解を深めていきました。

さらには、多くの幹部が「このような人間として、リーダーとして、そして経営者として、いかにあるべきかということを示す教えを、もっと早く知っていれば、日本航空はこんなことにはならなかったし、自分自身の人生も大きく変わっていたに違いない。せめて、このすばらしい教えを自分のものにするだけでなく、部下にも伝えていきたい」と考えるようになっていきました。

そうして、日本航空の幹部層へ「フィロソフィ」が浸透すると同時に、その裾野を広げるために、一般社員への教育も開始しました。現場の最前線でお客様と接する社員の意識が変わらなければ、会社は良くならないと考え、私も自ら現場に出かけ、直接社員に語りかけるようにしていきました。

空港のカウンターで受付業務をしている社員、飛行機に搭乗し、お客様のお世話をするキャビン・アテンダント（CA）、飛行機を操縦し安全に運航する機長・副操縦士、また飛行機のメンテナンスに従事する整備の人たち。そういう現場の社員たちの職場をまわって、どういう考え方をもち、どのように仕事をしなければならないかということについて、意識を変えていただきたいと考え、現場で直接社員にも語りかけていきました。

航空運輸事業は、高額の航空機やその運航に必要な設備を多数所有し、日々経営をしていくわけですから、巨大な装置産業と思われがちです。しかし、そのような一面ももっている半面、究極的には、航空運輸事業とは「サービス産業」ではないかと、私は考えています。

例えば、お客様が空港にいらっしゃったとき、受付カウンターでどういう対応をするのか。飛行機に搭乗されたとき、キャビン・アテンダントがどういう接遇をするのか。さらには機長がどういう機内アナウンスをするのかということでこそ、航空会社の真価が問われるのではないかと私は思うのです。

つまり、日本航空で働く社員が、搭乗していただいたお客様に、心からの感謝を感じ、その思いと喜びを、言葉と態度でお客様に示していく。それこそが、航空運輸事業にとって、最も大切なことなのです。

このことは何も航空運輸事業に限らないと思います。どんな小売業をしようと、卸売業をしようと、製造業をしようと、お客様に心からの感謝を感じ、その喜びを言葉と態度で示していく。それこそが企業経営の原点であろうと考えていましたので、私はそれを、カウンターで働く社員、キャビン・アテンダント、機長、整備をする人など、現場の社員に訴えていきました。

皆さんの接遇一つ、言葉一つ、それが日本航空の飛行機に搭乗された方々の思いに影響をします。日本航空を好きになっていただけるかどうか、それが皆さんの接遇態度や言葉遣いで決まるのです。さらにはフィロソフィ、つまり「人間としていかにあるべきか」という考え方、哲学を身につけていただきたいともお話ししました。

幹部社員がいくらがんばってみたところで、直接お客様と接する社員の行動でしか、航空運輸事業を評価することはできません。現場の皆さんが航空運輸事業の盛衰を左右することになるのです。ぜひ、日本航空に搭乗されたお客様が、「また日本航空に乗ってあげよう」と思えるような仕事を心がけていただきたい。そのような雰囲気の会社に変えていただきたい。そういうことを機会あるごとに切々と社員に訴えました。

実は私は、日本航空に着任する以前は日本航空が大嫌いでした。日本を代表するナショナルフラッグキャリアという自負心があったのかもしれませんが、傲慢さ、横柄さ、そしてプライドの高さが鼻につき、お客様をないがしろにするようなことが多々見受けられました。

そのため、かつては日本航空便に搭乗されたお客様の中に、不快な思いをして、それ以降は別の航空会社を選ばれるというケースが年ごとに増えていったようです。私自身もそのような体験をし、日本航空が大嫌いであっただけに、そのこともストレートに社員に話をしました。

そのような鼻持ちならない会社、職場、社員であった日本航空が、「フィロソフィ」を通じて、意識改革を図るうちに、徐々に変化を遂げていきました。

現場の最前線に立って、日頃人知れず働いてくれている社員たちが、私が訴えてきたことを理解してくれ、それぞれの持ち場立場で、懸命に仕事に取り組んでくれているのです。また、日本航空という会社を愛し、お客様にも日本航空を好きになってほしいという純粋な気持ちから、お客様に懸命に接してくれるようになりました。

フィロソフィが社員の心に火をつけ、お客様の感動の声を呼び起こした

すると最近では、お客様から称賛のお手紙をいただくようになってきました。私の友人であり、脳神経の分野では高名な学者で、また同時に芸能山城組の創設者でもある大橋《おおはし》力《つとむ》先生から、次のようなすばらしいお手紙を頂戴いたしました。

去る三月二二日、私をはじめ研究スタッフ三名、計四名のミッションが、ブータンの伝統的仏教儀式が持っていると予想される基幹脳機能活性化効果を調べるため、タイのバンコク経由でブータンのパロに向いました。このとき、成田－バンコク間をJAL七一七便で移動しました。この日の驚きに満ちた体験をレポートさせていただきます。

まず、チェックインの体験。私は一瞬、別の会社のカウンターかと思ったほど、以前と対応が違っていました。このとき、私たち同行四名は、後期高齢者の私だけがビジネスクラスで、他の三名はエコノミークラスでした。ところが、フロアに出ていた

案内係の方が、全員をまとめてビジネスのカウンターに案内してくださり、心のこもった親切で丁寧な対応のうちに、快適かつスムーズにチェックインできました。

従来ですと、ＪＡＬのカウンター、特にファーストクラスやビジネスクラスのそれは、ほとんど滑稽なくらい尊大、冷酷で、エコノミーの客などはガラ空きのハイクラス・カウンターから長蛇の列をなしているエコノミーカウンターにむけて追い散らさんばかりの勢いでしたから、まったく信じられない変化ぶりでした。

こうして快適に搭乗した後も、意外な体験の連続でした。着席のサポート、飲み物のサービスからチーフパーサーのアナウンス、さらに離陸後の機長のメッセージまで、よくよく心が尽くされ、真摯さ懸命さがあふれていました。しかも、それがマニュアルで強制されたものではなく、ひとりひとりの自発性、創造性に根ざしていることもよくわかりました。

乗務員の皆さんのたたずまいから、かつての高慢さやわざとらしさが影を潜め、えもいわれぬ初々しい魅力が醸しだされていることは、奇跡を目の当たりにする思いです。稲盛先生の人創り力や徳化力が偉大であることは重々承知していたつもりです。しかし、今回のＪＡＬについては、既成の大組織に稲盛先生が急遽入られたわけですから、短期間の間に、想像できないほどの変化をお導きになられたことに改めて驚嘆せずにはいられません。

そして最後の駄目押しが、機内食でした。私は和食をいただいたのですが、明示的に認識判断できる素材やメニュー、あるいは量のバランスも確かに優れていました。しかし私が特に感銘を覚えたのは、それらよりも、実は調理の質でした。味そのものの出来栄えが、とても機内食とは思えません。これまでにない体験です。おそらく、ご担当の方がよほど熱心に料理人との人間関係を育て、丹精込めて創造的努力とチェックを重ねていらっしゃるに違いありません。

実は、私自身アーティストのはしくれでもありますのでわかるのですが、作曲家や料理人などは、その気になるかどうかで仕事の結果に天地の差ができます。しかもその真実は、本人以外誰にもわかりません。私のいただいた機内食の成功は、機内食の手配に当たっていらっしゃる方の誠意が、料理人の心をしっかりととらえた稔《みの》りなのではないかと思います。

今回私たちが味わった快適な旅は、客室やコックピットといった最前線から機内食を準備する後衛まで、切れ目のない活性の向上が実現している証です。これには食いしん坊の私としても脱帽です。言い忘れましたが、トリプルセブンの客室も、よく整えられていてたいへん快適でした。

私はバリ島をはじめアジア諸国への旅が多く、この地域での機材やサービスがピカ一と判断されるキャセイ・パシフィックを主として利用しています。しかし、今回のＪＡＬ七一七便のサービスと快適性はそれを大きく超えています。というより、今、世界の一流エアラインのどれをとっても、この日のＪＡＬ七一七便に匹敵するものはなく、おそらく世界最高のサービスレベルに達しているに違いないと私は信じます。

ＪＡＬの従業員の皆さまには、ぜひ、いま進行中のＪＡＬの改革が大成功しつつあり、世界最高峰に王手をかけていることを自覚し、迷うことなく自信をもってこの稲盛路線を邁進していただくことを願っています。

また、このたびの東日本大震災に際しては、日本航空の社員一人ひとりが航空運輸事業の原点に立ち返り、お客様のため、本当にすばらしい仕事をしてくれました。そのおかげで、ご搭乗いただいた多くのお客様から、たくさんのお言葉を頂戴しました。

例えば、機内に長時間閉じ込められたお客様に、炊きたてのおにぎりをつくり、提供したキャビン・アテンダント。ラウンジに閉じ込められたお客様の体調を気遣い、ポケットマネーでチョコレートを買ってあげたモスクワ支店の社員。被災地に向かう日本赤十字社の救護スタッフたちに、心温まる慰労のアナウンスを行い、機内に感動の渦をもたらした機長。

さらには、あるキャビン・アテンダントは、伊丹から被災地に向かった、その救護スタッフの荷物を預かり、さり気なく、労《ねぎら》いと励ましのメモをしのばせてくれたようです。その客室乗務員への感謝の声が寄せられています。

上部収納棚に手荷物が入らないことから、快く客室乗務員の方に機内にて、荷物を預かっていただきました。降りてから、手荷物にそっと挟まれているメモに気がつきました。以下それを転記させていただきます。

「本日のご搭乗、誠にありがとうございます。早朝からのお仕事お疲れ様です。被災地での作業やお仕事はとてもたいへんなものだと存じます。どうぞお気をつけていってらしてください。また、J－AIR一同被災地の一日も早い復興を心よりお祈り申し上げております」

この方は、四歳になる子供を残して、また被災地においてどれだけ自分が活動できるか、不安を抱えての派遣だったそうですが、そんなとき、このメモから温かい励ましを受けたのです。

このような日本航空の社員の心温まる接遇を受けて、多くのお客様が感動の声を寄せてくださっています。

最後に、もう一つご紹介させていただきます。それは、福島県に住むお母さんが関西の子供たちのところへ避難するにあたり、たまたま乗り合わせた神戸へ向かう非番の日本航空客室乗務員へお礼を伝えたいというメッセージでした。

ライフラインが全て止まり、川の水をくみ、ひっきりなしに続く余震と原発の恐怖で眠れぬ生活を送る母を心配し、われわれ子供が住む関西へ呼びよせました。ところが朝、茨城空港を出発するはずの某社便が被曝危険を理由に急遽欠航。家へ戻る交通手段がない中、途方に暮れる七〇歳近い母を無事に関西まで送り届けてくださったのが、御社の客室乗務員の○○さんでした。

ご実家の神戸に帰る途中の○○さんは、計画停電で電車が止まるなど混乱する中、機転を利かし、茨城空港から、つくば→成田空港→伊丹空港へと、母を無事送り届けてくださいました。

途中、要所要所でわれわれ子供たちへ報告をくださったり、緊張する母を労わり、いろいろと話を優しく聞いてくださったり……かと思えば、混乱するバス停で並ばず、

横入りする輩《やから》たちに、毅然と注意されていたと、母が感心しておりました。

お礼を申し上げたいので住所を教えてくださいとお願いしても、「私は何もしていませんし、私こそお母様と過ごせて楽しかった。こういうことは、まわってくるものですし……私も人から助けていただいています」と。

もしかしたら、乗客の安全を日常的に訓練されている○○さんにとっては、普通の行為なのかもしれません。でも、高齢の母の体を案じ、体温を下げぬよう、水分を取るよう、そして気持ちを和らげるよう、かつ、家族にまで気配りを忘れぬ行動は、もし自分だったら……と思いますと、とうていできぬことです。

また、長く会社員を勤めましたが、自分の育てた部下や後輩たちが、有事に、彼女のような行動をとれるかと考えると、そうした教育を施した自信はありません。そう考えますと、○○さんはもちろん、○○さんの先輩・上司の方々のすばらしいマネジメントにも深く感謝です。

こうしたご時世ですから、骨身を尽くして働かれても、ご苦労がたえぬのではないかと想像いたします。ですが、○○さんとの出会いで、私たちユーザーも、微力ながら御社を応援し続けたいと感じ入りました。いつか乗客として、また○○さんの思いやりに触れる機会を得られることを願いつつ、お礼を伝えていただければ幸いです。

このような日本航空の社員たちへの感謝のお便りを多数いただき、私自身が深い感動に包まれました。そして、このような感動を呼び起こす、日本航空の社員たちの行動の源泉に、「フィロソフィ」があるのです。「フィロソフィ」こそが、日本航空の社員の心に火を点けて、そのような感動を呼び起こす行動をとらせる契機となったのです。

社員の意識と会社業績は連動する

経験も知識も、そして勝算もなく、まさに徒手空拳で日本航空の再建に乗り込んでいった私でしたが、もっていったものは、「フィロソフィ」と「アメーバ経営」だけでした。その「フィロソフィ」の一端を日本航空の社員に話し、理解をしてもらうだけでも、社員の意識が劇的な変化を遂げ、その行動がすばらしいものになっていくのです。そして、さらには、その社員の意識改革に伴って、会社の業績も飛躍的に回復していったのです。

二〇一一年三月に終了した日本航空の決算では、倒産後の初年度であるにもかかわらず、売上は一兆三六二二億円、営業利益は一八八四億円となり、過去最高の業績で終わることができました。

社員の意識が良い方向に変われば、自ずから会社の業績も向上していきます。つまり、この日本航空の再建は、私がいつも申し上げ、盛和塾のモットーともなっています、「心を高める、経営を伸ばす」ということの格好の証明になったのではないかと思います。そして、その社員の意識を変えたものが、「フィロソフィ」なのです。つまり、「フィロソフィ」こそが、経営の源泉なのです。

「フィロソフィ」を経営者自らがよく理解し、身につけ、日々実行することが大事であると同時に、それを全従業員に理解してもらい、職場で実践してもらうようにすることが、経営において何より大切です。

それだけでも会社経営は十分にやっていけるのですが、さらに盤石な経営とするには、「アメーバ経営」の導入、つまり管理会計システムの構築が必要になろうかと思います。

経営とは、日々の売上、経費など、経営の計数を十分に見定めた上で、正確な判断を下していくことが大切になります。つまり、今、自分の会社がどういう状態であるのかをよく理解して、適切な経営の舵取りをしていくことが求められるのです。

もし、経理がわからないという方がいれば、会計士の教えを請うなどして、自分の会社の経営実態を、月次はもちろん、できれば日次で見えるようにし、その数字をベースに経営を行っていくことが必要不可欠です。

日本航空においても、本年（二〇一一年）四月より、航空事業の収益源である各路線ごとの採算がほぼリアルタイムにわかるような管理会計システムを、「アメーバ経営」をベースに開発し、導入しています。

今朝も朝九時から、ここへ来るまでの間、昨日は一日かけて、日本航空のそれぞれの部門の実績をそれぞれの担当責任者に発表してもらい、それについて私から質問をし、また問題があれば「そこはおかしいから、こうすべきです」と指摘する会議をやってきました。間接部門の人たちも含めて、今まで経営の数字を見たこともなかったような幹部の方がみんな、真剣に業績数字を見て、議論するのです。

まだまだ未熟で、数字も曖昧な方もおられますが、これを今後、毎月やっていきますので、本年の秋くらいには、一流の経営者として計数を理解して、経営の舵取りができるようにしていきたいと考えています。

現在は、東日本大震災の影響を受け、大幅な旅客の減少が続いています。しかし、そのような試練の真っ只中であればこそ、「アメーバ経営」の導入を通じて、さらなる経営改善に努め、たとえ逆風の中にあっても、再び東京証券取引所に上場をはたす日が迎えられますよう、本年も老骨にむち打ち、努力していきたいと考えています。

しかし、そう長くできませんので、若い人たちに早く育っていただくように努めながら、今必死で日本航空の経営にあたっています。

そうして、やっと再建のめどがつき始めた、つまり、今年度の業績が過去最高になりそうだと思ったそのとき、三月一一日に東日本大震災が発生しました。

自然や神様というものは、われわれ人間に、これでもか、これでもかと、想像を絶する試練を与えてくださいます。しかし、その試練に耐えて、必死に努力を重ね、乗り越えていけば、今まで以上に大きく成長発展できるのです。幾たびかの試練を乗り越えていくたびに、人間は成長していくことを私は信じています。

このたび、新たに開塾となった盛和塾福島をはじめ、盛和塾塾生の皆さんも、ぜひそれぞれの企業内に「フィロソフィ」を確立し、従業員とそれを共有することに努め続けていただきたいと思います。さらには、「アメーバ経営」のような、確固とした管理会計システムを構築されるならば、その経営はさらに盤石のものとなり、試練の中にあっても企業は必ず成長発展を遂げていくとともに、その繁栄を長く維持することができるはずです。

本日は、「フィロソフィこそ経営の源泉」と題して、経営における哲学の必要性、またそれがどのようなものでなければならないのか、それがどのような強大なパワーをもつのか、ということについて、お話しいたしました。

われわれ企業経営者が、すばらしい経営に努めることが、復興に向けた最大の推進力となります。ここ福島をはじめ、このたびの東日本大震災の被災地において、復興の槌音《つちおと》がさらに高まりますよう祈りつつ、われわれ一同、勇気を奮い起こし、燃える闘魂をもって、今後も経営にあたってまいりましょう。

ここにお集まりの盛和塾塾生の皆さんが、さらにすばらしい経営に努められ、従業員を物心両面で幸福にされますこと、さらには社会の進歩発展に貢献されますことを祈念申し上げ、本日の私の講話の結びとさせていただきます。

経営の原理原則

経営の要諦は、「フィロソフィ」に尽きる。企業内で経営哲学を確立し、それを経営者はもとより、全従業員で共有し、実践することで、必ずや企業は成長発展を遂げていく。

◉

「人生・仕事の結果＝考え方×熱意×能力」。人生の結果、また仕事の結果は、その人がもっている考え方、つまり哲学に、その人がもっている熱意、そしてその人がもっている能力を掛け合わせた値で表される。

◉

「考え方」「熱意」「能力」の中で、「能力」は多分に先天的なものである。両親から授かった知能や運動神経、あるいは健康などがこれにあたる。ただし、「熱意」は、「能力」とは異なり、自分の意志で決めることができる。つまり、「能力」は天賦の才で備わったものであって、そう変えられないけれども、「熱意」のほうは自分の意志で変えられる。ならば、その「熱意」を最大限にするように努めようではないか。

◉

「誰にも負けない努力」で働くということが、最も大切なことだ。多くの人が、自分は努力したと言う。しかし、ビジネスの世界では、相手が自分以上に努力を払えば、負けてしまう。並みの努力では意味がなく、誰にも負けない努力でなければ、厳しい社会を勝ち抜いていくことはできない。また、その努力は瞬発的な、一時的なものではなく、際限のないものでなければならない。つまり、持続した際限のない努力を続けていく忍耐力が必要なのだ。

◉

自分の苦労を厭わず、「他に良かれかし」と願い、一生懸命に生きていくような「考え方」はプラスだが、世をすね、人を妬み、まともな生き方を否定するような「考え方」はマイナスの考え方である。プラスの「考え方」をもっていれば、人生・仕事の結果は、さらに高いプラスの値となり、逆に少しでもマイナスの考え方をもっているだけで、方程式の答えは一気にマイナスの結果となってしまう。「能力」があればあるほど、「熱意」が強ければ強いほど、人生や仕事において、大きなマイナスという無残な結果を残すことにもなってしまう。

◉

「フィロソフィ」の一端を、社員に話し、理解をしてもらうだけでも、社員の意識が劇的な変化を遂げ、その行動がすばらしいものになっていく。さらには、その社員の意識改革に伴って、会社の業績も飛躍的に回復していく。

◉

社員の意識が良い方向に変われば、自ずから会社の業績も向上していく。その社員の意識を変えたものが、「フィロソフィ」であり、「フィロソフィ」こそが、経営の源泉なのだ。

◉

自然や神様というものは、われわれ人間に、これでもか、これでもかと、想像を絶する試練を与えてくれる。しかし、その試練に耐えて、必死に努力を重ね、乗り越えていけば、今まで以上に大きく成長発展できる。幾たびかの試練を乗り越えていくたびに、人間は、成長していく。

KAZUO INAMORI LECTURES

企業統治の要諦

——従業員をモチベートする——

盛和塾ロサンゼルス塾長例会講話——二〇一二年一〇月一日

背景

本講話は二〇一二年一〇月に、盛和塾ロサンゼルスの塾長例会にて行ったものである。

盛和塾ロサンゼルスは、二〇〇四年、盛和塾USAとして設立されるが、その後、北米各地に新しい盛和塾が設立されたことに伴い、二〇〇九年、「盛和塾ロサンゼルス」と名称変更した。

本講話では、北米のみならず、ブラジルおよび日本から集まった塾生およそ四〇〇名を前に、企業統治の要諦について、従業員をいかにモチベートするかという観点から説いている。

京セラが零細企業だった当時、経営者としてどのように従業員をモチベートしたか、新事業立ち上げにおいて、従業員にどう意義をもたせたか、さらには、日本航空の再建においてどのように従業員の意識を変えたかなど、さまざまな経営体験を交え、具体的に説いている。

経営の原点に立ち返る

今日は「企業統治の要諦」と題して、経営において大切な企業統治について、従業員をいかに活性化していくかという観点から、その基本を話してみようと考えています。

それは、ここ盛和塾ロサンゼルスの塾生の会社のほとんどが零細企業であるからです。まれに従業員を数百人も抱え、売上も数百億円を超えるようなビッグビジネスをされている方もいらっしゃいますが、従業員四〜五人ほどで、売上も数億円いくかどうか、という企業がほとんどだと聞いています。

日本から来られた塾生も同様です。すでに大きな会社を経営している方もいらっしゃいますが、零細あるいは中小中堅企業を経営しているという方が大半です。

今日は、自分の企業をもっと大きく成長発展させていこうとするとき、改めて原点に立ち返って理解していただきたいことについて話をしていきます。あるいは、新たに小さな企業を立ち上げ、それを成長発展させていこうとするようなときにも、参考になると思います。

たいへん基本的でプリミティブな話になるかと思いますが、小さな企業を大きく成長発展させていくにあたっては、まさに基盤となるべき事柄です。いわば企業統治の初歩の初歩について、話をしていきます。

従業員をパートナーにする

企業経営で最も零細な形態は、自分一人、あるいは奥さんと二人で事業を行う家内工業、個人商店のようなケースですが、それではいくらがんばっても、伸び代は知れています。事業を拡大していくには、どうしても社員を雇用しなければなりません。一人でも二人でも社員を採用し、彼らと一緒に仕事をし、成長発展を目指していくのです。

そのとき、雇用主として経営者は、月々いくらの給料を出すと条件を提示し、従業員はその条件で自らの労働力を提供することに同意するわけです。それは雇用契約に基づくドライな労使関係であり、本来、両者はパートナーではありません。

しかし、経営者一人でいくら努力をしてみたところで、どうしても限界があります。特に零細企業では、他に頼るべき人がいないわけですから、そのわずかな従業員をパートナーとしていかなければなりません。自分と同じ気持ちになって、仕事にあたり、事業を支えてくれる。まさに自分と一心同体になって仕事をしてくれるパートナーとすることが、どうしても必要になってくるのです。

つまり、従業員に対して、「共同経営者」なのだというくらいの気持ちで接していくことが大切になると私は考えています。一人であれ二人であれ、人を雇用したときには、その人をパートナーとして迎え入れ、「あなたを頼りにしている」という言葉をかけ、日々そのような姿勢で接することが必要になるのです。

そんなことをすれば、従業員になめられはしないだろうかと、つい思いがちですが、そうではありません。「私はあなたを頼りにしています」と、真正面から従業員に言い、そう接することが、社内の人間関係を構築する第一歩になります。

「皆さん、私と一緒になって、会社を発展させていこうではありませんか。そのために全面的に協力してください。私は皆さんと、兄弟あるいは親子のような気持ちでともに仕事をしていこうと考えています。単なるサラリーマンを超えた、そういう思いでともに仕事をしていきましょう」と、面と向かって言わなければならないのです。この「あなたを頼りにしている」という言葉が、また経営者が従業員をパートナーとしてとらえているという姿勢が、従業員をモチベートしていくことになるはずです。このことは、特に零細企業にとって、非常に大切なことです。

私も、京セラを創業して間もない頃、さまざまな機会を見つけては、胸襟を開いて、会社をこうしたいという自分の考えを、従業員たちに話すように努めました。それは、やはり従業員を経営のパートナーと考えていたからです。パートナーであるからには、私の考えを理解してもらわなければなりません。

そして、そのような私の思いがあったからこそ、従業員も真摯に私の話に耳を傾けてくれました。「この社長にならついていこう。会社の待遇は決して良くはないけれども、この人となら生涯をともに歩んでも良いのではないか」という気持ちが芽生えてくるくらい、強固な人間関係を企業内につくっていこうと、私は懸命に努めたのです。

小さな企業であれば、社員にしてあげられることにも限りがあります。仕事は厳しいけれども、決して待遇は良くない、それでも社長の期待を強く感じて、「条件だけで言えば、もっと良い会社があるけれども、そこへ行くよりは、零細企業であっても、この会社でがんばりたい」と、従業員が思ってくれるようにしていかなければなりません。

「社長がそうおっしゃってくれるなら、私も全力を挙げて手伝いましょう」と、従業員が心の底から言ってくれるような、心と心で結ばれた関係をつくることが、小さな会社を発展させていこうとするときに、まずは必要になることです。

経営者は、従業員に給料もボーナスも払っていますが、そのような利害関係を超えて、社長になんとしてもついていくという従業員との関係を企業内につくらなければ、会社というものは決して立派になっていかないのです。

心と心が通じ合った関係、まさに一体感をもった会社、そういう組織をつくっていく、これが企業統治の第一歩です。

従業員が社長に惚れ込むようになるには

しかし、そのように努めても、信頼していた従業員が会社を辞めてしまうことがあります。そのようなことが、経営者にとって一番悲しいことです。「この人こそは」と思って期待し信頼し、一定の仕事を任せていた人間が、いとも簡単に辞めていってしまう。

社長としては、まるで自分を否定されてしまったような思いさえいたします。「こいつは、今後も会社を支えてくれる」とあてにし、目をかけていた人が、会社を見限って去っていく。それは、真剣に日々経営にあたっている経営者ほど、寂しくやるせない思いがするはずです。

そのようなみじめな思いをしないよう、いやむしろ従業員との強い絆に気づき、経営者として心から感動できるくらいの、心と心で結ばれた人間関係をつくっていくことに、なんとしても努めていかなければなりません。

ＫＤＤＩが五周年を迎えた二〇〇五年頃のことですが、次のようなことがありました。京セラがまだ零細企業であったときに入社し、懸命に働いてくれ、その後ＫＤＤＩに出向し、経営幹部として定年を迎えた、京セラやＫＤＤＩの発展に功労のあった人たち四〜五人が集まり、私たち夫婦を旅行に招待してくれました。

ゴルフをし、旅館で一泊するというスケジュールでしたが、夜に謝恩会を催したいと言うので、お受けして、お酒を飲みながら、みんなとしみじみ話していたのです。そのとき私は、彼らに次のように言いました。

「名もない京都の零細企業であった京セラに、みんな入社してくれた。当時、大学を卒業しながら、零細企業の京セラに入ったということは、よほど他に行くところがなかったのではないか。『割れ鍋に綴《と》じ蓋《ぶた》』と言うように、当時の京セラに似合った者しか集まってこなかったはずだ。そんな出来損ないの連中が集まり、懸命にがんばって、今日の京セラになった」

そのように話したところ、彼らが言うには、やはり当時は、「京都セラミックなどという会社は聞いたことがない。その会社は大丈夫なのか。もう少しマシな会社に行ったほうがいいのではないか」と、友達や家族から、真顔で心配されたそうです。

しかし、彼らはこう言ってくれました。

「確かに、将来に不安もあったけれども、稲盛さんにお目にかかり、この人だったらついていこうと思い、ただその一心でがんばってきました」

今、彼らは相当の資産家になっています。上場前は、京セラの株式を額面で分けていましたから、それが化けて、今はみんな大資産家になっているのです。だから、こうも言っていました。

「私は今六五歳になりましたけれども、家内も子供たちも悠々自適で幸せに過ごせています。あなたに出会えたことが、今日をつくったのです」と、みんな本当に京セラで過ごした人生を喜んでくれているのです。

しかし、私は言いました。

「だけどな、あんたなんかが偉いんだよ。ボロ会社の京セラに来て、なおかつ経営の経験も実績もない、三〇歳そこそこの若造の私を信じて、苦労を苦労とも思わず、ただ一心不乱についてきてくれた。だから今日があるのだし、それは私があげたものではない。あんたたちが自分自身でつくってきたものなんだよ」

すると、彼らはこうも言ってくれました。

「いえ、私たちは本当に幸せです。あの当時、京セラより少しマシな会社に入って、初めは威張っていた連中の中には、今では尾羽《おは》打ち枯らし、みじめな思いをしている者もいます。同窓会に出れば、そういう奴らから、『おまえはええなあ、ええなあ』とうらやましがられます。誰に会っても、おまえはなんと幸せな人生だろうと言われるのです」「若い頃から夜もろくに寝ないで、休日も満足にとらず、ただただ稲盛さんを信じて、一緒になって懸命に働いてきたことが、今日のすばらしい人生をつくってくれたのです」

このように話してくれました。創業して間もない零細企業の京セラに入社してはみたものの、すぐに辞めていった人はたくさんいました。その中で、最後まで残ってくれた人たちが、四〇年ほどたって、わざわざ謝恩会を開いてくれ、しみじみとこのような話をしてくれるのです。

こういう人たちを、つくらなければならないのです。このような人間関係を、経営者が、企業内につくり上げていかなければならないのです。社長に惚れ込んで、どこまでもついてきてくれる人たちをつくり、そのようなすばらしい人間関係をベースとして、会社を発展させ、彼らを幸せにしていかなければならないのです。

これが、企業経営者の務めです。全幅の信頼を置いて、経営者に従業員がついてきてくれる、それは従業員が社長に惚れ込んでいるということです。まずは従業員をして、社長に心底惚れ込んでもらわなければなりません。

惚れてもらうためには、どうすればいいのか。簡単なことです。己を愛していたのでは、誰も惚れてくれません。己を空しくして、自己犠牲を払い、従業員のことを最優先に考えるのです。そうしてあげるから、みんな惚れ込んでくれるのです。「従業員に惚れてもらう」とは、言葉を換えて言えば、聞こえは良くありませんが、従業員をたらし込んで、自分のパートナーに仕上げていくことなのです。そして、そのためには、経営者自身に自己犠牲の姿勢が必要です。

それは、従業員の誰よりも懸命に努力するという、経営者として仕事にあたる姿勢でしょうし、仕事が終わった後に、わずかであっても身銭を切って、従業員を労ってあげるといったような、相手を思いやる姿勢でもあるでしょう。そのような自己犠牲をもって、従業員の心を動かすことが前提です。

ひたすら仕事の意義を説く

もちろん、それだけで事が足りるわけではありません。京セラの黎明期、私は従業員の心情に訴えるだけでなく、いわば理性をもってしても、従業員のモチベーションを高めることに懸命に努めました。

それは、「仕事の意義」を説くということでした。このことも、中小零細企業の従業員にとって、大いにモチベーションアップになることです。創業期の京セラが、まさにそうでした。

現在では、京セラはファインセラミック業界のトップ企業として、高度な技術を有するハイテク企業だと考えられています。確かにそうですが、ファインセラミックスの製造現場は、そんなハイテクイメージとは少し異なるものです。特に創業期の京セラは、間借りの古い木造社屋である上に、そんな雰囲気は微塵も感じられませんでした。

ファインセラミックスの原料として使われる金属酸化物は、細かい微粒子です。それを調合する原料工程、プレスなどで形をつくる成形工程、また焼き上がった製品を寸法どおりに加工する研削工程などでは、どうしても粉末が現場に飛散することになります。

また、成形した製品を焼き上げる焼成工程は、千数百度という高温に達します。一七〇〇度を超す高温になると、炎は赤ではなく真っ白で、作業用のメガネをかけなければ炉の中をのぞくことさえできません。そのような高温ですから、夏場などはたいへん過酷な労働環境になります。

ファインセラミックスと言っても、いわゆる三Kの仕事なのです。ですから、従業員を雇い入れ、仕事に従事してもらうと、すぐに粉まみれ汗まみれになってしまい、彼らはとても高度な技術を要し、意義ある仕事だとは思ってくれないのです。

私が最初に勤めた松風工業という碍子製造会社に、後に京セラの創業メンバーとなる人たちが入ってきました。私は彼らの仕事への意欲をなんとしても高めなければならない、モチベーションを高く維持しなければならないと考えました。

そのために取り組んだのが、仕事の意義を説くことでした。仕事が終わった夜に、いつも彼らを集め、次のような話をしていきました。

「皆さんは、日がな一日、粉をこねたり、形をつくったり、焼いたり、削ったり、単調でつまらない仕事だと思っているかもしれませんが、決してそうではありません」

「今、皆さんにやってもらっている研究は、学術的に意義あるものです。東大の教授でも京大の教授でも、無機化学に携わる先生方は誰も、この酸化物の焼結という実用研究に手を出していません。今、われわれはまさに最先端の研究をしており、これはたいへん意義ある仕事なのです」

「また、今取り組んでいるテーマは、世界中でも一〜二社だけが取り組んでいるという、まさに最先端の研究開発なのです。この研究開発が成功すれば、こういう製品に使われ、人々の暮らしに大いに貢献することになる。そんな社会的に意義ある研究開発が成功するかしないか、それが皆さんの日頃の働きによって決まるのです。ぜひ、よろしく頼みます」

毎晩、そういう話をしていました。

ただ単に「乳鉢でこの粉とこの粉をすり合わせなさい」としてしまえば、何のモチベーションも湧いてきません。ですから、その粉を混ぜるという行為が、どれくらい意義あることなのかということを、諄々と話をしていったわけです。

当時は昭和三〇年代初め、戦後まだ一〇年ほどしかたっていない頃でした。ちょうど朝鮮戦争が終わった直後で、たいへんな不況でもありました。そんな日本がまだ貧しく、就職もなかなか難しいときに、高校を卒業して、なんとか会社に入ったものの、ただ毎月のサラリーさえもらえればいい、という人たちがほとんどでした。

しかし彼らも、自分のやっている仕事に意義を見出せば、気持ちが高ぶり、もてる力を最大限に出してくれるはずです。そう考えて、私は仕事が終わった後に、毎晩彼らを集めては、仕事の意義を説いていったのです。

この仕事の意義を説くということ、また前にお話しした、自己犠牲の姿勢をもって、経営者である私に惚れ込んでもらうということは、大きな効果を発揮しました。

すばらしいビジョンを掲げる

さらに、従業員のモチベーションをアップさせるために、私が取り組んだことが、「ビジョン」を掲げるということでした。

私は、京セラがまだ中小零細企業であったときから、夢を語り続けました。

「私たちがつくっている特殊なセラミックスは、世界中のエレクトロニクス産業が発展するために、どうしても必要になる。それを世界中に供給していこう」

「そうすることで、ちっぽけな町工場で始まったけれども、私はこの会社を、町内一番、つまり原町一番の会社にしようと思う。原町一になったら、中京区一になろう。中京区一になったら、京都一になろう。京都一になったら日本一になろう。日本一になったら世界一になろう」

京セラは、京都市中京区西ノ京原町で創業しました。ですから「原町で一番」と言ったわけですが、間借りの社屋で、従業員数十人、売上も年間一億円もない零細企業のときから、「日本一、世界一の企業になっていこう」と、ことあるごとに従業員たちに話していたのです。

しかし実際には、最寄りの市電の駅から会社に来るまでのわずかな距離に、京都機械工具という大きなメーカーがありました。朝から晩までトンカチ、トンカチと音がして、いかにも活況を呈していました。自動車の整備に使うスパナやペンチなど車載工具をつくっていた会社でした。こちらは木造の倉庫を借りて、ヒョロヒョロと操業を始めた、できたばかりの会社でしかありません。

ですから、西ノ京地区で一番になろうと言っても、従業員たちは「会社に来るまでに前をとおる、あの会社よりも大きくなるはずがないではないか」という顔をして聞いているわけです。かく言う私自身も、言い出した当初は、本当にできるとは思っていないのです。

ましてや「中京区一になろう」と言ってみたものの、中京区には後にノーベル賞受賞者を出した、上場企業の島津製作所がありました。分析機器では世界的に有名な会社でした。中京区一になるには、その島津製作所を抜かなければなりません。それはもう、とても不可能な話でした。

それでも、「中京区一になるんだ、京都一になるんだ、日本一になるんだ、世界一になるんだ」ということを、私は倦《う》まず弛《たゆ》まず、従業員に説き続けていったのです。

すると、初めは半信半疑であった社員も、いつしか私の掲げた夢を信じるようになり、その実現に向けて力を合わせ、努力を重ねてくれるようになったのです。また私自身も、そのことを確かな目標とするようになっていきました。

その結果、京セラはファインセラミックスの分野では、先行する巨大企業を凌駕し、世界一の企業に成長するとともに、多くの事業を展開し、売上が一兆円を超えるまでに成長していったのです。

企業に集う人々が、共通の夢、願望をもっているかどうかで、その企業の成長力が違ってきます。すばらしいビジョンを共有し、「こうありたい」と会社に集う従業員が強く思えば、そこに強い意志力が働き、夢の実現に向かって、どんな障害をも乗り越えようという、強大なパワーが生まれてくるのです。

この夢、願望に至るパワーの原動力こそが、「ビジョン」なのです。「会社をこのようにしたい」というビジョンを描き、それを従業員と共有し、そのモチベーションを最大限に上げていくことが、企業を発展させていくにあたり、大きな推進力になるわけです。

会社の目的とは何か。ミッションを確立する

従業員のモチベーションを、さらに揺るぎないものにするのが、「ミッション」です。会社の使命、目的を明らかにし、それを従業員と共有するということです。

私がこのミッション、つまり京セラという会社の目的について理解することになった契機は、会社が始まって三年目、京セラがまだ中小零細企業であったときの社員の反乱事件でした。

創業二年目に採用した社員一〇人ほどが、一年くらい働いてくれ、ようやく戦力になっ

た頃のことです。当時の手帳を調べてみると、創業三年目の一九六一年四月二九日、ちょうど前の天皇誕生日の祝日のことでした。その日も休日出勤をしていたのでしょうか、私のところに突然、彼らがやってきました。

「昇給率は毎年これだけ以上にすること。ボーナスはいくら以上出すこと。立派な会社だと思って入社したのに、できたばかりの吹けば飛ぶような中小企業だったので、われわれはたいへん不安に思っている。経営者であるあなたが保証してくれなければ、われわれは全員、会社を辞める覚悟だ」と迫ってきたのです。

そのとき私は、「そんなことが約束できるはずがない」と言って、会社が置かれている状況を説明しました。しかし、納得させることができず、話し合いは三日三晩、私の自宅にまで及びました。最終的に私は、「将来のことまで約束することはできないけれども、必ず皆さんが喜んでくれるようにするつもりだから、私を信用してくれ」と言って、なんとか収拾することができました。

実は、京セラを創業するにあたって、私はその創業の目的を「稲盛和夫の技術を世に問う」ためと位置づけていました。

それなのに、一部の社員たちが、「昇給をどうしてくれる、ボーナスはどうしてくれる」と言って、待遇保証を求めてきたものですから、私は愕然としました。

当時、鹿児島の私の実家は、たいへん困窮していました。私は七人兄弟の上から二番目なのですが、親や兄弟にたいへんな負担をかけて、大学まで行かせてもらいました。それだけに、就職したら少しでも経済的な支援をしなければならないと考え、実際にわずかばかりでしたが、毎月仕送りをしていました。

そんな親兄弟の面倒すら満足に見ることができていないのに、縁もゆかりもない赤の他人から「自分たちの将来にわたる生活を保証してくれ」と言われ、私は戸惑ったのです。「こんなことなら、会社をつくるのではなかった。一介のサラリーマンでいいから、どこかの会社に勤めて、自分の技術をもっと生かしたほうが良いのではないか」と正直思ったほどでした。

しかし、よくよく考えた末に、従業員の生活を守ることこそが、会社の目的であるということに思い至り、そうであるならばと、一気につくり上げたのが、「全従業員の物心両面の幸福を追求する」という一節で始まる、京セラの経営理念でした。

自分の技術者としての理想を捨てて、当時、わずか六〇名ほどしかいなかった全従業員の物心両面の幸福を追求することを、経営の目的にしようと決意したのです。また公器としての企業の責任をはたすために、「人類、社会の進歩発展に貢献すること」という一節を加え、経営理念としました。

そのような経営理念を策定し、全従業員に「京セラは今後、この理念に謳われたことを、経営の目的とします」と宣言したのです。

この理念をつくったことは、従業員のモチベーション向上に大きく貢献しました。京セラを稲盛和夫の技術を世に問う場としていれば、私自身は意気に燃え、ひたむきに研究し、新製品を次から次へと開発していったことでしょう。しかし、従業員にしてみれば、「稲盛和夫の技術を世に広め、稲盛和夫を有名にするために、われわれは働かされているのか」と思うに違いありません。

また仮に、会社が発展を遂げたとしても、それは稲盛和夫個人の資産が増えていくだけではないかと考えることでしょう。そうした会社の目的が、個人の私利私欲に帰結するような企業では、従業員はモチベーションを高めようがありません。

この経営理念を定めた当時、私はそれが、「大義名分」を備えているとは思っていませんでした。しかし、今から思えば、すばらしい大義を伴っていたのです。「大義」とは、辞書によれば、「人の踏み行うべき重大な道義」と定義されています。ならば、それは「私」を離れた「公」のために行うべきことでなければならないはずです。「全従業員の物心両面の幸福の追求」という会社の目的は、経営者の私利私欲を超えた、従業員のためという「公」のものであり、まさに「大義」なのです。この「大義」というものが、人を動かす大きな力をもっているのです。

全世界の平和を実現するといった壮大な目的ではありませんが、ここに集う従業員を幸福にしていきたいという企業目的には、私利私欲を超えて、企業に集うみんなが心の底から共感し、共鳴することが可能でした。また、ここにやましいことは一切ありませんから、経営者である私自身も、この目的追求のため、一切の躊躇なく、全力で取り組むことができるのです。

このことが京セラの今日に連なる企業風土の基盤をつくったのです。全社員で共有でき、そのモチベーションアップにつながるような、公明正大な企業目的をもつということが、企業統治にあたって一番大事なことです。

高邁な大義こそが事業の成功を導く

第二電電（現ＫＤＤＩ）の創業も同様でした。

当時、四兆円を超える売上を誇っていた電電公社（現ＮＴＴ）という巨大企業に対して、まだ二〇〇〇億円ほどの売上しかない京セラの挑戦でしたが、第二電電が今日のＫＤＤＩに至るまで成長発展できたのは、その起業動機が大義に基づいていたからです。

電気通信事業の自由化が決まったとき、電電公社に対抗しうる日本の大企業が新会社をつくり、競争をしてなんとか通信料金を安くしてくれないものかと願っていましたが、巨大なNTTを怖れ、どこも挑戦しようとはしません。

このままではNTTの独占が続く、あるいは形ばかりの競争会社ができたとしても、情報化社会が到来したときに、その通信料金の高さによって、日本が立ち遅れることになるであろうことを、私は危惧しました。

そして、ベンチャー企業である京セラが名乗りを上げ、NTTに挑戦することにしたのです。あくまでも「国民のために電気通信料金を安価にしたい」という純粋な思いから第二電電をつくったのであり、大義名分から企業を立ち上げたわけです。

ですから、私は第二電電の従業員たちを集め、「国民のために通信料金を安くしよう。そういう高邁なプロジェクトに参画することは、皆さんの人生を意義あるものにするはずです。一〇〇年に一度あるかないかという、この一大社会改革が行われる瞬間に居合わせた幸福に感謝し、それをやり遂げよう」と訴えていったのです。

一方、京セラの後に手を挙げた国鉄(現JR)は、「自分たちには鉄道通信の技術があり、通信技術者もいる。また、東名阪に通信幹線を敷くには、新幹線の側溝に光ファイバーを置きさえすれば良い。さらに国鉄に出入りする業者を中心に顧客を確保することも簡単だ。京セラが主体の第二電電より、すべての面で有利だ」と考え、日本テレコムという会社を設立しました。

また、日本道路公団、トヨタ自動車を主体とした日本高速通信は、旧建設省の後ろ盾がある上に、こちらも東名阪の高速道路に光ファイバーを敷けば簡単にインフラが整い、またトヨタの強力な営業力もあるということで設立されました。

つまり、第二電電を除く二社は、大義名分からではなく、いわば損得勘定からの事業開始ではなかったかと思います。

この三社は激しい戦いを市場で繰り広げましたが、結果として、ＪＲは日本テレコムを売却してしまいました。また、道路公団、トヨタがつくった日本高速通信は、現在ではＫＤＤＩに吸収されています。

今では、新電電三社の中で、第二電電を存続会社とするＫＤＤＩだけが、ＮＴＴに次ぐ総合電気通信事業者として成長を続けているわけです。技術があり、資金があり、信用があり、営業力があるという、すべての条件がそろった会社がうまくいかず、大義名分はあるものの、資金も技術も何もなかった第二電電だけが成功しているのです。

このことは大義名分のある会社の目的を立てることが、事業を行うにあたって、いかに大切かということを証明しているのではないかと思います。

さらに、京セラが長年取り組んできた、ソーラーエネルギー事業も同様です。現在、日本では電力のいわゆる全量買取制度がスタートしたことにより、メガソーラーの計画が目白押しで、中国など海外勢を含むメーカー各社が入り乱れ、激しい市場競争を繰り返しています。

しかし、われわれ京セラは、三〇年以上も前から、世界に先駆けて、太陽電池の開発、量産化に取り組んできました。また、太陽光発電協会という、日本で太陽光発電の普及活動を行う団体がありますが、私は初代代表に就任し、以来一二年間もその職にあり、黎明期の太陽電池の普及啓蒙に努めてきました。

経済産業省などの補助金が出始めた近年になって、太陽光発電事業もようやく軌道に乗り始め、一斉に各社が参入してきたのですが、京セラはずっと前から、辛酸をなめつつ、この事業の立ち上げに、業界の先頭に立って取り組んできたのです。

この太陽光発電協会が二〇周年を迎えるにあたっての記念シンポジウムがあり、ソーラーエネルギー事業に日本で先駆けて取り組んできた私に講演をしてほしいとのことで、業界関係者、学者など数百人を前にして、次のような趣旨の話をしました。

「昨今、時流に乗って太陽光発電が伸びてきたことは、喜ばしいことですが、単に時流に乗って事業をしていては、長続きしないはずです。なぜ、太陽光発電事業をやるのかという大義名分をもつことが大切ではないでしょうか」

そのように話をしたのですが、太陽光発電事業の大義名分とは、エネルギー問題や地球環境問題に貢献することです。

今後、近未来のうちに地球上の石油資源や天然ガスは枯渇してしまうことでしょう。また、化石エネルギーの使用量を削減し、温室効果ガスの排出を減らさなければ、地球温暖化に歯止めをかけることはできません。

つまり、人類に必要なエネルギーを確保し、大切な地球環境を守ることで、人類の持続的発展を図るために、私たち京セラは太陽光発電事業を長年にわたり育ててきたのです。このような大義名分があればこそ、毎年、赤字が続く中にあっても、執念のように闘志を燃やし続け、事業を存続することができ、近年になってようやく花開くことができたのです。

全部門で大義名分を掲げる

私は京セラの幹部が一堂に会した会議の場で、「京セラの全部門において、大義名分を掲げるべきだ」と話したことがあります。

京セラという企業には、「全従業員の物心両面の幸福を追求する」という経営理念、大義名分があります。同じように、幹部が責任をもつ、それぞれの事業においても、大義名分を立ててはどうだろうか。そうすることで、部下の皆さんも「このすばらしい目的を実現するために、粉骨砕身、事業の発展に尽くします」とモチベーションを高め、尽力してくれるのではないかと話したのです。

また、京セラでは毎月の業績報告会などで、アメーバ経営に基づき、月々の採算表を見ながら、「今月は『時間当り』が良くないではないか。いったい、何をやっているのだ」と、厳しい指導が行われています。

しかし、ただ「時間当り」が悪いからと追及するのではなく、「大義名分あるこの事業に投資して、社会のために貢献しようとしているのに、こんな実績では事業を発展させることはできず、社会貢献もできない。赤字の原因を徹底究明し、早急に採算が良くなるよう、つまり事業目的を実現できるようにしなければならない」と説いていくことができるはずです。

会社トップから、「『時間当り』が悪い、採算が悪い」と事業部長が怒られ、事業部長が自部門の従業員を叱っているだけでは、誰も心の底から実績を上げようとは思わず、結果として業績は改善していかないのではないでしょうか。

「私が厳しいことを言うのは、利益追求が目的ではありません。この事業の大義名分を貫くために、利益が必要であり、事業を成長発展させなければならないのです。だからこそ、私は業績の低下を厳しく叱っているのです」と言うことが可能になり、そうすることで従業員のモチベーションはまったく違ってくるはずです。

京セラの事業部長やアメーバリーダーというのは、いわば中小企業の経営者です。私が若いときに、つまりまだ京セラが中小零細企業であったときに、大義名分、つまり企業の目的を考えました。皆さんも同様に、「自分は生涯をかけてこの意義ある事業に取り組む」と宣言できるほどの立派な大義名分を打ち立ててほしい。そして、その大義名分に部下が心の底から共感し、「そんな意義ある事業の一端を、ぜひ私にも担がせてください」と進んで言ってくれるような、そういう組織をつくっていかなければなりません。

売上一兆円を超える規模になり、事業も多角化した京セラが、今後も硬直化せず、マンネリ化しないで発展を続けていくためには、それぞれの事業が生き生きとしたものでなければならないはずです。そのために、それぞれの事業ごとに、大義名分を掲げる必要があると、私は京セラ社内で説いていったのです。

盛和塾の塾生には二代目が多いのですが、そのような親から事業を継承した中小企業経営者であるからこそ、事業の意義をより明確にすることが大切です。

私は、お父さんやおじいさんが始めた事業を単に継承しただけという塾生に、「あなたは社長の息子として後を継いでいるだけで、あなたのどこに社長としての資格があるのか」と言って、説教をすることがよくあります。

小さな会社の場合、自分の親の仕事を嫌いな人が実に多いのです。一〇人いたら九人までが家業を好んでいません。覇気のある人であればあるほど、「父親の経営する地方のちっぽけな会社など継ぎたくない。都会の大企業に就職し、グローバルに活躍したい」などと言う人がほとんどです。そうして当初は父親の会社をばかにしていたものの、四〇歳くらいになって、大企業の中では自分の将来も先が見えてきたので、社長でもやらせてもらおうと帰ってくるのです。

そんな不埒《ふらち》な人に、中小企業であっても、社長が務まるわけがありません。会社には、お父さんの代から働いている古参の従業員がいくらでもいます。その人たちは、「われわれが一生懸命がんばったおかげで、能力もない息子が、社長としてふんぞりかえり、高い給料をもらっている。誰が一生懸命に働くものか」と思うはずです。

そこで私は「お父さんは会社を家業としてやってこられたが、あなたが社長になったからには、従業員のために何をしてあげられるのか、会社をどういう目的で経営していくのかという、大義名分ある会社の目的をつくりなさい」と指導しています。そして、そのような私の話を素直に聞いて経営理念の重要性に目覚め、自らの会社の目的をつくり、それを社内で共有することに努める、そうすることで、会社はがらりと変わっていくのです。

フィロソフィを社員と学び、共有する

事業の目的が私的なもの、経営者のためのものならば、経営者自身も内心忸怩《じくじ》たるものがありますが、それが自分のことはさておき、公のためとなると、心の底から張り切ることができるものです。先般のロンドンオリンピックなどでも、自分のためではなく、チームのため祖国のためとなれば、ばか力を発揮して、思いもかけない好成績を挙げた人たちがいました。

それは、大義名分がもつパワーなのです。「私」を離れて、相手のため周囲のためということになれば、「真・善・美」という言葉で表されるような、人間の心の奥底にある美しい心が出てきて、自然と力が湧いてきます。また、そのような美しい心根は、この宇宙を流れる、生きとし生けるものすべてを成長発展させようとする流れと同調し、結果も必ずうまくいくようになるのです。

そのためにも、経営者自身がフィロソフィを学び、それを通じて心を高めていく必要が

あります。また、自分自身を高めるだけでなく、フィロソフィを従業員に語り、社内で共有することにも努めていかなければなりません。

高邁な企業の目的を追求していくために、私はこういう考え方で経営をしていくつもりだということを、企業内で話し、共有していかなければならないのです。

つまり、従業員と心と心で通じ合い、さらには社内でビジョン、ミッションを確立した経営者が次に取り組むべきは、経営者自身がもっている哲学を語り、それを社員と共有するということなのです。

人は何のために生き、何のために働くのか。私は人生をこう考え、こう生きていくつもりだ。皆さんと一緒にこういう生き方をしていきたいと思うといったような、経営者の哲学、思想が、企業の目的について話している中で、自ずから出てくるであろうし、出てこなければなりません。

「社長がそういう立派な考え方をしているから、われわれ従業員は共鳴もするし尊敬もする、だから社長と一緒に会社発展に尽くしていこう」と、従業員が考えるようにもっていかなければならないのです。

日本の大企業では、会社のトップが、人生哲学を話してくれるようなことはまずありません。しかし私の場合には、「このたった一回しかない人生を、人間としていかに生くべきか」ということを、創業以来、従業員に説き続けてきました。それが、「京セラフィロソフィ」なのです。

現在、京セラフィロソフィは「手帳」にまとめられているものだけで、一四〇項目ほどになります。この京セラフィロソフィが、従業員の血となり肉となって浸透し、そのモチベーションを高めることに貢献し、京セラという企業の精神風土をつくっているのです。

この盛和塾でも、私は三〇年近く、京セラフィロソフィを説いてきました。そうすると、私が説いてきた考え方を、ベテランの塾生は、まるで自分の考え方のように話すようになっています。

想像するに、塾生の方は、従業員を説得し、会社発展に全面的に協力してくれるようになってほしいと思ったけれども、どういうふうに話をすれば良いのか、その方法がわからなかったのだと思います。生半可に「自分はこう思う」と言ってみたところで、それが陳腐なものであれば、社員は誰も信用してくれませんし、むしろ逆効果かもしれません。

そこで盛和塾に入って、私のフィロソフィを勉強し、「稲盛塾長はこういうことを言っている」と聞いて、それをそのまま社内にもち帰り、そっくり同じように話をしてみたのでしょう。すると、不思議に権威がついたみたいになり、従業員もばかにしなくなった。

もちろん、自分自身でも勉強をしていきます。盛和塾のＣＤを聞いたり、私の書籍を読んだりすることで、次第に私の考え方が自分のものになっていきます。そうして何年かたてば、それはもう稲盛塾長の考えではなく、社長である自分自身の考えとなっていくのです。そうすれば、「自分はこう思う」と話しても、考え方が間違っていませんし、人の心を揺り動かすような、感動的な言葉で話していくことができるようになる。そのために、従業員がますます社長を信頼して、社内が結束し、活性化していく。

つまり、経営者がフィロソフィを語れるようになった企業は伸びていくのです。盛和塾でも、成功して伸びている会社はすべてそうです。フィロソフィを経営者が自分で話せるようになり、さらにはそのフィロソフィを従業員と共有できている。その形は、企業によってそれぞれ違いますが、フィロソフィを社内で共有している度合いが、会社業績に正比例しています。

フィロソフィを自分のものとするよう心を高める

ある塾生の会社を訪ねると、社長室に「京セラフィロソフィ」と題したポスターがあります。せめて題名くらいは自分の会社の名前に変えればいいのに、京セラのままで大きく貼り出していたりする。社屋の廊下や階段にも、そこかしこに私の語録が貼りつけてあったりもする。

しかし、そういう会社ほど業績が良くなっているのです。つまり、私のフィロソフィを信じて、それを丸のみした企業、経営者ほど、成長発展を遂げているのです。

自分には教養がない、ましてや哲学の本、宗教の本なんて読んだことがない。学生時代もあまり勉強していなかったので、ボキャブラリーも不足している。だから、塾長の講話録から抜き出して、そのまま話をする。それでいいのです。

私もかつてはそうでした。松下幸之助さんから頂戴したもの、安岡正篤さんや中村天風さんから借用したものを使わせていただきました。最初は借り物でも構いません。それを繰り返し言っているうちに、やがて自分のものとすることができるはずです。

ぜひ、フィロソフィを社内で共有することに努めてください。このフィロソフィを共有するということは、日本人が海外で経営を行う際にも、たいへん有効です。

今、日本人がアメリカをはじめ海外で会社を起業しても、なかなか大きくしていけないという問題があります。それには、さまざまな理由があろうかと思いますが、一般には、文化の違いが大きいと考えられています。キリスト教文化圏、イスラム教文化圏等々、世界の国々の中で、日本の文化は特異なものであり、それこそが社内が結束しない要因であり、発展しない根本原因だと、多くの人が考えています。

例えば、日本の特異な文化として、武士道というものが挙げられますが、その「恥」の精神はなかなか理解してもらえないと思ってしまう。あるいは仏教の場合でも、「空」という概念はそもそも理解してもらえないと思ってしまう。

そういうことから、そんな特殊な文化的背景をもち、異質な日本式の経営、あるいはその考え方を、キリスト教文化圏やイスラム教文化圏の人に伝え、共有していくことは難しいことだと勝手に思っています。

私は、そうではないと思っています。キリスト教、イスラム教、あるいは仏教というような、多様な宗教世界の中にあっても、どの宗教とも決して矛盾しない、普遍的な哲学があるはずです。それを自分たちの哲学としてもたなければならないのです。

それが、京セラフィロソフィなのです。京セラフィロソフィというものは、強いて言えば、仏教哲学をもとにしていますけれども、キリスト教文化圏で話をしても、イスラム教文化圏で話をしても、決して矛盾しません。だから、堂々と自信をもって、私は世界各地で話してきました。

京セラには、この北米地域に約四〇〇〇人の従業員がいます。多くの関連会社があり、その社長はすべてアメリカ人です。その人たちにも、私は京セラフィロソフィを説いてきました。信仰心の篤いキリスト教徒の社長をはじめ、みんなよく理解してくれます。また、会社が大きくなるにしたがい、ハーバードやＭＩＴ（マサチューセッツ工科大学）、プリンストンなど、アメリカの一流大学、大学院を卒業した人たちを雇用することになりましたが、そういう人たちをも、京セラフィロソフィという確固とした哲学をもってすれば、「なるほどな」と納得させ、共鳴させることが可能でした。

そのような普遍的なフィロソフィを語るためにも、経営者自身が心を高める努力を怠ってはなりません。企業が小さいときには、経営者である自分の器も小さくても構いません。しかし、そのままでは決して企業は発展していきません。しっかりとした哲学を学び、自分の器を大きくすることに努めていかなければならないのです。

小さな企業を大きくするために必要なことは、この「心を高める」ということです。ぜひ、日々反省を繰り返しつつ、自分の心を高めていくことに努めていただきたいと思います。経営者が自分の器を大きくする、そうすれば経営も伸びる、つまり企業も必ず成長発展を遂げていきます。この「心を高める、経営を伸ばす」ということこそ、まさに経営の要諦であり、盛和塾のモットーなのです。

企業統治の要諦は従業員をモチベートすること

海外で会社を起こした日本人経営者は、異国の地で、宗教観も違えば人生観も違う異国の方々を社員として雇用し、組織として束ね、事業を展開していこうとしています。しかし、そういう会社の多くは、従業員もわずかで、売上もさほど大きくなっていません。

この現状を打開し、企業を大きく成長発展させていくには、まずは従業員をして、経営者に惚れさせること、仕事の意義を説くこと、さらにはビジョンを高く掲げ、ミッションを確立すること、またフィロソフィを語り続けること、そして経営者自身の心を高めていくこと、このことを徹底して行っていくしかありません。

私は、企業経営とは、まずはこれらのことを徹底して行い、従業員に共鳴・賛同してもらい、そのモチベーションを高めていくこと、それしかないと思っています。

成長する企業統治の要諦というのは、まさにこのことに尽きるのです。企業を経営していくわけですから、営業や物流の体制、さらには管理会計や経理システムの構築など、具体的な経営の手法、手段の整備といったことも、もちろん必要なことです。しかし、それらは専門の人たちの指導を受けながら、順次行っていけばいいのです。

企業が小さいままで、なかなか成長していかないとき、また小さな企業を立ち上げたときなどは、まずはそのわずかしかいない従業員のモチベーションを最大限に上げていくことこそが肝要であり、そのためにこれまで話したようなことに努めなければならないのです。そうすれば、会社は必ず発展していくはずです。

それは、企業の大小を問わないのかもしれません。私が再建にあたった日本航空もそうでした。倒産した企業に残った三万二〇〇〇人の従業員の心を一つにし、同じ考え方で仕事にあたるべきだと考え、まずは意識改革を促し、フィロソフィを徹底して伝えました。それだけで、業績がV字回復をはたし、その後もうなぎ登りに向上していきました。

それは、従業員の意識が変わり、そのモチベーションが高まったからに他なりません。意識改革を図り、フィロソフィを共有することによって、従業員自身がモチベーションを高め、自ら考え、経営に参画をしてくれるようになったということが、日本航空の再生につながっていった最大の要因なのです。

意識改革によって生まれ変わった日本航空

この日本航空の再建についてさらに言及したいと思います。

私は日本航空の再建を政府と企業再生支援機構から依頼され、二〇一〇年二月に日本航空会長に就任しました。

実際に着任してみると、やはりつぶれた会社は、つぶれた会社なりの雰囲気、意識を全社員がもっていたように感じました。私はこのままではたいへんなことになると考えて、再建をするにはどうすればいいのかとたいへん悩みました。就任することを決めた後も、日本の新聞雑誌、テレビなどは、「八〇歳近い老人が、あの難しい航空運輸事業の日本航空を再建する。それはまったく無謀なことだ。再建どころか、二次破綻は必至だろう」と言っていました。

私は確かに経験も何もありません。京セラという中小零細企業を徒手空拳で起こし、電気通信事業のＫＤＤＩを創業したけれども、航空事業についてはまったくの門外漢でした。私がもっていったものは、経営哲学「京セラフィロソフィ」と管理会計システム「アメーバ経営」、つまり部門別採算制度の二つだけでした。

まずは最初に従業員の意識を変えてもらおうと思い、当時の社長以下幹部社員の方々に、京セラフィロソフィをベースに勉強してもらいました。そして、なるほどこういう哲学、思想を共有すべきだと皆さんが思うならば、これを若干アレンジしても構わないから、「ＪＡＬフィロソフィ」というものをつくり、こういう考え方で会社経営をしていこうということを決めてください、と言いました。その後、数ヵ月かけて、日本航空の幹部社員の方々が夜遅くまで、毎日のように会合を開いて、京セラフィロソフィを勉強し、少しずつ日本航空に適応できるように「ＪＡＬフィロソフィ」をつくっていきました。京セラフィロソフィから大きくは変わっていないかもしれませんが、航空運輸事業に適応できるようにアレンジしてくれました。

しかし、みな一流大学を出たインテリばかりですから、最初はなかなかフィロソフィで謳っているようなプリミティブな道徳観みたいなものは理解してくれませんでした。

そういう中で、私は幹部社員の皆さんに一生懸命訴えて、こういうプリミティブな道徳観をぜひ学んでほしいと、諄々と説きました。中には、「そんな子供でもあるまいし、一流大学を出てもう五〇歳を過ぎた大人にそういうことを諄々と説かれても」という思いをあらわにしている幹部もいました。そういう幹部を見つけると私は、厳しく叱りました。

「皆さんは私の子供と同じくらいの年だから、日本航空の会長としてではなくて、皆さんのおやじだと思って聞いてほしい。皆さんは、頭は賢いかもしれないが、人間として最も根本になるような哲学、思想を理解していない。それでは、三万二〇〇〇人もの残った全従業員を指導していけるはずがないではないか。もしこれが理解できず、これに反発を感ずる人間だったら、とっとと辞めていただきたい。そういう人が日本航空を再建できるはずがない」と厳しく叱ったのです。あるときには、濡れたおしぼりを顔にぶつけて激しく叱ったこともあったぐらいです。

そうして懸命にフィロソフィを説いていくうちに、自然と一人、また一人とうなずき、「なるほど会長が言うように、確かにプリミティブな道徳観かもしれない。またわれわれは学校を出て知識はもっているかもしれないが、わずかこれだけのことも理解できていないというのは、人間としてまことに恥ずかしい」と反省をしてくれる人が現れました。そうすると、それが一つの波のように幹部社員の間に伝わっていき、自分たちが学ぶだけではなく、それを自分の組織にもって帰って自分の部下とも共有したい、と言うようになってくれました。

そうして、それぞれの幹部社員が、自分の職場で話をし始めていった頃に、時を同じくして、私も現場へ出ていきました。キャビン・アテンダントの場合には、一堂に会するということは、なかなかできません。毎日、全世界を飛んでいますので、その日に集められるのは数十人しかいません。ですから、何回かに分けて話をしていきました。キャビン・アテンダントの方々にも、「皆さんがお客様に直接接するのですから、すべては皆さんにかかっています。われわれ経営陣がいくらがんばっても、お客様の心をつかまえることはできません。お客様の心をつかまえて、お客様が、『日本航空が好きだ』『日本航空に乗りたい』と思ってくださるのは皆さん方の態度と言葉、それに尽きるのです。本当に皆さんが最前線で、お客様を大事にし、お客様に好きになっていただかなければ、日本航空は決して再建できません」ということを切々と訴えていきました。中には、涙を流して聞いてくれるキャビン・アテンダントの方もたくさんいました。

また、整備工場にも行きました。「整備が十分でなければ、飛行機が安全に飛ばない。整備工場で油まみれになって毎日毎日、苦労して飛行機を整備してくれている皆さんがいなければ、安全な運航はできません。そういう人知れず苦労をしてくれている皆さんに心から感謝します。これからも、すばらしい哲学、道徳観をもって、誰も見ていないところでもすばらしい仕事をしていただきたい」と言って、フィロソフィを訴えていきました。

さらには、暑いさなかも、寒いさなかも、お客様の荷物を飛行機に積んだり降ろしたりしてくれるグランドハンドリングの人たち、機内食をつくってくれる人たちなど、あらゆる部門のところに顔を出しては、フィロソフィを訴えていきました。

そして、みんながフィロソフィに共感をし始めてから、業績はうなぎ登りに向上していきました。つまり働く人たちの意識、心が変わっていけば会社は変わっていくのです。この会社を立派に再建していく二年八ヵ月の中で、私はそのことを痛感しました。

日本航空再建の真の要因について

あたかも奇跡のようなことが起こりました。それは当初、このフィロソフィを社員と共有し、また、アメーバ経営という部門別採算制度を実施したことが成功の原因だと思っていました。しかし、それだけではないと思うのです。

実は、上場の前あたりから、夜寝ようとするときに、ベッドで毎晩のように考えるのです。こうしてすばらしい結果になって本当に良かった。社員も喜んでくれて、また日本の経済社会にも貢献することができて本当に良かった。そう思えば思うほど、実はこれは私がやったことではない、という気がしてくるのです。倒産した日本航空を再建することは、日本の経済社会の復興のためにもなるし、残る三万二〇〇〇名からなる社員の生活を守ることにもなる。それは世のため人のためになることだ。そういう純粋な思いで日本航空再建に私は携わった。天が、その純粋な思いに対して応援し、後ろから支えてくれたのではないかと思うのです。

私が日本航空に行って最初に掲げたのが、中村天風さんの「新しき計画の成就は　只不屈不撓の一心にあり　さらばひたむきに只想え　気高く強く一筋に」という一文です。各職場に大書したものを貼り出しました。日本航空の再建という新しい計画を立て、それを成功させようと思うのならば、どんな困難があろうとも歯を食いしばってそれをやりぬくという不屈不撓の一心が必要だ。また、ただひたすらに思い続けなさい。一切の迷いがなく気高く美しい心でそれを貫き通しなさい、というのが天風さんの言葉の意味です。

大義名分があり、それが汚れのない純粋なものであれば、必ずと言っていいくらい宇宙の力が借りられる。つまり純粋でひたむきに一生懸命に努力している人の行為に対しては、宇宙が支援してくれるはずだと、天風さんは言っているのです。よく「天は自ら助くるものを助く」と言いますが、日本航空の再建は私がやったのではない、私の純粋な気持ち、心に感動した宇宙が後押しをしてくれたのだとしみじみと思い、「日本航空の再建がうまくいったのは神様のおかげです」と夜、手を合わせて拝んでいます。

「今は零細企業かもしれないが、ぜひこのアメリカで、立派な大きな会社にしていただきたい」という趣旨のお話をしました。それは決して夢ではありません。経営者が純粋に思い続け、誰にも負けない努力で経営をしていけば、必ず天のご加護もあって立派な会社に成長していくはずです。ぜひ、本日お話ししたことを理解いただき、それぞれの会社を立派なものにしていただきたいと思います。北米の盛和塾の皆さんが経営する企業が、やがてアメリカを代表するようなすばらしい会社に成長することを心から期待しています。

経営の原理原則

経営者一人でいくら努力をしてみたところで、どうしても限界がある。従業員を、自分と同じ気持ちになって、仕事にあたり、事業を支えてくれる、まさに自分と一心同体になって仕事をしてくれるパートナーとすることが必要になってくる。

◉

従業員に対して、「共同経営者」なのだという気持ちで接していく。人を雇用したときには、その人をパートナーとして迎え入れ、「あなたを頼りにしている」という言葉をかけ、日々そのような姿勢で接することが必要になる。

◉

「私はあなたを頼りにしています」と、真正面から従業員に言い、そう接することが、社内の人間関係を構築する第一歩となる。

◉

「あなたを頼りにしている」という言葉、経営者が従業員をパートナーとしてとらえているという姿勢が、従業員をモチベートしていく。これは特に零細企業にとって、非常に大切なことだ。

◉

心と心が通じ合った関係、まさに一体感をもった会社、そういう組織をつくっていくことが企業統治の第一歩となる。

◉

社長に惚れ込んで、どこまでもついてきてくれる人たちをつくり、すばらしい人間関係をベースとして、会社を発展させ、従業員を幸せにしていかなければならない。これが企業経営者の務めとなる。

◉

全幅の信頼を置いて、経営者に従業員がついてくる。それは従業員が社長に惚れ込んでいるからだ。まずは従業員をして、社長に心底惚れ込んでもらわなければならない。

◉

己を愛していたのでは、誰も惚れてくれない。己を空しくして、自己犠牲を払い、従業員のことを最優先に考える。そうするからこそ、みんなが惚れ込んでくれる。

◉

「従業員に惚れてもらう」とは、言葉を換えて言えば、聞こえは良くないが、従業員をたらし込んで、自分のパートナーに仕上げていくこと。そのためには、経営者自身に自己犠牲の姿勢が必要となる。

◉

従業員の誰よりも懸命に努力するという、経営者として仕事にあたる姿勢。仕事が終わった後に、わずかであっても身銭を切って、従業員を労ってあげるといった、相手を思いやる姿勢。経営者とはそのような自己犠牲をもって、従業員の心を動かすことが前提となる。

◉

従業員は、自分のやっている仕事に意義を見出せば、気持ちが高ぶり、もてる力を最大限に出してくれる。

◉

企業に集う人々が、共通の夢、願望をもっているかどうかで、その企業の成長力が違ってくる。すばらしいビジョンを共有し、「こうありたい」と会社に集う従業員が強く思えば、そこに強い意志力が働き、夢の実現に向かって、どんな障害をも乗り越えようという、強大なパワーが生まれてくる。

夢、願望に至るパワーの原動力こそが「ビジョン」。「会社をこのようにしたい」というビジョンを描き、それを従業員と共有し、そのモチベーションを最大限に上げていくことが、企業を発展させていくにあたり、大きな推進力になる。

◉

従業員のモチベーションを揺るぎないものにするのが、「ミッション」だ。会社の使命、目的を明らかにし、それを従業員と共有することが重要となる。

◉

「大義」とは、「人の踏み行うべき重大な道義」と定義される。ならば、それは「私」を離れた「公」のために行うべきことでなければならない。この「大義」というものが、人を動かす大きな力をもっている。

◉

◉

全社員で共有でき、そのモチベーションアップにつながるような、公明正大な企業目的をもつことが、企業統治にあたって一番大事なこととなる。

◉

経営理念の重要性に目覚め、自らの会社の目的をつくり、それを社内で共有することに努めることで、会社はがらりと変わっていく。

◉

「私」を離れて、相手のため周囲のためという目的であれば、「真・善・美」という言葉で表される、人間の心の奥底にある美しい心が出てきて、自然と力が湧いてくる。そのような美しい心根は、この宇宙を流れる、生きとし生けるものすべてを成長発展させようとする流れと同調し、結果も必ずうまくいくようになる。

美しい心を出すには、経営者自身がフィロソフィを学び、それを通じて心を高めていく必要がある。また、自分自身を高めるだけでなく、フィロソフィを従業員に語り、社内で共有することにも努めていかなければならない。

◉

高邁な企業の目的を追求していくためには、経営者がこういう考え方で経営をしていくつもりだということを、企業内で話し、共有していかなければならない。

◉

従業員と心と心で通じ合い、会社のビジョン、ミッションを確立した経営者が次に取り組むべきは、経営者自身がもつ哲学を語り、それを社員と共有することである。

◉

◉

普遍的なフィロソフィを語るために、経営者は心を高める努力を怠ってはならない。自分の器が小さいままでは、決して企業は発展しない。経営者はしっかりとした哲学を学び、自分の器を大きくすることに努めていかなければならない。

◉

企業を大きく成長発展させていくには、従業員をして、経営者に惚れさせること、仕事の意義を説くこと、さらにはビジョンを高く掲げ、ミッションを確立すること、またフィロソフィを語り続けること、そして経営者自身の心を高めていくことを徹底して行っていくしかない。

◉

企業が小さいままで、なかなか成長していかないとき、小さな企業を立ち上げたときなどは、わずかしかいない従業員のモチベーションを最大限に上げていくことこそが肝要となる。

◉働く人たちの意識、心が変わっていけば会社は変わっていく。

◉大義名分があり、それが汚れのない純粋なものであれば、必ずと言っていいくらい宇宙の力が借りられる。純粋でひたむきに一生懸命に努力している人の行為に対しては、宇宙が支援してくれるはずである。

おわりに

最後までお読みいただき、ありがとうございました。

本書一二～一三頁にあるように、稲盛氏はこのように述べています。

経済という現象面では、表面上、いろいろな形でいろいろなことが変わっていくでしょう。しかし、経営そのものはそのような変化に付和雷同するべきではないと思っています。方法論だけで経営を行う、つまり経営学で教えられることだけをもって、「経営というのはこのようなものだ」と思い、経営の方法や術策だけを経営だととらえている方は、周囲が変化するとそれに流されます。しかし、経営者はいかなる変化があろうとも、根本にまで掘り下げた経営哲学をもち、経営というものをそう簡単に変えてはならないと思うのです。

一九七六年、京セラ創業一七年目の発言です。この言葉のとおりに、稲盛氏の経営の実践とその根幹を成す哲学は、生涯を通して変節することがありませんでした。

七〇年代のオイルショック、八〇年代の円高不況、九〇年代前半のバブル崩壊による日本経済の低迷、九〇年代後半のＩＴバブル崩壊後の不況。そして二〇〇〇年代のリーマンショックから連鎖した世界金融危機と、稲盛氏の経営者人生は他の経営者の方々と同じく、社会全体のあらゆる経済的困難とともにありました。

企業規模が拡大して自身の立場や役割が変化する中でも、稲盛氏は本書で語った原理原則を貫き、そのような困難を乗り越え、さまざまな企業を成長発展へと導きました。

仮にこの先、新たな社会的な困難に際し、稲盛氏が経営について講演を行うとしても、本書に息づく原理原則を語ったに違いないと思うのです。

本書は、稲盛氏の膨大な講演録をベースにした『稲盛和夫経営講演選集』全六巻の中から、「稲盛経営の本質」を厳選し、再構成したものです。

とはいえ、半世紀近くにわたる稲盛氏の経営の足跡は、到底本書一冊に網羅できるものではありません。そこで、より具体的かつ詳細に稲盛氏に学ばんとする方々へ、「稲盛和夫の経営を理解するためのブックガイド」を六八三頁より掲載しています。

これは、数多くの稲盛氏の著書の中から、ストレートに「経営」を主題とする書のみを三〇冊選定し、「経営哲学」「経営手法」「経営実践」「経営体系」に分類して紹介するものです。

また、本書巻末に収録している「稲盛和夫の経営年表」は、稲盛氏の生涯から「経営」にまつわる重要な出来事を抜粋し、その当時の役職とともに時間軸上に並べたものです。ともに本書の理解を深める資料として、稲盛氏の哲学と実践を血肉とする際の一助として、ご活用ください。


そして、稲盛氏の足跡を「体感」する場として、京セラ株式会社本社に隣接する「稲盛ライブラリー」があります。「稲盛和夫の人生哲学・経営哲学を継承すること」を目的に二〇一三年に開設され、一般公開されている施設です。

内部には膨大な講演録、若き日の肉声を収めた動画や音声、京セラ創業二週間前から丹念に書かれた手帳や実際に使用された鞄の現物など、膨大かつ多種多様な資料が収蔵・展示されています。

国内の経営者のみならず、「稲盛氏の本当の姿を知りたい」と思った方々が国籍や立場や年齢を超えて多数訪れ、肉声や日常の一端に触れることで、「稲盛和夫の真髄」を体感して帰途につく。そのような場になっています。

足を運ばれる際は、左記の公式Ｗｅｂサイトをご参考になさってください。

https://www.kyocera.co.jp/inamori/library/

本書は、この「稲盛ライブラリー」の皆様のご尽力と、多大なるサポートなくして出版することはできませんでした。この場を借りて深く御礼申し上げます。

本書が読者の皆様の座右の書となり、迷いを断ち切り、困難に打ち克ち、志を実現する糧として永くご愛読くださることを切に願っております。

ダイヤモンド社「稲盛和夫経営講演選集」編集チーム

稲盛和夫の経営を理解するためのブックガイド

稲盛和夫の経営を理解するためのブックガイド

※1. 掲載順は発刊年月を基調としつつ、読者の理解促進を優先した
※2. 出版社は、初版刊行時とした

書籍名	・判型 ・出版社 ・発刊年月	内容

I　稲盛和夫の「経営哲学」を理解する

心を高める、経営を伸ばす ―素晴らしい人生をおくるために	・四六判 ・PHP研究所 ・1989年5月 ・文庫 ・PHP研究所 ・1996年6月 ・新装版 ・PHP研究所 ・2004年4月	1989年刊行の初の著書。著者が考える経営の「極意」がタイトルに用いられた。京セラ創業から培ってきた自身の経営哲学108項目が、それぞれコンパクトに見開き一面にまとめられている。また、経営のシチュエーション別に構成され、著者の考え方を実践的に理解することができる。
成功への情熱 ―PASSION―	・四六判 ・1996年2月 ・PHP研究所 ・文庫 ・PHP研究所 ・2001年1月 ・新装版 ・PHP研究所 ・2007年12月	上記書籍『心を高める、経営を伸ばす』を、米国をはじめ海外で出版するため、より平明な記述とするとともに、理解促進に向け、新たな項目も追加された。本書はその邦訳にあたり、人生、ビジネスで成功を収めるための考え方を知ることができる。
生き方 人間として一番大切なこと	・四六判 ・サンマーク出版 ・2004年8月	著者人生哲学の集大成。「人間は何のために生まれ、生きていくのか」について、自らの世界観から説き起こし、よりよく生きるための道しるべを指し示す。日本でミリオンセラーとなったばかりか、中国では500万部超、世界20言語以上に翻訳されるなど、経営者が著した人生論としては類を見ない広がりを見せる。稲盛和夫の経営哲学の根底にある人生観を理解するための必読書。
働き方 「なぜ働くのか」 「いかに働くのか」	・四六判 ・三笠書房 ・2009年4月	多くの人にとって人生で最も多くの時間を費やす労働。この「働く」ということに関し、自身の考えと実践を述べた書籍。働くということは、襲い来る試練を克服し、運命を好転させる「万病に効く薬」であると著者は言う。労働に対する価値観が揺らぐ現代社会において、経営者はもちろん、仕事に悩むすべての人々に、働くことの意義を問う。

考え方 人生・仕事の結果が変わる	・四六判 ・大和書房 ・2017年4月	著者は、人生や仕事の結果を決めるのは「考え方」だとする。その考え方とはいかなるものであるべきか。夢と希望にあふれた素晴らしい人生や経営を切り開いていくための知恵と、試練を克服し、力強く生き抜くための心構えが記されている。著者は、「生き方」「働き方」「考え方」を、私の三方と呼び、それが経営者の根底に確立されているべきとしている。
人生の王道 西郷南洲の教えに学ぶ	・四六判 ・日経BP社 ・2007年9月	西郷隆盛が遺した遺訓41条を、著者が自らの人生や経営の体験に照らし、一条ずつ読み解いていく書。 日本に新しい時代を開いた明治維新の立役者西郷の言葉と、経営に新しい地平を開いた著者の思考が繰り広げる世界は、組織のリーダーのあるべき姿を指し示す。数多くの著作の中で、リーダー論の最右翼に位置すべきは本書と言えよう。

II 稲盛和夫の「経営手法」を理解する

稲盛和夫の実学 —経営と会計	・四六判 ・日本経済新聞社 ・1998年10月 ・文庫 ・日本経済新聞社 ・2000年11月	キャッシュベース経営や筋肉質経営、さらには完璧主義や公明正大な経理など、現代の経営者に求められる「経営のための会計学」を著した書。「会計がわからんで経営ができるか」は著者の言葉であるが、多くの経営者が敬遠しがちな企業会計に関する考え方と実践を経営者目線で説いた、経営者必読書の一つであろう。
アメーバ経営 ひとりひとりの社員が主役	・四六判 ・日本経済新聞社 ・2006年9月 ・文庫 ・日本経済新聞出版社 ・2010年10月	京セラの経営を通じて創出された管理会計システム解説の書。管理会計体制の不備により、業績が伸び悩む経営者のため、門外不出の経営管理手法を敢えて公開した。高邁な企業哲学をベースに、精緻な部門別採算制度を確立することで、社員が主役となり、経営に自発的に参加する組織を構築することを説く。
稲盛和夫の実践アメーバ経営 全社員が自ら採算をつくる 京セラコミュニケーションシステム共著	・四六判 ・日本経済新聞出版社 ・2017年9月	本書は上記書籍『アメーバ経営』の実践編にあたる。アメーバ経営をもとにしたコンサルティング事業で実績を積む京セラ子会社と共著で、メーカーのみならず、医療機関や外食チェーン店などサービス業の事例もまじえつつ、全員参加経営実現に向けて必要な考え方と方法を具体的に示している。

経営12カ条 経営者として貫くべきこと	・四六判 ・日経BP ・2022年9月	著者が自身の経営体験から導き出した「経営の要諦」12項目を一項目ずつ解説した書籍。著者の講演に加え、学びを深めるため、補足の著者発言や要点を加え、学べる経営書として編集された。著者最後の著書として、その有効性が実証された経営論であるとともに、稲盛経営学入門書としても適している。

III 稲盛和夫の「経営実践」を理解する

ガキの自叙伝	・四六判 ・日本経済新聞社 ・2002年1月	著者の自叙伝。幼少期に挫折を重ねた男が、いかにして京セラ、KDDIを創り、成長発展させていったのか。生誕から2000年までの歩みを語る。日本経済新聞連載の「私の履歴書」をもとに書籍化されたもので、様々な経営体験が生々しく語られている。
	・文庫 ・日本経済新聞社 ・2004年9月	
敬天愛人 私の経営を支えたもの	・新書 ・PHP研究所 ・1997年5月	著者の経営の歩みを縦軸に、経営の考え方を横軸に織りなした書。著者の思想とその実践を統合的に把握し、著者が考える、経営・仕事・人生を好転させる要諦をコンパクトに知ることができる。『ゼロからの挑戦』は、『敬天愛人』の増補改訂版にあたり、日本航空再生などが追加されている。
	・文庫 ・PHP研究所 ・2006年3月	
新版・敬天愛人 **ゼロからの挑戦**	・新書 ・PHP研究所 ・2012年11月	
京セラフィロソフィ	・バイブルサイズ ・サンマーク出版 ・2014年6月	著者の経営哲学である京セラフィロソフィを解説した書。門外不出としていた社内出版物「京セラフィロソフィ手帳」を、著者自ら主宰する経営塾である盛和塾の塾生に対し、一項目ずつ解説したシリーズ講話がベースとなっている。600頁を超える大著で、人生・経営・仕事の指針が実践的かつ詳細に述べられている。
実学・経営問答 **高収益企業のつくり方**	・四六判 ・日本経済新聞社 ・2005年3月	上記盛和塾で行っていた、塾生との「経営問答」をベースとしたシリーズ書籍。高収益経営をメインテーマに、多くの経営者がもつ収益改善に向けた悩みに、自らの経験をもとに指南する。収益性の向上をめざす企業経営者が直面する様々な経営課題、たとえば経営管理システムから人事制度、トップのあり方まで、幅広く取り上げられている。
稲盛和夫の経営塾 **高収益企業のつくり方**	・文庫 ・日本経済新聞出版社 ・2007年11月	
稲盛和夫の経営問答 **高収益企業のつくり方**〔新装版〕	・四六判 ・日本経済新聞出版社 ・2014年9月	

<table>
<tr><td>実学・経営問答
人を生かす</td><td>・四六判
・日本経済新聞出版社
・2008年7月</td><td rowspan="3">「経営問答」シリーズ書籍。人材の活用をメインテーマとして、組織や人間関係・コミュニケーションに関するリーダーの悩みに対し、独自の人間観や経営哲学から説き起こし、人や組織を生かすための考え方やノウハウを伝授している。</td></tr>
<tr><td>稲盛和夫の経営塾
人を生かす</td><td>・文庫
・日本経済新聞出版社
・2012年2月</td></tr>
<tr><td>稲盛和夫の経営問答
人を生かす
〔新装版〕</td><td>・四六判
・日本経済新聞出版社
・2014年9月</td></tr>
<tr><td rowspan="2">稲盛和夫の経営問答
従業員をやる気にさせる７つのカギ</td><td>・四六判
・日本経済新聞出版社
・2014年2月</td><td rowspan="2">「経営問答」シリーズ書籍。組織、人材の士気向上をメインテーマとして、様々な経営者の問いに、実践的に回答する。自らの豊富な経営体験をもとに、従業員をやる気にし、組織を活性化させるための「７つの要諦」を説く。</td></tr>
<tr><td>・文庫
・日本経済新聞出版社
・2018年9月</td></tr>
<tr><td>**実践経営問答**</td><td>・四六判
・PHP研究所
・1998年7月</td><td rowspan="3">「経営問答」書籍の先駆となる書。経営者の質問状に著者が返信する往復書簡形式をとる。著者自らの体験に基づいた経営哲学、経営手法が、企業経営者の現実課題を解きほぐしていく。『こうして会社を強くする』は、『実践経営問答』をベースとした改訂版。手紙形式を排し、より実践的に編集されている。</td></tr>
<tr><td>**稲盛和夫の実践経営塾**</td><td>・文庫
・PHP研究所
・2002年11月</td></tr>
<tr><td>新版・実践経営問答
こうして会社を強くする</td><td>・新書
・PHP研究所
・2011年4月</td></tr>
</table>

IV　稲盛和夫の「経営体系」を理解する

稲盛和夫経営講演選集 第１巻 **技術開発に賭ける** 京セラ株式会社編	・四六判 ・ダイヤモンド社 ・2015年9月	「稲盛和夫経営講演選集」シリーズ第１巻。テーマは「技術開発」。技術開発に心血を注ぎ、強い危機感をもって、世界中で戦えるレベルにまで技術を高めること、また専門性を極めた高度な技術を基軸に多角化を図ることを説く。主に技術開発を基軸にした経営について語る、1970～1980年代の著者講演が収録されている。

稲盛和夫経営講演選集 第２巻 **私心なき 経営哲学** 京セラ株式会社編	・四六判 ・ダイヤモンド社 ・2015年9月	「稲盛和夫経営講演選集」シリーズ第２巻。テーマは「経営哲学」。創業直後に掲げた「全従業員の将来にわたる物心両面の幸福を追求する」という経営理念が、いかに会社発展の原動力となったかなど、経営における哲学の重要性について語り尽くした、1990年代の講演が収録されている。
稲盛和夫経営講演選集 第３巻 **成長発展の 経営戦略** 京セラ株式会社編	・四六判 ・ダイヤモンド社 ・2015年9月	「稲盛和夫経営講演選集」シリーズ第３巻。テーマは「成長と発展」。京セラが１兆円企業へと成長発展を遂げる過程での、多角化やグローバル化についての考え方と実践が事例豊かに語られる。中小企業がさらに成長発展していく上で重要となる「戦略」について述べた、1990年代の講演が収録されている。
稲盛和夫経営講演選集 第４巻 **繁栄する企業の 経営手法** 京セラ株式会社編	・四六判 ・ダイヤモンド社 ・2016年4月	「稲盛和夫経営講演選集」シリーズ第４巻。テーマは「経営手法」。経営の根幹となる考え方「売上最大、経費最小」の実践に欠かせない、京セラ会計学やアメーバ経営など具体的な経営管理手法を中心に、実践的な経営術に言及した、2000年代の講演が収録されている。
稲盛和夫経営講演選集 第５巻 **リーダーの あるべき姿** 京セラ株式会社編	・四六判 ・ダイヤモンド社 ・2016年4月	「稲盛和夫経営講演選集」シリーズ第５巻。テーマは「リーダーシップ」。著者が考える「リーダーの資質」や「リーダーが果たすべき役割」が、様々な角度から論じられている。組織の頂点に立つリーダーは何を考え何を行うべきか、自らをいかに変革していくべきかについて、人間のあり方から根本的に解き明かしていく、2000年代の講演が収録されている。
稲盛和夫経営講演選集 第６巻 **企業経営の要諦** 京セラ株式会社編	・四六判 ・ダイヤモンド社 ・2016年4月	「稲盛和夫経営講演選集」シリーズ第６巻。テーマは「企業経営の要諦」。著者は、京セラ、ＫＤＤＩ、そして日本航空という、事業分野も生い立ちも異なる企業経営に携わり、そのすべてを成長発展へと導いてきた。その中で勝ち得た経営の要諦「経営12カ条」など、稲盛経営の真髄が語り尽くされた、2010年代の講演が収録されている。

写真提供　京セラ株式会社（P２、P２７２、P３９４、P４９０、P５８２）

撮影　太田順一（P１３８）

稲盛和夫（いなもり・かずお）

1932年、鹿児島市に生まれる。1955年、鹿児島大学工学部を卒業後、京都の碍子メーカーである松風工業に就職。1959年4月、知人より出資を得て、資本金300万円で京都セラミック株式会社（現京セラ）を設立。代表取締役社長、代表取締役会長を経て、1997年から取締役名誉会長（2005年からは名誉会長）を務めた。また1984年、電気通信事業の自由化に即応して、第二電電企画株式会社を設立。代表取締役会長に就任。2000年10月、DDI（第二電電）、KDD、IDOの合併によりKDDI株式会社を設立し、取締役名誉会長に就任。2001年6月より最高顧問となる。2010年2月には、政府の要請を受け日本航空（JAL、現日本航空株式会社）会長に就任。代表取締役会長を経て、2012年2月より取締役名誉会長（2013年からは名誉会長）、2015年4月に名誉顧問となる。一方、ボランティアで、全104塾（国内56塾、海外48塾）、1万4938人の経営者が集まる経営塾「盛和塾」の塾長として、経営者の育成に心血を注いだ（1983年から2019年末まで）。また、1984年には私財を投じ稲盛財団を設立し、理事長（2019年6月からは「創立者」）に就任。同時に、人類社会の進歩発展に功績のあった人々を顕彰する国際賞「京都賞」を創設した。2022年8月、90歳でその生涯を閉じる。

経営

――稲盛和夫、原点を語る

2023年11月7日　第1刷発行
2023年11月24日　第2刷発行

編　集――――稲盛ライブラリー＋ダイヤモンド社「稲盛和夫経営講演選集」共同チーム

発行所――――ダイヤモンド社
〒150-8409　東京都渋谷区神宮前6-12-17
https://www.diamond.co.jp/
電話／03･5778･7233（編集）　03･5778･7240（販売）

装丁――――水戸部功
本文デザイン――布施育哉
ロゴデザイン――竹内雄二
年表制作――――吉村朋子
校正――――鷗来堂
製作進行――――ダイヤモンド・グラフィック社
印刷――――勇進印刷
製本――――ブックアート
編集協力――――粕谷昌志
井上友和、嶋路久美子、鬼頭今日子、小牧愛（稲盛ライブラリー）
編集担当（ダイヤモンド社）―和田史子、中村明博、今野良介

ISBN 978-4-478-11847-4